Japanstudien
Herausgegeben vom Deutschen Institut für Japanstudien

JAPANSTUDIEN

Jahrbuch
des
Deutschen Instituts für Japanstudien

Regionalentwicklung
und regionale Disparitäten

Band 20
2008

Herausgegeben von
Volker Elis und Ralph Lützeler

Japanstudien
Herausgegeben vom Deutschen Institut für Japanstudien
der Stiftung Deutsche Geisteswissenschaftliche Institute im Ausland
Band 20: Volker Elis und Ralph Lützeler

Direktor: Prof. Dr. Florian Coulmas

Anschrift:
Jōchi Kioizaka Bldg. 2F
7-1, Kioichō
Chiyoda-ku
Tōkyō 102-0094, Japan
Tel.: +81-(0)3-3222-5077
Fax: +81-(0)3-3222-5420
E-Mail: dijtokyo@dijtokyo.org
Homepage: http://www.dijtokyo.org

Bibliografische Information der Deutschen Nationalbibliothek

Die Deutsche Nationalbibliothek verzeichnet diese Publikation in der Deutschen Nationalbibliografie; detaillierte bibliografische Daten sind im Internet über http://dnb.d-nb.de abrufbar.

Bd. 20 (2008) ISBN 978-3-89129-383-6

ISSN 0938-6491

© IUDICIUM Verlag GmbH München 2008
Alle Rechte vorbehalten
Umschlaggestaltung:
Deutsches Institut für Japanstudien
Druck- und Bindearbeiten:
Ludwig Auer GmbH, Donauwörth
Printed in Germany

Das Logo des Deutschen Instituts für Japanstudien stellt zwei überlappende Blätter des Ginkgobaumes (*Ginkgo biloba,* japanisch *ichō*) dar. Dieser in Ostasien und besonders in Japan heimische Baum wurde von dem bekannten deutschen Japanforscher Engelbert Kämpfer (1651–1716) erstmals wissenschaftlich beschrieben und nach Europa gebracht. Auch die Schreibung Ginkgo (aus sinojapanisch *ginkyō*) geht auf ihn zurück.
Johann Wolfgang von Goethe schrieb 1815 ein im *West-Östlichen Divan* enthaltenes Gedicht auf diesen Baum. Die Handschrift schmückte er mit zwei in Heidelberg gepflückten Ginkgoblättern und schenkte sie Marianne von Willemer.
Der Ginkgo ist zudem der „Baum der Präfektur Tokio", die seit 1989 ein dem Ginkgoblatt im Aussehen angenähertes T (Initiale des Namens Tokio) im Wappen führt. Zwei gekreuzte Ginkgoblätter zieren seit 1948 das Wappen der Universität Tokio, woraus die in Japan geläufige Verbindung des Ginkgoblattes mit Stätten der Forschung und Wissenschaft herrührt.

Inhalt

Volker Elis und Ralph Lützeler
Vorwort 11

BEITRÄGE ZUM THEMA
„REGIONALENTWICKLUNG UND REGIONALE DISPARITÄTEN"

Volker Elis und Ralph Lützeler
Regionalentwicklung und Ungleichheit: Raumdisparitäten als Thema zur Prime Time – eine Einführung 15

Thomas Feldhoff
Landes- und Regionalentwicklung zwischen Wachstum und Schrumpfung: Regionale Disparitäten und räumliche Planung in Japan 35

Winfried Flüchter
Schrumpfende Städte als Herausforderung: Japan, Hokkaidō und der Fall der Stadt Yūbari 69

Christoph Brumann
Weite Himmel über der Kaiserstadt: Die Kehrtwende in Kyotos Stadtplanung 103

Maren Godzik
Ruheständler als Lebenselixier? Ruhestandswanderung und lokale Neubelebungsstrategien am Beispiel von Atami und Ishigaki 129

Cornelia Reiher
Kommunale Gebietsreformen der Heisei-Zeit und lokale Identität: Das Beispiel der Kommune Arita-*chō* 163

Carolin Funck
Eine neue Identität für Regionalstädte: Deindustrialisierung, kommunale Gebietsreform und Tourismus 193

Anthony Rausch
Japanese Rural Revitalization: The Reality and Potential of Cultural Commodities as Local Brands 223

Tatsushi Hirano, Sven Saaler and Stefan Säbel
Recent Developments in the Representation of National Memory and Local Identities: The Politics of Memory in Tsushima, Matsuyama, and Maizuru 247

Varia

Andrew DeWit and Tatsuhiko Tani
The Local Dimension of Energy and Environmental Policy in Japan .. 281

Susanne Brucksch and Carolina Grünschloß
From Environmental Accountability to Corporate Social Responsibility? Reflections on the CSR Boom in Japan from the Perspective of Business Management and Civil Society Groups 307

Rezensionen

NPO 西山夘三記念すまい・まちづくり文庫『昭和の日本のすまい ─ 西山夘三写真アーカイブズから』
NPO Nishiyama Uzō Kinen Sumai, Machizukuri Bunko (Hg.): *Shōwa no Nihon no sumai. Nishiyama Uzō shashin ākaibuzu kara* [Wohnen in der Shōwa-Zeit. Aus dem Fotoarchiv von Nishiyama Uzō]
  (Maren Godzik) 333

Long, Daniel: *English in the Bonin (Ogasawara) Islands*
  (Patrick Heinrich) 339

小島毅『靖国史観 ─ 幕末維新という深淵』
Kojima, Tsuyoshi: *Yasukuni shikan. Bakumatsu ishin to iu shin'en* [Das Yasukuni-Geschichtsbild. Aus den Tiefen der Bakumatsu-Restauration] (= Chikuma Shinsho; 652)
  (Matthias Koch) 345

石井素介『国土保全の思想 — 日本の国土利用はこれでよいのか —』
Ishii, Motosuke: *Kokudo hozen no shisō – Nihon no kokudo riyō wa kore de yoi no ka* [Gedanken zur Landeskonservierung: Ist die gegenwärtige Form der Landnutzung Japans akzeptabel?]
    (Ralph Lützeler) 353

Wörterbücher zur juristischen Fachsprache Deutsch-Japanisch und Japanisch-Deutsch, 3. Teil:
I. 田沢五郎『独・日・英ビジネス経済法制辞典』
Tazawa, Gorō: *Doku, Nichi, Ei bijinesu keizai hōsei jiten* [Deutsch-Japanisch-Englisches Wörterbuch für Handel, Wirtschaft und Recht]
II. ゲッツェ・ベルンド『和独法律用語辞典』
Götze, Bernd: *Wa-Doku hōritsu yōgo jiten* [Japanisch-Deutsches Rechtswörterbuch]
    (Heinrich Menkhaus) 359

Köhn, Stephan und Martina Schönbein (Hg.): *Facetten der japanischen Populär- und Medienkultur 2*
    (Michael Prieler) 364

Maltarich, Bill: *Samurai and Supermen. National Socialist Views of Japan*
    (Christian W. Spang) 369

島田裕己『日本の 10 大新宗教』
Shimada, Hiromi: *Nihon no jūdai shin-shūkyō* [Japan's ten big new religions]
    (Axel Klein) 377

北岡伸一『国連の政治力学 — 日本はどこにいるのか』
Kitaoka, Shin'ichi: *Kokuren no seiji rikigaku – Nihon wa doko ni iru no ka* [The political dynamics of the United Nations – Where does Japan stand?] (= Chūkō Shinsho; 1899)
    (Alexandra Wittig) 382

ZU DEN AUTORINNEN UND AUTOREN DIESES JAHRBUCHS 388

Vorwort

Nach rund 13 Jahren legt das Deutsche Institut für Japanstudien erneut ein Jahrbuch mit einem geographischen Schwerpunktthema vor. Als im Jahr 1993 – unter Mitwirkung eines der jetzigen Herausgeber – für den dann 1995 erschienenen Band 6 der *Japanstudien* die Wahl auf das Thema „Raum" fiel, geschah dies noch in gewissermaßen dekonstruierender Absicht. Es ging darum zu zeigen, dass Japan nicht nur in gesellschaftlicher, sondern auch in regionaler Hinsicht keineswegs das einzigartig homogene Land ist, als das es seinerzeit vor allem in journalistischen, bestenfalls populärwissenschaftlichen Traktaten, aber vereinzelt selbst in wissenschaftlichen Publikationen beschrieben wurde. Das Aufzeigen praktisch jeder Art von regionalen Unterschieden war hierzu willkommen.

Heute würde man mit einer solchen Absicht wohl offene Türen einrennen, denn insbesondere in Japan selbst hat sich das Japanbild entscheidend gewandelt. Statt Homogenität beherrscht der Begriff der Differenz (*kakusa*) die gesellschaftliche Debatte. Differenzen zwischen verschiedenen Regionen werden in der deutschen geographischen Fachsprache im Allgemeinen als „Disparitäten" bezeichnet; damit sind vor allem ungleiche Lebensbedingungen und ungleiche wirtschaftliche Entwicklungsmöglichkeiten von Räumen gemeint. Im vorliegenden Band 20 der *Japanstudien*, der dem Schwerpunktthema „Regionalentwicklung und regionale Disparitäten" gewidmet ist, soll es somit nicht mehr um beliebige regionale Unterschiede gehen, sondern vorrangig um solche Differenzen, die als problematisch anzusehen sind.

Die relativ hohe Zahl von ursprünglich 13 eingegangenen Beiträgen zeigt, dass dieses Thema derzeit in der Japanforschung auf breites Interesse stößt. Dass sich letztlich im vorliegenden Band nur acht Beiträge finden, die dem Schwerpunktthema zuzuordnen sind, ist vor allem auf die diesmal oft sehr kritischen Bewertungen durch unsere anonymen Gutachter und Gutachterinnen zurückzuführen. In der Mehrzahl der Fälle konnten wir die Ablehnung von Beiträgen voll und ganz nachvollziehen, zuweilen erschienen uns die Urteile jedoch auch etwas hart. Wir haben uns dennoch in allen Fällen dafür entschieden, den Bewertungen der Gutachter zu folgen, und zwar zum einen, um die Qualität der *Japanstudien* als *refereed journal* zu sichern. Zum anderen sind wir der Meinung, dass gerade in einer Zeit, in der die Zahl von Publikationen in begutachteten wissenschaftlichen Zeitschriften bei der Beurteilung der Qualität eines Wissenschaftlers bzw. einer Wissenschaftlerin immer wichtiger wird, ein Beitrag nur dann aufgenommen werden sollte, wenn keinerlei Zweifel an seiner wissenschaftlichen Güte bestehen.

Auch an diesem Band der *Japanstudien* haben wieder zahlreiche Personen mitgewirkt, denen wir zu Dank verpflichtet sind. An erster Stelle sei den Gutachtern und Gutachterinnen gedankt, die uns ihre Zeit und ihre Kenntnisse zur Verfügung gestellt haben. Wie aus den Ausführungen im vorigen Absatz geschlossen werden kann, war die Lektüre in einigen Fällen sicher keine einfache Aufgabe. Dass wir dennoch in den meisten Fällen überaus ausführliche Gutachten erhalten haben, ist daher umso mehr ein Grund für unseren Dank. Namentlich hervorgehoben sei weiterhin Herr Stanislaw Eberlein, der sich vor allem um die Sprache der auf Englisch verfassten Beiträge kümmerte, darüber hinaus aber auch als institutsinterner Lektor unverzichtbare Dienste leistete. Ein großer Dank geht schließlich auch diesmal wieder an Frau Elisabeth Schaidhammer vom Iudicium-Verlag für ihre zuvorkommende redaktionelle Betreuung.

Der dieser Ausgabe folgende Band 21 der *Japanstudien*, der zum Ende des Jahres 2009 erscheinen soll, ist dem Schwerpunktthema „Altern in Japan" gewidmet und wird von Maren Godzik herausgegeben.

Tokyo, im August 2008 *Die Herausgeber*

Beiträge zum Thema

„Regionalentwicklung und regionale Disparitäten"

Regionalentwicklung und Ungleichheit: Raumdisparitäten als Thema zur Prime Time – eine Einführung

Volker Elis und Ralph Lützeler

Das Thema „Regionale Disparitäten" hat derzeit Konjunktur in Japan. Der öffentlich-rechtliche Rundfunksender NHK begann im April 2007 mit einer lockeren Reihe von Fernsehdokumentationen unter dem Obertitel *Chiiki hatsu! Dō suru Nippon* [Aus den Regionen! Japan, was tun?]. Gesendet etwa jeden zweiten Monat an einem Freitag zwischen 19.30 und 20.45 Uhr im Hauptkanal von NHK, widmet sich die Reihe unterschiedlichen Fragen, bei denen es um starke regionale Ungleichheiten geht bzw. Problemen, deren Lösung regional differenzierte Antworten verlangt. So gab es bislang beispielsweise Folgen zur derzeit schwierigen Finanzlage vieler Kommunen und den daraus entstehenden regionalen Ungleichheiten im Angebot öffentlicher Dienstleistungen (18.05.2007), zur Frage der Wiederbelebung der Wirtschaft abseits der großen Agglomerationen (14.12.2007) oder zur Frage, ob man bestimmte Regionen durch Zuwanderung von Ausländern revitalisieren kann (25.04.2008).

Eine Publikation aus dem Asahi-Zeitungsverlag (Asahi Shimbun „Bunretsu Nippon" Shuzaihan 2007) mit dem Titel *Bunretsu Nippon – chūryūsō wa doko e* [Gespaltenes Japan – wo ist die Mittelschicht geblieben?] zeigt zur Illustration der These einer neuen gesellschaftlichen Spaltung auf dem Titelbild zwei Luftbildaufnahmen von sehr unterschiedlichen Stadtteilen in Tokyo: eine von der monoton wirkenden Großwohnsiedlung Takashimadaira am nordwestlichen Rand des Stadtgebiets und eine von den neuen Hochhauskomplexen „Tokyo Midtown" und „Roppongi Hills" im Südwesten des Stadtzentrums, in denen unter anderem exklusive internationale Hotelketten und Einzelhandelsgeschäfte, Kunstmuseen und Wohnungen des Hochpreissegments untergebracht sind. Die Problematik zunehmender sozialer Ungleichheit, die in Japan seit einigen Jahren unter dem Stichwort *kakusa shakai* [Differenzgesellschaft] diskutiert wird, lässt sich dem Lesepublikum offenbar am prägnantesten anhand der Darstellung von (innerstädtischer) räumlicher Ungleichheit näher bringen.

Auch in der preisgekrönten NHK-Dokumentation *Wākingu pua: hataraitemo hataraitemo yutaka ni narenai* [Working Poor: So viel man auch arbeitet, man kommt auf keinen grünen Zweig], erstausgestrahlt am 23.07.2006 und wegen der großen Publikumsresonanz am 10.12.2007 wiederholt, wird der Zusammenhang von sozialer und regionaler Ungleichheit an etlichen Stellen deutlich.[1] So wird der Zuschauer unter anderem in das Schicksal eines 74-jährigen Schneiders aus der Kleinstadt Kakunodate in der ländlich-peripheren Präfektur Akita eingeführt. Sein Ladenlokal ist eines der wenigen Geschäfte in der Umgebung, das überhaupt noch geöffnet hat. Die meisten anderen Läden der Geschäftsstraße zeigen heruntergelassene Rollläden: Es ist eine für viele japanische Orte abseits der großen Metropolen typische *shattā dōri* [Rolladenstraße] entstanden. Der Kontrast zur Situation im Jahr 1986, aus dem ältere Aufnahmen stammen, die ein reges Geschäftsleben zeigen, könnte kaum größer sein und führt dem Zuschauer eindringlich vor Augen, dass die Entwicklung im ländlichen Raum Japans nicht mehr nur relativ gegenüber den großen Städten zurückbleibt, sondern mittlerweile auch absolut rückläufig ist. Dabei stellt die Stadt Kakunodate noch nicht einmal einen Extremfall dar, denn aufgrund zahlreicher restaurierter Samuraianwesen bildet sie einen touristischen Schwerpunkt in der ansonsten mit Kulturdenkmälern nicht eben reich ausgestatteten nordjapanischen Region Tōhoku. Die Besucher bleiben jedoch meist nicht lange und geben ihr Geld nicht in den Läden der lokalen Geschäftsstraße aus, um die es in dem Beitrag geht.

Anhand der Vielzahl solcher Sendungen und Publikationen wird ein Bewusstsein über die Problematik regionaler Disparitäten offenbar, das es so vor zehn oder fünfzehn Jahren noch nicht gegeben hat. Als typischer zentralistischer Staat wies Japan zwar stets erhebliche Entwicklungsunterschiede zwischen der Hauptstadt Tokyo – und teilweise noch den anderen Metropolen – auf der einen und dem ländlichen Raum auf der anderen Seite auf (vgl. Flüchter 1990). Unter den Stichworten *Tōkyō ikkyoku shūchū* [Einpunktkonzentration auf Tokyo] oder *Tōkyō mondai* [Tokyo-Probleme] wurde aber mehr noch als auf ländliche Entwicklungsrückstände auf die übermäßige Entwicklung der Hauptstadt hingewiesen, die zu Einschränkungen in der Lebensqualität (etwa durch lange Pendelzeiten), zu überhöhten Grundstückspreisen, zu Engpässen in der Wasser- und Elektrizitätsversorgung oder zu erhöhten Gefahrenpotenzialen im Falle von Erdbeben führe (vgl. Fujimoto 1992; Flüchter 1997). Auch die seit den frühen 1960er Jahren aufgelegten Rahmenpläne zur Entwicklung des ganzen Landes (*Zenkokudo sōgō kaihatsu keikaku*, abgekürzt *Zensō*) propagierten wirtschaftliche Dezentralisierung in erster Linie als ein Mittel zur Entlastung der Ballungsräume. Ein gut ausgebautes interregionales Finanzausgleichssystem sowie Förderungen bestimmter ländlicher Wahlkreise durch einflussreiche Politiker der nationalkonservativen Dauerregie-

---

[1] Der Inhalt dieser Sendung wurde auch als Buch publiziert (NHK Supesharu „Wākingu Pua" Shuzaihan 2007).

rungspartei LDP sorgten dafür, dass, von Ausnahmen abgesehen, im bescheidenen Umfang auch der ländliche Raum an der zunehmenden Prosperität Japans teilhaben konnte (Lützeler 1998: 278–285; Hill und Fujita 2000).

Darüber hinaus schloss das bis etwa zur Mitte der 1990er Jahre in Japan apodiktisch vertretene Postulat von der besonderen Homogenität der japanischen Gesellschaft die Auffassung ein, dass auch in regionaler Hinsicht Japan im besonderen Maße homogen sei (vgl. hierzu kritisch Sugimoto 1997: 2–5, 7). Eine Untersuchung möglicher sozialer und wirtschaftlicher Raumdisparitäten jenseits des Tokyo-Peripherie-Gefälles wurde hierdurch nicht eben ermutigt; stattdessen stand bei japanischen wie westlichen Forschern die Beschreibung kultureller oder kulturhistorischer Phänomene aus den Bereichen Sprache, Musik, vergangene Dorforganisationsstrukturen oder auch Ernährungsverhalten im Vordergrund (vgl. z. B. die meisten Aufsätze in Kreiner 1996).

Es sei allerdings nochmals betont, dass regionale Disparitäten in Japan in der Tat selbst während der 1990er Jahre noch nicht ein solch problematisches Ausmaß wie heute angenommen hatten und deshalb in der Öffentlichkeit nur wenig diskutiert wurden. Man muss daher weiter fragen, aus welchen Gründen und in welcher Hinsicht sich die räumlichen Ungleichheiten so verstärkten, dass mittlerweile selbst die staatskonform konservative Fernsehanstalt NHK das Thema zur besten Sendezeit aufgreift. Mindestens vier neue Entwicklungen haben hierbei wohl eine erhebliche Rolle gespielt: zunächst einmal die demographische Alterung und Schrumpfung als Grundproblem, das im Prinzip das gesamte Land betrifft, insbesondere aber die peripher gelegenen Teile Japans; zweitens die nicht zuletzt durch diesen demographischen Wandel hervorgerufene und damit vor allem in demographisch alten und schrumpfenden Regionen akute Verstärkung gesellschaftlicher Ungleichheit; drittens der ökonomische Niedergang des ländlichen Raumes als weitere Folge des demographischen Wandels, aber vielleicht mehr noch als Resultat der zunehmenden Konkurrenzfähigkeit der nahen Wirtschaftsstandorte China und Südostasien; viertens schließlich – was zunächst paradox klingen mag – die Einleitung eines administrativen Dezentralisierungsprozesses in Japan und in diesem Zusammenhang vor allem die Neuregelung des Finanzverhältnisses zwischen Zentralstaat und den lokalen Gebietskörperschaften.

Demographische Alterung und Schrumpfung im ländlichen Raum Japans sind an sich keine neuen Phänomene. Bereits 1967 wurde für besonders stark betroffene Gebiete der Begriff *kaso chiiki* [untervölkerte Regionen] offiziell eingeführt und 1970 erstmalig ein Gesetz zur Förderung dieser Regionen erlassen (KCSKKTS 1991: 1–2). Als Grundursache von

Untervölkerung lässt sich ein enormer Migrationsstrom in die großen Städte vor allem während der Zeit des wirtschaftlichen Hochwachstums zwischen 1956 und 1973 benennen. Hierdurch verließen vor allem junge, erwerbsfähige Personen aus landwirtschaftlichen Haushalten, die als Töchter oder nachgeborene Söhne den elterlichen Betrieb nicht übernehmen konnten, ihre ländliche Heimat, um in den wirtschaftlich aufstrebenden Metropolen eine Arbeit aufzunehmen und anschließend dort eine Familie zu gründen. Für den ländlichen Raum hatte dieser Exodus zunächst nicht nur negative Folgen, reduzierte er doch vor allem die unterbäuerlichen Schichten und die Zahl unterbeschäftigter Familienangehöriger, die die wirtschaftliche Situation in vielen Dörfern eher belastet hatten (Norimoto 1989: 17–19).

Die Abwanderung hatte jedoch erhebliche Langzeitwirkungen. So leitete die Tatsache, dass überwiegend junge Menschen fortzogen, einen beschleunigten Alterungsprozess ein. Nicht nur fehlten nun diese Menschen selbst, sondern ihr Fehlen führte auch dazu, dass die Zahl der Geburten bezogen auf die Gesamteinwohnerzahl deutlich absank, während die Sterberate infolge des nun höheren Anteils alter Menschen relativ stieg, so dass nur noch geringe natürliche Bevölkerungsüberschüsse erzielt werden konnten. Beispielsweise verlor die westjapanische Präfektur Shimane im Zeitraum 1960–1965 genau 10 Prozent ihrer Bevölkerung durch Abwanderung, während der natürliche Bevölkerungsgewinn nur 2,4 Prozent ausmachte (in der Großstadtpräfektur Osaka lag er hingegen bei 8 Prozent!), woraus ein Bevölkerungsgesamtverlust von 7,6 Prozent resultierte (Lützeler 2008a: 66, 68–69). Mit der Zeit etablierte sich ein Teufelskreis, bei dem eine niedrige Geburtenzahl die Alterung der im ländlichen Raum verbliebenen Bevölkerung noch steigert, was wiederum negativ auf die Geburtenrate rückwirkt, während die Zahl der Sterbefälle weiter steigt und schließlich nicht mehr durch Geburten vollständig ausgeglichen werden kann. Zuletzt schließen immer mehr Inhaber kleiner landwirtschaftlicher oder gewerblicher Betriebe sowie von Einzelhandelsgeschäften mangels Nachfolger aus Altersgründen; nicht selten ziehen sie anschließend zu ihren Kindern in die Großstädte (Norimoto 1989: 19–20). In diesem letzten, besonders sichtbaren Stadium der Alterung und Schrumpfung sind anscheinend viele Teile des ländlichen Raumes in Japan inzwischen angekommen, denn zunehmend wird von Siedlungen berichtet, deren Weiterbestehen durch fortgeschrittene Alterung der verbliebenen Bewohnerschaft in Frage steht (sog. *genkai shūraku*)[2].

Der demographische Wandel verschärft aber nicht nur den Gegensatz zwischen dem ländlichen und dem städtischen Raum in Japan, er wird in

---

[2] Als *genkai shūraku* gelten Siedlungen mit einem Altenanteil von 50 % oder mehr.

schon naher Zukunft auch die sozialräumlichen Unterschiede innerhalb der großen Stadtregionen verstärken. Da sich die meisten Beiträge des vorliegenden Bandes mit dem ländlichen Raum beschäftigen, sei auf diesen Aspekt im Folgenden etwas ausführlicher eingegangen.

In großräumiger Sicht werden vor allem die suburbanen Zonen von Alterung und Schrumpfung betroffen sein. Bereits seit der zweiten Hälfte der 1990er Jahre steigt die Einwohnerzahl in den Vorstadtringen um die großen Metropolen Tokyo, Nagoya und Osaka nur noch punktuell stark an; insgesamt zeigt sich eher Stagnation. Berechnungen für die Hauptstadtregion zeigen darüber hinaus, dass im Jahr 2015 nicht mehr der Verdichtungskern, sondern der zwischen 30 und 50 Kilometer vom Zentrum Tokyos entfernte äußere suburbane Ring die höchsten Anteile von Menschen im Alter von 65 Jahren und darüber aufweisen wird (Esaki 2006: 112–116). Dies liegt zum einen daran, dass ein wesentlicher Teil der im suburbanen Raum lebenden Menschen mit genau derjenigen Generation identisch ist, die während der wirtschaftlichen Hochwachstumsphase aus dem ländlichen Raum in die Städte abgewandert war und nunmehr sukzessive das Rentenalter erreicht. Zum anderen ziehen weit weniger jüngere Personen als früher im Rahmen ihres Familienlebenszyklus aus dem Zentrum in die Vorstädte, da ein Verbleib in der Innenstadt im Gefolge gesunkener Bodenpreise und eines erhöhten Angebots an neuen Wohnungen – oft in Hochhäusern – zumindest für die obere Mittelschicht (wieder) erschwinglich geworden ist. Ferner hat sich unter jüngeren Erwachsenen der Anteil von Kinderlosen erhöht, deren Raumbedarf auch schon mit den im Mittel kleineren innerstädtischen Wohnungen befriedigt werden kann (Esaki 2006: 71–90, 96–98; Lützeler 2008b: 174–177).

Von Bevölkerungsstagnation und Alterung sind indes nicht alle Teile des suburbanen Raumes gleichermaßen betroffen. Besonders problematisch stellt sich die Situation erstens in Einzelhaus-Wohngebieten dar, die mindestens 30 Kilometer Luftlinie vom Zentrum der Kernstadt und zudem mehr als einen Kilometer von einer Bahnstation entfernt liegen. Solche verkehrsungünstig gelegenen Gebiete galten vor allem während der *bubble economy*-Phase (1986–1991), als aberwitzig hohe Bodenpreise den Bezug einer Wohnung in der Innenstadt nahezu unmöglich machten, durchaus als annehmbar. Bei mittlerweile wieder deutlich niedrigeren Immobilienpreisen finden sie jedoch kaum noch neue Bewohner; stattdessen zeigen sich vereinzelt bereits Leerstände von Häusern (Esaki 2006: 121–126, 139–142).

Eine zweite Problemzone stellen von öffentlichen Trägern errichtete Großwohnsiedlungen (*danchi*) dar. Schenkt man der Ausgabe der Publikumswochenzeitschrift *SPA!* vom 4. Dezember 2007 Glauben, dann sind viele dieser Siedlungen auf dem besten Wege, zu Slums zu verkommen.

Dem reißerisch aufgemachten Artikel zufolge liegen dort Müllsäcke verstreut auf Rasenflächen, die japanische Mittelschicht zieht fort, und an ihrer Stelle rücken mit japanischen Gebräuchen nicht vertraute Ausländer und sogar das organisierte Verbrechen in die freigewordenen Wohnungen ein. Doch als das größte Problem wird die demographische Alterung und in diesem Zusammenhang ein deutlicher Anstieg der Zahl verspätet entdeckter Todesfälle von allein wohnenden alten Menschen (*kodokushi*) bezeichnet; allein in den von der öffentlichen Urban Renaissance Agency (Toshi Saisei Kikō) verwalteten Wohnanlagen kam es zu einem Anstieg von 94 (1999) auf 326 (2006) Fälle.

Diese Berichterstattung mag in Teilen übertrieben sein, doch seriösere Publikationen (z. B. Fukuhara 2001; Ōyama 2008) stützen im Großen und Ganzen diesen Befund und dokumentieren damit, dass sich der Charakter der bislang als Symbole der japanischen egalitären Mittelschichtgesellschaft gefeierten Wohnanlagen[3] dramatisch verändert hat. Als eine wichtige Ursache für die beschleunigte Alterung ist die Tatsache zu nennen, dass viele dieser Siedlungen während der 1960er und 1970er Jahre in sehr kurzer Zeit errichtet und nahezu ausschließlich mit jungen Familien der Babyboom-Generation aufgefüllt worden waren. Während die Kindergeneration mittlerweile meist fortgezogen ist, ist die Elterngeneration geblieben und altert nun oft gemeinsam mit den Gebäuden, in denen sie wohnt. Die ausgedehnten sogenannten New Towns am Rand der großen Städte – anders als ihre britischen Namensvorbilder eher reine Pendlersiedlungen denn multifunktionale Entlastungsstädte – werden deshalb mittlerweile auch scherzhaft „Old Towns" genannt (Fukuhara 2001: 58). Bei Sozialwohnsiedlungen (*kōei jūtaku*), die unter der direkten Verwaltung der Gebietskörperschaften stehen, ist der zuweilen enorme Anteil alter Menschen[4] hingegen eher damit zu erklären, dass sich in dieser Personengruppe überdurchschnittlich häufig Geringverdiener befinden, die zudem bei der Vergabe einer Sozialwohnung gegenüber anderen Personen der unteren Einkommensschicht zusätzlich bevorzugt werden (vgl. Lützeler 2008b: 209–211). Diese Vergabepraxis gilt für alle Siedlungen dieses Typs unabhängig von der Lage im Stadtgebiet; auf diese Weise finden sich Stadtviertel mit extrem hohen Altenanteilen insulär auch im Stadtkern.

---

[3] So noch Itō 2007 in einem nostalgischen Rückblick in der Wochenzeitschrift *AERA*.

[4] In der Sozialwohnsiedlung Kirigaoka im Stadtbezirk Kita im Norden von Tōkyo etwa lag 2005 der Anteil der Wohnbevölkerung im Alter von 65 Jahren und darüber bei 46,7 %, d. h. mehr als doppelt so hoch wie der in diesem Jahr geltende Landesdurchschnitt von 20,2 % (eig. Berechnungen auf der Basis von Volkszählungsdaten nach Tōkyō-to 2008, Internet).

Drittens schließlich sind für die nähere Zukunft hohe Altenanteile auch in denjenigen Sektoren des Stadtraumes zu erwarten, die aufgrund ihrer durch Kleingewerbe dominierten Wirtschaftsstruktur sowie des Fehlens von höheren Bildungseinrichtungen insbesondere unter jüngeren Menschen wenig beliebt sind und daher bei der Wohnortwahl – sofern die materielle Lage dies zulässt – eher gemieden werden. In Tokyo beispielsweise betrifft dies vor allem die nördlichen und nordöstlichen Stadtteile sowie den an diese Stadtteile angrenzenden suburbanen Raum (Esaki 2006: 116–121).

Gerade am letzten Beispiel zeigt sich, dass demographische Alterung und Schrumpfung im Allgemeinen mit einer Verschärfung sozialräumlicher Gegensätze einhergeht. Anders als zur Zeit des wirtschaftlichen Hochwachstums und dann wieder während der *bubble economy*-Phase, als astronomisch hohe Bodenpreise und enorme Zuwanderungsziffern dazu führten, dass selbst Wohlhabende oft dazu gezwungen waren, sich in wenig attraktiven Wohngebieten niederzulassen (vgl. Nakagawa 1998: 187; Waley 2000: 153), dürfte die vom kommenden Jahrzehnt an auch für die Metropolitangebiete zu erwartende Bevölkerungsschrumpfung die Wohnungsmarktlage dort entspannen und damit bewirken, dass Besserverdienende größere Wahlmöglichkeiten bei der Wohnungssuche haben. Es käme damit zu einer stärkeren räumlichen Entmischung der sozialen Schichten mit der Folge einer erhöhten städtischen Segregation, d. h. einem stärkeren Kontrast zwischen „armen" und „wohlhabenden" Stadtteilen als bislang.[5] Daneben kann angenommen werden, dass die Alterung auch eine polarisiertere soziale Situation innerhalb einzelner Stadtviertel oder Kommunen schafft. So lässt sich ein wesentlicher Teil der in jüngerer Zeit auf nationaler Ebene leicht gestiegenen Einkommensungleichheit (gemessen an der Entwicklung des Gini-Koeffizienten) auf den gestiegenen Altenanteil zurückführen, denn in Japan sind Einkommensunterschiede vor allem unter älteren Menschen überdurchschnittlich stark ausgeprägt (Chiavacci 2002: 242). Zumindest im Mittel dürfte daher eine demographisch besonders alte auch eine in sozialer Hinsicht besonders ungleiche Kommune sein.

Das Ausmaß demographischer Alterung und Schrumpfung in den Ballungsräumen ist indes kaum mit den tiefgreifenden Problemen zu vergleichen, die auf den ländlichen Raum zukommen. Während hier fast aus-

---

[5] Das sozialräumliche Segregationsniveau in japanischen Städten ist im internationalen Vergleich bislang meist als ungewöhnlich gering beschrieben worden (so z. B. besonders pointiert bei Fujita und Hill 1998). Vgl. hingegen die Arbeiten von Fielding (2004) und Lützeler (2008b), die zum Ergebnis einer insgesamt dem europäischen Niveau ähnelnden Segregationsstärke kommen.

schließlich negative Effekte zu erwarten sind, denen mit konventionellen Maßnahmen nur schwer entgegenzuwirken sein wird, besteht in den Metropolen immerhin die Möglichkeit, dass durch eine Abnahme der Bevölkerung bisher vorhandene negative Agglomerationseffekte gelindert werden könnten. Yoshida (2005: 138) erwähnt in diesem Zusammenhang stagnierende oder sinkende Grundstückspreise, eine Entspannung des Wohnungsmarktes und weniger Staus. Würden die Auswirkungen übermäßiger Verdichtung überwunden, könne dies die Metropolen für jüngere Menschen sogar noch attraktiver machen. Für den ländlichen Raum wird dagegen im Vordergrund stehen, Maßnahmen zu konzipieren, um weiterer Abwanderung möglichst Einhalt zu gebieten. In Gemeinden, denen dies nicht gelingt, könnte es zu einer Beschleunigung oder Initiierung von Abwärtsspiralen kommen, bei denen sich Bevölkerungsabnahme, eine Kontraktion der lokalen Wirtschaft und der Abbau öffentlicher Infrastruktur wechselseitig verstärken (Elis 2008: 868–869).

Obwohl es nichts Neues darstellt, dass in Japan die Metropolen aus den metropolenfernen Räumen Bevölkerung abziehen, gibt es derzeit einige Anzeichen dafür, dass sich der Wettbewerb um die jüngeren und qualifizierteren Teile der Bevölkerung noch verschärft. Während Unternehmen aus den Verdichtungsräumen gezielt um Arbeitskräfte aus dem ländlichen Raum werben, versuchen auch die in den Ballungsgebieten gelegenen Universitäten, Studierende aus dem ländlichen Raum anzuziehen. Dieser Trend ist besonders deshalb interessant, da es sich um Vorboten einer Entwicklung handeln könnte, die von dem Versuch der Metropolen geprägt ist, sich auf die Folgen des bevorstehenden Arbeitskräftemangels einzustellen. Matsutani (2004: 92–94) hat in diesem Zusammenhang darauf hingewiesen, dass es in den Verdichtungsräumen zu einem Mangel an qualifizierten Arbeitskräften kommen könnte, da davon auszugehen sei, dass dort die Differenz zwischen der relativen Abnahme der Bevölkerung im erwerbsfähigen Alter und derjenigen der Gesamtbevölkerung besonders hoch ausfallen wird.

Darüber hinaus sind jedoch auch die Differenzierungsprozesse innerhalb des metropolenfernen Raumes zu beachten. Es besteht schon seit einiger Zeit die Tendenz, dass größere Regionalstädte wie Sapporo, Sendai oder Fukuoka mit intaktem Angebot öffentlicher und privater Dienstleistungen zu Magneten werden, die Ressourcen und jüngere Menschen aus noch abgelegeneren Gebieten anziehen.

Eine weitere Verschärfung ergibt sich aus der Tatsache, dass die Impulse des längsten Wirtschaftsaufschwungs seit Kriegsende in Teilen der japanischen Peripherie kaum oder nur mit Verzögerung angekommen sind. Dafür gibt es zahlreiche Gründe, von denen hier nur einige gestreift werden können. Einerseits ist seit Mitte der 1980er Jahre spürbar, dass Standorte im ländlichen Raum von der Verlagerung von Produktionsstätten ins Ausland (*genchi seisan*), dem Bezug von Vorprodukten und Teilen aus Übersee (*kaigai chōtatsu*) und der Konkurrenz durch Standorte in den aufstrebenden ost- und südostasiatischen Schwellen- und Entwicklungsländern stark in Mitleidenschaft gezogen werden. Darüber hinaus macht sich bemerkbar, dass sich Standorte in der Peripherie kaum Hoffnungen auf eine Ansiedlung von High-Tech-Betrieben und solchen der neuen Informations- und Kommunikationsindustrien machen können, da es sich bei diesen nicht, wie zunächst fälschlicherweise angenommen, um nicht standortgebundene Wirtschaftszweige handelt, sondern um solche, die eindeutig Standorte in den Metropolen bevorzugen, was in besonderem Maße für Japan gilt. Weiterhin sind auch die Auswirkungen des demographischen Wandels auf die lokalen Ökonomien zu berücksichtigen. Mit der Bevölkerungsschrumpfung und weitergehenden Alterung in ländlichen Gebieten beschleunigt sich beispielsweise der Niedergang des lokalen Einzelhandels. Zudem haben auch die Landwirtschaft, die Forstwirtschaft und die Fischerei mit strukturellen Problemen zu kämpfen. Die Zukunft der Wirtschaft im ländlichen Raum wird maßgeblich davon abhängen, ob attraktive Arbeitsplätze für jüngere Menschen und Rückkehrer aus den Metropolen zur Verfügung stehen.

Es stellt sich die Frage, wie diesen erkennbar schwerwiegenden Problemen des metropolenfernen Raumes zu begegnen ist. Die Regierung Koizumi (2001–2006) hat darauf eine Antwort gefunden, die ihrem marktradikalen Credo entspricht: die sogenannte Trinitätsreform (*sanmi ittai kaikaku*). Dahinter verbirgt sich ein Konzept, das drei regionalpolitische Maßnahmen beinhaltet, die im Paket als Dezentralisierungskonzept präsentiert wurden. Es geht dabei um eine Revision des Systems der regionalen Übertragungssteuer (*chihō kōfuzei seido*), die Einschränkung des Umfangs von zweckgebundenen Staatszuweisungen (*kokko shishutsukin*) und eine Übertragung von Steuerquellen von der Zentralregierung an die Gebietskörperschaften (*zeigen ijō*). Das Kalkül besteht darin, den Verantwortungsbereich der Präfekturen und Kommunen auszuweiten; sie sollen lernen, vorzugsweise ohne die leitende Hand der Regierung zurechtzukommen. Auf der Seite der Kommunen führen die Reformen dazu, dass gerade diejenigen Gemeinden, welche in besonderem Maße auf Transfers von Seiten der Zentralregierung angewiesen waren, mit erheblichen Einschnitten in den kommunalen Haushalten rechnen müssen, da sie für die entgangenen Einnahmen aus dem horizontalen Finanzausgleich nur unzureichend kompensiert werden. Um nicht Gefahr zu laufen, sich hoffnungslos zu verschulden, bleibt vielen ländlichen Kommunen derzeit keine andere Wahl, als die Zahl ihrer Bediensteten zu senken, Infrastruktur abzubauen und räumlich zu konzentrieren sowie einen Teil der öffentlichen Dienstleistungen in die Hände des privaten Sektors zu legen. Bringt man die Essenz dieser Regionalreform auf den Punkt, so bedeutet sie den Beginn einer Abkehr von einer ausgleichsorientierten Regionalpolitik (siehe dazu auch Lützeler und Elis 2007: 716–717). Eine Begründung für die Notwendigkeit von Reformen liegt jedoch nahe: Die Besorgnis erregende Höhe der japanischen Staatsverschuldung lässt den Luxus solcher Umverteilungsmaßnahmen nicht mehr zu, die in einkommensschwachen Gemeinden ein annähernd gleichwertiges Niveau an öffentlichen Dienstleistungen sicherstellen sollten.

Zum jetzigen Zeitpunkt erscheint es noch fraglich, ob die Trinitätsreform konsequent umgesetzt wird oder ob sie durch Interventionen von politischen Gegnern innerhalb und außerhalb der Regierung oder von Seiten der Interessengruppen schließlich noch entschärft oder verwässert wird. Fest steht jedoch, dass Koizumis Regionalreformen, die zunächst stark im Schatten der Postprivatisierung standen, ein Vermächtnis bilden, das geeignet ist, das Gesicht des Landes tiefgreifend zu verändern. Während Abe (2006–2007) als unmittelbarem Nachfolger Koizumis im Amt des Premierministers wegen der Kürze seiner Amtszeit keine Zeit blieb, seine durchaus vorhandenen Vorstellungen zur Gestaltung der Regionalpolitik (siehe z. B. *Nihon Keizai Shinbun* 12.09.2007: 9) zum Tragen zu bringen, ist dieser Politikbereich seither zu einem Spielball zwischen den Parteien geworden. Auch einige Ministerien zeigen sich zurückhaltend gegenüber diesen Reformen, da sie ihre Einflussbereiche schützen und ihre Kontrolle über die Gebietskörperschaften gewahrt sehen wollen. Dass der marktradikale Kurs von Koizumi, der sich in seiner Zeit als Premierminister selbst als dezidiert die städtischen Interessen vertretender Politiker verstand, die LDP-Wähler im ländlichen Raum vor den Kopf stieß, gilt als einer der Faktoren, die dazu beigetragen haben, dass die Oberhauswahlen im August 2007 für die Regierungsparteien zu einem Desaster gerieten. Der oppositionellen Demokratischen Partei Japans (DPJ) gelang es dabei, die Frage der sich verschärfenden regionalen Disparitäten zu einem Teil ihrer Agenda zu machen und in den traditionellen LDP-Hochburgen in den metropolenfernen Räumen Wähler zu gewinnen.

Eine Prognose über die weitere Entwicklung der regionalen Ungleichheit in Japan ist naturgemäß nicht einfach. Vieles dürfte davon abhängen, ob die politischen Entscheidungsträger auf der zentralstaatlichen Ebene die von den Gedanken eines „kompetitiven Föderalismus" getragenen Reformen der Koizumi-Ära konsequent weiterführen oder zumindest teilweise zu einer Politik des „benevolenten Zentralismus" zurückkehren. Der demographische Wandel und die wirtschaftlichen Schrumpfungsprozesse im ländlichen Raum als weitere Ursachen verstärkter Raumdisparitäten erscheinen jedoch als nahezu irreversible Phänomene. In Anbetracht des sich verschärfenden Wettbewerbs um Ressourcen und Talente ist davon auszugehen, dass sich die Kluft zwischen den Gewinner- und den Verliererregionen weiten wird.

* * *

Die Mehrzahl der acht Beiträge des vorliegenden Bandes, die dem Themenschwerpunkt zugeordnet werden können, befasst sich mit ländlichen Gemeinden und Regionen. Entsprechend stellt die teilweise recht prekäre Situation ländlicher Kommunen und deren Suche nach Identität und/oder neuen Einnahmequellen in Zeiten demographischer Schrumpfung und politischer Dezentralisierungsbestrebungen den von den meisten Aufsätzen gewählten Themenbereich dar. Dabei wird das japanische Territorium räumlich gesehen recht gut abgedeckt. Hokkaidō ist ebenso mit einer Gemeinde vertreten wie der Ryūkyū-Archipel; die nordöstliche Hälfte der Hauptinsel Honshū wird ebenso behandelt wie ihre südwestliche Hälfte inklusive der Inseln Shikoku und Kyūshū (Abb. 1).

Zu Beginn gibt Thomas Feldhoff in seinem Beitrag „Landes- und Regionalentwicklung zwischen Wachstum und Schrumpfung: Regionale Disparitäten und räumliche Planung in Japan" einen fundierten Überblick über die Entwicklung räumlicher Ungleichheit und die bisherige Grundkonzeption der staatlichen Raumplanung. Feldhoff stellt heraus, dass sich trotz jahrzehntelanger Bemühungen um eine (Wieder-)Herstellung ausgeglichener Lebensverhältnisse in allen Teilen des Landes die demographischen und ökonomischen Unterschiede zwischen den Verdichtungsräumen an der Pazifikseite Japans auf der einen und den ländlich-peripheren bzw. altindustrialisierten Regionen auf der anderen Seite dramatisch verschärft haben. Ungeachtet der Entleerung und beginnenden Verödung weiter Landstriche abseits der Metropolen habe die japanische Raumplanungspolitik jedoch noch kein durchgreifend neues, realistischeres Leitbild entwickelt. Der Autor macht hierfür zum einen den weiterhin starken Einfluss der japanischen „Baulobby" auf Politik und Ministerialbürokratie verantwortlich. Zum anderen benennt er obrigkeitsstaatliche Traditionen, die das Aufkommen nichtstaatlicher Akteure und damit nicht-hierarchische Formen kollektiver Regelungen von gesellschaftlichen Sachverhalten (*governance*) auf regionaler und lokaler Ebene in Japan bislang gehemmt hätten. Feldhoff sieht aber auch erste Anzeichen für eine Bewusstseinsänderung.

Der darauf folgende Beitrag „Schrumpfende Städte als Herausforderung: Japan, Hokkaidō und der Fall der Stadt Yūbari" von Winfried Flüchter kann auch als eine Konkretisierung der Ausführungen von Feldhoff gelesen werden. Der erste Teil des Aufsatzes beschäftigt sich mit der Entwicklung der Einwohnerzahlen aller japanischen Städte (*shi*) bzw. der

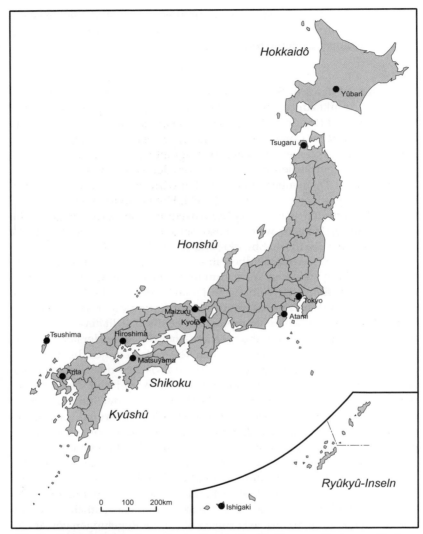

Abb. 1: **Geographische Lage der in diesem Band näher erwähnten und behandelten Orte**

Städte auf der von Schrumpfungsprozessen besonders betroffenen Insel Hokkaidō zwischen 1960 und 2005. Flüchter hält dabei fest, dass mittlerweile die meisten kleineren Städte mit weniger als 200.000 Einwohnern Bevölkerungsverluste verzeichnen, wobei die Situation in von Kohle, Stahl und Werften dominierten Städten besonders katastrophale Ausmaße angenommen hat. Noch einigermaßen günstig stelle sich die Lage innerhalb der Metropolregionen dar. Der zweite Teil widmet sich der 2007 in Konkurs gegangenen ehemaligen Bergbaustadt Yūbari auf Hokkaidō. Der Autor schildert – teils auf Basis persönlicher Eindrücke – die Versuche der Gemeinde, durch den Aufbau einer kostspieligen touristischen Infrastruktur den seit 1990 durch die Schließung der letzten Zeche scheinbar besiegelten wirtschaftlichen und demographischen Niedergang aufzuhalten, was aber letztlich zum finanziellen Ruin mit anschließender staatlicher Zwangsverwaltung führte. Flüchter sieht die eigentliche Ursache für den Bankrott aber eher in der bisherigen großzügigen Subventionspolitik der Zentralregierung, die bei den Kommunen eine Mentalität des unwirtschaftlichen Umgangs mit öffentlichen Geldern habe entstehen lassen.

Nicht unmittelbar um regionale Disparitäten, wohl aber um eine neue stadtplanerische Handhabe, die auch zur Revitalisierung einzelner Kommunen eingesetzt werden kann, geht es in der Untersuchung von Christoph Brumann mit dem Titel „Weite Himmel über der Kaiserstadt: Die Kehrtwende in Kyotos Stadtplanung". Brumann schildert die Umsetzung des nationalen Landschafts(schutz)gesetzpaketes (*Keikan-hō*) von 2004 in der durch zahlreiche Neubauten zunehmend in ihrer Eigenart gefährdeten alten Hauptstadt Japans. Die neue gesetzliche Grundlage machte eine Änderung städtischer Verordnungen (*jōrei*) möglich, die in fundamentaler Abkehr von der die bisherige japanische Stadtplanung kennzeichnenden Vorrangstellung von Eigentümerinteressen nunmehr unter anderem ein Verbot aufdringlicher Reklametafeln sowie die Verwendung traditioneller Architekturelemente und deutlich reduzierte Maximalhöhen von Gebäuden vorsehen. Brumann stellt aber auch klar, dass diese epochale Trendwende keineswegs eine Stärkung zivilgesellschaftlicher Strukturen anzeigt. Vielmehr ging die Initiative in herkömmlicher Top-Down-Manier von entsandten Beamten der Zentralregierung sowie Kyotoer Wirtschaftsführern aus. Hauptgrund für die überraschend bereitwillige Umsetzung der Landschaftsgesetze war die erwartete Schrumpfung der Einwohnerzahl Kyotos, wodurch das traditionelle Stadtbild in der Zukunft zu einer für das Wohlergehen der Stadt noch wichtigeren Ressource werden dürfte. Kyoto bildet damit laut Brumann auch einen Referenzpunkt für andere Kommunen, die ebenfalls auf ein attraktives Stadtbild angewiesen sind, um Besucher oder Bewohner zu halten oder gar neu anzulocken.

Eine solche Anlockung einer bestimmten Bewohnerklientel ist das Thema des Beitrags „Ruheständler als Lebenselixier? Ruhestandswanderung und lokale Neubelebungsstrategien am Beispiel von Atami und Ishigaki" von Maren Godzik. Obwohl Ruhestandswanderung in Japan im Vergleich zu anderen Industriegesellschaften bislang kaum eine Rolle gespielt hat, wie die Autorin ausführt, betrachten einige ländliche Kommunen noch relativ rüstige und wohlhabende Senioren bis zu einem Alter von etwa 75 Jahren mittlerweile als willkommene Personengruppe, deren Ansiedlung zu einer Hinauszögerung demographischer Schrumpfung und damit auch zu einer Verbesserung der kommunalen Haushaltslage beitragen kann. Mehr noch als auf ein gewandeltes Migrationsverhalten könne sich die Hoffnung der Kommunen dabei auf ein absehbares absolutes Anwachsen der Wanderungszahlen älterer Menschen stützen, da die geburtenstarken Jahrgänge der frühen Nachkriegszeit (sog. *dankai sedai*) nunmehr ins Ruhestandsalter eintreten. Weiter belegt Godzik anhand der Beispiele von Atami, einem etablierten Thermalbade- und Vergnügungsort am Meer unweit von Tokyo, sowie Ishigaki, einer am äußersten Südwestrand der japanischen Inselkette gelegenen und schon zur tropischen Klimazone rechnenden Insel, dass sich die Bedingungen in den Zielorten von Ruhesitzwanderung teilweise erheblich voneinander unterscheiden. Dies betrifft sowohl die Merkmale der Zuwanderer als auch die Strategien der Akteure in den Kommunen. Gemeinsam sei beiden Fällen jedoch eine drohende Beeinträchtigung des Ortsbildes durch unkoordiniert entstehende Wohnkomplexe sowie die Gefahr von Interessenkonflikten zwischen Alt- und Neubewohnern.

Die vier restlichen Beiträge zum Themenschwerpunkt dieser *Japanstudien* behandeln die Frage der Identitätsfindung bzw. Identitätserhaltung von Kommunen und Regionen. Dies ist insoweit ein derzeit drängendes Thema, als sich seit 1999 die Zahl der Kommunen im Rahmen der „Großen Kommunalen Gebietsreform der Heisei-Zeit" (*Heisei no dai-gappei*) von ursprünglich über 3.200 auf rund 1.800 Kommunen fast halbiert hat. Die Gebietsreform wurde von der Zentralregierung unter anderem zur Stärkung bzw. Sicherung der lokalen Verwaltungseffizienz und Verbesserung der teilweise desaströsen fiskalischen Situation angestoßen, stellt aber die betroffenen Kommunen oft vor das Problem, ihre Identität neu bestimmen zu müssen bzw. als kleinerer Partner im neuen Gemeindeverband hinreichend sichtbar zu bleiben. Der Beitrag „Kommunale Gebietsreformen der Heisei-Zeit und lokale Identität: Das Beispiel der Kommune Arita-*chō*" von Cornelia Reiher stellt einen solchen Prozess am Beispiel einer durch ihre Porzellanherstellung in Japan sehr bekannten Gemeinde im Norden von Kyūshū ausführlich dar. Obwohl bei der 2006 erfolgten Fusion der Keramikstadt Arita-*machi* mit dem agrarisch geprägten Nishi-Arita-*chō* zur neuen Gemeinde Arita-*chō* Identitätsprobleme oder die Frage der Namensfindung für die neue Gemeinde letztlich keine große Rolle spielten, hielten es die lokalen öffentlichen Akteure im Vorfeld der Fusion für notwendig, in Gemeindezeitungen sowie auf etlichen Informationsveranstaltungen die Gemeinsamkeiten der Fusionspartner und ihrer Bürger hervorzuheben, um so ein neues Gemeinschaftsgefühl herzustellen. Eine aktive Beteiligung der Bürger am Fusionsprozess hat jedoch kaum stattgefunden, bemerkt Reiher. Auch könne zwei Jahre nach dem Zusammenschluss von einem neuen Gemeinschaftsgefühl im Ort noch keine Rede sein.

Die Förderung von Fremdenverkehr als Mittel zur Förderung der Integration neu fusionierter Gemeinden steht im Mittelpunkt des Beitrags „Eine neue Identität für Regionalstädte: Deindustrialisierung, kommunale Gebietsreform und Tourismus" von Carolin Funck. Am Beispiel von fünf kleineren bis mittelgroßen Städten in der westjapanischen Präfektur Hiroshima kommt die Autorin zu dem Ergebnis, dass Tourismus als imagebildende und der Wirtschaft förderliche Strategie umso deutlicher betont wird, je stärker eine Kommune von Deindustrialisierung und Bevölkerungsalterung betroffen ist. Die Etablierung eines neuen Images durch Tourismus gelinge jedoch allenfalls nach außen, während stringente Konzepte zur Integration der touristischen Ressourcen in den einzelnen fusionierten Gemeindeteilen nicht erkennbar sind. Eine durch Tourismusaktivitäten angestoßene Neugestaltung des städtischen Raumes zur Herstellung urbaner Lebens- und Freizeitqualität, die langfristig sogar neue Bewohner anlocken könnte, ist schon angesichts knapper Gemeindekassen ebenfalls kaum realisiert worden.

In seinem Beitrag „Japanese Rural Revitalization: The Reality and Potential of Cultural Commodities as Local Brands" beschäftigt sich Anthony Rausch mit dem Thema der Markenbildung bei regionalen Kulturgütern. Er zeichnet dabei anhand der Beispiele von traditionellen Lackwaren und *shamisen*-Musik, die beide mit der Region Tsugaru im Westteil der Präfektur Aomori verbunden werden, nach, dass sich das Verfolgen einer Strategie, die auf offizielle Anerkennung setzt, auch als kontraproduktiv erweisen kann, da die Gefahr besteht, dass ein stereotypes Bild von regionalen Kulturgütern zementiert wird, welches deren historisch gewachsene Vielfalt weitgehend ausblendet. Dies kann sich als problematisch erweisen, da ein Markenimage, das dem historischen Entwicklungspfad nur ungenügend Rechnung trägt, kaum als Mittel zur Revitalisierung der Ursprungsregion taugt. Da jedoch gerade angesichts der durch die kommunalen Gebietsreformen veränderten Lage vieler Gemeinden Bemühungen, die dazu geeignet sind, der regionalen Wirtschaft neue Impulse zu verleihen, an Bedeutung gewinnen, muss laut Rausch im Falle der Vermarktung regionaler Güter sorgfältig darauf geachtet werden, welche Güter in die Vermarktungsstrategie von Orten einbezogen werden und ob die verfolgte Strategie im Einklang mit dem regionalen Selbstverständnis steht.

Einen anderen Ansatz wählen Tatsushi Hirano, Sven Saaler und Stefan Säbel in ihrem Beitrag „Recent Developments in the Representation of National Memory and Local Identities: The Politics of Memory in Tsushima,

Matsuyama, and Maizuru". Die genannten westjapanischen Orte interpretieren sie nach Pierre Nora als nationale „Erinnerungsorte" (*lieux de mémoire*). Die Insel Tsushima und die Stadt Matsuyama stehen dabei für die Erinnerung an den Russisch-Japanischen Krieg (1904/05), während die am Japanischen Meer gelegene kleine Hafenstadt Maizuru mit der Rückkehr der japanischen Siedler aus der Mandschurei und dem Norden von Korea sowie der in sowjetischen Lagern Internierten nach Ende des Zweiten Weltkriegs in Verbindung gebracht wird. Mit dem Bau von Museen und Gedenkstätten, aber auch der Erhaltung und Restaurierung von Objekten, die mit den historischen Ereignissen in direktem Zusammenhang stehen, bemühen sich die Orte zugleich um eine eigene lokale Identität. Anders als im Falle von Okinawa oder Hiroshima dient die lokale Erinnerung jedoch nicht als Gegenentwurf zu einer dominanten nationalen Version der Geschichtsschreibung. Vielmehr sollen, auch zum Zwecke einer touristischen und allgemein wirtschaftlichen Wiederbelebung, an diesen Orten nostalgische und den Nationalstolz weckende Assoziationen hervorgerufen werden. Somit kommt es nicht zu einer Regionalisierung nationaler Geschichtsschreibung, sondern es entsteht umgekehrt eine Nationalisierung von Lokalgeschichte.

* * *

Der erste Varia-Beitrag des vorliegenden Bandes, „The Local Dimension of Energy and Environmental Policy in Japan", ist der Frage gewidmet, aus welchen Gründen Japan in Bezug auf die Bereiche „nachhaltige Energiepolitik" und „Klimaschutz" keine aktivere Rolle einnimmt. Andrew DeWit und Tani Tatsuhiko führen dies darauf zurück, dass die zuständigen politischen Entscheidungsträger überkommenen Leitbildern folgen, anstatt die Potenziale zu nutzen, die sich aus einer stärkeren Rolle des öffentlichen Sektors und einer Einbindung von privaten Akteuren ergeben könnten. Ausgesprochen kritisch sehen die Autoren die seit den Koizumi-Jahren verfolgte Energiepolitik, die vorrangig auf marktzentrierte Mechanismen und freiwillige Selbstverpflichtungen der Wirtschaft setze, und plädieren stattdessen für eine Politik der Internalisierung der sogenannten „externen Effekte". International schneide Japan gerade im Vergleich mit den westeuropäischen Staaten in Bezug auf umwelt- und energiepolitische Indikatoren weniger gut ab, als man im Hinblick auf das Image des Landes als „Heimat" des Kyoto-Protokolls erwarten sollte. Den Schlüssel zu einer nachhaltigeren Energienutzung könnte eine stärkere Förderung von Projekten zur Nutzung erneuerbarer Energien bilden; auf lokaler Ebene gebe es bereits Erfolg versprechende Ansätze, wie etwa das Beispiel der Stadt Kuzumaki in der Präfektur Iwate zeigt. Es sei wünschenswert, dass die japanische Regierung mit geeigneten Maßnahmen eine Vorreiterrolle einnimmt und stärker interveniert, um die Entwicklung von Wind-, Solar- und Geothermalenergie voranzutreiben.

Auch der zweite Varia-Beitrag „From Environmental Accountability to Corporate Social Responsibility? Reflections on the CSR Boom in Japan from the Perspective of Business Management and Civil Society Groups" von Susanne Brucksch und Carolina Grünschloß setzt sich mit einem Thema auseinander, welches gegenwärtig viel Aufmerksamkeit erfährt. Die Autorinnen schildern die historische Entwicklung, die zur heutigen Ausprägung von Corporate Social Responsibility in Japan geführt hat, im Spannungsfeld zwischen Unternehmen und ihren Anspruchsgruppen. Die Anfänge von CSR in Japan müssen bei der japanischen Umweltbewegung gesucht werden, der es zu verdanken ist, dass Umweltschutzziele zunehmend Eingang in die Gesetzgebung und das Kalkül der Unternehmen fanden. Trotz einiger Erfolge musste die Umweltbewegung jedoch auf Grund ihrer institutionellen Schwäche seit den 1990er Jahren das Gesetz des Handelns den Unternehmen überlassen, die begannen, den Umweltschutz aus strategischen Gründen auf ihre Fahnen zu schreiben. Getrieben durch Impulse aus dem Ausland und Unternehmensskandale innerhalb Japans entwickelte sich in Japan ein Bewusstsein für CSR, das sich in den letzten Jahren in Ansätzen von umweltbezogenen zu sozialen Belangen hin erweiterte. Die Autorinnen sehen Anzeichen dafür, dass in Zukunft Kooperationen zwischen Unternehmen und Nichtregierungsorganisationen ein größeres Augenmerk zukommen wird.

Literaturverzeichnis

Asahi Shimbun „Bunretsu Nippon" Shuzaihan (Hg.) (2007): *Bunretsu Nippon – chūryūsō wa doko e* [Gespaltenes Japan – wo ist die Mittelschicht geblieben?]. Tokyo: Asahi Shimbunsha.

Chiavacci, David (2002): Die japanische Mittelschicht vor dem Kollaps – die Kontroverse zur sozialen Schichtung und Mobilität im gegenwärtigen Japan. In: *JAPAN aktuell* (Juni 2002), S. 236–253.

Elis, Volker (2008): The Impact of the Ageing Society on Regional Economies. In: Florian Coulmas, Harald Conrad, Annette Schad-Seifert und Gabriele Vogt (Hg.): *The Demographic Challenge: A Handbook about Japan*. Leiden und Boston: Brill, S. 861–877.

Esaki, Yūji (2006): *Shutoken jinkō no shōraizō. Toshin to kōgai no jinkō chirigaku* [Das Zukunftsbild der Bevölkerung in der Hauptstadtregion. Bevölkerungsgeographie der Innenstadt und der Vorstädte]. Tokyo: Senshu Daigaku Shuppankyoku.

Fielding, Anthony J. (2004): Class and Space: Social Segregation in Japanese Cities. In: *Transactions of the Institute of British Geographers* 29 (1), S. 64–84.
Flüchter, Winfried (1990): Japan. Die Landesentwicklung im Spannungsfeld zwischen Zentralisierung und Dezentralisierung. In: *Geographische Rundschau* 42 (4), S. 182–194.
Flüchter, Winfried (1997): *Tōkyō quo vadis? Chancen und Grenzen (?) metropolitanen Wachstums* (= Duisburger Arbeitspapiere Ostasienwissenschaften; 15). Duisburg: Gerhard-Mercator-Universität Gesamthochschule Duisburg, Institut für Ostasienwissenschaften.
Fujimoto, Tateo (1992): *Tōkyō ikkyoku shūchū no mentaritī* [Die Mentalität der Einpunkt-Konzentration auf Tokyo]. Kyoto: Mineruva Shobō.
Fujita, Kuniko und Richard Child Hill (1998): Together and Equal: Place Stratification in Osaka. In: P. P. Karan und Kristin Stapleton (Hg.): *The Japanese City*. Lexington: The University Press of Kentucky, S. 106–133.
Fukuhara, Masahiro (2001): *Yomigaere nyūtaun. Kōryū ni yoru saisei o motomete* [Die New Towns wiederbeleben. Durch Austausch zur Revitalisierung]. Tokyo: Kokon Shoin.
Hill, Richard Child und Kuniko Fujita (2000): State Restructuring and Local Power in Japan. In: *Urban Studies* 37 (4), S. 673–690.
Itō, Ryūtarō (2007): Danchi wa Nihon no seichi da. Bokura no „byōdō" wa koko kara hajimatta [Großwohnsiedlungen sind ein heiliger Ort Japans. Unsere „Gleichheit" hat von hier aus begonnen]. In: *Asahi Shimbun Weekly AERA* 2007.7.23, S. 46–49.
KCSKKTS (= Kokudochō Chihō Shinkō-kyoku Kaso Taisaku-shitsu) (1991): *Heisei 2-nendoban kaso taisaku no genkyō* [Die aktuelle Lage der Maßnahmen gegen Untervölkerung, Ausgabe Fiskaljahr 1990]. Tokyo: Marui Kōbunsha.
Kreiner, Josef (Hg.) (1996): *Chiikisei kara mita Nihon. Tagenteki rikai no tame ni* [Japan aus Sicht seiner regionalen Unterschiede. Für ein pluralistisches Verständnis]. Tokyo: Shin'yōsha [Name des Hg. im Original: Kurainā, Yōzefu].
Lützeler, Ralph (1998): Regionale Wirtschaftsstruktur und Raumordnungspolitik. In: Deutsches Institut für Japanstudien (Hg.): *Die Wirtschaft Japans. Strukturen zwischen Kontinuität und Wandel*. Berlin, Heidelberg und New York: Springer, S. 269–292.
Lützeler, Ralph (2008a): Regional Demographics. In: Florian Coulmas, Harald Conrad, Annette Schad-Seifert und Gabriele Vogt (Hg.): *The Demographic Challenge. A Handbook about Japan*. Leiden und Boston: Brill, S. 61–79.
Lützeler, Ralph (2008b): *Ungleichheit in der global city Tōkyō. Aktuelle sozialräumliche Entwicklungen im Spannungsfeld von Globalisierung und lokalen Sonderbedingungen* (= Monographien aus dem Deutschen Institut für Japanstudien; 42). München: Iudicium.

Lützeler, Ralph und Volker Elis (2007): Der Demografische Wandel in Japan – Hintergründe und aktuelle Entwicklungen in der Sozial-, Beschäftigungs- und Regionalpolitik. In: *Wirtschaftspolitische Blätter* 54 (4), S. 705–720.
Matsutani, Akihiko (2004): *Jinkō genshō keizai no atarashii kōshiki* [Eine neue Formel für die Wirtschaft in Zeiten abnehmender Bevölkerung]. Tokyo: Nihon Keizai Shinbunsha.
Nakagawa, Satoshi (1998): Population Development and Social Problems in the Inner City and Suburbs of the Tokyo Metropolitan Area. In: The Organizing Committee of the 8th Japanese-German Geographical Conference (Hg.): *Sustainability as an Approach for National, Regional and Local Development in Japan and Germany*. Machida: The Organizing Committee of the 8th Japanese-German Geographical Conference, S. 183–193.
NHK Supesharu „Wākingu Pua" Shuzaihan (Hg.) (2007): *Wākingu pua: Nihon o mushibamu yamai* [Working Poor: Die Krankheit, die Japan zersetzt]. Tokyo: Popura-sha.
Nihon Keizai Shinbun (12.09.2007): Chiiki kasseika e no shin-senryaku [Neue Strategie für eine Revitalisierung der Regionen], S. 9, Morgenausgabe.
Norimoto, Kichirō (1989): *Kaso saisei no genten* [Ausgangspunkte einer Wiederbelebung untervölkerter Regionen]. Tokyo: Nihon Keizai Hyōronsha.
Ōyama, Mahito (2008): *Danchi ga shinde iku* [Die Großwohnsiedlungen sterben dahin] (= Heibonsha Shinsho; 415). Tokyo: Heibonsha.
SPA! (04.12.2007): „Danchi no suramu-ka" ga tomaranai! [Die „Verslumung der Großwohnsiedlungen" nimmt kein Ende!], S. 24–29.
Sugimoto, Yoshio (1997): *An Introduction to Japanese Society*. Cambridge: Cambridge University Press.
Tōkyō-to (2008): Kokusei chōsa Tōkyō-to kushichōson chōchō-betsu hōkoku, Heisei 17-nen. Dai 1-hyō [Bericht zur Volkszählung 2005 für die Präfektur Tokyo nach Kommunen und Stadtdistrikten, Tabelle 1]. http://www.toukei.metro.tokyo.jp/kokusei/2005/kd05–01data.htm (letzter Zugriff 14.07.2008).
Waley, Paul (2000): Tokyo: Patterns of Familiarity and Partitions of Difference. In: Peter Marcuse und Ronald van Kempen (Hg.): *Globalizing Cities. A New Spatial Order?* Oxford: Blackwell, S. 127–157.
Yoshida, Yoshio (2005): Shōshi-ka ni tomonau chiiki shakai no shomondai [Die durch den Geburtenrückgang verursachten Probleme der lokalen Gesellschaft]. In: Hiroshi Ohbuchi und Hiroyuki Kanekiyo (Hg.): *Shōshi-ka no shakai keizaigaku* [Sozioökonomie des Geburtenrückgangs] (= Jinkōgaku Raiburarī; 2). Tokyo: Hara Shobō, S. 133–151.

LANDES- UND REGIONALENTWICKLUNG ZWISCHEN WACHSTUM UND SCHRUMPFUNG: REGIONALE DISPARITÄTEN UND RÄUMLICHE PLANUNG IN JAPAN

Thomas Feldhoff

National and Regional Development between Growth and Shrinkage: Regional Disparities and Spatial Planning in Japan

Abstract: Since the early 1950s, the Japanese government has followed a paradigm of 'balanced regional development' that is based on comprehensive planning approaches characterized by very high levels of central government control. However, the intended regional economic growth failed to occur and regional disparities continued to widen. Today, as Japan faces demographic changes as a regional challenge, the pressure to overcome traditional top-down planning policies is even greater. The degree of social acceptance of regional disparities is determined not least by normative decision-making in spatial planning and politics. In reality, the demands of these rural-peripheral and old industrialized regions that suffer a decline in population and thus their functional capability are politically highly sensitive. However, new spatial visions and strategies related to a 'paradigm of shrinking', as well as new forms of regulation including bottom-up approaches that challenge vested interests are still in question.

1 Einleitung

Regionale Disparitäten, also Ungleichheiten, sind ein wesentliches Strukturmerkmal von Gesellschaften. Das gilt in besonderer Weise für Japan: Die ungleichgewichtige räumliche Entwicklung des Inselreiches, die ganz wesentlich ein Ergebnis des nachkriegszeitlichen Industrialisierungs-, Verstädterungs- und Binnenwanderungsgeschehens ist, setzt sich bis in die Gegenwart hinein fort (vgl. Flüchter 1990, 1994, 2004; Matsubara 2006). Einer ausgeprägten Konzentration von Bevölkerung und Wirtschaftskraft in den großen Ballungsräumen auf der pazifischen „Vorderseite" Japans steht eine zunehmende Entleerung und Verödung ländlich-peripherer Gebiete gegenüber. Hinsichtlich der räumlichen Maßstabsebene und der Qualität der regionalen Disparitäten gilt es allerdings zu differenzieren: Erstens deuten neuere Entwicklungen darauf hin, dass die Hauptstadt Tokyo im intermetropolitanen Wettbewerb ihr überragendes Gewicht auf Kosten der nächstgrößeren Metropolräume Osaka und Nagoya weiter ausbaut. Auf interregionaler Ebene ist zweitens festzustellen, dass das Gewicht der metropolitanen Präfekturen insgesamt zuungunsten der Peripherie weiter zunimmt – ein Phänomen, das als Metropolisierung bezeichnet wird. Drittens schließlich setzen sich auf der intraregionalen Ebene innerhalb der nichtmetropolitanen Präfekturen Konzentrationsprozesse zugunsten der jeweiligen Präfekturhauptstädte bzw. wichtiger Regionalzentren fort und bewirken eine weitere Ausdünnung des ländlich-peripheren Raumes (vgl. Feldhoff 2005: 86).

Aus Sicht der Raumplanung sind regionale Disparitäten weder ein naturgegebenes noch unausweichliches Phänomen, sondern sie sollten – eine entsprechende politisch-normative Zielausrichtung unterstellt – durch geeignete Steuerungsinstrumente und Anpassungsstrategien ausgeglichen werden. Dabei geht es wohlgemerkt nicht um eine absolute „Gleichheit" der Lebensverhältnisse, sondern um eine „Einheitlichkeit" oder „Gleichwertigkeit" – verknüpft mit der normativen Frage, welches Ausmaß an regionalen Disparitäten von einer Gesellschaft eigentlich toleriert werden soll (vgl. Frankenfeld 2005: 185). In Bezug auf die „Steuerungskunst der Planer" bemerkt Fürst (2005: 25), dass diese darin liege, nicht reaktiv auf Raumnutzungen zu antworten, sondern Raumnutzer in einen konstruktiven Prozess einzubinden, der klären soll, wie deren Nutzungsansprüche von Anfang an raum- und umweltverträglich gestaltet werden können.

Für Japan ist durchaus eine Krise der „Steuerungskunst der Planer" zu konstatieren, weil die regionalen Disparitäten (*chiiki kakusa*) in den zurückliegenden Jahrzehnten immer weiter zugenommen, die Regionen sich jedoch dem offiziell verbreiteten Konvergenz-Optimismus zum Trotz weiter auseinander entwickelt haben. Bisherige Programme, Konzepte und Strategien waren nicht geeignet, den strukturschwachen Teilräumen die erhofften Entwicklungsimpulse zu geben. Eingebettet ist das Problem offenbar zunehmender regionaler Disparitäten in grundlegende gesellschaftliche Veränderungen. Coulmas (2007: 234–237) stellt fest, dass traditionelle japanische Vorstellungen von Egalitarismus und Uniformität längst der Vorstellung von einer „Differenzgesellschaft" (*kakusa shakai*) gewichen seien, in der die Disparitäten zunähmen. Die Meinungsumfragen des Kabinettsamtes zum Sozialbewusstsein der Bevölkerung (*Shakai ishiki ni kansuru seron chōsa*) zeigen, dass sich auch in der öffentlichen Wahrnehmung eine Verschärfung des Problems der regionalen Ungleichheiten widerspiegelt: Noch 2002 waren nur 7,4 Prozent der Befragten der Meinung, dass sich die Disparitäten verstärkten, 2007 waren es bereits 25,6 Prozent (vgl. Naikakufu 2004, 2007, Internet). Ein Ziel des vorliegenden Beitrages ist es daher, die allgemeine Entwicklung regionaler Disparitäten in Japan anhand ausgewählter Indikatoren aufzuzeigen. Als Messinstrumente regionaler Unausgewogenheiten werden neben demographischen auch sozioökonomische Merkmale herangezogen. Alle Indikatoren sind quantitativer Art und operationalisierbar.

Die aus der angedeuteten Krise der traditionellen staatlichen Steuerungsformen resultierende Diskussion um eine Neubestimmung der räumlichen Planung in Japan bildet den zweiten Schwerpunkt des Beitrages. Sie erhält zusätzliche Brisanz durch den Umstand, dass der durch Bevölkerungsrückgang und -alterung geprägte demographische Wandel in naher Zukunft die regionalen Disparitäten weiter verstärken und vor allem die Frage der Sicherung der öffentlichen Daseinsvorsorge aufwerfen wird (vgl. Flüchter 2004; Matsubara 2006). Die Auswirkungen werden regional sehr unterschiedlich ausfallen, allein schon aufgrund sehr unterschiedlicher regionaler Ausgangssituationen. Interessant ist zu sehen, wie der Staat auf diese Herausforderungen reagiert. Schließlich ist es Aufgabe der räumlichen Planung, Ziele des lenkenden Einwirkens auf das räumliche Geschehen zu definieren und dabei die Vielfalt der Regionen zu beachten. Damit ist räumliche Planung stets ein zielorientiertes Handeln und nicht etwa eine reine Zustandsbeschreibung, so dass im Rahmen des Beitrages auch der Frage nachgegangen werden soll, welches die konkreten Absichten der japanischen Raumplanung derzeit eigentlich sind.

Nach Lendi (2003: 7) steht „Raumplanung für die zukunftsfähige Erhaltung und Gestaltung des Lebensraumes mit Chancen der individuellen, politischen, wirtschaftlichen (insbesondere unternehmerischen) und sozialen Lebensentfaltung unter Wahrung des ökologischen Gleichgewichts". Sie erfüllt somit einen überfachlichen und im Hinblick auf die verschiedenen abwägungsrelevanten Belange integrativen Planungs- und Koordinierungsauftrag (Turowski 2005). Dabei ist der Wandel des planerischen Steuerungsverständnisses eng verbunden mit „Veränderungen im gesellschaftlichen Institutionensystem, wozu auch Wertewandel und Wandel des Staatsverständnisses gehören" (Fürst 2005: 18). Vor dem Hintergrund solcher Veränderungen, die eng mit der Debatte um *governance* verknüpft sind, steht in Japan in der Tat eine grundsätzliche Neubestimmung der Rolle raumwirksamen staatlichen Handelns an (vgl. Matsubara 2006: 12–14). Die Beziehungen zwischen Entscheidungsträgern und Betroffenen der räumlichen Planung sind hier seit der zweiten Hälfte der 1990er Jahre nämlich immer häufiger durch Konfliktlagen um regionale und lokale Raumnutzungen geprägt (Er 2005; Feldhoff 2005) – ein wichtiger Hinweis auf Legitimationsdefizite der traditionell mit Allwissenheitsanspruch agierenden Top-down-Planung des zentralistischen japanischen Staates (sog. „Gottvater-Modell").

Im Bereich der Raumplanung wird das *governance*-Konzept verwendet, um interaktive Steuerungs- und Koordinationsformen in regionalen oder städtischen Räumen zu analysieren (vgl. Benz 2005; Fürst 2005): Unter Berücksichtigung der institutionellen Strukturen und von Aspekten wie Macht und Legitimation fokussiert es insbesondere auf Formen des Zusammenwirkens zwischen staatlichen und privaten Akteuren sowie zwischen Entscheidungsträgern und Betroffenen. Governance basiert damit auf einer institutionalistischen Perspektive, welche die Gesamtheit aller nebeneinander bestehenden (formellen und informellen) Formen der kollektiven Steuerung und Koordinierung gesellschaftlicher Sachverhalte in komplexen Strukturen ins Visier nimmt (vgl. Lowndes 2001; Mayntz 2003: 72; Benz 2005: 406). Ein idealer Planungsansatz nach Healey (1997: 219), der auch mit mehr Selbstverantwortung der Bürger verbunden wäre, „would involve developing ‚conversations' between stakeholders from different social worlds". Entscheidungsfindung ist dabei heterarchisch organisiert und konsensorientiert (Stoker 2000). Mitwirkung setzt allerdings auf Seiten der Bürger das Vorhandensein einer entsprechenden „*governance*-Kapazität" voraus, die grundlegendes Wissen, soziale und politische Kompetenzen, etwa zu kollektivem Handeln, einschließt (Healey *et al.* 2002). In Bezug auf Japan stellt sich die Frage, ob bzw. wie sich im Zuge eines Wandels des gesellschaftlichen Institutionensystems auch das Planungs- und Steuerungsverständnis verändert: Bewegt man sich weg vom hierarchischen „Gottvater-Modell" hin zu neuen heterarchischen Formen kooperativer Aushandlungen?

2 Regionale Disparitäten auf der Raummassstabsebene der Präfekturen

Traditionell war die japanische Raumentwicklungspolitik der Nachkriegszeit nahezu identisch mit öffentlicher Baupolitik, die nicht zuletzt aus Gründen der politischen Ökonomie des Landes auf flächendeckenden Ausbauprogrammen („Gießkannenprinzip") basierte. Vor dem Hintergrund der Diskussionen über den „Baustaat Japan" (McCormack 2002; Feldhoff 2005, 2007) und die eigennutzorientierten informellen Arrangements zentraler Akteure in Politik, Bürokratie und Wirtschaft, die unter anderem im Sinne der Theorie des Rentenstrebens erklärbar sind, mag es nicht verwundern, dass die ländlichen Räume bei der Vergabe öffentlicher Bauinvestitionen für so genannte „harte" Infrastrukturen im Vergleich zu den metropolitanen Räumen pro Kopf der Bevölkerung gewöhnlich weitaus besser abschneiden – zum wachsenden Unmut der großstädtischen Bevölkerung (vgl. Nakazato 2003). Trotz verschiedener ambitionierter Raumentwicklungspläne, unter anderem zur umfassenden Entwicklung des ganzen Landes (*Zenkokudo sōgō kaihatsu keikaku*), und damit verbundener massiver, kostspieliger Landesentwicklungsmaßnahmen einschließlich einer enormen Umverteilung von Einkommen gibt es nämlich immer noch gravierende regionale Disparitäten. Die jüngeren Tendenzen der Raumentwicklung deuten sogar darauf hin, dass die unterentwickelten Regionen im Hinblick auf ihre Bevölkerungszahlen noch weiter ausdünnen und der „weiche" Sozialinfrastrukturausbau hier zunehmend vernachlässigt wird. Eine Ursache dafür ist in dem Umstand zu sehen, dass das forcierte öffentliche Bauen in den ländlichen Räumen von der gleichzeitigen Wahrnehmung von Agglomerationsvorteilen, die sich durch die räumliche Konzentration ökonomischer Aktivitäten auf die metropolitanen Kernräume ergeben, überlagert wird. Dies führt zur weitgehenden Unwirksamkeit regionaler Ausbau- und Förderprogramme, zum Entstehen überdimensionierter Angebotsstrukturen mit hohen Folgekosten und zu einer Verschärfung der räumlichen Ungleichgewichte (ausführliche Darstellung dazu in Feldhoff 2005).

Unausgewogenheiten auf regionaler Ebene zeigen sich am augenfälligsten in der Verteilung der Bevölkerung. Dabei ist die durchschnittliche Bevölkerungsdichte Japans mit 343 Ew./km^2 (Sōmushō Tōkeikyoku 2005, Internet) im internationalen Maßstab nicht sonderlich hoch. Andere Flächenstaaten wie die Niederlande (393 Ew./km^2), Südkorea (480 Ew./km^2) oder Bangladesh (985 Ew./km^2) sind weitaus dichter besiedelt. Die durchschnittliche Bevölkerungsdichte ist jedoch angesichts der beschränkten Kulturfläche des Inselreiches wenig aussagekräftig. Die traditionell für die Besiedlung bevorzugten Tieflandsgebiete (Küstenebenen, Täler und intramontane Becken) machen nämlich nur etwa ein Viertel der Gesamtfläche aus. Unter Berücksichtigung nur dieser Gebiete ergibt sich eine durchschnittliche Bevölkerungsdichte von etwa 1.370 Ew./km^2. Typisch ist vor allem die hohe Bevölkerungsdichte der Küstensäume auf der pazifischen Seite im Vergleich zu den nur dünn besiedelten Bergländern des Binnenlandes.

Selbst innerhalb der besonders intensiv genutzten Tieflandsbereiche ist die Bevölkerung jedoch sehr ungleichmäßig verteilt – darauf hat bereits Flüchter (1990) verwiesen. Die schärfsten Ballungskonturen treten auf der Raumgrundlage der so genannten „Densely Inhabited Districts" (DID; *jinkō shūchū chiku*) zutage. Denn ungleich stärker noch als die durch die Kleinkammerung vorgegebene Bevölkerungsverteilung wiegen die Verdichtungsprozesse *innerhalb* der Tieflandsbereiche. Bei den DID handelt es sich um statistische Zählbezirke mit einer Bevölkerungsdichte von mehr als 4.000 Ew./km^2 bei einer Bevölkerungsgröße von mindestens 5.000 Einwohnern. Flächenmäßig konzentrieren sich diese Bezirke vorwiegend auf die pazifische Küstenregion, insbesondere Mittel-Honshū mit den drei Metropolregionen Tokyo, Osaka und Nagoya (Tōkaidō-Megalopolis), die in den vier Jahrzehnten seit Ausweisung der DID im Jahr 1960 im Zuge von Metropolisierungs- und Megalopolisierungsprozessen in ihrer Gesamtheit sowohl an Bevölkerung als auch an Fläche erheblich zugenommen haben. Besonders gut erkennbar sind auf dieser Grundlage die fingerförmigen Raumstrukturen der Metropolregionen, die sich in der Regel vom Ballungskern entlang der Hauptverkehrsachsen in das Umland entwickelt haben (vgl. Feldhoff 1998). Die anhaltende Dynamik der Konzentrationsentwicklung wird im Vergleich der Jahre 1960 und 2005 gut deutlich (vgl. Tab. 1):

- 1960: Konzentration von 43,7 Prozent der Bevölkerung auf nur 1,02 Prozent der Landesfläche;
- 2005: Konzentration von 66,0 Prozent der Bevölkerung auf 3,32 Prozent der Landesfläche.

Gleichzeitig ging die durchschnittliche Bevölkerungsdichte innerhalb der DID von 10.563 Ew./km² (1960) zwischenzeitlich auf 6.627 Ew./km² (1995) zurück, um seither wieder bis auf 6.714 Ew./km² (2005) anzusteigen. Die Konzentrationsprozesse zugunsten der hoch verdichteten Distrikte haben sich also in jüngster Zeit offenbar wieder intensiviert. Seit Ende der 1990er Jahre hält insbesondere in Tokyo ein Trend „zurück in die Innenstadt" (*toshin kaiki*) an: Der früher im Zuge der Verdrängung innerstädtischen Wohnens durch Dienstleistungsfunktionen entstandene Wohnbevölkerungskrater im Kern des Ballungsraumes wird durch erhebliche Wanderungsgewinne wieder merklich aufgefüllt (vgl. Matsubara 2006: 2).

	DID-Einw. (Mio.)	DID-Fläche (km²)	DID-Einw. in % der Gesamtbevölkerung	DID-Fläche in % der Gesamtfläche	DID-Bevölkerungsdichte (Ew./km²)
1960	40,830	3.865,2	43,7	1,02	10.563
1965	47,261	4.604,9	48,1	1,22	10.263
1970	55,997	6.444,1	54,0	1,71	8.690
1975	63,823	8.275,4	57,0	2,19	7.712
1980	69,935	10.014,7	59,7	2,65	6.983
1985	73,344	10.570,7	60,6	2,80	6.938
1990	78,152	11.732,2	63,2	3,11	6.661
1995	81,255	12.260,5	64,7	3,24	6.627
2000	82,810	12.457,4	65,2	3,30	6.647
2005	84,331	12.560,6	66,0	3,32	6.714

Tab. 1: **Absolute und relative Bevölkerungszahlen und Flächengrößen sowie Bevölkerungsdichten der „Densely Inhabited Districts" (DID), Japan 1960 bis 2005**

Quelle: Eigene Zusammenstellung nach Sōmushō (verschiedene Jahrgänge).

Landes- und Regionalentwicklung zwischen Wachstum und Schrumpfung

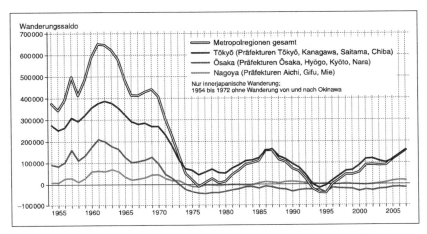

Abb. 1: **Wanderungssalden der drei Metropolregionen Tokyo, Osaka und Nagoya insgesamt und jeweils einzeln, 1954 bis 2007**

Quelle: Eigene Darstellung nach Sōmushō Tōkeikyoku (2008, Internet).

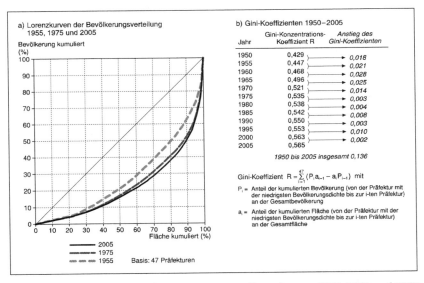

Abb. 2: **Lorenzkurven der Bevölkerungsverteilung Japans 1955, 1975 und 2005 sowie Gini-Koeffizienten 1950 bis 2005**

Quelle: Eigene Berechnungen nach Sōmushō (verschiedene Jahrgänge) und Sōmushō Tōkeikyoku (2000 und 2005, Internet).

41

Die Entwicklungstrends zugunsten der Metropolregionen (großräumig) und gleichzeitig zur Reurbanisierung innerhalb der Ballungsräume (kleinräumig) werden auch durch die Ergebnisse der jüngsten Wanderungsstatistik bestätigt (vgl. Abb. 1). Zwischen 2006 und 2007 wiesen 40 Präfekturen einen negativen Wanderungssaldo auf, nur sieben Präfekturen verzeichneten Zuwanderungsüberschüsse – allen voran Tokyo (+94.500, davon entfielen allein auf die 23 Stadtbezirke +77.267 Einwohner), gefolgt von den Metropolpräfekturen Kanagawa, Aichi, Chiba und Saitama (vgl. Sōmushō Tōkeikyoku 2008, Internet). Für die Metropolregion Tokyo ergibt sich insgesamt ein Wanderungsgewinn von 155.150 Menschen, die Metropolregion Nagoya weist einen geringfügigen Überschuss (+17.554) auf, während die Metropolregion Osaka ihren seit 1974 anhaltenden Negativtrend (-15.646) fortsetzt. Insgesamt hat sich in Zeiten zunehmender Ausdifferenzierung auch zwischen den japanischen Metropolen die Anziehungskraft der Hauptstadt als Wanderungsmagnet wieder deutlich intensiviert (*Tōkyō sai-shūchū*; vgl. Matsubara 2006: 221). Die Attraktivität gerade des Ballungsraumkerns erklärt sich unter anderem durch den Rückgang der Bodenpreise und intensive staatliche, präfekturale und stadtbezirkliche Maßnahmen zur Erhöhung des innenstadtnahen Wohnraumangebotes.

Der Vergleich der Lorenzkurven der Bevölkerungsverteilung Japans 1955, 1975 und 2005 nach Präfekturen mit der Gleichverteilungsgeraden lässt ebenfalls eine deutliche Zunahme der regionalen Unausgewogenheit der Bevölkerungsverteilung erkennen (vgl. Abb. 2). Die Lorenzkurven spiegeln damit die für Japan typische Zunahme der Bevölkerungskonzentration und Über-Entwicklung der Ballungsräume wider. Als Konzentrationsfläche bezeichnet man die zwischen der Lorenzkurve und der Gleichverteilungsgeraden liegende Fläche. Mit Hilfe des so genannten Gini-Koeffizienten kann die Größe dieser Fläche und damit der Grad der Konzentration gemessen werden: Zwischen 1950 und 2005 ist der Koeffizient deutlich von 0,429 auf 0,565 angestiegen, allerdings hat sich der Zuwachs seit Mitte der 1970er Jahre erheblich verlangsamt und war im letzten Jahrfünft nur noch minimal. Für die Zukunft ist nur in kleinen und mittelgroßen Stadtregionen angesichts abnehmender Bevölkerungszahlen und -dichten mit einem deutlichen Rückgang der DID-Flächen zu rechnen; in den Metropolregionen wird selbst nach 2020 die Flächenabnahme nur gering ausfallen (vgl. Tab. 2).

Als sozioökonomischer Indikator gibt das präfekturale Pro-Kopf-Einkommen Auskunft über den materiellen Wohlstand der Bevölkerung (vgl. Tab. 3). Die Daten basieren auf Berechnungen der Volkswirtschaftlichen Gesamtrechnung, die das Kabinettsamt zuletzt im Februar 2008 für das Jahr 2005 veröffentlicht hat. Die Entwicklung der letzten 15 Jahre lässt

	Tatsächliche Veränderung			Vorausberechnete Veränderung		
	1980	1990	2000	2010	2020	2030
Metropolregionen Tokyo, Osaka und Nagoya (1980: 5.261 km²)	100	118	123	124	124	121
Per Regierungsverordnung designierte Großstadtregionen (1980: 972 km²)	100	121	130	132	131	129
Stadtregionen mit mehr als 300.000 Einwohnern (1980: 1.956 km²)	100	123	133	133	131	127
Stadtregionen mit mehr als 100.000 Einwohnern (1980: 1.277 km²)	100	117	125	124	121	116

Tab. 2: Tatsächliche und vorausberechnete Veränderung der DID-Flächen nach Stadtregionen, 1980 bis 2030 (Index 1980 = 100)

Anm.: Die Abgrenzung der Stadtregionen basiert auf einer Analyse funktionaler Verflechtungsbeziehungen zwischen den Kernstädten und ihren Einzugsbereichen.

Quelle: MLIT (2003).

erkennen, dass sich Japan *de facto* längst von dem viel beschworenen Ideal der homogenen, sozial ausgeglichenen „Mittelschichtgesellschaft" verabschiedet hat (vgl. auch JRI 2006: 1). Sie ist ohnehin nur ein Mythos der 1960er Jahre, als sich einer regierungsamtlichen Publikation zufolge 90 Prozent der japanischen Bevölkerung der Mittelschicht zugehörig fühlten. Seit den 1980er Jahren stetig wachsende regionale Ungleichgewichte zeigen sich nämlich im regionalen Pro-Kopf-Einkommen, insbesondere zwischen zentralen und peripheren Räumen und interessanterweise auch zwischen den Metropolen. Besonders Osaka ist in den letzten Jahren immer weiter zurückgefallen und liegt jetzt mit einem Wert von 63,8 nur noch auf Rang neun. Insgesamt 42 Präfekturen erreichen nicht einmal zwei Drittel des Indexwertes von Tokyo.

Die dahinter stehende Unterentwicklungsproblematik, die den anhaltenden Prozess der regionalen Ausdifferenzierung weiter intensiviert, ist mehrdimensional und – in der Terminologie von Myrdal (1974) – kumulativ-zirkulär verursacht: schwache wirtschaftliche Entwicklung, Rückgang der Arbeitsplätze und steigende Arbeitslosigkeit, Abnahme der

	1990		2000		2005	
	Präfektur	Indexwert	Präfektur	Indexwert	Präfektur	Indexwert
1.	Tokyo	4,139 Mio. Yen = 100,0	Tokyo	4,596 Mio. Yen = 100,0	Tokyo	4,778 Mio. Yen = 100,0
2.	Osaka	86,9	Aichi	74,5	Aichi	73,8
3.	Aichi	80,2	Kanagawa	73,1	Shizuoka	70,0
4.	Kanagawa	77,8	Shiga	72,9	Shiga	68,5
5.	Saitama	75,7	Shizuoka	71,5	Kanagawa	67,1
...	...	...	...	...	...	...
43.	Kōchi	51,1	Aomori	51,9	Nagasaki	46,5
44.	Miyazaki	50,0	Kagoshima	50,8	Miyazaki	46,3
45.	Kagoshima	49,9	Nagasaki	50,6	Aomori	45,7
46.	Nagasaki	48,3	Miyazaki	50,3	Kōchi	44,9
47.	Okinawa	45,7	Okinawa	45,2	Okinawa	42,3

Tab. 3: **Japans fünf einkommensstärkste bzw. einkommensschwächste Präfekturen im Vergleich der Jahre 1990, 2000 und 2005 (jeweils Index Tokyo = 100)**
Quelle: Eigene Berechnungen nach Naikakufu (2006 und 2008, Internet).

Wirtschafts- und Kaufkraft, sozioökonomische Unausgewogenheiten, selektive Bevölkerungsabnahmen, zusätzlich verstärkt durch demographische Probleme wie Sterbeüberschüsse bei niedriger Fruchtbarkeit, Alterung und Feminisierung der Bevölkerung (vgl. Abb. 3 und 4). Das Entstehen solcher lokaler bzw. regionaler Schrumpfungsspiralen lässt Entwicklung als einen von Grund auf widersprüchlichen Prozess erscheinen, der den langfristigen Ausgleich von regionalen Unterschieden als eher unwahrscheinlich erscheinen lässt – im Gegenteil: Gerade aufgrund der demographisch induzierten Veränderungen der japanischen Gesellschaft werden sich regionale Schrumpfungs-, Alterungs- und Peripherisierungsprozesse weiter intensivieren.

Die Abbildungen 3 und 4 verdeutlichen, dass von diesen Entwicklungen in großräumiger Sicht vor allem Hokkaidō, die nördliche Tōhoku-Region, die Japanmeerseite, die Gebirgsregionen der Chūbu-Region, die Chūgoku- und Shikoku-Region, die Bergregionen Kyūshūs und die meisten Inseln bzw. Halbinseln mit Ausnahme von Okinawa betroffen sind. Generell gilt weiterhin in kleinräumiger Sicht unter Bezugnahme auf Tabelle 4 in der Differenzierung nach Größe und Funktionen japanischer Stadtregionen die Feststellung: Je kleiner und je weniger funktional bedeutsam eine Stadtregion, desto größer werden die Abnahmen von Bevöl-

Landes- und Regionalentwicklung zwischen Wachstum und Schrumpfung

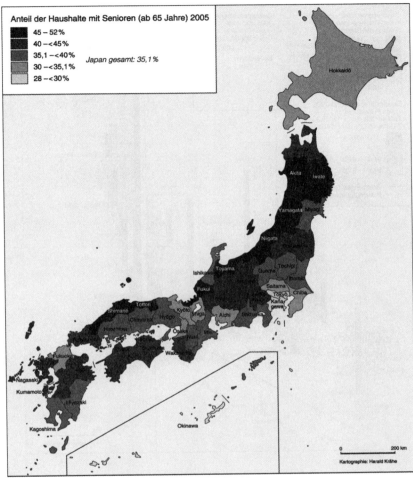

Abb. 3: **Anteil der Haushalte mit Senioren (ab 65 Jahre) an der Gesamthaushaltszahl, 2005**
Quelle: Eigene Darstellung nach Sōmushō Tōkeikyoku (2005, Internet).

kerung und Wirtschaftskraft bis zum Jahr 2030 ausfallen. Allein Tokyo weist auf hohem Niveau anhaltendes Wachstum auf.

Dies lässt sich nicht nur agglomerationstheoretisch begründen, sondern auch vor dem Hintergrund des *global city*-Konzeptes verstehen. Dieses Konzept betont die herausragende Bedeutung solcher Städte im Globalisierungsprozess, die als Kommandozentralen in der Organisation der

45

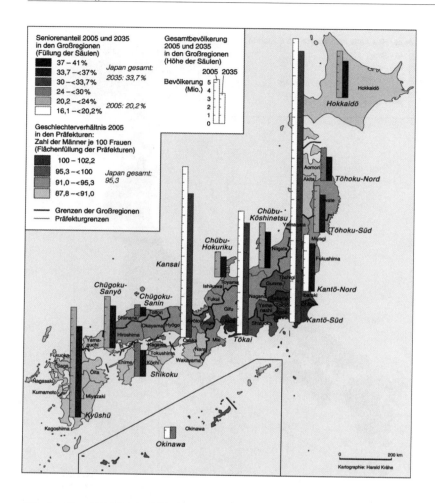

Abb. 4: **Geschlechterverhältnis 2005 und prognostizierte räumliche Ungleichheiten der Bevölkerungsstruktur und -verteilung 2005 bis 2035**
Quelle: Eigene Darstellung nach Sōmushō Tōkeikyoku (2005, Internet) und IPSS (2007, Internet).

Weltwirtschaft und als Schlüsselstandorte für Finanzwesen und hochrangige unternehmensbezogene Dienstleistungen fungieren (Short und Kim 1999; Sassen 2001; Huang, Leung und Shen 2007). *Global cities* sind nicht nur in einem weltweiten Städtesystem miteinander vernetzt, sie stehen auch untereinander im ständigen Wettbewerb um einen global orientierten Finanz- bzw. Dienstleistungskomplex, der sich von regionalen Pro-

Stadtregionen	Einwohner		Wirtschaftskraft (Regionales BIP)	
	2030 (Mio.)	Veränderung 2000–2030 (%)	2030 Bio. Yen	Veränderung 2000–2030 (%)
Tokyo	32,06	0,8	17,674	10,7
Per Regierungsverordnung designierte Großstädte	29,46	- 6,6	14,191	6,9
Präfekturhauptstädte	17,32	- 14,3	7,626	- 3,2
Stadtreg. ≥ 100.000 Einw.	22,43	- 16,2	9,929	- 6,4
Stadtreg. < 100.000 Einw.	5,24	- 24,6	2,070	- 15,1
Summe aller 269 Stadtregionen	106,50	- 9,2	51,490	2,6

Tab. 4: **Prognose zur Veränderung der Bevölkerungsverteilung und Wirtschaftskraft nach Stadtregionen, 2000 bis 2030**

Anm.: Die Abgrenzung der 269 Stadtregionen basiert auf einer Analyse funktionaler Verflechtungsbeziehungen zwischen den Kernstädten und ihren Einzugsbereichen.

Quelle: METI 2005, Internet.

duktionszusammenhängen räumlich abgekoppelt hat. In Bezug auf räumliche Hierarchisierungsprozesse in Japan gilt daher zusammenfassend die Feststellung, dass der anhaltende Globalisierungsprozess tendenziell die Bedeutung der internationalen Steuerungsmetropolen weiter verstärkt. Dies schließt aus der Sicht der Schlüsselakteure in Politik, Wirtschaft und Gesellschaft vor allem die Notwendigkeit mit ein, die Agglomerationsvorteile der japanischen Hauptstadt Tokyo im globalen Städtewettbewerb zu verbessern und langfristig zu sichern. Konsolidierende bzw. entwicklungshemmende Maßnahmen, die der Einpunktkonzentration auf Tokyo entgegenwirken, sind vor diesem Hintergrund aus japanischer Sicht nicht wünschenswert. Die Abbildung 5 zeigt, dass unter den Großstädten des Landes Tokyo die meisten Unternehmenshauptsitze auf sich vereinigt, darunter eine große Anzahl von Unternehmen aus den im globalen Wettbewerb wichtigen Bereichen Finanzen und Versicherungen. Insgesamt ist innerhalb der Tōkaidō-Megalopolis eine zunehmende ökonomische Schwerpunktverlagerung zugunsten der östlichen Region in einem etwa 300 km-Umkreis um Tokyo festzustellen, während die Kansai- und die Seto-Binnenmeer-Region bestenfalls stagnieren (vgl. Matsubara 2006: 8).

Will die japanische Regierung jedoch an dem Ziel ausgeglichener Lebensbedingungen in allen Landesteilen festhalten, sind raumplanerische

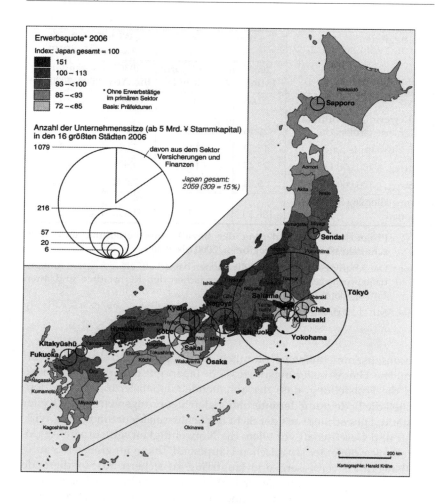

Abb. 5: **Erwerbsquoten nach Präfekturen und Unternehmenssitze (ab 5 Mrd. Yen Stammkapital) in den 16 größten Städten des Landes, 2006**
Quelle: Eigene Darstellung nach Sōmushō Tōkeikyoku (2006, Internet).

Initiativen unentbehrlich. In den ländlich-unterentwickelten Gebieten gibt es bereits heute gravierende ökonomische, soziale und demographische Probleme, die sich in absehbarer Zeit noch verschärfen werden und die Zukunftsfähigkeit der regionalen Strukturen in Frage stellen (vgl. JRI 2006: 5).

3 Intensivierung regionaler Disparitäten durch Schrumpfung: Eine neue Herausforderung für die räumliche Planung in Japan

Kumulativ-zirkulär wirksame Schrumpfungsketten bedeuten nicht nur Bevölkerungsrückgang durch natürliche Abnahme oder Abwanderung, sondern auch den Verlust wirtschaftlicher Aktivität und gesellschaftlich-sozialer Vitalität. Gravierende Auswirkungen sind in dem Zusammenhang auch auf die künftigen Angebotsstrukturen bei der öffentlichen und privaten Infrastrukturversorgung zu erwarten. Daraus ergibt sich ein akuter politischer und planerischer Handlungsbedarf, der angesichts der Aufgabenvielfalt und (vor allem finanziell und personell) begrenzter Handlungsspielräume jedoch eine besondere Brisanz hat. Natürlich sind Stadtschrumpfungen im historischen Rückblick grundsätzlich nichts Neues, und sie sind mittlerweile ein weltweit zu beobachtendes Phänomen (vgl. Rieniets 2004; Oswalt 2004, 2005). Die heutigen Städte sind das Produkt langwieriger historischer Entwicklungszyklen mit Phasen von Wachsen, Reifen, Stagnieren und Vergehen. Ähnlich wie in der Ökonomie ging man daher auch in der Stadtforschung lange davon aus, dass auf Abschwungphasen immer auch wieder Aufschwungphasen folgen. Die sich gegenwärtig abzeichnenden Schrumpfungsprozesse sind jedoch nicht zuletzt aufgrund ihrer Ursachen, welche im wirtschaftlichen Strukturwandel, vielmehr aber noch im demographisch relevanten Verhalten der betroffenen Gesellschaften zu suchen sind (Rieniets 2004: 29; Matsubara 2006: 8), möglicherweise mehr als nur eine zyklische Krise im Entwicklungsprozess: Vielerorts wird es wohl dauerhaft nach dem Abschwung keinen neuen Aufschwung geben. Für die räumliche Planung stellt sich daher unter Beachtung der öffentlichen Daseinsvorsorgepflicht die Frage nach adäquaten Anpassungs- bzw. Rückzugsstrategien in Bereichen wie Bildung und Soziales, einschließlich medizinischer Versorgung, technischer Infrastruktur, Handel und Dienstleistungen, Siedlungs- und Landschaftsbild.

Da die angesprochenen Handlungsfelder vielerorts in Japan bereits akut sind (vgl. Flüchter 2004), wären die Voraussetzungen eigentlich gut, bereits heute auf die Herausforderungen der Zukunft mit der Entwicklung von Lösungsstrategien zu reagieren. Ein zentrales Problem ist jedoch, dass in Japan über viele Jahrzehnte hinweg genau wie in Deutschland Wachstum wie selbstverständlich die Vorstellungen und Handlungskonzepte der Raumplanung prägte. „Wandel ohne Wachstum" ist kaum vorstellbar; „Schrumpfung" ist ein kaum geläufiger und wenig sympathischer Begriff, und deshalb ist Schrumpfung auch politisch-praktisch wenig akzeptabel und den betroffenen Wählern in den ländlich-peripheren Räumen, wo sich die traditionellen Hochburgen der regierenden

Liberaldemokratischen Partei (LDP) befinden, schlecht vermittelbar. Es stellt sich daher besonders dringlich die Frage, ob und wie der „planende Staat" überhaupt steuernd und gestaltend auf die demographischen Herausforderungen einwirken kann und will.

In der Nachkriegszeit hat die japanische Regierung zum Abbau regionaler Disparitäten besonders auf prestige- und symbolträchtige Großinfrastrukturprojekte gesetzt. Diese haben zwar auch mit entscheidend zur japanischen Landes- und Regionalentwicklung beigetragen. In der jüngeren Vergangenheit wurde jedoch zunehmend am gesellschaftlichen Bedarf vorbei gebaut, wobei die öffentliche Hand fragwürdige Bauvorhaben flexibel je nach Erfordernis begründete: *wirtschaftspolitisch* als Instrument der Globalsteuerung, *sozialpolitisch* als Beitrag zur Verstetigung der Beschäftigung im Baugewerbe, *raumentwicklungspolitisch* als Umverteilung zwischen städtischen Wachstumsregionen und strukturschwacher Peripherie bzw. zur Angleichung der Lebensverhältnisse in allen Landesteilen. Eindrucksvolle Großbrücken und Tunnel, großzügig ausgebaute Straßen und Flughäfen, Superschnellzuglinien, luxuriöse Stadthallen, Messegelände und Museen verleihen den daniederliegenden ländlichen Räumen allerdings nur eine scheinbare Prosperität, die sich bei genauerem Hinsehen meist als Fassade entpuppt (vgl. dazu schon Sengoku 1999: 197). Die wirtschaftlichen Wachstumseffekte, die man sich aus den öffentlichen Infrastrukturprojekten in den strukturschwachen ländlichen Räumen erhofft hatte, stellten sich nämlich in den seltensten Fällen ein; sie sind deshalb auch immer schwieriger zu rechtfertigen, weil demographische Alterungs- und Schrumpfungstrends neue sektorale Schwerpunktsetzungen erfordern (vgl. auch Feldhoff 2005: 95–104).

Für eine Neuorientierung der Raumplanung in Japan sind vier wichtige Erkenntnisse aus der deutschen Schrumpfungsdebatte besonders aufschlussreich (vgl. unter anderen Müller 2003; Gatzweiler, Meyer und Milbert 2004: 569–570; Kil 2004). Erstens fällt der Handlungsbedarf für jede einzelne Kommune sehr unterschiedlich aus, weil es ein kleinräumiges Nebeneinander von Wachstum, Stagnation und Schrumpfung gibt – unterschiedliche Situationen erfordern unterschiedliche Strategien mit einer Vielzahl von kleinen Maßnahmen und Projekten. Statt der Förderung in der Fläche ist daher auch die problem- und zielgerichtete Förderung regions- bzw. lokalspezifischer Konzepte gefordert, die einer eigenständigen Entwicklung zuträglich sind. Schrumpfung und Alterung sollten zweitens nicht einseitig als Risiko oder Gefährdungslage, sondern auch als Chance verstanden werden. Kil (2004) spricht vom „Luxus der Leere", denn mit ihrem Überschuss an Raum bieten schrumpfende Städte und Regionen neue Nutzungspotenziale nicht nur durch die Entlastung des Immobilienmarktes, sondern auch durch eine erhöhte städtische Lebens-

und Wohnqualität, da neue Freiflächen entstehen und die Dichte in der Stadt geringer ist, als auch durch die Verbesserung der Umweltqualität und die Inwertsetzung regionaler Kreisläufe (vgl. auch Hannemann 2003: 104–105; Doehler-Behzadi *et al.* 2005: 73–74). Die räumliche Planung sollte diese Potenziale einer Innenentwicklung zur Verbesserung der Lebensbedingungen im weitesten Sinne nutzen. Da sich die Vorstellungen von städtischem Leben, von Urbanität wandeln, ergibt sich drittens auch die Notwendigkeit zur Entwicklung von Leitbildern, die zur Bewältigung heutiger und künftiger Schrumpfungsprozesse Orientierung geben. Viertens sollten bei der Erarbeitung von Leitbildern und bei der Realisierung von Leitprojekten Planer idealerweise zwischen öffentlichen und privaten Interessen vermittelnd agieren.

Wenn man auf die Geschichte der japanischen Planungskultur schaut, so zeigt sich jedoch, dass solche Neuorientierungen deren Wesen grundsätzlich fremd sind. Für Japan typisch sind vielmehr zentralistische, standardisierte Vorgaben, die in der Verwaltungshierarchie von oben nach unten diktiert werden, während die Eigenverantwortung der Bürger in Folge eines historischen Demokratiedefizits nur relativ schwach ausgebildet ist (vgl. Bothwell 2003; Foljanty-Jost und Haufe 2006: 254–255). Diese eingangs als „Gottvater-Mentalität" bezeichnete Planungstradition kann dem Wandel aber nicht mehr gerecht werden; die staatliche Steuerungsfähigkeit, Durchsetzungs- und Gestaltungsmacht hat in Zeiten kleinräumlich differenzierter Problemlagen, knapper öffentlicher Finanzen und schwindender Glaubwürdigkeit der staatlichen Akteure abgenommen (vgl. Sorensen 2007). Die eingangs angesprochene strukturelle Verankerung der Akteure in Politik, Verwaltung und Wirtschaft im Rahmen des „Baustaats Japan" verleiht der japanischen Top-Down-Mentalität jedoch eine ausgesprochene Persistenz: Raumentwicklungspolitik in Japan ist zusammen mit dem öffentlichen Finanz- und Auftragsvergabesystem ein Hauptinstrument von Politik und Verwaltung zur Steuerung öffentlicher Bautätigkeit, die den Sonderinteressen einer außerordentlich mächtigen Bau-Lobby zuträglich ist. Aus der Sicht der Neuen Politischen Ökonomie, insbesondere der Theorie des Rentenstrebens, ist dieses Festhalten an überkommenen Entwicklungsstrategien verständlich, denn diese sind ein geeignetes Mittel zum Zweck des Ressourcentransfers und der individuellen (materiellen bzw. immateriellen) Bereicherung der Akteure (vgl. ausführlich hierzu Feldhoff 2005).

4 Vertrauenskrise, Grundprobleme und Reformbedarf der Raumplanung in Japan

Da der überfällige Erkenntniswandel erst in jüngster Zeit in Ansätzen erkennbar wird und das Ziel auch nur annähernd „ausgeglichener Lebensverhältnisse" in allen Teilräumen des Landes (*kokudo no kinkō aru*) unerreicht blieb, ist der planende japanische Staat in den vergangenen Jahren zunehmend in die öffentliche Kritik geraten. Er ist durch eine ganze Reihe von systembedingten Grundproblemen charakterisiert (vgl. Flüchter 1994, 1995; McCormack 2002; Feldhoff 2005: 204–205):

- den Zentralismus des Staatsaufbaus und das großregionale Kompetenzvakuum zwischen der zentralstaatlichen Ebene und der Ebene der Präfekturen, die wiederum trotz einer seit vielen Jahren geführten Dezentralisierungsdebatte in weitgehender Abhängigkeit von der Zentralregierung verharren;
- die in den Verhaltens- und Denkweisen der Akteure tief verwurzelte Umverteilungs- und Gießkannenmentalität, die in der planwirtschaftlich anmutenden Umsetzung öffentlicher Infrastrukturprojekte im Rahmen von langfristigen Investitionsplänen ihren Ausdruck findet;
- den damit verbundenen Einsatz öffentlicher Gelder als klassisches Instrument der planenden Verwaltung und den Gewöhnungsaspekt von Fördermitteln;
- den impliziten Vorrang des gesamtwirtschaftlichen Wachstums gegenüber dem Abbau regionaler Unausgewogenheiten;
- die Ökonomisierung der Raumplanung, die aufgrund der hohen Kosten und der Staatsverschuldung keine Dauerlösung ist und zunehmend gesamtgesellschaftliche Wohlstandsverluste sowie ökologische Probleme mit sich bringt;
- die Leerformelhaftigkeit nationaler Raumentwicklungspläne, die als Legitimationsbasis für die öffentliche Baupolitik dienen, verbunden mit einem Irrglauben an die technische Lösbarkeit der Raumentwicklungsproblematik auf der Grundlage von Großinfrastrukturprojekten;
- eine Bevölkerungsbeteiligung, die bislang wenig mehr ist als nur Information der Betroffenen über bereits vorgefertigte Entscheidungen und Planungen;
- die Mängel des Systems der Wirtschaftlichkeits- und Umweltverträglichkeitsprüfungen und die noch unzureichende Verwirklichung der Informationsveröffentlichung;
- das Nicht-Funktionieren von „Checks-and-Balances" in Politik und Verwaltung, weil beide Gewalten zusammen mit der Privatwirtschaft in einer eigentümlich symbiotischen Form interagieren und auf eigene Macht- und Ressourceninteressen hinwirken.

Lange Jahre fehlte insbesondere die Einsicht in die Notwendigkeiten des auch in Japan viel zitierten, aber in interadministrativen Domänenkonflikten und raumentwicklungspolitischen Kompromisslösungen aufgeriebenen Nachhaltigkeitskonzeptes. Erst 2005 mündeten die Diskussionen über eine Neuordnung der Rollenverteilung zwischen staatlichen und privaten Akteuren im Bereich der räumlichen Planung in der Abschaffung des alten Raumentwicklungsgesetzes (aus dem Jahre 1950!) und in der Verabschiedung eines neuen Gesetzes zur nachhaltigen Landesentwicklung (*Kokudo keisei keikaku-hō*) (vgl. Matsubara 2006: 13; MLIT 2006, Internet). Auf der Grundlage dieses Gesetzes erhält die räumliche Planung in Japan eine neue Zwei-Säulen-Struktur: mit einem landesweit gültigen „Nationalen Plan zur nachhaltigen Landesentwicklung" und insgesamt zehn „Großregionalen Plänen zur nachhaltigen Landesentwicklung" verfolgt die Regierung die folgenden Zielsetzungen:
– die Entwicklung von zukunftsweisenden Leitbildern für die Landes- und Regionalentwicklung in enger Kooperation zwischen der Zentralregierung und den unteren Verwaltungsebenen;
– die Erarbeitung differenzierter Entwicklungsstrategien, die den regionalspezifischen Besonderheiten größere Aufmerksamkeit schenken;
– die Herstellung einer breiten Öffentlichkeit durch die Beteiligung einer Vielzahl nichtstaatlicher Akteure an Planungs- und Entscheidungsprozessen;
– insgesamt die Schaffung eines integrierten, inhaltlich aufeinander abgestimmten nationalen und regionalen Raumplanungssystems, das auf der engen Zusammenarbeit der Planungsträger und der relevanten Fachpolitiken auf allen Ebenen basiert (vgl. MLIT 2006, Internet; 2007).
Mit der Verabschiedung des Gesetzes zur nachhaltigen Landesentwicklung und der damit angestrebten Stärkung der Großregion als neue territoriale Handlungsebene hat die japanische Regierung auf wesentliche Kritikpunkte des alten Systems reagiert, nämlich die zu starke Zentralisierung, die Vernachlässigung der überregionalen Perspektive und die zu starke Uniformität von Programmen und Konzepten (Feldhoff 2005: 205).[1] Derzeit befinden sich die neuen Nachhaltigkeitspläne allerdings noch in der Beratung durch den zuständigen Ausschuss (Kokudo Shingi-

---

[1] Auf der kommunalen Ebene wird der einer integrierten Planung abträglichen räumlichen Zersplitterung bereits seit 1995 durch die staatliche Förderung der Zusammenlegung von Gemeinden begegnet. Im Zuge der großen Gemeindefusionswelle, nach der Regierungsdevise des derzeitigen Tennō im Japanischen als *Heisei no dai-gappei* bezeichnet, hat sich zwischen dem 31. März 1999 und dem 30. April 2006 die Zahl der Gemeinden von 3.371 auf 1.976 reduziert (nach Shimizu 2007: 2).

kai) des Ministeriums für Raum, Infrastruktur, Verkehr und Tourismus. Ihm gehören von der Regierung ernannte Sachverständige aus den beteiligten Ministerien, den Verbänden, der Privatwirtschaft, anerkannte Wissenschaftler sowie Vertreter sonstiger betroffener Interessengruppen an. Da die Hauptaufgabe eines Ausschusses darin besteht, einen Konsens aller gesellschaftlich maßgeblichen Gruppen herbeizuführen, und sie insbesondere ein Vehikel der Einflussnahme von Lobbygruppen im Regierungsapparat sind (Kevenhörster 2002: 161), fallen die Ergebnisse der Kompromissfindung häufig allerdings ausgesprochen halbherzig aus. Gerade im Bereich der Raumplanung zeichneten sich die Programme in der Vergangenheit regelmäßig durch ihren eher alibihaften Charakter, vage Ausführungsbestimmungen und schwache Anreizmittel aus – mit der Folge, dass im Hinblick auf den Abbau regionaler Disparitäten hoffnungsvoll stimmende Zielsetzungen letztlich unerreicht blieben (vgl. Flüchter 1990, 1994).

Eine vorsichtige inhaltliche Trendwende ist in den neueren Verlautbarungen des zuständigen Ministeriums aber durchaus erkennbar (vgl. MLIT 2006, Internet; 2007). Die Abschaffung des alten Raumentwicklungsgesetzes war eine grundlegende Voraussetzung für die Neuausrichtung der Planung. In Anlehnung an das „Stadt gestalten" (*machi-zukuri*) im Sinne von Planung auf der Mikroebene mit Bottom-up-Ansatz (Sorensen 2007) ist nun vom „Regionen gestalten" (*chiiki-zukuri*) auf der Basis einer neuen Rollenverteilung zwischen staatlichen und privaten Akteuren (*arata na ōyake*) die Rede (MLIT 2007). Das bedeutet freilich nicht automatisch, dass auch sektoral eine Neuausrichtung erfolgt, etwa im Bereich der regionalen Wirtschaftsförderung durch die Ausweisung von Förderschwerpunkten zugunsten des regionalen Human- und Sozialkapitals, im Bereich der öffentlichen Infrastrukturen durch die Verbesserung der unmittelbaren Lebensumwelt in Form von Kranken- und Pflegestätten, Kindertagesstätten, Bildungseinrichtungen, Barrierefreiheit in öffentlichen Gebäuden und im öffentlichen Raum, Fußgänger- und Radfahrwegen oder in Form von „naturnahem Rückbau". Das setzte nämlich ein Aufbrechen der rigiden Allokationsmuster bei der Zuteilung öffentlicher Gelder für die einzelnen Infrastrukturbereiche und die Eliminierung von Automatismen und Ineffizienzen der Mittelverwendung voraus. Der damit drohende Machtverlust führt naturgemäß dazu, dass die einzelnen Abteilungen des Ministeriums kein starkes Interesse haben, eine solche Reform umzusetzen.

Abgesehen von der noch ausstehenden Entscheidung über die konkrete inhaltliche Ausgestaltung der neuen Raumentwicklungspläne bleibt auch noch das alte Durchsetzungs- und Koordinationsproblem der japanischen Raumplanung bestehen (vgl. Flüchter 1995: 95): Institutionell verankert im Rahmen des mächtigen Superministeriums für Raum, Infrastruktur, Verkehr und Tourismus, ist die Arbeit der Raumplanungsabteilung (Kokudo Keikaku-kyoku) durch einen ausgeprägten inter- und intra-ministeriellen Sektionalismus erschwert (vgl. Feldhoff 2005: 186). Sowohl die Einzelplanungen des Ministeriums als auch die Fachplanungen und divergierenden Interessen der anderen Ministerien werden nach wie vor nicht wirksam genug koordiniert, weil der Raumplanung die dazu notwendige Autorität fehlt. So warteten in der jüngsten Vergangenheit innerhalb weniger Jahre verschiedene Ministerien mit unterschiedlichen Plänen und zum Teil divergierenden Zielsetzungen auf, unter anderem:

- das Ministerium für Raum, Infrastruktur, Verkehr und Tourismus mit Plänen zur städtischen Revitalisierung (*Toshi saisei bijon*, seit 2002), welche die Konzentrationsprozesse zugunsten der Metropolen bzw. der Hauptstadt Tokyo tendenziell weiter verstärken (vgl. dazu KKTCS 2002; Feldhoff 2005: 183–189);
- die dem Ministerpräsidenten unterstellte Hauptabteilung für Sonderreformzonen mit Deregulierungsmaßnahmen zur regionalen Wirtschaftsförderung, die auf die Mobilisierung endogener regionaler Wachstumspotenziale abzielen (*Kōzō kaikaku tokku*, seit 2003) (vgl. dazu Feldhoff 2005: 183–189);
- das Ministerium für Wirtschaft, Handel und Industrie mit einem „Industrie-Cluster-Plan" (*Sangyō kurasutā keikaku*, seit 2001), der anknüpfend an die Technopolis-Politik der 1980er Jahre die staatlich forcierte Clusterbildung als wegweisendes Instrument für Innovationen und regionale Wirtschaftsförderung proklamiert (vgl. dazu Matsubara 2006; Yamamoto 2006);
- das Innen- und Kommunikationsministerium mit der so genannten „*u*-Japan"-Strategie (*u-Japan seisaku*, seit 2005), die Regionalentwicklung auf der Grundlage der landesweiten Verfügbarkeit einer leistungsstarken Informations- und Kommunikationsinfrastruktur fördern soll (vgl. dazu MIC 2006).

Dabei könnte der Nutzung von neuen Informations- und Kommunikationstechnologien (IuK) im Hinblick auf eine Vernetzung der unterschiedlichen Aktivitäten und auch im Hinblick auf die Bewältigung demographischer Probleme durchaus eine Schlüsselstellung zukommen. Der „*u-Japan*"-Strategie zufolge soll Japan bis zum Jahr 2010 auf der Basis neuer IuK-Technologien umfassend vernetzt sein (*u*biquitous) und allen Menschen, auch im Alter und mit Behinderung (*u*niversal), die Teilhabe am gesellschaftlichen Leben ermöglichen (MIC 2005). Dem Internet kommt dabei eine zentrale Bedeutung zu. Ende 2005 haben laut Untersuchungen des Ministeriums bereits 67 Prozent der Japaner das Internet genutzt, davon mehr als die Hälfte sowohl mit dem Computer als auch mit dem Mobiltelefon (MIC 2006: 7). Dabei sind Breitbandverbindungen wie das schnelle DSL sowohl im festen als auch im mobilen Internet vorherrschend. Einer der wichtigsten gegenwärtigen Entwicklungstrends, der daraus resultiert, ist Japans Weg in die „ubiquitäre Wirtschaft" (*u*biquitous economy), das heißt die Entstehung einer sämtliche Wirtschafts- und Gesellschaftsbereiche durchdringenden Allgegenwärtigkeit von Internetanwendungen (MIC 2006).

Trotz der raschen Diffusion moderner Technologien innerhalb Japans besteht jedoch nach wie vor eine digitale Kluft zwischen Stadt und Land, vor allem bei den Anschlussdichten mit Breitbandzugängen wie DSL und schnellen Glasfaserverbindungen (Fiber To The Home, FTTH). Während die Metropolpräfekturen, allen voran Tokyo, die höchsten Dichten aufweisen, besteht eine offensichtliche Benachteiligung des eher ländlich geprägten, strukturschwachen Raumes (vgl. Abb. 6 und 7). Die Verfügbarkeit einer leistungsstarken Kommunikationsinfrastruktur ist vor allem aber für gewerbliche Nutzer ein wesentlicher Standortfaktor, um von der Ortsungebundenheit von Informationen, Kommunikation und Arbeit profitieren zu können (Gebauer und Luley 2006: 13–14). Schon in den 1990er Jahren hatte sich hinsichtlich der angenommenen Auflösung von Raumbindungen durch die Verbreitung moderner IuK-Technologien und daraus resultierender Gestaltungspotenziale für die Raumentwicklung eine wissenschaftliche Diskussion entzündet („death of distance"; vgl. Cairncross 1997; Kotkin 2000). Erklärtes Ziel der japanischen Regierung im Hinblick auf die regionalwirtschaftliche Förderung und die Sicherung der Grundversorgung ist es daher, auf der Grundlage eines – durchaus fragwürdigen – Technikdeterminismus die Diffusion neuer IuK-Technologien in den ländlichen Raum voranzutreiben und bis zum Jahr 2010 eine einhundertprozentige Versorgung der Bevölkerung mit schnellen bzw. ultraschnellen Internetverbindungen zu realisieren (MIC 2005, 2006).

Ob dies letztlich im Zusammenwirken mit anderen Strategien zu den erhofften Ergebnissen führen wird, bleibt angesichts der angesprochenen Grundprobleme japanischer Raumplanung und der ausgesprochenen Persistenz bestehender Macht- und Raumstrukturen – vor allem vor dem Hintergrund der Rolle speziell Tokyos als Japans *global city* – abzuwarten. Insbesondere bleibt trotz der Verfügbarkeit von IuK-Technologien die räumliche Nähe und damit die Raumbindung gerade in Japan bedeutsam, wo persönliche Kontakte nach wie vor eine zentrale Handlungsbedingung der Akteure sind. Der automatische Schluss von den Eigenschaften der IuK-Technologien auf die Auflösung von Raumbindungen – im Sinne eines „technologischen Imperativs", demzufolge „der Computer oder ein Computerrahmen ‚etwas macht'" (Höflich 1998: 47) – führt nicht nur hier in die Irre (vgl. dazu auch die Studie von Schmidt 2005). Einen

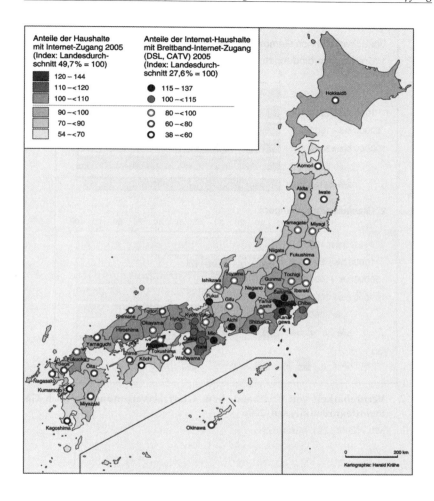

Abb. 6: **Internet- und Breitbandinternet-Zugänge in Japan nach Präfekturen, 2005**
Quelle: Eigene Darstellung und Berechnungen nach MIC (2005: 284).

positiven psychologischen Aspekt sollte man jedoch durchaus nicht unterschätzen: Das Leitbild einer „ubiquitären Wirtschaft" beinhaltet wichtige Ansätze zur individuellen Identifikation, vermittelt es doch auch den Menschen in schrumpfenden Regionen das Gefühl, nicht „abgehängt" und damit „abgeschrieben" zu sein.

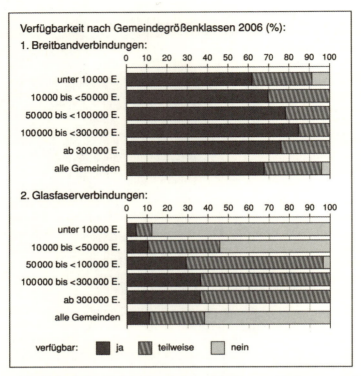

Abb. 7: **Verfügbarkeit von Breitband- bzw. Glasfaserverbindungen nach Gemeindegrößenklassen, 2006**
Quelle: MIC (2006: 20), verändert.

5 Ausblick: Inkompatibilität der Handlungslogiken

Die Beschäftigung mit Schrumpfungsprozessen beinhaltet neben der analytischen stets auch eine normative Dimension, weil normative Vorstellungen des Räumlichen für Politik und Planung von zentraler Bedeutung sind. Ein angemessener politischer und öffentlicher Diskurs über die neuen normativen Leitbilder des Räumlichen und über Strategien zur Erreichung dieser Leitvorstellungen, die besonders dem demographischen Wandel und den sich verändernden gesellschaftlichen Werthaltungen Rechnung tragen, steht in Japan noch am Anfang. In der Tat kann man den Eindruck haben, dass die staatliche Planung im Hinblick auf Landes-, Regional- und Stadtentwicklung in Japan nach wie vor eher von Wachstumsprognosen als von Schrumpfungsszenarien ausgeht (Flüchter 2004:

83). Eine entscheidende Ursache dafür mag sein, dass die angesprochene japanische Bau-Lobby noch immer starkes Gewicht hat, so dass raumwirksame öffentliche Ausbau- und Förderprogramme eher deren Interessen dienlich sind als Zielen der räumlichen Planung (Flüchter 2004; Feldhoff 2005). Die These der Inkompatibilität der Handlungslogiken besagt, dass die kurzfristig auf Wählerzustimmung und Partikularinteressen gerichtete Handlungslogik der Politik eigentlich unvereinbar ist mit der langfristigen Raumplanungsaufgabe einer nachhaltigen Landes- und Regionalentwicklung (in Anlehnung an Blotevogel 1996). Einen Hinweis auf die Tragfähigkeit dieser These liefern nicht nur die bereits zitierten Beiträge über den „Baustaat Japan", sondern auch die jüngsten Debatten über die Sanierung des japanischen Staatshaushaltes.

Mit staatlichen Ausgabenkürzungen und dem vollständigen Abbau der Neuverschuldung sollte bis zum Jahr 2011 der Staatshaushalt eigentlich ausgeglichen sein – freilich unter Ausklammerung des Schuldendienstes und damit eines der größten Haushaltsposten (*FAZ* 04.07.2006: 13). Die Diskussionen über den Haushaltsplan 2008 und die Verwendung der Einnahmen aus den so genannten Straßensteuern deuten jedoch auf eine Abkehr von den Reformbemühungen der Vorgängerregierungen hin, die im internationalen Vergleich dramatische Verschuldung Japans abzubauen (vgl. Abb. 8). Das Kabinett hat nämlich beschlossen, diese Gelder weiterhin – mit nur kleinen Abstrichen – für den Straßenbau zu reservieren; nur die nicht gebrauchten Einnahmen sollen in den allgemeinen Haushalt fließen. Die mächtige Straßenbaulobby, die das Wirken des „Baustaats Japan" und damit traditioneller Raumentwicklungspolitik in besonderer Weise symbolisiert, hat offenbar erfolgreich ihren Einfluss auf Parlamentarier und Ministerialbürokraten geltend gemacht und Sparmaßnahmen auf ihre Kosten verhindert (vgl. Feldhoff 2007; *FAZ* 12.12.2007: 14; Welter 2007). Auch die Hoffnungen auf Reformen des regionalen Finanzausgleichs, die im Zusammenhang mit Dezentralisierungsplänen auf eine Beschränkung der zentralstaatlichen Einflussnahme auf die regionalen Gebietskörperschaften durch Finanzzuweisungen abzielen, haben sich bislang nicht erfüllt (vgl. Schulz 2007: 119–121).

Angesichts der Macht solcher Besitzstandsinteressen sind tief greifende Systemreformen notwendig, die gerade das öffentliche Finanzwesen betreffen, die in der jetzigen Diskussion über den neuen Plan zur nachhaltigen Landesentwicklung jedoch nicht erkennbar sind (vgl. Feldhoff 2005: 382–384). Diese wären:
– das Aufbrechen des (ministerial-)bürokratischen Kontroll-, Lenkungs- und Interventionsstaates, der angesichts der Haushaltskrise nicht nur seine finanziellen Grundlagen, sondern auch vieles von seiner politischen Legitimation und öffentlichen Akzeptanz eingebüßt hat;

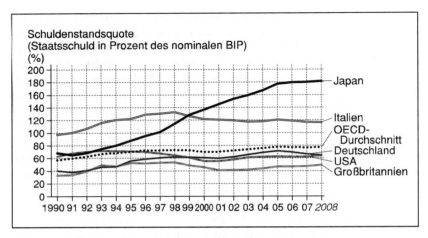

Abb. 8: Schuldenstandsquote Japans im internationalen Vergleich, 1990–2008
Quelle: Eigene Darstellung nach OECD (2007, Internet).

- die Schaffung von mehr Transparenz der öffentlichen Haushalte und von mehr Rechtsstaatlichkeit durch eine weitere Verbesserung der Informationsöffentlichkeit;
- das Aufbrechen der subventionsbedingten strukturellen Abhängigkeit der regionalen Gebietskörperschaften durch die Abschaffung von zentralstaatlichen Subventionsprojekten und die Stärkung der regionalen Eigenverantwortlichkeit durch mehr finanzielle Autonomie der Präfekturen und Gemeinden.

Positive Ansätze sind allerdings im Hinblick auf eine Stärkung von handlungs- und projektorientierten Verfahren zu erkennen, die auf mehr Bürgerbeteiligung in öffentlichen Planungs- und Entscheidungsprozessen abzielen, sowie auf Kommunikation und Konsensbildung zur Erarbeitung gemeinsam getragener Problemlösungsstrategien. Damit ist auch die wichtige Diskussion um eine neue Grenzziehung hinsichtlich der Verteilung öffentlicher und privater Gestaltungsaufgaben und Leistungen berührt, in deren Folge sich staatliches Handeln auch in seiner Raumwirksamkeit wandelt (Breuer 1997: 13). In einem modernen Verständnis sollte Planung eine Gemeinschaftsaufgabe von staatlichen und nichtstaatlichen Akteuren sein: *Governance* im Sinne von Mayntz (2004, Internet) meint eine Herrschaftsstruktur ohne eine übergeordnete Instanz, in der verschiedene Formen kollektiver Regelung gesellschaftlicher Sachverhalte gleichberechtigt nebeneinander bestehen. Davon ist die japanische Realität mit ihrer obrigkeitsstaatlichen Tradition jedoch noch weit entfernt (siehe schon Bothwell 2003). Denn sie setzte die politische Entschlossenheit voraus, entschieden gegen bürokratische Routine und Kollegialität vorzugehen, zentralstaatliche Macht zu beschränken, ein hohes Maß an Öffentlichkeit zuzulassen und informelle Einflussnahmen abzubauen. Nicht zuletzt die Klientelpolitik der Abgeordneten selbst ist es, die hier als Reformhindernis wirkt.

Auch die von Healey *et al.* (2002) geforderten *governance*-Kapazitäten auf Seiten der Bürger sind trotz erheblicher Fortschritte bei der Entwicklung bürgerschaftlichen Engagements in Japan, etwa im Bereich des *machi-zukuri* (Sorensen 2007) oder von „Nonprofit"-Organisationen (Foljanty-Jost und Haufe 2006), noch vergleichsweise unterentwickelt. Angesichts der starken Position der etablierten Akteure in Politik, Verwaltung, Wirtschaft und Interessenverbänden, deren ungebrochener Steuerungsanspruch nicht zuletzt auch auf obrigkeitsstaatlichen Traditionen in einem konfuzianisch geprägten Land fußt (Flüchter 1994: 99), bleibt die Stärkung der Selbstverantwortung der Bürger eine große Herausforderung. Zu einem tiefgreifenden institutionellen Wandel gehört eben auch die Erkenntnis, dass die postindustrielle Gesellschaft unter den Bedingungen der Schrumpfung ganz grundlegende Selbstverständnis- und Mentalitätsveränderungen erfordert, die Zeit in Anspruch nehmen.

In dem Zusammenhang erlangen auf regionaler und lokaler Ebene die bereits von Blotevogel (1994: 17) genannten Kernelemente einer regionalisierten Entwicklungspolitik große Relevanz für Japan, weil aufgrund der Besonderheiten des Verwaltungssystems gerade in diesen Bereichen erhebliche Defizite bestehen, darunter die horizontale, räumliche Kooperation zwischen den Gemeinden, die vertikale Kooperation zwischen den politisch-administrativen Ebenen, die horizontale Kooperation zwischen den diversen Fachpolitiken und die funktionale Kooperation zwischen allen wesentlichen Akteursgruppen. Im Zentrum steht die Einbindung aller für die Regionalentwicklung relevanten gesellschaftlichen Gruppen mit dem Ziel, eine konsequente Ausrichtung auf Kooperation statt Konkurrenz und Abschottung zu erreichen, Reformblockaden zu überwinden und zu nachhaltigen Lösungen zu gelangen.

Die Aufgabe der Raumplanung, den Umgang der Menschen mit ihrem Lebensraum zu thematisieren, bleibt gewichtig. Dazu gehören vor allem realistische Gestaltungskonzepte und Leitbilder räumlicher Ordnung, die sich aus gesellschaftlichen Wertmaßstäben, beispielsweise bezüglich des Prinzips der Nachhaltigkeit, herleiten lassen. Diese Wertmaßstäbe verändern sich gegenwärtig in Japan tendenziell weg vom ohnehin realitätsfernen Anspruch auf die Herstellung ausgeglichener Lebensverhältnisse hin zu einer Akzeptanz der räumlichen Ausdifferenzierung. Die demographischen Entwicklungen werden die regionalen Disparitäten künftig zweifelsohne noch weiter verstärken – die Frage, welches Ausmaß tolerierbar ist, bleibt aber vorerst offen. Dabei sollte die politisch-planerisch beabsichtigte Stärkung von regionaler Eigenverantwortlichkeit nicht bedeuten, dass sich die übergeordnete räumliche Planung ihrer gesamtgesellschaftlichen Verantwortung entzieht.

LITERATURVERZEICHNIS

Benz, Arthur (2005): Governance. In: ARL (= Akademie für Raumforschung und Landesplanung) (Hg.): *Handwörterbuch der Raumordnung*. Hannover: ARL, S. 404–408.
Blotevogel, Hans Heinrich (1994): Neue Ansätze regionaler Entwicklungspolitik. In: ARL (= Akademie für Raumforschung und Landesplanung) (Hg.): *Aktuelle Fragen der Landesentwicklung in NRW*. Hannover: ARL, S. 15–40.
Blotevogel, Hans Heinrich (1996): Zur Kontroverse um den Stellenwert des Zentrale-Orte-Konzepts in der Raumordnungspolitik heute. In: *Informationen zur Raumentwicklung* 10, S. 647–657.
Bothwell, Robert O. (2003): The challenges of growing the NPO and voluntary sector in Japan. In: Stephen P. Osborne (Hg.): *The Voluntary and Non-Profit Sector in Japan. The Challenge of Change*. London und New York: RoutledgeCurzon, S. 121–149.
Breuer, Hermann (1997): Verwaltungsmodernisierung und Kommunales Controlling: Neue Rahmenbedingungen für Politikberatung und Informationsmanagement. In: Rainer Graafen und Wolf Tietze (Hg.): *Raumwirksame Staatstätigkeit* (= Colloqium Geographicum; 23). Bonn: Ferd. Dümmlers Verlag, S. 13–26.
Cairncross, Frances (1997): *The Death of Distance. How the Communications Revolution will Change our Lives*. Boston: Harvard Business School.
Coulmas, Florian (2007): Bevölkerungsalterung und sozialer Wandel: Stolpersteine auf dem Weg in Japans überalterte Gesellschaft. In: Michael Behrens und Jochen Legewie (Hg.): *Japan nach Koizumi. Wandel in Politik, Wirtschaft und Gesellschaft*. Baden-Baden: Nomos, S. 227–240.
Doehler-Behzadi, Marta et al. (2005): Planloses Schrumpfen? Steuerungskonzepte für widersprüchliche Stadtentwicklungen. Verständigungsversuche zum Wandel der Planung In: *DISP* 161 (2), S. 71–78.
Er, Lam Peng (2005): Local governance: the role of referenda and the rise of independent governors. In: Glenn D. Hook (Hg.): *Contested Governance in Japan. Sites and Issues*. London und New York: RoutledgeCurzon, S. 71–89.
FAZ (04.07.2006): Japan beginnt mit der Sanierung des Staatshaushalts, S. 13.

FAZ (12.12.2007): Japans Regierung lockt die Wähler mit neuen Straßen, S. 14.

Feldhoff, Thomas (1998): *Pendelverkehr und Massenschnellverkehrsmittel im Ballungsraum Tōkyō. Raumstrukturen, Akteure, Probleme, Strategien.* Baden-Baden: Nomos Verlagsgesellschaft.

Feldhoff, Thomas (2005): *Bau-Lobbyismus in Japan: Institutionelle Grundlagen – Akteursnetzwerke – Raumwirksamkeit.* Dortmund: Dortmunder Vertrieb für Bau- und Planungsliteratur.

Feldhoff, Thomas (2007): Japan's construction lobby and the privatization of highway-related public corporations. In: André Sorensen und Carolin Funck (Hg.): *Living Cities in Japan. Citizens' Movements, Machizukuri and Local Environments.* London und New York: Routledge, S. 91–112.

Flüchter, Winfried (1990): Japan: Die Landesentwicklung im Spannungsfeld zwischen Zentralisierung und Dezentralisierung. In: *Geographische Rundschau* 42 (4), S. 182–194.

Flüchter, Winfried (1994): Der planende Staat: Raumordnungspolitik und ungleiche Entwicklung. In: Gesine Foljanty-Jost und Anna Maria Thränhardt (Hg.): *Der schlanke japanische Staat.* Opladen: Leske und Budrich, S. 88–105.

Flüchter, Winfried (1995): Japan: Raum- und Ressourcen-Probleme unter Aspekten von Geopolitik, Anpassungsmaßnahmen und Landesentwicklung. In: *Japanstudien. Jahrbuch des Deutschen Instituts für Japanstudien* 6 (1994), S. 17–45.

Flüchter, Winfried (2004): Schrumpfende Städte in Japan – Megalopolen und ländliche Peripherie. In: Philipp Oswalt (Hg.): *Schrumpfende Städte. Band 1: Internationale Untersuchung.* Ostfildern-Ruit: Hatje Cantz, S. 82–92.

Foljanty-Jost, Gesine und Karoline Haufe (2006): Bürgerliche Gesellschaft versus Zivilgesellschaft – Die neue Debatte in Japan. In: *Japanstudien. Jahrbuch des Deutschen Instituts für Japanstudien* 18, S. 247–269.

Frankenfeld, Peter (2005): Disparitäten, regionale. In: ARL (= Akademie für Raumforschung und Landesplanung) (Hg.): *Handwörterbuch der Raumordnung.* Hannover: ARL, S. 185–190.

Fürst, Dietrich (2005): Entwicklung und Stand des Steuerungsverständnisses in der Raumplanung. In: *DISP* 163 (4), S. 16–27.

Gatzweiler, Hans-Peter, Katrin Meyer und Antonia Milbert (2004): Schrumpfende Städte in Deutschland? Fakten und Trends. In: *Informationen zur Raumentwicklung* 10/11, S. 557–574.

Gebauer, Iris und Torsten Luley (2006): IuK-Technologien im ländlichen Raum Deutschlands und Europas. In: *Geographische Rundschau* 58 (7/8), S. 12–19.

Hannemann, Christine (2003): Zukunftschance Schrumpfung – Stadtentwicklung in Ostdeutschland – Eine Skizze. In: Frithjof Hager und

Werner Schenkel (Hg.): *Schrumpfungen. Wachsen durch Wandel. Ideen aus den Natur- und Kulturwissenschaften.* 2. Aufl. München: oekom, S. 99–105.

Healey, Patsy (1997). *Collaborative Planning – Shaping Places in Fragmented Societies.* Houndmills und New York: Palgrave.

Healey, Patsy et al. (2002): Transforming Governance, Institutional Analysis and Institutional Capacity. In: Göran Cars, Patsy Healey, Ali Madanipour und Claudio de Magalhaes (Hg.): *Urban Governance, Institutional Capacity and Social Milieux.* Aldershot: Ashgate, S. 6–28.

Höflich, Joachim R. (1998): Computerrahmen und die undifferenzierte Computerfrage – oder: Warum erst einmal geklärt werden muß, was die Menschen mit dem Computer machen. In: Patrick Rössler (Hg.): *Online-Kommunikation. Beiträge zur Nutzung und Wirkung.* Opladen: Westdeutscher Verlag, S. 17–46.

Huang, Yefang, Yee Leung und Jianfa Shen (2007): Cities and Globalization: An International Perspective. In: *Urban Geography* 28 (3), S. 209–231.

IPSS (= National Institute of Population and Social Security Research) (2007): Nihon no todōfuken-betsu shōrai suikei jinkō (Heisei 19-nen 5-gatsu suikei) ni tsuite [Informationen zur Bevölkerungsprognose für die Präfekturen Japans vom Mai 2007]. http://www.ipss.go.jp/pp-fuken/j/fuken2007/suikei.html (letzter Zugriff 19.02.2008).

JRI (= The Japan Research Institute) (2006): *Chiiki kakusa wa kakudai shite iru ka* [Nehmen regionale Disparitäten in Japan zu?] (= Makuro Keizai Ripōto; 2006–06). Tokyo: JRI.

Kevenhörster, Paul (2002): Japan: Politische Entscheidungsstrukturen im Spiegel politikwissenschaftlicher Deutungen. In: *Japanstudien. Jahrbuch des Deutschen Instituts für Japanstudien* 14, S. 139–163.

Kil, Wolfgang (2004): *Luxus der Leere. Vom schwierigen Rückzug aus der Wachstumswelt. Eine Streitschrift.* Wuppertal: Verlag Müller und Busmann.

KKTCS (= Kokudo Kōtsūshō Toshi Chiiki Seibi-kyoku Shigaichi Eibi-ka) (2002): *Toshi saikaihatsu handobukku* [Handbuch der städtischen Revitalisierung]. Tokyo: Keibun Shuppan.

Kotkin, Joel (2000): *The New Geography. How the Digital Revolution is Reshaping the American Landscape.* New York: Random House.

Lendi, Martin (2003): Grundorientierungen für die Raumplanung/Raumordnung – eine Vorlesung. Gastvorlesung, Universität für Bodenkultur, Wien, 24. November 2003.

Lowndes, Vivien (2001): Rescueing Aunt Sally. Taking institutional theory seriously in urban politics. In: *Urban Studies* 38 (11), S. 1953–1973.

Matsubara, Hiroshi (2006): Shōshi kōreika jidai no chiiki saihen (Reorganization of Japanese Regional Economies in a Low Fertility and Aging

Society). In: *Keizai Chirigaku Nenpō* (Annals of the Japan Association of Economic Geographers) 52 (4), S. 1–17.

Mayntz, Renate (2003): Governance im modernen Staat. In: Arthur Benz *et al.* (Hg.): *Governance. Eine Einführung.* Dreifachkurseinheit der FernUniversität Hagen, S. 71–83.

Mayntz, Renate (2004): Governance Theory als fortentwickelte Steuerungstheorie? Max Planck Institut für Gesellschaftsforschung, Working Paper No. 04/1. http://www.mpi-fg-koeln.mpg.de/pu/workpap/wp04–1/wp04–1.html (letzter Zugriff 14.02.2008).

McCormack, Gavan (2002): Breaking the Iron Triangle. In: *New Left Review* 13, S. 5–23.

METI (= Ministry of Economy, Trade and Industry, Regional Economic and Industrial Policy Group) (2005): Jinkō genshōka ni okeru chiiki keiei ni tsuite – 2030-nen no chiiki keizai no shimyurēshon [Regionalmanagement unter Bedingungen der Bevölkerungsschrumpfung: Simulation der regionalwirtschaftlichen Situation im Jahr 2030]. http://www.meti.go.jp/press/20051202004/1-gaiyou-set.pdf (letzter Zugriff 21.02.2008).

MIC (= Ministry of Internal Affairs and Communications) (2005): *Heisei 7-nenban jōhō tsūshin hakusho* [Weißbuch Information und Kommunikation 2005]. Tokyo: MIC.

MIC (2006): Information and Communications in Japan 2006. Feature: Ubiquitous Economy (Outline). PR Materials for Overseas Press.

MLIT (= Ministry of Land, Infrastructure and Transport) (2003): *Heisei 15-nendo kokudo kōtsū hakusho* (White Paper on Land, Infrastructure and Transport in Japan 2003). Tokyo: Gyōsei.

MLIT (2006): The New National Land Sustainability Plan. http://www.mlit.go.jp/english/2006/b_n_and_r_planning_bureau/01_duties/New_NLSP_060515.pdf (letzter Zugriff 13.02.2008).

MLIT, National and Regional Planning Bureau (2007): Kokudo keisei keikaku zenkoku keikaku (chūkan torimatome) ni tsuite [Über den Zwischenbericht zum nationalen Plan zur nachhaltigen Landesentwicklung]. In: *Hito to Kokudo* 21 (1), S. 20–27.

Müller, Bernhard (2003): Regionalentwicklung unter Schrumpfungsbedingungen. Herausforderung für die Raumplanung in Deutschland. In: *Raumforschung und Raumordnung* 1–2, S. 28–42.

Myrdal, Gunnar (1974): *Ökonomische Theorie und unterentwickelte Regionen.* Frankfurt/Main: Fischer Taschenbuch Verlag.

Naikakufu (2004, 2007): Shakai ishiki ni kansuru seron chōsa [Meinungsumfrage zum Sozialbewusstsein der Bevölkerung]. http://www8.cao.go.jp/survey/h18/h18-shakai/index.html; http://www8.cao.go.jp/survey/h15/h15-shakai/index.html (letzter Zugriff 20.02.2008).

Naikakufu (2006, 2008): Kenmin keizai kessan ni tsuite [Ergebnisse der Volkswirtschaftlichen Gesamtrechnung der Präfekturen]. http://www.esri.cao.go.jp/jp/sna/kenmin/h15/6_kenmin.xls; http://www.esri.cao.go.jp/jp/sna/kenmin/h17/9_kenmin.xls (letzter Zugriff 12.02.2008).

Nakazato, Tōru (2003): Toshi to nōson no seiji keizaigaku [Politische Ökonomie der Städte und Dörfer]. In: Fukuju Yamazaki und Yoshihisa Asada (Hg.): *Toshi saisei no keizai bunseki* [Ökonomische Analyse städtischer Revitalisierung]. Tokyo: Tōyō Keizai Shinpōsha, S. 67–81.

OECD (2007): OECD Economic Outlook No. 82. Annex Tables. Fiscal Balances and Public Indebtedness. http://www.oecd.org/dataoecd/5/51/2483816.xls (letzter Zugriff 12.02.2008).

Oswalt, Philipp (Hg.) (2004): *Schrumpfende Städte, Band 1: Internationale Untersuchung*. Ostfildern-Ruit: Hatje Cantz.

Oswalt, Philipp (Hg.) (2005): *Schrumpfende Städte, Band 2: Handlungskonzepte*. Ostfildern-Ruit: Hatje Cantz.

Rieniets, Tim (2004): Weltweites Schrumpfen. In: Philipp Oswalt (Hg.): *Schrumpfende Städte. Band 1: Internationale Untersuchung*. Ostfildern-Ruit: Hatje Cantz, S. 20–33.

Sassen, Saskia (2001): *Cities in a World Economy*. Thousand Oaks, CA: Pine Forge.

Schmidt, Jan (2005): *Der virtuelle lokale Raum. Zur Institutionalisierung lokal bezogener Online-Nutzungsepisoden*. München: Fischer (= Reihe Internet@Research; 19).

Schulz, Martin (2007): Die japanischen Staatsfinanzen: „Operation Reform" schon abgeschlossen? In: Michael Behrens und Jochen Legewie (Hg.): *Japan nach Koizumi. Wandel in Politik, Wirtschaft und Gesellschaft*. Baden-Baden: Nomos, S. 111–123.

Sengoku, Yoshito (1999): *Shōbi. Doken kokka Nihon no tenkan* [Es ist an der Zeit: Eine Wende für den Baustaat Japan]. Tokyo: Goma Shobō.

Shimizu, Masato (2007): Municipal Mergers and the Change in Intra-Prefectural Migration. In: *The Japanese Journal of Population* 5 (1), S. 1–10.

Short, John R. und Yeong-Hyun Kim (1999): *Globalization and the City*. London: Longman.

Sōmushō (= Sōmushō Tōkeikyoku) (verschiedene Jahrgänge): *Nihon tōkei nenkan* (Japan Statistical Yearbook). Tokyo: Nihon Tōkei Kyōkai.

Sōmushō Tōkeikyoku (Hg.) (2000, 2005): Kokusei chōsa (Population Census of Japan). http://www.stat.go.jp/data/kokusei/2000/index.htm; http://www.stat.go.jp/data/kokusei/2005/index.htm (letzter Zugriff 12.02.2008).

Sōmushō Tōkeikyoku (Hg.) (2006): Heisei 18-nen jigyōsho kigyō tōkei chōsa (2006 Establishment and Enterprise Census of Japan). http://www.stat.go.jp/data/jigyou/2006/index.htm (letzter Zugriff 12.02.2008).

Sōmushō Tōkeikyoku (Hg.) (2008): Jūmin kihon daichō jinkō idō hōkoku. Kekka no gaiyō [Bericht über Wanderungen auf der Grundlage des Einwohnerbasisregisters. Ergebnisüberblick]. http://www.stat.go.jp/data/idou/2007np/kazu/pdf/gaiyou.pdf (letzter Zugriff 19.02.2008).

Sorensen, André (2007): Changing govenance of shared spaces. Machizukuri as institutional innovation. In: André Sorensen und Carolin Funck (Hg.): *Living Cities in Japan. Citizens' Movements, Machizukuri and Local Environments.* London und New York: Routledge, S. 56–90.

Stoker, Gerry (2000): Urban Political Science and the Challenge of Urban Governance. In: Jon Pierre (Hg.): *Debating Governance. Authority, Steering, and Democracy.* London: Oxford University Press, S. 91–109.

Turowski, Gerd (2005): Raumplanung (Gesamtplanung). In: ARL (= Akademie für Raumforschung und Landesplanung) (Hg.): *Handwörterbuch der Raumordnung.* Hannover: ARL, S. 893–898.

Welter, Patrick (2007): Japans Politik als Wachstumsbremse. In: *Frankfurter Allgemeine Zeitung* 17.12.2007, S. 11.

Yamamoto, Kenji (2006): The Industrial Cluster Plan of the Japanese government and the realities of regional economics in Japan. In: *Raumforschung und Raumordnung* 64 (1), S. 28–40.

SCHRUMPFENDE STÄDTE ALS HERAUSFORDERUNG: JAPAN, HOKKAIDŌ UND DER FALL DER STADT YŪBARI

Winfried Flüchter

Shrinking Cities as a Challenge: Japan, Hokkaidō and the Case of the City of Yūbari

Abstract: The shrinking and ageing of urban populations is a worldwide phenomenon, and in Japan it is a central problem not only for the future but already at present. In contrast to the large, dynamic cities of Japan, the mass of smaller cities with fewer than 200,000 inhabitants – in particular those located outside metropolitan areas – suffer population losses due to deindustrialization and ageing. The situation is especially severe in areas where the economy is based on a single industrial sector, such as mining and other 'sunset' industries. Today's situation in more remote areas of Japan can be seen as an early warning of future developments nationwide, because – independent of deindustrialization – Japan's population has been declining since 2005 and is ageing rapidly, most dramatically in remote areas. In the first part, this paper traces the population development of Japanese cities during the periods from 1960 to 2000 and from 2000 to 2005, in order to analyze the reasons for population decline. The second part focuses on shrinking areas in Hokkaidō, in particular the city of Yūbari, a former coal mining centre, located in the economically blighted area of Sorachi, where jobs have been scarce since the closure of the last pit in 1990. Municipal efforts to revitalize the local economy by shifting from *tankō* [mining] to *kankō* [tourism] failed to stop socio-economic decline: In June 2006, the city of Yūbari went bankrupt and has become dependent on a drip feed of financial support from the central government. Based on field research in the supposedly intact municipality shortly before its bankruptcy, this paper describes the situation and evaluates possible strategies of socio-economic action.

1 Einleitung

Städte mit schrumpfender und alternder Bevölkerung sind ein weltweites Phänomen, in Japan ein zentrales Problem nicht nur der Zukunft, sondern bereits der Gegenwart. Zwar verzeichnen Japans Metropolregionen, Großregionszentren, größere Regionalstädte und Städte in Suburbia noch Wachstum – letztere allerdings auch schon Stagnation. Andererseits schrumpft die Bevölkerung in fast allen sonstigen Städten unterhalb einer Schwelle von 200.000 Einwohnern zum Teil dramatisch – nicht zu reden von der Masse der Kleinstädte (*machi*) und Dörfer (*mura*). Deindustrialisierung, Abwanderung, niedrige Geburtenraten und extreme Bevölkerungsalterung nehmen in bestimmten, vor allem den peripheren Räumen Japans Szenarien vorweg, die langfristig weiten Teilen des Landes außerhalb der Metropolen und Großregionszentren drohen. Der Beitrag verfolgt die Bevölkerungsentwicklung der japanischen Städte in den Zeiträumen von 1960 bis 2000 und von 2000 bis 2005 und analysiert die Ursachen ihrer Schrumpfung, die in alten Industrierevieren, allen voran in Hokkaidō und Nord-Kyūshū, besonders dramatische Ausmaße angenommen hat. Der Fokus der Untersuchung richtet sich bewusst auf die besonders betroffene Schrumpfungsarena Hokkaidō. Hier laufen vor allem in den alten Montanrevieren Rückgang und Alterung der Bevölkerung in einer Dynamik ab, die zu denken gibt und Handlungsstrategien erforderlich macht. Beispielhaft wird der Fall der ehemaligen Bergbaustadt Yūbari analysiert. Wie verläuft die Transformation strukturschwacher Regionen, deren wirtschaftliche Basis gebrochen ist? Wer sind die maßgeblichen Akteure in diesem Prozess? Lässt sich angesichts stark schwindender und alternder Bevölkerung eine angemessene Infrastruktur aufrechterhalten? Wie reagieren und kooperieren Zentralregierung und regionale Gebietskörperschaften? Welche Lehren lassen sich aus dem Fall Yūbari ziehen?

2 STADTENTWICKLUNG UND SCHRUMPFUNGSPROZESSE IN JAPAN 1960–2005

Eine kartographische Bestandsaufnahme der Volkszählungsergebnisse seit 1960 gibt Aufschluss über die Entwicklung der Städte in Japan. Die Analyse der Bevölkerungszunahme und -abnahme erfolgt differenziert nach der Größe der Städte (von weniger als 50.000 Einwohnern bis zu mehreren Millionen Menschen), der Lage (Metropolen versus Peripherie, Metropolkerne versus Metropolränder, Peripheriekerne versus Rest der Peripherie) sowie in zeitlicher Hinsicht (Vergleich der Phasen 1960–2000 und 2000–2005). Statistische Grundlage bilden die Ergebnisse der alle fünf Jahre durchgeführten Bevölkerungszählungen (Sōmushō Tōkeikyoku, zuletzt 2005) seit 1960, einer Zeit, in der die Phase hohen Wirtschaftswachstums gerade eingesetzt hatte.

2.1 Stadtentwicklung in Japan 1960–2000

Richten wir zunächst den Blick auf die Maßstabsebene der Präfekturen. Während die Bevölkerung Japans im Laufe dieser 40 Jahre von 94,3 Mio. auf 126,9 Mio. Einwohner um 34,6 Prozent erheblich gewachsen ist, verzeichnen zwölf der 47 Präfekturen absolute Verluste, darunter drei in der Großregion Tōhoku und neun im Südwesten Japans. Weitere 22 Präfekturen haben an Bevölkerung zwar absolut zugenommen, sind aber unter dem Landesdurchschnitt geblieben. Dies betrifft große Gebiete Mitteljapans außerhalb der Metropolen, Teile Kyūshūs sowie den peripheren Nordosten Honshūs.

Was die Großstädte *über 200.000 Einwohner* betrifft – sie stellten 1960 erst 33,1 Prozent, 2000 bereits 47,8 Prozent der Gesamtbevölkerung Japans –, so verlief ihre Entwicklung außerordentlich dynamisch (vgl. Abb. 1). Fast alle 107 Städte dieser Größenordnung haben ihre Einwohnerzahl beträchtlich steigern können. Eine Ausnahme bilden lediglich vier Städte: erstens die ehemaligen Marinehäfen und Werftindustriestandorte Sasebo und Kure, die beide einen schmerzhaften Deindustrialisierungsprozess hinter sich haben, und zweitens und vor allem die beiden nationalen Oberzentren Tokyo und Osaka. Diese Metropolen verzeichnen allerdings nur im Ballungs*kern* (Stadtbezirksgebiet) eine absolut starke Bevölkerungsabnahme. Dagegen haben zahlreiche Großstädte im *Suburbanisationsgürtel* Tokyos und Osakas an Einwohnerzahl gewaltig zugelegt, insbesondere im hauptstädtischen Verdichtungsraum.

Fokussiert man nur auf die Städte *unter 200.000 Einwohner*, so ergeben sich zwei wesentliche Befunde. Diese für japanische Verhältnisse kleinen Städte verzeichnen einerseits enorm starke Zuwächse im Suburbanisationsraum der drei Metropolen Tokyo, Osaka und Nagoya sowie der Großregionszentren Sapporo und Fukuoka (Zunahme von einigen 100 Prozent in 40 Jahren, d. h. in Höhe einer zweistelligen Prozentzahl pro Jahr). Dagegen hat die große Mehrheit dieser kleine(re)n Städte relativ (im Vergleich zum Landesdurchschnitt der Städte) und absolut an Bevölkerung abgenommen. Lokal und kleinregional sind die Bevölkerungsverluste je nach Standort gravierend, insbesondere in „Company Towns", die, wie Hitachi und Muroran, von *einem* großen Unternehmen abhängig sind. Dramatische Dimension erreicht dieser Prozess in ehemaligen Steinkohlenrevieren wie Sorachi (Hokkaidō) und Chikuho (Nordkyūshū).

Als Ergebnis der vier Jahrzehnte zwischen 1960 und 2000 bleibt festzuhalten: Im Hinblick auf Großstädte über 200.000 Einwohner kann in Japan von „schrumpfenden Städten" (noch) nicht die Rede sein, auch nicht im Falle der Metropolen Tokyo, Osaka und Nagoya, wenn man diese, was allein sinnvoll ist, jeweils in ihren räumlichen und funktionalen Zusammenhängen, also als Metropol*regionen* begreift. Mit Städten dieser Größenordnung, die für Urbanisierung und Dynamik stehen, kontrastiert die Masse der kleine(re)n Städte außerhalb der Metropolen und Großregionszentren mit teilweise außerordentlich hohen Bevölkerungsrückgängen.

2.2 Stadtentwicklung in Japan 2000–2005

Nehmen wir zunächst die stadtübergreifende Maßstabsebene ins Visier. Während die Gesamtbevölkerung des Landes im Laufe dieser fünf Jahre von 126,9 Mio. auf 127,8 Mio. Einwohner um nur noch 0,7 Prozent zunimmt, verzeichnen 31 der 47 Präfekturen absolute Verluste, darunter Hokkaidō und der gesamte Nordosten mit Ausnahme von Miyagi (mit dem Großregionszentrum Sendai) sowie das gesamte südwestliche Japan mit Ausnahme von Fukuoka (mit dem Großregionszentrum Fukuoka). Weitere sechs Präfekturen haben zwar an Einwohnern absolut zugenommen, sind aber unter dem Landesdurchschnitt geblieben, darunter die Präfekturen Osaka und Kyoto.

Im Vergleich zur wachstumsstarken Periode 1960–2000 beeindrucken vor allem zwei Tatsachen (vgl. Abb. 2): erstens die landesweit viel größere Masse der Städte, die durch *Schrumpfung* gekennzeichnet ist; zweitens die eindrucksvolle *Zunahme* der Bevölkerung im Kern der Metropolen, allen voran im Stadtbezirksgebiet von Tokyo (8,48 Mio., +4,3 %) mit den Quasi-Satellitenstädten Kawasaki (1,33 Mio., +6,2 %), Yokohama (3,58 Mio., +4,4 %), Chiba (924.000, +4,2 %), ferner Nagoya (2,22 Mio., +2,0 %), Osaka-*shi* (2,63 Mio., +1,3 %) und Kōbe (1,53 Mio., 2,1 %); stagnierend dagegen Kyoto-*shi* (1,47 Mio., 0,0 %), bei gleichzeitig kaum noch wachsender, wenn nicht abnehmender Bevölkerung der Städte im äußeren Bereich der Metropolgebiete.

Was erstens das Schrumpfen der Masse der Städte betrifft, so fällt auf, dass es sich zwar, wie schon in der Periode 1960–2000, insbesondere um die kleine(re)n, peripher gelegenen Vertreter handelt. Betroffen sind aber auch die Industrie- und ehemalige Millionenstadt Kitakyūshū (993.000, -1,8 %) sowie zahlreiche größere Städte mit mehreren 100.000 Einwohnern wie Sasebo (248.000, -1,2 %), Kure (251.000, -3,2 %), Shimonoseki (291.000, -3,5 %), Shimizu[1] (230.000, -2,9 %), Amagasaki (462.000, -0,8 %), Hakodate (294.000, -3,6 %) und Asahikawa (355.000, -1,3 %).

Bevölkerungsverluste erleiden auch erstaunlich viele *Präfekturhauptstädte*. Als regionale Zentren der Verwaltung, Wirtschaft und Kultur hatten sie in der Vergangenheit gewöhnlich eine positive Bevölkerungsbilanz, bedingt vor allem durch binnenregionale Zuwanderungen. Dieser Trend erscheint bei vielen gebrochen. Absoluten Rückgang verzeichnen vor allem die weniger großen Präfekturhauptstädte (200.000 bis 455.000 Einwohner) in der Peripherie: Aomori, Morioka, Akita, Fukushima, Kōfu, Kanazawa, Nagano, Matsue, Tokushima, Kōchi, Saga und Nagasaki. Betroffen sind

---

[1] Zum Zeitpunkt des Bevölkerungszensus von 2005 nicht mehr eigenständige Stadt, sondern als Ergebnis der kommunalen Gebietsreform neuer Bezirk der Stadt Shizuoka (2005: 701.000 Einwohner).

auch größere Präfekturhauptstädte am Rand der Metropolregionen wie Maebashi in der nördlichen Kantō-Ebene, Gifu im Einzugsbereich von Nagoya sowie Nara und Wakayama im Großraum Osaka. Nur sehr gering zugenommen, relativ jedoch ebenfalls abgenommen (d. h. Zunahme unter 1,0 %, dem Durchschnitt aller Städte in dieser Periode) haben weitere Präfekturhauptstädte wie Yamagata, Toyama, Tottori, Takamatsu, aber auch viel bedeutendere wie Niigata und Kagoshima. Bei all den genannten Städten, vor allem den größeren, könnte man vermuten, dass ihre Negativbilanzen auf Suburbanisierungsprozesse zurückgehen, d. h. auf Zunahme der Bevölkerung ihrer unmittelbar benachbarten Gemeinden. Dies ist jedoch in nur geringem Umfang der Fall; das erstaunlich schwache Abschneiden all der genannten Städte spiegelt die Realität wider!

Der zweite Befund ist die eindrucksvolle *Zunahme* der Bevölkerungszahl im *Kern* der Metropolen (ausgenommen Kyoto). Es handelt sich um neue Tendenzen der Metropolenentwicklung, um Reurbanisierung, die sich in Tokyo bereits seit 1996 anbahnte (Hohn 2004). Zuvor hatte die für die Metropolen typische Suburbanisierung zu einer erheblichen Zunahme der Bevölkerung in deren Außengebieten auf Kosten der Einwohnerzahlen in der City („Wohnbevölkerungskrater") und in der Folge zu extrem aufwändigen Formen des Pendelns geführt.

Dieser Trend kehrt sich nun um. Vorreiter der neuen Entwicklung ist die Hauptstadt, wo die 23 Stadtbezirke (2005: 8,5 Mio. Einwohner) bereits im Zeitraum 1995–2000 um insgesamt 163.000 Personen (2,0 %) zugenommen hatten. Diese Positivbilanz wurde im folgenden Zeitraum 2000–2005 mit 348.000 Personen (4,3 %) noch weit übertroffen. Am stärksten ausgeprägt ist dieser Prozess in den drei zentralen Stadtbezirken Chūō, Minato und Chiyoda, d. h. in den tiefsten Stellen des „Wohnbevölkerungskraters". Parallel zu dieser Entwicklung wachsen die Städte am Rand der Metropolregion nur noch gering, nicht wenige schrumpfen sogar.

3 JAPANS PERIPHERIE: SCHRUMPFUNGSARENA HOKKAIDŌ

Die mit 83.454 km^2 flächenmäßig mit Abstand größte Präfektur des Landes wurde weiträumig erst Ende des 19. Jahrhunderts erschlossen und ist für japanische Verhältnisse extrem dünn besiedelt: 68 Einw./km^2 gegenüber 343 Einw./km^2 im Landesdurchschnitt. Die Bevölkerungszahl hat sich seit den 1980er Jahren auf einem Niveau von 5,7 bis 5,6 Mio. eingependelt. In der Phase 1960–2000 hat Hokkaidō mit 14,0 Prozent zwar absolut zugelegt, ist jedoch damit relativ weit unter dem nationalen Durchschnitt von 34,6 Prozent geblieben. Eine überwiegend positive *natürliche* Bevölkerungsbewegung hat lange verhindert, dass die Einwohnerzahl infolge anhaltender Abwanderung in die Kerngebiete Japans nicht schon früher zurückgegangen ist. Im Zeitraum 2000–2005 jedoch ist die Bevölkerung auf 5,6 Mio. (-1,0 %) leicht geschrumpft.

3.1 Stadtentwicklung Hokkaidōs 1960–2000

Eindrucksvoll während dieser vier Jahrzehnte ist einerseits die Zunahme der Bevölkerung in einigen größeren Städten, insbesondere in der Präfekturhauptstadt Sapporo, andererseits das Schrumpfen der Bevölkerung in den kleine(re)n Städten außerhalb dieses zentralen Ballungsraumes (vgl. Abb. 3). Das starke Wachstum der Präfekturhauptstadt von 0,6 auf 1,8 Mio. Einwohner (um 203 % oder 5,1 % pro Jahr) wird in Einzelfällen durch suburbane Satellitenstädte relativ noch weit übertroffen. Dies gilt im Extrem für Kitahiroshima (Wachstum um 663 % oder 16,6 % pro Jahr!), einer Vorstadt mit viel Grün, Naherholungspotenzialen und exzellenter Verkehrsanbindung, die vom Hauptbahnhof Sapporo und vom Internationalen Flughafen Shin-Chitose nicht einmal 20 Minuten entfernt liegt. Die inzwischen 58.000 Einwohner zählende Gemeinde, die erst 1968 vom Status eines Dorfes (*mura*) in den Rang einer Kleinstadt (*machi*) aufgestiegen war, gilt statistisch erst seit 1996, dem Jahr des Wachstums auf über 50.000 Einwohner, als „Stadt" (*shi*). Sieht man von Otaru ab, einer traditionsreichen Hafen- und Industriestadt, deren Entwicklung infolge von Flächenengpässen und Deindustrialisierung in erheblichem Maße rückläufig ist, schneiden alle Städte im Großraum Sapporo positiv ab. Die Ursachen liegen hier nicht nur in der Suburbanisierung, sondern auch in der staatlichen Förderung der Region Dōō („Zentral-Hokkaidō") im Hinblick auf den Auf- und Ausbau einer modernen Infrastruktur (u. a. Ishikari: Handelshafen; Tomakomai: Industriehafen).

Außerhalb des Agglomerationsraums Sapporo zeigen nur die größeren Städte (110.000 bis 300.000 Einwohner) positive Bevölkerungsbilanzen: Obihiro (71,5 %), Kitami (67,4 %), Asahikawa (67,0 %), Kushiro (27,3 %), Hakodate (18,4 %). Es erscheint wie selbstverständlich, dass diese Solitärstädte, Mittelpunkte eines weiten Um- und Hinterlandes, an Einwohnern zugenommen haben. Kushiro und Hakodate befinden sich allerdings relativ, gemessen am Durchschnitt der Zunahme aller Städte Hokkaidōs (52,1 %), bereits auf der Verliererstraße.

Von den obigen Städten abgesehen schrumpft fast der gesamte Rest Hokkaidōs. Dies gilt selbstverständlich für die Dörfer (*mura*) und Kleinstädte (*machi*), aber auch für fast alle sonstigen Städte (*shi*). Extrem düster sieht es in den Städten der Region Sorachi zwischen Sapporo und Asahikawa aus, einem ehemaligen Steinkohlenrevier, das etwa seit dem Jahr

1900 im Zuge der Entwicklung Hokkaidōs als Rohstofflieferant besondere Bedeutung erlangte, in den 1960er Jahren auf dem Höhepunkt seiner wirtschaftlichen Entwicklung war und seitdem einen katastrophalen Niedergang erlebt. Hier finden sich sechs Städte, die durch desaströsen Bevölkerungsrückgang existenziell gefährdet sind: Yūbari (-86,3 %), Utashinai (-84,4 %), Mikasa (-75,9 %), Akabira (-71,2 %), Ashibetsu (-68,7 %) und Bibai (-64,3 %). Diese Gemeinden stellen nicht nur für Hokkaidō, sondern auch landesweit traurige Negativrekorde auf. „Städte" sind sie nur noch formal, statistisch (nicht zu reden funktionell) dürften sie eigentlich keine mehr sein. Alle sind weit unter die Einwohnerschwelle von 50.000 geschrumpft, ab der derzeit eine aufstrebende Gemeinde in den Rang einer Stadt aufrücken kann. Fünf dieser sechs Städte erreichen nicht einmal das frühere „*shi*"-Kriterium von mindestens 30.000 Personen. Als Extremfall gilt Utashinai, dessen Einwohnerzahl 1960 noch bei 38.000 gelegen hatte, bis 2000 schon auf 5.941 zurückgegangen war und 2005 einen Tiefststand von nur noch 5.221 Personen erreichte. Dass die oben genannten ehemaligen Bergbaugemeinden in der Statistik dennoch ihren Rang als „Stadt" beibehalten haben, ist merkwürdig, aber verständlich im Sinne der *political correctness*: Die ökonomisch und ökologisch ausgebeutete Region soll nicht zusätzlich Schaden durch Statusdegradierung ihrer Städte erleiden.

3.2 Stadtentwicklung Hokkaidōs 2000–2005

Die Polarisierung des Städtesystems in Hokkaidō, die sich bereits in den 1990er Jahren abzeichnete, schlägt nun voll durch (vgl. Abb. 4). Sieht man vom Ballungsraum Sapporo ab, verzeichnen *alle* Städte Negativbilanzen. Erstaunlich ist dies vor allem für Asahikawa (355.000 Einwohner, -1,3 %), dem mit Abstand führenden Regionalzentrum Mittel-Hokkaidōs, aber auch für die weiteren, größenmäßig folgenden Solitärstädte Hakodate (294.000, -3,6 %), Kushiro (182.000, -5,3 %), Obihiro (171.000, -1,4 %) und Kitami (111.000, -1,3 %). Industrie- und Hafenstädte wie Otaru, Muroran (alter Eisenhüttenstandort) und relativ auch Tomakomai (relativ junger Standort hafenorientierter Industrien) erhärten diesen Trend. Ihre Schrumpfung hängt generell mit der schwachen Wirtschaftsstruktur Hokkaidōs und der im Vergleich zum Landesdurchschnitt zurückgebliebenen industriellen Entwicklung zusammen. Zahlreiche industrielle Arbeitsplätze sind verloren gegangen. Ein weiterer Grund für den Rückgang der Einwohnerzahl dieser Städte liegt in der Anziehungskraft Sapporos als Magnet für Zuwanderer aus der gesamten Präfektur. In Bezug auf Hokkaidō ist von der „Ein-Punkt-Konzentration auf Sapporo" die Rede, vergleichbar der „Ein-Punkt-Konzentration auf Tokyo" (*Tōkyō ikkyoku shūchū*) im Hinblick auf Gesamtjapan.

Die noch viel stärkere Schrumpfung der kleine(re)n Städte Hokkaidōs bestätigt den anhaltenden Negativtrend. Schockierend ist die Situation vor allem im ehemaligen Steinkohlenrevier Sorachi (vgl. Abb. 5). Die relativen Bevölkerungsverluste der dortigen Städte entsprechen, hochgerechnet auf die Vergleichsperiode 1960–2000, in etwa den Prozentwerten der vergangenen Jahrfünfte, ja gehen sogar noch darüber hinaus. Alle oben genannten ehemaligen Bergbaustädte Sorachis haben die gleichen Strukturprobleme. Das Image ihrer Region ist schlecht. Die Bergbaugesellschaften als die früher dort entscheidenden Akteure zeigten keine sonderliche Verantwortung für ihre Belegschaften; diverse Zechenunglücke geben Aufschluss darüber. Nach den Jahrzehnten des Booms zogen sie sich aus der Region zurück und hinterließen eine stark verunsicherte Bevölkerung. Der Leerstand noch bestehender Häuser ist unübersehbar, spiegelt aber nur unzureichend die anstehenden Probleme wider, da die große Masse der aus Holz gebauten einfachen Bergarbeiterreihenhäuser längst abgerissen ist und die Natur sich ihre Freiräume zurückholt.

4 DER FALL DER STADT YŪBARI

Am dramatischsten ist die Entwicklung in Yūbari, der ehemals bedeutendsten Bergbaustadt Hokkaidōs. Auf dem Höhepunkt ihrer Entwicklung 1960 hatte sie 116.908 Einwohner. Bis 2000 schrumpfte sie auf 14.791 Personen (um -87,4 % in 40 Jahren, d. h. -2 % pro Jahr), bis 2005 dann auf nur noch 13.002 (um -12,1 % in fünf Jahren, d. h. -2,4 % pro Jahr). In dieser Stadt lag 2005 der Anteil der Personen über 64 Jahre bei fast 41 Prozent, d. h. doppelt so hoch wie der ohnehin schon hohe Landesdurchschnitt von rund 20 Prozent.

4.1 Historischer Hintergrund[2]

Begonnen hatte die Entwicklung Yūbaris 1890 mit der Eröffnung der ersten Zeche durch Hokutan (Hokkaidō Colliery). In dem engen, abgelegenen Tal des Yūbari-Flusses ließ der Bergbau die Bevölkerungszahl be-

---

[2] Der Inhalt dieses Abschnittes folgt den Ausführungen von Aoki (2003: 48–52) und Kado (2003: 73–82). Vgl. auch die sehr gut recherchierten Ausführungen zu Yūbari in Wikipedia unter: http://ja.wikipedia.org/wiki/%E5%A4%95%E5%BC%B5%E5%B8%82#.E6.AD.B4.E5.8F.B2 (letzter Zugriff 18.06.2008).

reits 1920 auf 50.000 anschwellen. Die lokale Anthrazit-Kohle war als Rohstoff für die Versorgung des Eisen- und Stahlhüttenwerkes in Muroran (Hokkaidō) und Kamaishi (Präfektur Iwate) und damit für den Aufbau der japanischen Rüstungsindustrie von strategischem Gewicht. Vor und während des Pazifischen Krieges erhielt die Kohle in dieser Funktion einen weiteren Schub, der sich in der Nachkriegsperiode im Zeichen der Wiedererstarkung der japanischen Wirtschaft bis Anfang der 1970er Jahre am stärksten bemerkbar machte (vgl. Abb. 6 und 7). Zeitweise waren bis zu 24 Zechen in Betrieb, darunter eine Anlage mit Kokerei. Um die Zechen gruppierten sich die Siedlungen der Bergleute (vgl. Abb. 9). Eine entscheidende Zäsur trat in den 1960er Jahren ein, als sich die japanische Energiewirtschaft von der teuren, international nicht wettbewerbsfähigen einheimischen Kohle auf Erdöl umstellte. Dies führte Anfang der 1970er Jahre zur landesweiten Kohlekrise. Förderten in der Bergbauregion Sorachi phasenweise bis zu 100 Zechen, so kam es seitdem zur Schließung zahlreicher Anlagen. In Yūbari förderten die Unternehmen Hokutan (zur Mitsui-*keiretsu* gehörig) und Mitsubishi Mining während der 1970er Jahre in immerhin noch sechs Zechen, von denen die neueste sogar erst 1970 den Betrieb aufnahm – ein Zeichen für die innerhalb Japans relative Rentabilität des Kohlereviers Sorachi (vgl. Abb. 6). Ein großes Grubenunglück 1982 mit 93 Toten leitete dann aber die Insolvenz der Gesellschaft Hokutan ein, die bis dahin als Regionalmonopolist der Energie-, Elektrizitäts- und Trinkwasserversorgung die Entwicklung Yūbaris entscheidend geprägt hatte. Ein weiteres Grubenunglück 1990 war Anlass, die letzte bis dahin noch fördernde Zeche von Mitsubishi Mining zu schließen. Seitdem gibt es in der Stadt keine industriellen Arbeitsplätze mehr. Die Stillegung der Zechen kam für Yūbari einer Katastrophe gleich, führte zum Exodus vor allem junger Bevölkerungsgruppen und zwang die einseitig vom Bergbau abhängige Stadt zur Restrukturierung ihrer Lokalökonomie.

4.2 Vom Bergbau (tankō) zum Tourismus (kankō)

Bereits seit den 1960er Jahren versuchte die Stadt, durch Diversifizierung ihrer Wirtschaftsstruktur konjunkturell unabhängiger zu werden (vgl. zum Folgenden Yūbari-shi 2005). Die Bemühungen um Ansiedlung neuer Industrien waren jedoch vergeblich. Der Standort war zu abgelegen, schlecht zugänglich, bot zu wenig Fläche. Einen Erfolg gab es dagegen in der Landwirtschaft. Risikofreudige Bauern spezialisierten sich schon Anfang der 1960er Jahre auf den Anbau von Honigmelonen, deren Kostbarkeit als „Yūbari-Melonen" landesweite Wertschätzung erfuhr und zu einem Markenzeichen wurde.

Als Alternative zum niedergehenden Bergbau setzte die Gemeinde seit den 1980er Jahren vollständig auf den Tourismus. Ansehnliche staatliche Subventionen zur Förderung strukturschwacher Bergbauregionen bzw. zur Revitalisierung des ländlichen Raumes durch den Tourismus im Rahmen des „Resort"-Gesetzes von 1988 wurden genutzt und selbst nach dem Zusammenbruch der „Seifenblasenwirtschaft" 1991/92 aufrecht erhalten. Großzügige Zuschüsse aus Tokyo ermöglichten die Realisierung zahlreicher öffentlicher Bauprojekte (vgl. Abb. 8):

- „Kohlegeschichtsdorf (*Sekitan no rekishi-mura*) Yūbari" am Ende des Tals: Bergbaumuseum; verschiedene alte Gebäude und Brücken der Pionierzeit; Museum für Naturkunde und Kohle; Roboter-Museum; Themenpark mit Riesenrad, Achterbahn und familienfreundlichen Einrichtungen; Film- und „Nostalgie-Museum" (*Kyōshū no oka*). Für all diese Attraktionen steht ein Parkplatz für 2.500 Pkw zur Verfügung. Eröffnet wurde das Dorf in den frühen 1980er Jahren auf dem Gelände der ältesten, 1977 stillgelegten Zeche Yūbaris (vgl. Abb. 10);
- „Ski-Resort Mount Racey" mit relativ schneesicherem Skigelände (300–700 m Höhe, drei Lifte, Abendbeleuchtung) und dem imposanten Hotel Mount Racey, unmittelbar westlich des kleinen Sackbahnhofs (vgl. Abb. 11);
- Hotel Shūparō, Neubau an Stelle des abgerissenen ehemaligen Warenhauses in früher zentraler Ortslage, am nördlichen Ende der noch bestehenden Hauptsiedlung (Honchō);
- „Melonen-Schloss" (*Yūbari meron-jō*) mit Präsentation, Verarbeitung und Vermarktung der landesweit bekannten Honigmelonen, in extrem peripherer Ortslage oberhalb des Talendes;
- Städtische Kunsthalle (*Yūbari bijutsukan*), Umbau einer großen, mehrgeschossigen Bowlinghalle der 1970er Jahre in Nähe des Rathauses;
- Rehabilitationszentrum „Regenbogenberg" (*Niji no oka*) für pflegebedürftige Alte, Seniorenheim (Carehouse) „Rainbow Hills" für aktive Senioren, Thermalbad (künstliches Onsen), Sport- und Freizeiteinrichtungen (u. a. Golfplatz, Rasensportanlagen, Quartiere für auswärtige Teams);
- „Yūbari International Phantastic Filmfestival" (*Yūbari kokusai eiga-sai*): seit 1990 im Februar mit großem Aufwand veranstaltetes einwöchiges Spektakel, das jährlich 20–30.000 Besucher anzieht, darunter Filmemacher wie den amerikanischen Starregisseur Quentin Tarantino, der in seinem Rache-Epos „Kill Bill" seine Filmfigur „Go-Go Yubari" nach dem Namen der Stadt benannte;
- nostalgische Drehorte für Kulissen zweier landesweit beliebter Heimatfilme: *Shiawase no kiiro no hankachi* [Das gelbe Taschentuch des Glücks], Film der 1970er Jahre im authentischen Milieu einer Bergmannssied-

lung (vgl. Abb. 12); *Kita no zeronen* [Jahr Null des Nordens], junger Film mit Attrappen u. a. in Yūbari (s. o. „Nostalgie-Museum");
- Umbau nicht mehr genutzter Schulen zugunsten kommunikativer *(fureai)* Einrichtungen wie Gruppen- und Familienunterkünfte, Jugendherberge, Freizeiteinrichtungen für einheimische und auswärtige Gäste.

Man fragt sich, wie eine Gemeinde mit einer so extrem geschrumpften Bevölkerung – und einem entsprechend extrem gesunkenen Steueraufkommen – eine dermaßen attraktive Infrastruktur vorhalten kann. Der damalige Bürgermeister Nakata Tetsuji schaffte es auf wundersame Art, immer neue Fördergelder aus Tokyo zu aquirieren, ein Erfolg, der ihm sechs fortdauernde Amtsperioden bescherte.

4.3 Persönliche Eindrücke des Autors im März 2006[3]

Von Sapporo kommend erreiche ich am Morgen des 17. März 2006 nach knapp einer Stunde mit dem gut frequentierten Schnellzug der Sekishō-Linie den Bahnhof Shin-Yūbari am unteren Ende des Yūbari-Tals. Dort steige ich in einen fast leeren, nur fünfmal täglich verkehrenden Ein-Mann-Dieselwagen um und erreiche auf einer einspurig talaufwärts führenden Strecke nach 16 km mein Ziel: Yūbari, einen kleinen Sackbahnhof, ein modernes Gebäude mit nostalgischem Design, einer Kapelle ähnelnd, fast menschenleer. Angesichts des katastrophalen Bevölkerungsrückgangs habe ich erwartet, in eine Geisterstadt zu kommen. Die in Schnee gehüllte Landschaft, die sich bei strahlend blauem Himmel von ihrer besten Seite zeigt, gibt mir eher das Gefühl, in einem Wintersportort gelandet zu sein. Gleich neben dem Bahnhof der riesige Koloss des Hotels Mount Racey, unmittelbar anschließend zum Reisui-Berg ein bis auf 702 Meter ansteigendes, „sauerländisch"[4] anmutendes

---

[3] An dieser Stelle sei Herrn Aoki Takao, Area Study Director des „Kohlegeschichtsdorfs Yūbari" besonders herzlich gedankt. Auf mehrtägigen Exkursionen hat er mir die vielfältigen Facetten der Stadt Yūbari gezeigt und durch anregende Informationen und Diskussionen die Bedeutung der Wahrung des historischen Erbes seiner vom Bergbau verlassenen Region nahe gebracht. Für detaillierte Informationen zu danken habe ich außerdem verschiedenen Personen, die im Bereich der Stadt Verantwortung tragen: den Planungsdezernenten Hirano Hisashi und Tōsaka Yasuhiro, dem Direktor der Städtischen Kunsthalle Yūbari, Herrn Ueno Kazumasa, sowie der Sozialarbeiterin im Seniorenheim „Rainbow Hills", Frau Kokunai Satsuki.

[4] Dieser Eindruck betrifft nur das Skigelände. Das gesamte Stadtgebiet erreicht im Yūbari-*dake* (1.668 m) durchaus „schwarzwäldische" Höhen.

Skigelände mit drei Liften, allerdings nur wenigen Skifahrern. Ich registriere an diesem Morgen und in den Tagen danach zahlreiche Lokal-Busse (des Unternehmens Yūtetsu), die im Viertel- bis Halbstundentakt die Verbindung zwischen dem Bahnhof Yūbari und diversen noch besiedelten Ortsteilen herstellen. Allerdings bleiben fast alle diese Busse merkwürdig leer. Auf dem Weg vom Bahnhof zum gut einen Kilometer talaufwärts gelegenen alten Ortskern Honchō (vgl. Abb. 13) passiert man große Freiflächen, verschlossene Gebäude, schließlich die alte Geschäftsstraße mit Läden, deren Jalousien meist heruntergelassen sind. Passanten muss man hier suchen. Der noch nicht geräumte Schnee vor Haustüren deutet darauf hin, dass selbst auf dieser „Geschäftsstraße" viele Gebäude auch nicht mehr bewohnt sind. Zahlreiche nachts angestrahlte, das ganze Jahr über an schäbigen Hauswänden verbleibende großflächige Reklametafeln mit Bildern von Filmklassikern („Vom Winde verweht", „Jenseits von Eden", „Cleopatra", „The Magnificent Seven", „Waterloo Bridge", „Random Harvest", „Die Hard", usw.) erinnern an das lokale Internationale Filmfestival (vgl. Abb. 14).

Diverse ehemalige Zechensiedlungen an der Peripherie dieser flächenmäßig sehr großen Stadt (763 km², d. h. nur 16 Einw./km²) sind längst aufgegeben bzw. dabei, aufgegeben zu werden. In noch bestehenden Ortsteilen räumt die Gemeinde den Schnee sogar in Siedlungen, die größtenteils leerstehen, um den verbliebenen, meist alten und hilfsbedürftigen Menschen den Anschluss an die Außenwelt zu sichern. Raue, bizarre Realitäten, die zu der Frage führen: Wie ist es möglich, dass eine dermaßen geschrumpfte Gemeinde sich solche Dienstleistungen leisten kann – geschweige denn weitere Infrastruktureinrichtungen wie Trink- und Abwasserversorgung, Schulen, Krankenhäuser, dazu neue Wohnsiedlungen? Ich erfahre, dass die Stadt Yūbari zusammen mit Utashinai und Mikasa, den Nachbarstädten des Sorachi-Bergbaureviers, zu den am höchsten verschuldeten Gemeinden Japans gehört.[5]

---

[5] Im „worst ranking" der durch öffentliche Anleihen verschuldeten Gemeinden Japans ergibt sich aus dem Internet für das Jahr 2005 auf der Grundlage eines Indexwertes eine differenziertere Reihenfolge. Bezogen nur auf die Städte (*shi*) liegt Yūbari mit einem Indexwert von 28,6 erst an dritter Stelle, hinter Utashinai (40,6!) und Shinjō, Präfektur Yamagata (29,9). Unter Berücksichtigung sämtlicher Gemeinden Japans (d. h. einschließlich der *machi* und *mura*) rangiert Yūbari sogar nur an siebter Stelle. Vgl.: http://eritokyo.jp/independent/aoyamaco11200.htm (letzter Zugriff 18.06.2008).

4.4 Der Bankrott: Fakten und Folgen

Die Bemühungen der Stadt um einen Strukturwandel in Richtung Tourismus konnten den Niedergang nicht aufhalten und mündeten in die finanzielle Katastrophe. Am 20. Juni 2006, nur drei Monate nach dem Besuch des Autors, musste die Gemeinde Konkurs anmelden und hängt seitdem am Tropf der Zentralregierung. Was war geschehen?

Die Stadt hatte dank phantasievoller Buchführung stets positive Jahresbilanzen ausgewiesen, saß aber auf einem Schuldenberg von 63 Mrd. Yen (394 Mio. Euro[6]). Mit dieser Summe erreichte sie das Dreizehn- bis Vierzehnfache (!) ihrer durchschnittlichen jährlichen kommunalen Einnahmen bzw. eine Verschuldung von 30.308 Euro pro Einwohner. 2007 wurde die Stadt von der Zentralregierung laut eines Gesetzes von 1955 zur [Gemeinde-]„Gruppe unter finanzieller Sanierung" (*zaisei saiken dantai*) erklärt,[7] was im Falle der Privatwirtschaft einem Insolvenzverfahren gleichkommt, also einer Zwangsverwaltung. Die Auflagen der Regierung zur Rückzahlung von noch 35 Mrd. Yen (219 Mio. Euro) sind drastisch: Abbau der Schulden im Laufe von 18 Jahren, also bis 2025, unter der Aufsicht des Innenministeriums und der Präfekturverwaltung von Hokkaidō. Der Sanierungsplan beschönigt nichts. Die Bürger Yūbaris haben ab sofort die höchste Steuerbelastung Japans zu tragen, müssen sich aber damit abfinden, dass sie dafür nur die wohl schwächsten öffentlichen Dienstleistungen des Landes beanspruchen können (Fuster 2007: 13).

Die eingeleiteten Maßnahmen treffen die Gemeinde, insbesondere aber die vielen älteren, wenig begüterten Personen, die nach der Abwanderung junger Arbeitskräfte ortsansässig geblieben sind, außerordentlich hart. Die Maßnahmen im Einzelnen (vgl. Abe 2007, Internet) sind:
- bis 2010 Abbau des Personals der Gemeindeverwaltung von 300 auf etwa 100 Beschäftigte;
- Lohnverzicht der Gemeindeangestellten von durchschnittlich 30 Prozent;
- Erhöhung der Steuern für Grundbesitz, Vermögenswerte und Kleinkraftfahrzeuge sowie der Abgaben für die Abwasser- und Müllentsorgung;
- Privatisierung relativ rentabel operierender Einrichtungen im Bereich des Tourismus (z. B. des Bergbaumuseums);
- Schließung der Stadtbibliothek und der Städtischen Kunsthalle, Schließung der öffentlichen Bäder und der Gemeindebezirksbüros;
- Zusammenlegung der elf bestehenden Schulen auf nur noch vier;

---

[6] Unter Zugrundelegung des 2008 gültigen Kurses von 100 Yen = 0,625 Euro.
[7] Siehe http://ja.wikipedia.org/wiki/%E5%A4%95%E5%BC%B5%E5%B8%82#.E8.B2. A1.E6.94.BF.E5.86.8D.E5.BB.BA.E5.95.8F.E9.A1.8C (letzter Zugriff 18.06.2008).

- Ersetzung des städtischen Krankenhauses durch eine Privatklinik;
- Minderung der Zuschüsse für Kindertagesstätten, Seniorentransporte usw.;
- Räumung des Schnees nur bei mindestens 15 cm Höhe – statt bisher 10 cm;
- Verriegelung öffentlicher Toiletten – einschließlich der Vorzeigetoilette des Sackbahnhofs Yūbari;
- Kündigung der Mittel für die Durchführung des Internationalen Filmfestivals Yūbari;
- Verkauf städtischen Vermögens.[8]

Dass derart einschneidende Sparmaßnahmen Konsequenzen haben, liegt nahe. Allerneueste Schreckensmeldung ist der Einsturz des städtischen Hallenbades Anfang März 2008. Dessen Dach konnte die Schneemassen nicht mehr tragen, die, weil nicht mehr geräumt, zu Eis gefroren und damit zu schwer geworden waren. Bei aller Ironie kam erfreulicherweise kein Mensch zu Schaden, weil das Bad aus Kostengründen geschlossen war.[9] Was die Folgen für die Bevölkerungszahl betrifft, so ging diese von 13.002 (2005) auf 12.068 (31.03.2008) um etwa drei Prozent pro Jahr weiter zurück – also relativ noch stärker als im Jahresdurchschnitt der Jahrzehnte zuvor –, bedingt u. a. durch den plötzlichen Abbau des Personals im öffentlichen Dienst. Seit der Wahl des neuen Bürgermeisters Fujikura Hajime im April 2007 gaben 129 von damals noch 269 Gemeindeangestellten ihre Stelle auf, da sie einen Lohnverzicht von 40 Prozent nicht hinnehmen wollten.[10] Die „Abstimmung mit den Füßen" gegen die staatlich oktroyierten Zwangsmaßnahmen betrifft auch viele Rentner, deren ärztliche Versorgung ungesichert ist, und stellt die physische Existenz der Stadt in Frage.

4.5 Der Bankrott: Bewertungen

Längst nicht alles, was unter dem Motto „Vom Bergbau (*tankō*) zum Tourismus (*kankō*)" rangierte, war falsch oder insolvenzträchtig. Beginnen wir positiv mit der „Yūbari-Melone", dem landesweit bekannten Markenzeichen der Stadt. Sie hat dazu beigetragen, die Probleme des Strukturwandels abzufedern. Kaum ein Luxusprodukt unter den Obstsorten Japans

---

[8] „Yubari public assets for sale". Vgl. http://www.dolphin.co.jp/hpr/yubari/saiken/kanshise/index.htm (letzter Zugriff 03.03.2008).

[9] Siehe http://search.japantimes.co.jp/cgi-bin/nn20080304a3.html (letzter Zugriff 03.03.2008).

[10] Siehe http://www.spiegel.de/international/world/0,1518,520703,00.html (letzter Zugriff 30.11.2007).

hat ein derartiges Prestige und erzielt solche Rekordpreise wie die Honigmelone aus Yūbari. Mag eine gewöhnliche Melone in Japan für 3 Euro zu haben sein, die edle „Yūbari King" kostet im Handel etwa 100 Euro, in den großen Warenhäusern bis zu 1.000 Euro pro Stück, nachgefragt vor allem in der Zeit der Gehaltsbonus-orientierten Standardgeschenke zur Jahresmitte (*chūgen*). Hatten in der Anfangsphase der Züchtung nur 17 Bauern den Mut zur Umstellung, produzieren heute über 200 Landwirte auf 280 ha Fläche jährlich 3 Mio. Stück Honigmelonen.[11] Dabei spielt die Verarbeitung und die Vermarktung der Erzeugnisse im „Melonenschloss" (s. o.) mit seinem Yūbari Melon Brandy Laboratory eine wichtige Rolle. Die mit Mitteln staatlicher Regionalförderung getätigte Investition in dieses Projekt erwies sich als sinnvoll.

Dies gilt auch für den städtebaulichen Rückzug aus der Fläche, also für die räumliche Schrumpfung auf Erncluster,[12] um für die Ortsbevölkerung eine Basisinfrastruktur aufrecht zu erhalten. Für diese Zwecke mussten im Rahmen stadtplanerischer Maßnahmen zahlreiche Bergarbeiterwohnungen abgerissen werden, wofür staatliche Subventionen genutzt wurden. „Erhaltung statt Abriss" stand nicht zur Diskussion, da die geringe physische Qualität der Siedlungen (Langhäuser in Holzbauweise, Einraumwohnungen, je Haus 10 bis 20 Familien mit gemeinsamer Nutzung von Toilette, Bad und Wasseranschluss) dies nicht rechtfertigte. Es wird spannend sein zu verfolgen, wie in einer Region, die die Zukunftsprobleme großer Teile Japans schon heute wie in einem Brennglas spiegelt, der Schrumpfungsprozess stadtplanerisch abläuft.

Auch saftige Zuschüsse für das Internationale Filmfestival Yūbari lassen sich verantworten. Man vergesse dabei nicht die Ausstrahlung von „Sehnsuchtsproduktionen" (Tourismus und Kunst), die gerade von Standorten abseits global vernetzter Sightseeing-Routen ausgehen. Damit lässt sich kein rentabler Massenmarkt erschließen, wohl aber ein Nischensegment für (post)moderne Kulturtouristen (Zinganel 2005: 244–247). 2007 standen der Stadt die erforderlichen Mittel von 100 Mio. Yen (625.000 Euro) zur Durchführung dieses Ereignisses nicht mehr zur Verfügung. Das Festival fiel in diesem Jahr aus, erwachte jedoch 2008 zu neuem Leben – dank der Aktivitäten von Sponsoren und Nichtregierungsorganisationen.[13]

---

[11] Siehe http://japansugoi.com/wordpress/million-yen-yubari-melons-give-yubari-town-some-hope/ (letzter Zugriff 18.06.2008).

[12] Dies beinhaltet eine Siedlungskonzentration auf die Ortsteile Honchō (2.514 Personen), Wakana (1.862), Shimizusawa (4.887), Nanbu (904), Numa no sawa (1.468) und Momijiyama (1.715). Stand: Februar 2006.

[13] http://www.varietyasiaonline.com/content/view/5753/1/ (letzter Zugriff 24.03.2008).

Als eine äußerst positive Investition für den Strukturwandel und die regionale Identität kann das Bergbaumuseum im „Kohlegeschichtsdorf Yūbari" gelten. Unter den touristischen Einrichtungen Yūbaris beeindruckt dieses Museum, dessen Vorbild das Bergbaumuseum Bochum war, am meisten: instruktiv, didaktisch überzeugend, mit ansprechenden Präsentationen, darunter ein 170 m langer, authentisch anmutender, vom Museum direkt zugänglicher Stollen, der die Wirklichkeit unter Tage in verschiedenen Zeitläuften widerspiegelt. Das kulturhistorische Erbe der Vergangenheit wird hier (für japanische Verhältnisse) außerordentlich vorbildlich gewahrt, auch wenn Bergarbeiterwohnungen in oder in Nähe des Museums nicht anzutreffen sind. Das Bergbaumuseum ist das am meisten besuchte Museum in der Region und zieht pro Jahr etwa 80.000 Besucher an (250–300 Personen täglich, Eintritt 5 Euro). Das ist nicht die Masse, über die sich eine so bemerkenswerte Einrichtung finanzieren lässt. Die genannte Besucherzahl hat aber ausgereicht, wenigstens dieses Museum im Zuge der staatlichen Notverordnung nicht zu schließen, sondern stattdessen zu privatisieren.

Damit kommen wir zu den negativen Punkten. Die ansehnlichen Investitionen Yūbaris in touristische Einrichtungen öffentlicher oder halböffentlicher („Drittsektor"-)Trägerschaft erwiesen sich weitgehend als „weiße Elefanten", Synonym für „unrentabel" im japanischen Journalismus, farblich passend zum schneereichen Norden Japans. Wann immer ein mitbeteiligter Privatinvestor ausstieg, weil die gemeinsam betriebene touristische Einrichtung ökonomisch nicht überzeugte, übernahm die Stadt Yūbari dessen Funktion – mit der Folge, dass das betroffene Investitionsobjekt, nachdem es ausschließlich von der öffentlichen Hand verantwortet wurde, wirtschaftlich noch schlechter abschnitt. Beispiele dafür sind die Städtische Kunsthalle und der Bereich Ski-Resort mit dem bombastischen Hotel Mount Racey (ursprünglich gemanagt in Drittträgerschaft mit Matsushita Sangyō).

Kritisch zu sehen ist auch die Euphorie bezüglich des Standorts. Das Bergbaurevier Sorachi, darin insbesondere die Stadt Yūbari, liegt verkehrsungünstig und abseits der Routen touristischer Attraktionen. Das harsche Schneeklima, wenngleich attraktiv für Wintersportler, schreckt gewöhnlich ab. Die Destinationen der Region sind dem Durchschnittsjapaner – und erst recht dem Ausländer – viel zu wenig bekannt, die Konkurrenz mit alternativen Tourismuszielen in Hokkaidō ist zu groß.

Was die Standorte der touristischen Einrichtungen innerhalb der Stadt angeht, so vermisst man aus europäischer Perspektive ein Konzept städtebaulicher Integration. Dies betrifft nicht nur die isolierte Lage des „Kohlegeschichtsdorfs Yūbari" und des „Melonenschlosses" am nördlichen Talende, sondern auch die Streulage diverser Tourismuspotenziale (u. a.

das Shikanotani Club House oder das Kraftwerk Shimizusawa Power Plant), die zu Fuß nicht erreichbar sind (Mayer 2005: 174).

Unverständlich bleibt auch, warum die Lokalakteure bei ihrer Tourismusplanung banale, aber entscheidende Fakten der Klimageographie ignoriert haben. Offenbar gingen sie von einer das ganze Jahr durchgehenden Fremdenverkehrssaison aus. Der lange Winter kommt in Yūbari aber ausschließlich den Ski-Aktivitäten zugute. Ein halbes Jahr lang sind zu dieser Zeit fast alle anderen touristischen Attraktionen nur mit Mühe erreichbar. Das Talende ist dann das Ende der lokalen Welt, der Pass über die weiterführende Straße nach Norden geschlossen, der Themenpark mit Riesenrad, Achterbahn und familienfreundlichen Einrichtungen zugeschneit. Das jährliche Internationale Filmfestival Yūbari findet ausgerechnet im Februar statt, einer Zeit mit nur wenigen Touristen. Ein Festival im Hochsommer böte dagegen die Möglichkeit, den Ort über wesentlich mehr Multiplikatoren landesweit bekannt zu machen.

Zu guter Letzt geht es um die Schuldzuweisungen für den Bankrott. Auf der Maßstabsebene der Gemeinde ist dem ehemaligen Bürgermeister vorzuwerfen, dass er über viele Jahre hinweg langfristige Verbindlichkeiten mit kurzfristigen Bankkrediten finanzierte und durch undurchsichtige Buchungen kaschierte. Die Stadtverordnetenversammlung vernachlässigte ihre Kontrollpflicht. Die damals tonangebenden lokalen Akteure nutzten ihre Interessen. Mit Erfolg beantragten sie Zuschüsse von der Zentralregierung, um damit Bauprojekte zu realisieren, sei es um wiedergewählt zu werden, sei es, um bei der Vergabe von Bauaufträgen in die eigene Tasche zu wirtschaften.

5 Resümee: Lehren aus dem Fall Yūbari

Der Fall Yūbari schockierte wie ein Erdbeben Gesamtjapan, vor allem die zuständigen Vertreter der Zentralregierung und der regionalen Gebietskörperschaften. Denn diese Stadt ist nicht eine Ausnahme, sondern Präzedenzfall in Japan für eine Vielzahl von Gemeinden mit ähnlichen Problemen und Akteuren ähnlicher Interessen. Yūbari bietet die Schrumpfungsarena, in der der Schwellenwert der kritischen Masse geprüft, die Beziehungen zwischen Tokyo und den regionalen Gebietskörperschaften getestet und aus Fehlern der Vergangenheit gelernt werden kann. Dabei stellen sich folgende Fragen: Wird die Zentralregierung, herausgefordert durch den Bankrott Yūbaris, kriselnde Regionen künftig im Stich lassen, indem sie ihnen die üppigen Zuschüsse verweigert, die lange für die Finanzierung öffentlicher Bauprojekte geflossen waren? Dienten die staatlichen Zwangsmaßnahmen gegen das „Bauernopfer" Yūbari nur dazu, ein

Exempel zu statuieren und Städte in ähnlicher Problemlage vor unsolidem Finanzgebaren zu warnen? Oder wird Tokyo an der alten Strategie festhalten, in Not geratenen Gemeinden oder gar Privatunternehmen durch großzügig anmutende Subventionen finanziell unter die Arme zu greifen? Diese Fragen beschäftigen die Entscheidungsträger landesweit und haben die beiden größten japanischen Tageszeitungen dazu motiviert, ihre Korrespondenten langzeitig vor Ort recherchieren zu lassen. Es verwundert nicht, dass mehr und mehr japanische Gemeinden Delegationen nach Yūbari schicken, um aus den Erfahrungen der Stadt zu lernen. Diese „amtstouristische" Nachfrage nutzt der jetzige Bürgermeister zur Schuldentilgung – er verlangt eine Art Eintrittsgebühr von 90 Euro je Fünfergruppe.[14]

Zum Schluss verlassen wir die lokale Maßstabsebene und beleuchten den Fall Yūbari aus der nationalstaatlichen Perspektive. Der japanische Staat hat dem regionalen Verfall nicht (wie der Verfasser früher irrtümlich feststellte, vgl. Flüchter 2004: 89) tatenlos zugesehen, sondern schon seit den 1970er Jahren Mittel zur Restrukturierung alter Bergbaugebiete bereitgestellt. Die staatliche Förderung sollte 2002 auslaufen, wurde aber für besonders notleidende Kohlestandorte – darunter auch für das Sorachi-Revier – bis 2007 verlängert.[15] Die Überwindung regionaler Unausgewogenheiten war im zentralistischen System Japans ein Ideal, dem allerdings die Wirklichkeit hinterherhinkte. Das Wohlstandsgefälle zwischen den urbanen Zentren und dem ländlichen Raum versuchte man mit zentralstaatlichen Mitteln, insbesondere über öffentliche Bauprojekte, auszugleichen, was der Regierungspartei Wählerstimmen bescherte. In Hokkaidō, einer strukturschwachen und stark von der Bauwirtschaft abhängigen Region, sind die Folgen dieser Strategie besonders raumwirksam – in Gestalt zahlreicher öffentlicher Bauprojekte, die unter Aspekten normativ verstandener Nachhaltigkeit (ökologisch, ökonomisch, sozialpolitisch verträglich) bedenklich, wenn nicht überflüssig sind. Am Pranger stehen weniger die lokalen, als vielmehr die zentralstaatlichen Entscheidungsträger, steht die viel diskutierte „Japan AG" bzw. das „Eiserne Dreieck", dessen Funktionsweise auf dem engen, eigennutzorientierten Zusammenspiel der Schlüsselakteure in Politik, Ministerialbürokratie und Privatwirtschaft gründet und das „System Japan" als „Baustaat" (*doken kokka*) erklärt (Feldhoff 2005: 377–384). Diese Kollusion findet nicht nur auf horizontaler

---

[14] Vgl. http://www.spiegel.de/international/world/0,1518,520703,00.html (letzter Zugriff 30.11.2007).

[15] Diese Information stammt aus einem Gespräch mit Herrn Sugai Nobutoshi, Hokkaidō Santan Chiiki Shinkō Sentā (Zentrum für die Förderung der Bergbauregionen Hokkaidōs), Sapporo, am 16.03.2006.

Ebene, sondern auch in vertikaler Vernetzung statt. Der im finanziellen Ruin beendete Versuch, aus der ehemaligen Montanstadt Yūbari ein touristisches Mekka zu zaubern, wäre ohne das „Eiserne Dreieck" im Gewand großzügiger Subventionen aus Tokyo nicht denkbar gewesen (Fuster 2007: 13).

Eine Rekonstruktion des Akteurshandelns und die Gewinnung (institutionen)theoretischer Erkenntnisse war nicht das Ziel dieses Beitrags, der mehr Fragen stellt als Antworten bereit hält. Wenn es etwas aus dem Fall Yūbari zu lernen gibt, dann vor allem die Notwendigkeit, die fiskalpolitische Abhängigkeit der regionalen Gebietskörperschaften von der Zentralregierung aufzubrechen. Die Budgetzuweisungen Tokyos animieren die nachgeordneten Verwaltungsebenen zu immer neuen Bauprojekten, insbesondere zu solchen, die hohe Subventionen versprechen. Die tief verwurzelte Empfängermentalität auf der Maßstabsebene der Kommunen und Präfekturen hat einen dauerhaft unwirtschaftlichen Umgang mit öffentlichen Geldern zur Folge gehabt. Dieses Problem ist hinlänglich bekannt und für die Bauwirtschaft gründlich recherchiert (u. a. von McCormack 2001: 25–112; Kerr 2001; Feldhoff 2005). „Lernen von Yūbari" bedeutet, dass die Schlüsselakteure in Japan, insbesondere die Vertreter der Ministerialbürokratie, das seit Jahrzehnten viel diskutierte Thema „Dezentralisierung" nicht nur in den Mund nehmen, sondern auch in die Wirklichkeit umsetzen: mehr Eigenverantwortung der regionalen Gebietskörperschaften auf der Grundlage einer administrativen und vor allem fiskalpolitischen Dezentralisierung. Wäre diese bereits Realität, wäre die Gemeinde Yūbari mit ihrem dann sehr knapp bemessenen Haushalt vermutlich sehr viel sorgfältiger umgegangen. Umgekehrt wäre im Falle einer Beibehaltung der fiskalpolitischen Dominanz Tokyos vorstellbar, dass die Zentralregierung aus dem „Fall Yūbari" folgern könnte, Städte mit einer strukturell vergleichbar desolaten Lage wie Yūbari zukünftig im Extremfall aufzugeben.

Es bleibt eine spannende Aufgabe der Raumwissenschaften zu verfolgen, wie Japan mit seiner besonders rapiden Schrumpfung der Bevölkerung organisatorisch umgeht. Dieses Problem wird zwar im Lande zur Kenntnis genommen, aber noch nicht dermaßen als Herausforderung empfunden, dass Handlungsstrategien angesagt wären. Eine Vorreiterrolle Japans ist nicht in Sicht. „Wandel ohne Wachstum" war hier bisher nicht vorstellbar, erscheint politisch-praktisch (noch) nicht akzeptabel. Über dem Thema Schrumpfung und Alterung schwebt Pessimismus. Der planerisch gezielte Rückzug des Staates aus der Fläche zugunsten räumlicher Verdichtung und Sicherung einer angemessenen Infrastruktur steht noch aus – der Fall Yūbari erscheint da eher ausnahmehaft. Die verantwortlichen Akteure (aus den Bereichen Politik, Ministerialbürokratie, Wirtschaft, Medien) werden sich deutlicher als bisher klarmachen müssen, dass die goldenen Jahrzehnte von Zuwachs und Entwicklung vorbei sind. In Schrumpfungsgebieten müsste der „Stadtumbau" der Zukunft klar auf „Stadtrückbau" ausgerichtet sein. „Schrumpfung" könnte der auf engem Raum siedelnden Wohlstandsgesellschaft Japans mehr Lebensqualität bescheren, z. B. über eine Entlastung des Wohnungsmarktes, erhöhte städtische Lebens- und Wohnqualität durch neu entstehende Freiflächen oder ökologische Potenziale zur Verbesserung der Umweltqualität. So gesehen bedeutet „Schrumpfung" in Japan nicht nur Risiken, sondern auch Chancen. Um diese voll auszuschöpfen, ist ein Paradigmenwechsel in Planung und Entwicklung von „Wachstum" zu „Schrumpfung" dringend nötig.

LITERATURVERZEICHNIS

Abe, Junichi (2007): Economic Forum / Keeping local governments out of red / Strict rules to ensure financial stability eyed after Yubari fiasco. In: *Daily Yomiuri Online*, 06.02.2007. http://www.yomiuri.co.jp/dy/national/ 20070206TDY04004.htm (letzter Zugriff 23.06.2008).

Aoki, Takao (2003): Hokkaidō no tankō to gijutsu – Bakumatsu kara gendai e [Bergbau und Bergbautechnik in Hokkaidō – vom Ende der Edo-Zeit bis heute]. In: Hokkaidō Shinbunsha (Hg.): *Tankō seisui no kioku* [Kohlebergbau: Reminiszenzen an Aufstieg und Niedergang]. Sapporo: Hokkaidō Shinbunsha, S. 27–72.

Feldhoff, Thomas (2005): *Baulobbyismus in Japan. Institutionelle Grundlagen – Akteursnetzwerke – Raumwirksamkeit*. Dortmund: Dortmunder Vertrieb für Bau- und Planungsliteratur.

Flüchter, Winfried (2004): Schrumpfende Städte in Japan – Megalopolen und ländliche Peripherie. In: Philipp Oswalt (Hg.): *Schrumpfende Städte. Band 1, Internationale Untersuchung*. Ostfildern-Ruit: Hatje Cantz Verlag, S. 82–92.

Fuster, Thomas (2007): Lichterlöschen in Yubari. Eine überschuldete Gemeinde im japanischen Norden kämpft um ihr Überleben. In: *Neue Zürcher Zeitung* 21./22.04.2007, S. 13.

Hohn, Uta (2004): Wachstum, Reurbanisierung und selektives Schrumpfen in Tokyo. In: Uwe Altrock und Dirk Schubert (Hg.): *Wachsende Stadt. Leitbild – Utopie – Vision?* Wiesbaden: VS-Verlag für Sozialwissenschaften, S. 165–184.

Hōmu atorasu Japan [Home Atlas Japan] (1995). Tokyo: Shōbunsha.

Kado, Yukihiro (2003): Tankō shisan o „yomu" – Sorachi chiiki o megutte [Das Vermögen des Bergbaus „lesen" – zur Region Sorachi]. In: Hokkaidō Shinbunsha (Hg.): *Tankō seisui no kioku* [Kohlebergbau: Reminiszenzen an Aufstieg und Niedergang]. Sapporo: Hokkaidō Shinbunsha, S. 73–82.

Kerr, Alex (2001): *Dogs and Demons: Tales from the Dark Side of Modern Japan.* New York: Simon and Schuster.

Mayer, Oliver (2005): Mining and Tourism: Examples from Japan. In: Akira Oita und Shoji Ishida (Hg.): *Industrial Tourism and Community Building. New Development in Industrial Tourism.* Transactions of the TICCIH Intermediate Conference 2005 & International Forum for Industrial Tourism in Nagoya/Aichi. Nagoya: TICCIH/JIAS/CSIH, S. 173–176.

McCormack, Gavan (2001): *The Emptiness of Japanese Affluence.* Überarbeitete Ausgabe. Armonk, N. Y. und London: M. E. Sharpe.

Sōmushō Tōkeikyoku (Hg.) (2005, etc.): *Kokusei chōsa hōkoku, zenkoku todōfuken shikuchōson-betsu jinkō – yōkeihyō ni yoru jinkō* (Population census of Japan, preliminary counts of the population – on the basis of summary sheets). Tokyo: Nihon Tōkei Kyōkai.

Yūbari-shi (2005): Yūbari no gaikyō setsumei [Erklärungen zur allgemeinen Lage Yūbaris]. Yūbari [unveröff. Material].

Yūbari-shi (2006): *Yūbari taungaido* [Yūbari townguide]. Yūbari: Yūbari-shi.

Zinganel, Michael (2005): Tourismus im Luxus der Leere. Begehrensproduktion, Kulturtransfer und unintendierte Nebenwirkungen. In: Philipp Oswalt (Hg.): *Schrumpfende Städte, Band 2, Handlungskonzepte.* Ostfildern-Ruit: Hatje Cantz Verlag, S. 243–249.

Abbildungen

Schrumpfende Städte als Herausforderung

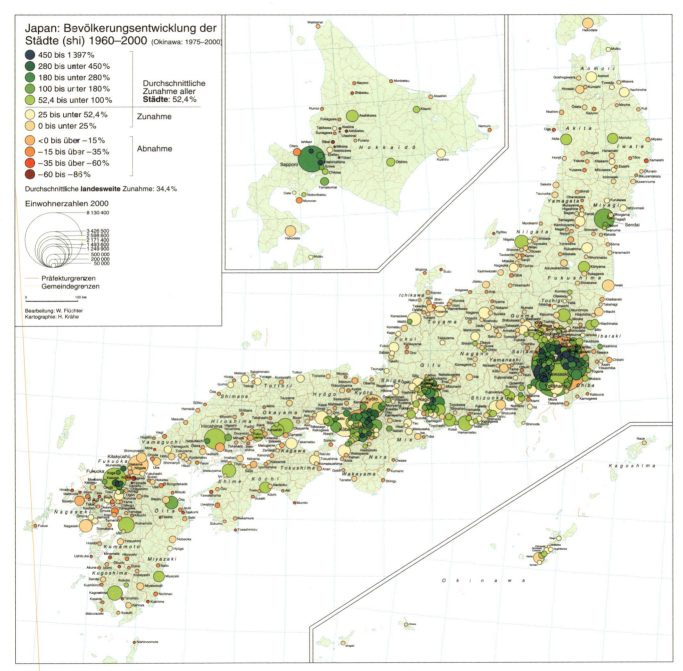

Abb. 1:
Japan: Bevölkerungsentwicklung der Städte (*shi*) 1960–2000

Quelle:
Eig. Berechnungen nach Sōmushō Tōkeikyoku (laufende Jahrfünfte, zuletzt 2000).

Schrumpfende Städte als Herausforderung

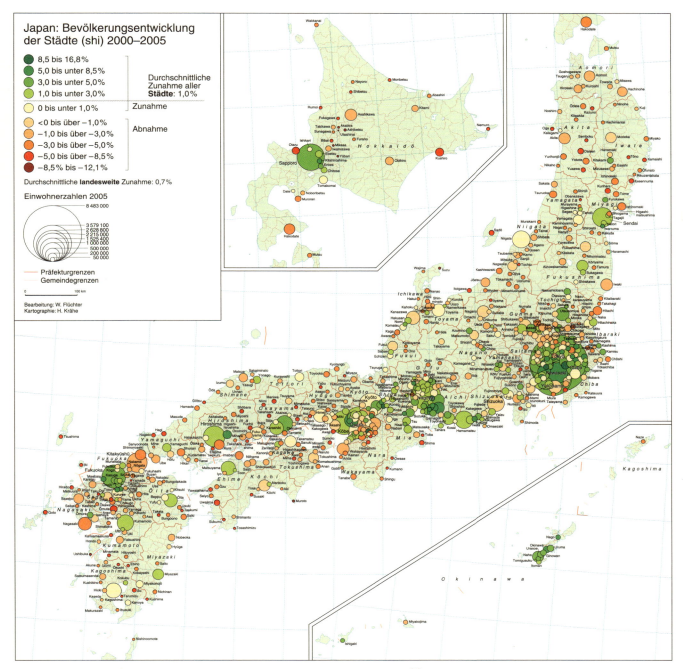

Abb. 2:
Japan: Bevölkerungs-entwicklung der Städte 2000–2005

Quelle:
Eig. Berechnungen nach Sōmushō Tōkeikyoku (2005).

Schrumpfende Städte als Herausforderung

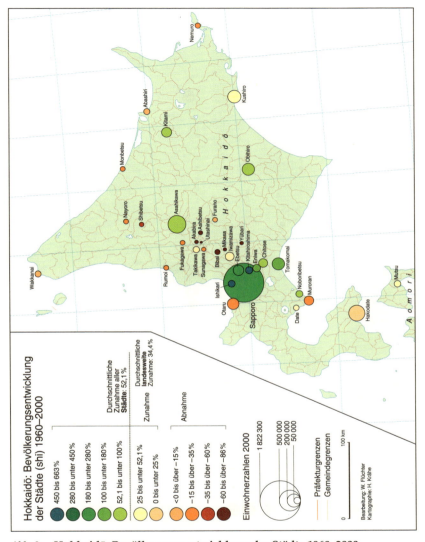

Abb. 3: **Hokkaidō: Bevölkerungsentwicklung der Städte 1960–2000**
Quelle: Eig. Berechnungen nach Sōmushō Tōkeikyoku (laufende Jahrfünfte, zuletzt 2000).

Winfried Flüchter

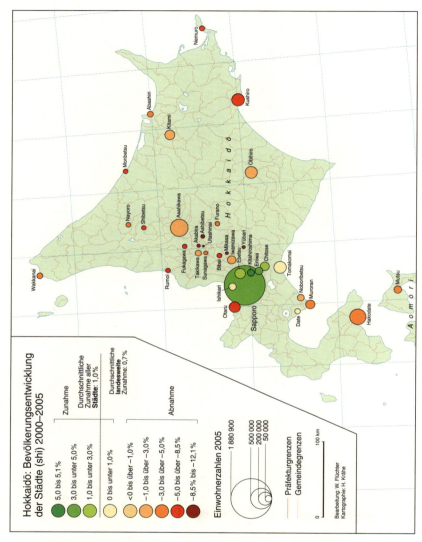

Abb. 4: **Hokkaidō: Bevölkerungsentwicklung der Städte 2000–2005**
Quelle: Eig. Berechnungen nach Sōmushō Tōkeikyoku (2005).

Schrumpfende Städte als Herausforderung

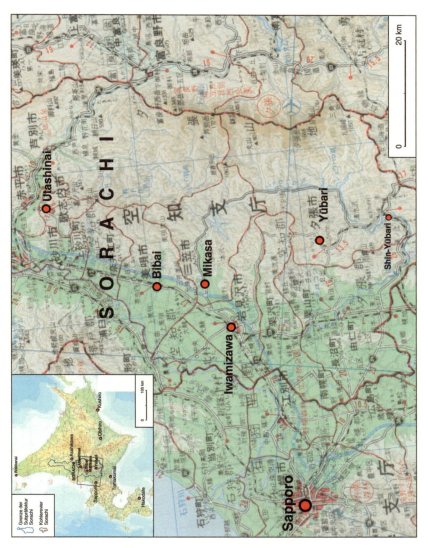

Abb. 5: **Yūbari im Kohlerevier Sorachi, Hokkaidō**
Quelle: Überarbeiteter Ausschnitt aus *Hōmu atorasu Japan* (1995: 8–11).

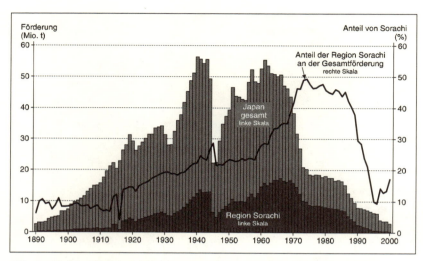

Abb. 6: Kohle-Förderung in Japan und in der Region Sorachi, Hokkaidō, und Anteil Sorachis an der nationalen Kohle-Förderung 1890–2000

Quelle: http://www.nedo.go.jp/english/activities/5_sekitan/sekitan_e.html (letzter Zugriff 23.06.2008).

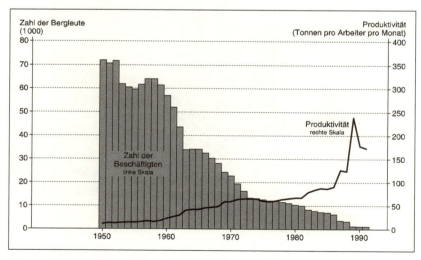

Abb. 7: Zahl der beschäftigten Bergleute in der Region Sorachi, Hokkaidō, und ihre Förderleistung in Tonnen/Arbeiter/Monat 1950–1991

Quelle: http://www.nedo.go.jp/english/activities/5_sekitan/sekitan_e.html (letzter Zugriff 23.06.2008).

Schrumpfende Städte als Herausforderung

Abb. 8: „Enjoy Yūbari": Deckblatt der 16-seitigen Tourismusbroschüre 2006

Anm.: Slogans oben und mittig: „Je mehr man weiß, umso mehr Spaß / Kostenlose Broschüre mit allen Informationen für das ganze Jahr / Yūbari Town Guide."
Slogans linke Seite: „‚Kohlegeschichtsdorf' mit authentischem Kohlebergwerk als Themenpark / Nostalgie-Museum ‚Kyōshū no Oka' / Unternehmungen mit der abenteuerlustigen Familie / Mount Reisui (Racey): Feinster Pulverschnee und Hokkaidō-Winter in Fülle / Yūbari-Onsen: Wellness für Körper und Seele / Angenehme Übernachtungen: Die Attraktivität Yūbaris genauer erfahren."
Slogans rechte Seite: „Rund um das ‚Melonen-Schloss' / Lokalstolz: Von der malerischen Landschaft zu den Bauwerken des industrie-historischen Erbes / Outdoor-Aktivitäten."

Quelle: Yūbari-shi (2006: Deckblatt).

Abb. 9: **Schrägluftbild Yūbari**
Anm.: Ältester Ortsteil der Zechenstadt am Nordende des Yūbari-Tals, auf dem Höhepunkt der Entwicklung in den 1960er Jahren. Blickrichtung NO.
Photo: Photobestand des Film- und „Nostalgie-Museums" Kyōshū no Oka, Yūbari.

Abb. 10: **„Kohlegeschichtsdorf (*Sekitan no rekishi-mura*) Yūbari"**
Anm.: Am Nordende des Yūbari-Tals, Blickrichtung ONO (vergleichbar Abb. 9) mit Bergbaumuseum und Teil des Themenparks.
Quelle: Yūbari-shi (2006: 5).

Abb. 11: **Hotelkomplex Mount Racey**

Anm.: Davor zu sehen der kleine Sackbahnhof Yūbari, dahinter das Ski-Gelände Resort Mount Racey (702 m Höhe).

Quelle: Yūbari-shi (2006: 10).

Abb. 12: **Langhaus**

Anm.: Ausnahmehaft noch gut erhaltenes Langhaus (typisch in Holzbauweise) einer Bergmannssiedlung, Kulisse des beliebten Heimatfilms der 1970er Jahre „Shiawase no kiiro no hankachi" [Das gelbe Taschentuch des Glücks]. Das Langhaus ist eine touristische Sehenswürdigkeit Yūbaris, leider ein isolierter Standort ohne Anbindung an eine Bergmannssiedlung.

Photo: Winfried Flüchter, März 2006.

Abb. 13: **Alter Ortskern Honchō**

Anm.: Blick vom Hotel Shūparō in Richtung SW auf das Rathaus (hohes Gebäude im Hintergrund) und (davor) die Städtische Kunsthalle (ehemalige Bowlinghalle). Im Hintergrund das Skigelände Mount Racey. Vorn links die alte Geschäftsstraße.

Photo: Winfried Flüchter, März 2006.

Abb. 14: **Alte Geschäftsstraße im alten Ortskern Honchō**

Anm.: Geschäftsstraße mit überwiegend aufgegebenen Geschäften und Wohnungen: „Geisterstadt" mit geisterhaft anmutender Werbung für Filmklassiker im Rahmen des alljährlichen Internationalen Filmfestivals.

Photo: Winfried Flüchter, März 2006.

WEITE HIMMEL ÜBER DER KAISERSTADT: DIE KEHRTWENDE IN KYOTOS STADTPLANUNG

Christoph Brumann[1]

Open Skies over the Imperial City: The Turnaround in Kyoto's Townscape

Abstract: In 2007, the city council of Kyoto adopted the *keikan jōrei* [townscape ordinances], a set of amendments to existing building codes that was hailed as revolutionary even by critical commentators. The new rules expand existing protected areas, ban putting up rooftop billboards and neon signage, and protect a number of famous views of the hills and cityscape. Most momentously, the new codes drastically reduce permissible building heights in the city, making more than 1,800 structures technically illegal. This article builds on ethnographic fieldwork in Kyoto to explore the reasons for this complete turnaround from earlier policies – a turnaround in which Ministry dispatchees joined forces with a younger generation of local officials in making use of the new national Landscape Law (*Keikan-hō*). No less crucial was support from Kyoto business leaders and continued public pressure from citizens' initiatives, whereas resistance remained largely restricted to vested interests. With Japanese cities starting to shrink, the signal effect of the new building rules and their unprecedented insistence on public rights over public space could be substantial. However, the townscape ordinances (*keikan jōrei*) signal no similar change for civil society, since the new rules were developed on the strength of clientelistic ties and technocratic experts much more than on a public debate among all parties concerned.

1 Einleitung

Nur selten macht die historische Stadt Kyoto heute noch Geschichte, doch die 2007 vom Stadtrat beschlossenen *keikan jōrei* [Stadtbild-Verordnung/en] könnten eine Ausnahme werden. Die darin festgelegten neuen Beschränkungen für Bauvorhaben und Werbetafeln wurden auch von der

---

[1] Die Feldforschungen 1998/99 und 2007 wurden von der Japan Society for the Promotion of Science, die Feldforschung 2001 und die Datenauswertung 2001–2003 durch ein Habilitandenstipendium der Deutschen Forschungsgemeinschaft finanziert. Als wissenschaftlichen Gastgebern der Aufenthalte 1998/99 und 2007 danke ich dem National Museum of Ethnology (Minpaku) in Osaka und Prof. Dr. Nakamaki Hirochika. Für seine hilfreichen Überarbeitungsvorschläge danke ich dem anonymen Gutachter.

überregionalen Presse als „epochemachend" (*kakkiteki*) eingeordnet. Selbst eingefleischte Kritiker der städtischen Politik preisen diesen Schritt, und abgesehen von der Immobilien- und Baubranche und den Bewohnern der nunmehr vorschriftswidrig gewordenen Hochhäuser gibt es kaum Widerspruch. Eine solche Kehrtwende, die noch wenige Jahre zuvor als undenkbar erschienen wäre, verlangt nach eingehenderer Analyse. Ich möchte daher basierend auf eigenen ethnographischen Feldforschungen 1998/99 (17 Monate), 2001 (2 Monate) und 2007 (1 Monat) im Folgenden zunächst die Vorsituation schildern, dann auf den Inhalt der Verordnungen eingehen und schließlich zu ergründen versuchen, wie es zu diesem Schritt kommen konnte und was er für die zukünftige japanische Stadtentwicklung bedeuten könnte.

2 Die bisherige Situation

Wie nicht betont werden muss, ist Kyoto in Japan der Inbegriff des Traditionellen. Nach mehr als tausend Jahren Hauptstadt- und Metropolengeschichte ist zwar seit 1868 eine zunehmende Marginalisierung sowohl auf gesamtstaatlicher als auch regionaler Ebene nicht zu verleugnen, doch hat sich die Stadt eine Nische als Hort des Historischen und Hochburg verfeinerter Eleganz geschaffen. Die große Mehrheit der buddhistischen Sekten, die wichtigsten Schulen der Teezeremonie, viele weitere traditionelle Künste und Handwerke, Kimono-Produktion und -Großhandel sowie das Geisha-Gewerbe haben hier ihr nationales Zentrum, und eine in Ostasien einmalige Ansammlung von historischen Tempeln, Schreinen, Palästen und Gärten sowie die reizvolle Lage der von Hügeln umrandeten Stadt ziehen fast 50 Millionen Besucher im Jahr an. Vom gehobenen Image der Stadt profitieren nicht nur der Tourismus, sondern auch andere Branchen wie etwa die vielen Universitäten und Forschungseinrichtungen oder die High-Tech-Industrie.

Auch im kriegsverschonten Kyoto besteht jedoch ein Bedarf an moderner Stadtentwicklung, und seit den 1960er Jahren hat dies immer wieder zu weitbeachteten Auseinandersetzungen, den *keikan ronsō* [Stadtbildkonflikten], geführt. Die erste betraf den 1964 gebauten Kyoto Tower, und um 1990 gab es anhaltende Proteste gegen das neue Bahnhofsgebäude und den Neubau des Kyoto Hotel (mittlerweile Kyoto Okura Hotel), vornehmlich aufgrund der großen Höhe dieser Gebäude, die den Ausblick in die pittoresken Hügel zu verstellen drohten. 1997/98 stieß der Vorschlag des Bürgermeisters, an prominenter Stelle die Pariser Fußgängerbrücke Pont des Arts zu kopieren, auf heftigen Widerstand von Bürgerinitiativen, Prominenten und gewöhnlichen Kyotoern, und im Unterschied zu den früheren Streitfällen führte dieser zum Rückzug des Bauprojekts (Brumann 2002).

Sehr viel alltäglicher als diese prominenten, weltweit berichteten Auseinandersetzungen sind jedoch die vor allem seit der Immobilien- und Aktienspekulationsblase um 1990 zunehmenden Streitigkeiten um Wohnhochhäuser (*manshon*) im Stadtzentrum. So gut wie überall stoßen diese Neubauten aufgrund ihrer Auswirkungen auf das Stadtbild, den Sonnenlichteinfall und die gewachsenen nachbarschaftlichen Strukturen auf Widerstand, doch erwiesen sich bislang die landesweit vertretenen Erschließungsunternehmen den oft unerfahrenen Nachbarn regelmäßig als überlegen und schreckten manchmal auch vor der Anwendung rechtlich fragwürdiger Mittel nicht zurück. Dies erzeugte im Stadtzentrum eine kaum regulierte, einem an europäische Stadtbilder gewöhnten Auge chaotisch erscheinende Mischung aus alter, meist niedriger Architektur und oft sehr hohen Neubauten aller Couleur und Parkplätzen der verschiedensten Größen.

Gegenentwicklungen waren bereits in den 1990er Jahren nicht zu übersehen. Die Neubewertung der lange vernachlässigten und bedenkenlos abgerissenen traditionellen Stadthäuser (*kyō-machiya*), die nun zu Hunderten als Café, Restaurant, Galerie oder Laden – oder auch als modernisiertes Wohnhaus – wiedergeboren wurden, wuchs zu einer bis heute anhaltenden sozialen Bewegung an (Brumann 2001), und auch die westliche Architektur der Vorkriegszeit wird jetzt vermehrt geschätzt. Den Vormarsch der Hochbauten vermochte dies jedoch nicht zu stoppen. Dieser beschleunigte sich im Gegenteil seit den späten 1990er Jahren eher noch und stieß mit nunmehr fast nur noch zweistelligen Geschosszahlen im Kyotoer Zentrum in ungekannte Höhen vor (vgl. Abb. 1 am Ende dieses Beitrags).

Fast alle der weit über hundert von mir befragten Kyotoer sind sich einig, dass diese Entwicklung das Stadtbild zu seinem Nachteil verändert hat. Es fragt sich, warum sie dann nicht aufzuhalten war. Als proximate Ursache musste hier bislang vor allem auf die Rechtslage verwiesen werden. Obwohl Ende der 1960er Jahre landesweit die Gebäudehöhe von der Geschossflächenzahl (*yōsekiritsu*), d. h. dem Quotienten aus der Gesamtfläche aller Geschosse und der Grundstücksfläche, als zentraler Steuergröße der Stadtplanung abgelöst wurde, gelang es Kyoto, absolute Höhengrenzen für Gebäude beizubehalten. Doch lagen diese entsprechend dem entwicklungsfreudigen Zeitgeist weit jenseits jener der meisten tatsächlichen Gebäude. Dies galt vor allem im Zentralbereich der Tanoji-Gegend (das unmittelbare Stadtzentrum zwischen den Hauptstraßen Oike, Horikawa, Gojō und Kawaramachi), der trotz seiner damals wie heute beträchtlichen Wohnbevölkerung komplett als „Geschäftsbezirk" (*shōgyō chiiki*) ausgewiesen wurde und 1973 mit maximalen Bauhöhen von 31 Metern (10 bis 11 Stockwerke) und entlang der Hauptverkehrsstraßen sogar 45 Metern (14 bis 15 Stockwerke) versehen wurde. Zunächst wurde dieser Spielraum kaum genutzt, doch seit den späten 1980er Jahren sind es weniger die Geschäfts- als die Wohnhochhäuser, die ihn maximal ausschöpfen. Änderungen erfolgten höchstens in Richtung weiterer Liberalisierung, etwa 1988 durch die lokale Einführung des nationalen „Gesamtentwurfssystems" (*sōgō sekkei seido*), das die Überschreitung der zugelassenen Bauhöhen erlaubt, wenn dafür Teile des Grundstücks als Freifläche öffentlich zugänglich gemacht werden. 1994 wurde zudem landesweit die Nichtberücksichtigung gemeinschaftlich genutzter Flächen in Mehrfamilienhäusern bei der Berechnung der Geschossflächenzahl beschlossen, was den *manshon* einen Volumenbonus von etwa 20 Prozent einbrachte. Ohnehin waren die Gebäudemaße in Kyoto die einzige regulierte Größe, während bezüglich Formen, Farben und Materialien keinerlei Festlegungen bestanden.

Verschärfungen von Bauregeln gab es im Kyoto der 1990er Jahre durchaus, doch bezogen sie sich auf die Randbereiche mit den berühmten Tempeln und Schreinen, nicht auf das Stadtzentrum, wo die Bautätigkeit am intensivsten war. Klagen über die Untätigkeit der Stadtverwaltung waren während meiner früheren Feldforschungsaufenthalte allgegenwärtig, wenn auch nicht immer berechtigt, denn wo die Stadtverwaltung einmal versuchte, über den gesetzlichen Rahmen hinausgehende Forderungen durchzusetzen (wie im Fall eines berühmten *ryokan* [traditionellen Gasthauses], neben dem 2001 ein Neubau errichtet werden sollte), wurde sie durch Gerichtsurteile sehr schnell in die Schranken gewiesen. Auch eine eigenständige Verschärfung der Bauregeln hätte – so denn überhaupt angestrebt – vor den Änderungen des Lokalen Selbstverwaltungsgesetzes (*Chihō jichi-hō*) 1999/2000 noch der Zustimmung des Bauministeriums bedurft. Das Vorgehen der *manshon*-Erschließungsunternehmen war also durch die Rechtslage gedeckt, und moralische Appelle wurden von diesen gewöhnlich mit dem Argument des Rentabilitätsdrucks abgewiesen.

Die Kyotoer Entwicklung fügte sich damit ganz in den Mainstream der japanischen Stadtplanungsgeschichte ein, die von ihren Anfängen an immer wieder durch das Scheitern gutgemeinter Projekte am Widerstand privater Grundeigentümer geprägt war (z. B. Hohn 2000: 72, 122, 131, 158–159, 226; Sorensen 2002: 69–70, 127–128; Waswo 2002: 48). Die Freiheit des Eigentümers, mit der eigenen Immobilie nach Belieben zu verfahren, ist wie in kaum einer anderen Industriegesellschaft geschützt, und bei der Anwendung der wenigen legalen Möglichkeiten, sie einzuschränken – wie z. B. bei Bodenumlegungsprojekten (Hohn 2000: 125, 227; Sorensen 2002: 220, 283) –, wird in der Praxis oft noch weit zögerlicher verfahren, als es die Vorschriften erlauben würden. Auch ist von einer sozialen Verpflichtung des Eigentums in Artikel 29 der japanischen Verfassung erst im Nachsatz die Rede, ganz anders als etwa im deutschen Grundgesetz. Diese Rechtslage und -praxis ist durch ein weitverbreitetes Bauchgefühl getragen, dass die alleinige Verfügungsgewalt des Eigentümers die natürliche Ordnung der Dinge ist. In Interviews und teilnehmender Beobachtung in Kyoto begegnete mir diese Haltung immer wieder, entweder explizit vertreten oder in impliziter Form, wenn etwa die in Schutzgebieten allgegenwärtigen Verstöße gegen die Bauregeln als Kavaliersdelikte angesehen wurden oder wenn immer wieder die Tendenz bestand, bei *manshon*-Konflikten die direkten Anwohner – diejenigen also, deren eigenes Eigentum betroffen war – zu Anführern des Protests zu machen.

Man mag hier versucht sein, reisbäuerliche Mentalitäten zur Erklärung ins Feld zu führen, aber angesichts der Tatsache, dass Landeigentum in der Vergangenheit das Privileg einer kleinen Minderheit war, sind Partikularinteressen reicher Großgrundbesitzer für die Vorkriegszeit die naheliegendere Erklärung. Und seit dem Krieg steht der Vermögenswert von Immobilien im Vordergrund, der in den größten Städten auch schon vor der Hausse der Bodenpreise um ein Vielfaches stärker gewachsen war als derjenige anderer Wertformen (Tsuru 1993: 160–162) und lange Zeit z. B. gegenüber Geldvermögen auch steuerlich bevorteilt blieb. Da zudem die Grundeigentümerquote rasant zugenommen hat (Sorensen 2002: 329) und überdies die größten Grundstücke sich oft in den Händen von Unternehmen, welche diese als Sicherheit einsetzen (2002: 338), und nicht zuletzt des Staates befinden, besteht wenig Interesse an allem, was den Wert von Grund und Boden in Mitleidenschaft ziehen könnte. Dazu gehören jedoch strengere Bauregeln, denn sie beeinflussen das Baupotenzial, das gewöhnlich weit stärker als die tatsächlich auf dem Grundstück befindlichen Gebäude den Preis einer großstädtischen Immobilie in Japan bestimmt.

Daraus ergibt sich im Falle Kyotos als ultimate Ursache das, was ich mit dem Begriff des Biologen Garrett Hardin als eine „tragedy of the commons" bezeichnet habe (Brumann 2005a). Er selbst verwendet in seinem berühmt gewordenen Aufsatz (Hardin 1968) das Beispiel einer Weide, die bei freiem Zugang für alle Hirten der Degradation geweiht ist. Denn ganz gleich, ob sich die anderen Hirten zurückhalten oder nicht, ist es doch aus der Sicht des einzelnen Hirten immer am profitabelsten, die Weide so intensiv wie möglich zu nutzen, und da die anderen Hirten genauso kalkulieren, ist die gemeinschaftliche Ressource irgendwann zerstört. Ähnlich verhält es sich mit dem Kyotoer Stadtbild: Selbst die *manshon*-Erschließer wünschen es sich so intakt wie möglich, zumal sie seine Reize sogar in ihrer Werbung einsetzen, und sowohl über den ästhetischen Wert der *kyō-*

machiya als auch über die Hässlichkeit der meisten Hochhäuser besteht unter den Kyotoern – wie ich selbst überprüfen konnte – ein sehr hohes Maß an Einigkeit. Doch bleibt für einen auf den eigenen Nutzen bedachten Bauherrn die höchste und gestalterisch unaufwändigste Lösung die profitabelste, ganz gleich wie sich die anderen Eigentümer verhalten.

An der Hardin'schen Argumentation ist vielfach Kritik geübt worden, da bei tatsächlichen Gemeinschaftsressourcen der Zugang oft gar nicht völlig offen ist und Möglichkeiten der gegenseitigen Kontrolle bestehen. Unter diesen Voraussetzungen kann Kooperation bzw. Zurückhaltung auf Gegenseitigkeit, wie sowohl im Modell (z. B. Axelrod 1984) als auch anhand der Realität (z. B. McCay und Acheson 1987; Ostrom 1990; Ostrom *et al.* 2002) demonstriert worden ist, sehr wohl zu einer nachhaltigen Nutzung führen. Und auch in Kyoto gelang es den Bürgern in der Vergangenheit durchaus, sich gegenseitig zu kontrollieren und eine für alle akzeptable Bebauung zu erreichen, etwa mit den Nachbarschaftsregeln (*chōsadame* oder *chōshikimoku*) der Tokugawa-Zeit, die oft sehr detaillierte Vorgaben zum Hausbau machten (Itō 1993). Informell existieren solche Übereinkünfte auf Nachbarschaftsebene oft noch heute, wie die mir berichteten Beispiele von *manshon*-Bauvorhaben alteingesessener Kyotoer, die auf Drängen ihrer langjährigen Nachbarn zurückgenommen wurden, zeigen.

Doch funktioniert ein solches informelles Vetorecht nur dann, wenn die Beteiligten davon ausgehen können, dass solche Rücksichtnahme im Laufe der Zeit auch erwidert wird, nicht aber, wenn in typischer Manier ein landesweit agierender Großkonzern das Grundstück eines bankrotten Traditionsunternehmens aufkauft, dort ohne jegliche Abstimmung mit den Nachbarn ein *manshon* baut und die Wohnungen darin bereits verkauft und seine eigene Verbindung mit der Immobilie damit so gut wie gekappt hat, noch bevor der Bau überhaupt vollendet ist. Auch betreffen solche Hochbauten oft nicht nur eine einzige, sondern mehrere der traditionell von einer Straßenecke bis zur nächsten reichenden Nachbarschaften und damit auch Personenkreise, die wenig etablierten Umgang miteinander haben. Jenseits der einzelnen Nachbarschaft klafft jedoch ein institutionelles Loch, das auch die wenigen in *manshon*-Fragen aktiven Bürgerinitiativen nicht zu füllen vermögen.

Angesichts dieser Schwierigkeiten bot das, was man als Radikalprivatisierung des Stadtraums bezeichnen muss, dem einzelnen Eigentümer zwar keine Einflussmöglichkeiten jenseits, aber immerhin die ungestörte Verfügungsgewalt diesseits der eigenen Grundstücksgrenze. Davon hat neben den *manshon*-Unternehmen letztlich auch die Stadt Kyoto profitiert, denn anhand der Immobilienpreise bemessen sich die direkt an sie fließende Grund- (*kotei shisan-zei*) und Stadtplanungssteuer (*toshi keikaku-zei*), und ohne Regelungen sind diese Preise, wie bereits ausgeführt, am höchsten. In meinen früheren Feldaufenthalten deutete wenig auf eine baldige Änderung der Lage hin, und auch mit der damaligen Situation unzufriedene Stadtbeamte meinten gewöhnlich, dass für eine Verschärfung der Bauregeln zunächst die Herbeiführung eines „Bürgerkonsenses" (*shimin no gōi*) erforderlich sei und stattdessen die „weichen" Aktivitäten des *machizukuri* [Stadtgestaltung], d.h. Vorträge, Diskussionsveranstaltungen, Workshops, Ideenwettbewerbe, Stadtteilbegehungen u. ä., erfolgversprechender wären.

3 Die neuen Verordnungen

Umso erstaunlicher mutet an, was im September 2007 durch die Abänderung von sechs bestehenden städtischen Verordnungen (*jōrei*) in Kraft getreten ist.[2] Zunächst sind eine Reihe von bereits bestehenden Schutzzonen um berühmte historische Bauwerke, besonders malerische Stadtviertel und entlang der Flüsse ausgeweitet worden, und fast die gesamte historische Stadtfläche, die bereits Anfang der Meiji-Zeit besiedelt war, ist jetzt *bikan chiku* [„Ästhetik-Gebiet"]. In allen Fällen bedingt dies striktere, sehr viel klarere und lokal feiner angepasste Vorschriften zur Baugestaltung. Diese richten sich in den meisten Fällen an der historischen Kyotoer Architektur aus und machen eine Reihe von deren traditionellen Merkmalen bzw. ihnen visuell ähnliche Lösungen zur Vorschrift, während sie anderes (wie z. B. Dachaufbauten oder bestimmte grelle Farbtöne für Wände und Dächer) ausschließen. Selbst in den Seitenstraßen der Tanoji-Gegend sind nun bei Neubauten Satteldächer im traditionellen Neigungswinkel (*kōhai yane*) zwingend vorgeschrieben, die mit Lehmschindeln (*nihongawara*) oder Kupferplatten gedeckt sind, ebenso wie Vordächer (*hisashi*) über den ersten beiden Stockwerken, das Zurückspringen der Fassade ab dem dritten, in der traditionellen Architektur meist nicht mehr vertretenen Stockwerk und die Einfriedung von Park- und Freiplätzen mit ihrerseits wiederum traditionell zu gestaltenden Begrenzungsmauern (*hei*) und Toren (*mon*) zur Straße hin.

Die ohnehin in Kyoto immer schon relativ stark regulierten Schilder und Werbetafeln sind besonders betroffen. Werbeschilder auf Gebäudedächern sowie jegliche Form von blinkender Neonreklame sind nun in der gesamten Stadt verboten, ein für eine ostasiatische Millionenstadt geradezu unerhörter Schritt. Die zulässigen Höchstgrößen wurden redu-

---

[2] Die Neuregelungen im Detail finden sich unter: http://www.city.kyoto.lg.jp/tokei/page/0000023511.html (letzter Zugriff für diese und alle folgenden Internetquellen 24.05.2008).

ziert, und nicht regelkonforme Tafeln und Schilder müssen spätestens in sieben Jahren entfernt sein.

Des Weiteren wird mit der Einführung des Konzepts der *chōbo keikan* [Ausblickslandschaft bzw. Ausblicksstadtbild] der Schutz berühmter Aussichten in Angriff genommen. Der sich von insgesamt 38 genau bestimmten Punkten aus bietende Fernblick darf fortan nicht mehr durch Neubauten beeinträchtigt werden. Diese Punkte befinden sich zum einen innerhalb der zum UNESCO-Welterbe zählenden Tempel-, Schrein- und Palastgelände bzw. der ihnen an Bedeutung gleichkommenden kaiserlichen Palastgärten, bei denen die Unsichtbarkeit externer Gebäude das Ziel ist. Zum anderen werden aber auch berühmte Ausblicke von der Stadt in die Hügel einbezogen, vor allem auf die fünf Berghänge, an denen jedes Jahr am 16. August beim *Gozan okuribi* [Fünf-Berge-Abschiedsfeuer] Feuer in Schriftzeichen- oder Symbolform entzündet werden, zudem der berühmte Blick vom Entsūji-Tempel auf den Berg Hieizan, die Aussichten, die sich z. B. vom Berg Daimonjiyama oder von der berühmten Holzveranda des Kiyomizudera-Tempels auf die Stadt bieten, und die Fernblicke entlang bestimmter Flüsse und Straßenzüge. In einem Nahbereich bis zu 500 Metern Entfernung gelten in diesen Fällen für die vom Referenzpunkt aus sichtbaren Bauten ähnliche Vorschriften – traditionelles Schindel-Satteldach, Verbot von Dachaufbauten, enge Beschränkung der zulässigen Farbtöne – wie in den *bikan chiku*; und auch noch in größerer Entfernung ist all das verboten, was den Blick beeinträchtigt oder in ihn hineinragt (vgl. Abb. 2 und 3). Auffällig ist auch hier die Differenziertheit der Vorschriften, die in denkbar größtem Gegensatz zu den vorher sehr summarischen und nur grob gestuften Vorgaben der bisherigen Schutzzonen stehen.

Der weitreichendste Schritt ist jedoch die Absenkung der zulässigen Bauhöhen. Statt wie vorher fünf Höhenzonen (10, 15, 20, 31 und 45 Meter) gibt es jetzt sechs (10, 12, 15, 20, 25 und 31 Meter); und auf mehr als 30 Prozent der Stadtfläche – darunter wiederum fast das gesamte historische Stadtgebiet und auch fast der gesamte Bereich zu Füßen der Hügel, in dem sich die meisten historischen Sehenswürdigkeiten befinden – ist die jeweilige Höhengrenze gesenkt worden. Gewöhnlich gilt jetzt die nächst niedrigere Stufe, was z. B. entlang den Hauptstraßen des Tanoji-Gebiets bereits eine Reduzierung um ein Drittel (von 45 auf 31 Meter) bringt, während in den dortigen Seitenstraßen sogar eine Absenkung um gleich drei der neuen Stufen erfolgte, d. h. von 31 auf 15 Meter und damit auf weniger als die Hälfte des bisherigen Wertes (vgl. Abb. 4 bis 8).

Die Anzahl der Bauten, die die neuen Höhenvorschriften verletzen, wird auf mehr als 1.800 geschätzt, so dass jetzt eine sicherlich sechsstellige Zahl von Kyotoern in eigentlich illegalen Häusern wohnt oder arbeitet. Natürlich können die neuen Vorschriften nicht rückwirkend zur Anwendung gebracht und bei Gebäuden – anders als bei den Schildern – auch keine Übergangsfristen gesetzt werden. Die Lebensdauer moderner japanischer Häuser ist jedoch äußerst gering. Die Fertighäuser (*purehabu*), die den Löwenanteil der Einfamilienhäuser ausmachen, sind nicht auf Reparaturen angelegt und schon nach etwa dreißig Jahren marode, und auch bei gewöhnlichen *manshon* werden aufgrund kostensparender Bauweise nach etwa diesem Zeitraum größere Reparaturen fällig, an deren Stelle oft ein Neubau erfolgt. Im Stadtzentrum werden jedoch schon vergleichsweise moderate Hochhäuser dann nur noch renoviert, aber nicht mehr in gleicher Höhe erneuert werden können. Falls also die neuen Vorschriften Bestand haben, wird es in einigen Jahrzehnten nicht mehr viele Gebäude geben, die sie verletzen, und auch die gewünschten historisierenden Gestaltungsmittel werden sich stark ausgebreitet haben. Wie sehr sich dies von der Entwicklung in Tokyo, Osaka und anderen japanischen Großstädten abhebt, wo gegenwärtig neben Bürohochhäusern auch sogenannte Turm-*manshon* (*tawā manshon*) bereits bis auf 200 Meter vorstoßen und die öffentlichen Verwaltungen bewusst auf das so erhöhte Grundsteuereinkommen setzen, ist offenkundig.

4 Der Weg zu den neuen Verordnungen

Bei meiner Feldforschung 2001 hatten die Perspektiven noch ganz anders ausgesehen. Damals tagte einmal mehr ein von der Stadt einberufener Expertenrat (*shingikai*) über mögliche Maßnahmen zur Lösung des *manshon*-Problems. Der Anlass war ein besonders kontroverses Bauprojekt, bei dem nicht wie gewöhnlich an einer Straße, sondern im Inneren eines der für Kyotos Zentrum typischen rechteckigen Straßenblocks ein 31 Meter hohes *manshon* errichtet wurde, das sich bis auf ein oder zwei Meter an die Rückseiten der umgebenden, meist nur zweistöckigen Häuser herandrängte. Der in Städten von Kyotos Größe vorgeschriebene Bauaufsichtsrat (Kenchiku Shinsa-kai) befand 2000, dass sich dieser Neubau zwar an die Regeln hielt, fügte aber hinzu, dass er sämtliche Ziele der Kyotoer Stadtplanung konterkariere und alle *machizukuri*-Bemühungen zunichte mache. Als Reaktion auf diesen beispiellosen Schritt eines von der Stadt selbst eingesetzten, gewöhnlich handzahmen Gremiums wurde der erwähnte Expertenrat eingerichtet, und seine Empfehlung führte 2003 zu einer ersten Verordnung, die für die Seitenstraßen des Stadtzentrums – den sogenannten *shokujū kyōzon chiku* [Gemischter Geschäfts- und Wohnbereich] im Tanoji-Gebiet und nördlich davon bis zum kaiserlichen Palastgarten Kyōto Gyoen – mit diversen Schräglinienbegrenzungen sicherstellte, dass z. B. von der Straße direkt vor einem Gebäude aus nicht mehr als die ersten vier Stockwerke sichtbar waren. Außer bei ungewöhnlich großen Grundstücken machte dies die volle Ausnutzung der Höhengrenzen bereits sehr schwierig. Allerdings hatte sich der damals sehr umkämpfte Markt für *manshon* ohnehin schon in den Hauptstraßenbereich mit seiner Höhengrenze von 45 Metern zurückgezogen, so dass die neue Verordnung ohne direkte Folgen blieb und die Vermutung nahelag, dass sie auch nur aus diesem Grunde verabschiedet worden war.

Doch blieb es nicht dabei, und meine Recherchen im Jahr 2007 ergaben, dass die Ursache dafür ein nicht unbedingt erklärtes, aber bemerkenswert effizientes Zusammenwirken einer Reihe von gesellschaftlichen Kräften war. Der japanische Staat und seine Ministerialbeamten, die lokale Stadtverwaltung und ihr Chef, die Kyotoer Geschäftswelt und die gegen *manshon* engagierten Bürgerinitiativen leisteten dabei jeweils einen meiner Einschätzung nach für die Durchsetzung unverzichtbaren Einzelbeitrag.

Kritiker verweisen zuvorderst auf die nationale Ebene, da die Stadt Kyoto ihrer Ansicht nach in der Vergangenheit an Stadtbildfragen kein Interesse hatte und Bürgermeister Masumoto Yorikane eher mit eigenwilligen, für lokale Besonderheiten wenig empfänglichen Vorschlägen wie z. B. dem gescheiterten Brückenprojekt aufgefallen war. Und tatsächlich bildeten die 2004 erlassenen nationalen Landschafts(schutz)gesetze (*Keikan-hō*) den rechtlichen Rahmen für die neuen Maßnahmen. Die drei Einzelgesetze definieren Landschaften und Stadtbilder als „gemeinsames Eigentum des Volkes" (*kokumin kyōtsū no shisan*) und ermöglichen neue Typen von „Landschafts(schutz)gebieten" (*keikan chiku*) mit detaillierten Festlegungen zu Gebäudegrößen, -formen, -farben und -materialien. Daneben erlauben sie auch den Schutz von Einzelgebäuden, die Schaffung von Anreizen wie Fördermitteln und Steuernachlässen und die Beantragung solcher Maßnahmen nicht nur von der Verwaltungsseite, sondern auch von der Bürgerseite aus. Am bedeutsamsten ist jedoch, dass sie – anstatt selbst einen detaillierten Rahmen vorzugeben – den Präfekturen und Gemeinden das Recht verleihen, über die nationalen Bau- und Stadtplanungsgesetze hinausgehende, aber dennoch rechtlich bindende Bauvorschriften zu erlassen. Dies war bislang nur in sehr engen Grenzen möglich und musste meist durch das nicht zwingende und daher auch häufig ignorierte Instrument der „Verwaltungsanweisung" (*gyōsei shidō*) ersetzt werden.

Ein Auslöser für diese Maßnahme war die landesweite Zunahme von *manshon*-Konflikten in den Vorjahren, darunter als prominentester Fall die Rechtsstreitigkeiten um ein 2001 vollendetes, 44 Meter hohes *manshon*-Projekt in Kunitachi im Großraum Tokyo. Seinen Gegnern zufolge gefährdete dieses den Reiz der Daigaku-dōri, einer bekannten, von Kirschbäumen gesäumten Allee vor der Hitotsubashi-Universität. Das Tokyoter Landgericht (*Tōkyō Chisai*) urteilte 2002, dass der Neubau für die Nachbarn „die Nutzung des Stadtbildes über das zumutbare Maß hinaus beeinträchtigt" (*keikan rieki o jūnin gendo o koete shingai suru*), und ordnete die Entfernung aller Gebäudeteile jenseits 20 Metern Höhe – also den faktischen Abriss – an. Vor dem Obersten Gerichtshof (Saikō Saiban-sho) hatte das Urteil 2006 keinen Bestand, doch dass eines der gewöhnlich konservativen japanischen Gerichte ein „Recht auf Stadtbild" formuliert hatte, erhöhte den Druck auf die Legislative, diesem Recht in Form der „Landschaftsgesetze" Substanz zu verleihen.

Der Stadt Kyoto stand somit ein juristischer Rahmen zur Verfügung, und dazu erhielt sie personelle Unterstützung durch eine Reihe von Beamten aus dem Ministerium für Land, Infrastruktur und Transport, in dem das ehemalige Bauministerium 2001 aufgegangen ist. Die temporäre Abordnung (*shukkō*) von Ministerialbeamten in die Verwaltungen der Präfekturen und größeren Städte ist in Japan verbreitete Praxis. Sie gilt als wichtiges und wegen des klientelistischen, die Legislative umgehenden Charakters auch umstrittenes Mittel, die Verbindungen zwischen den Regierungsebenen zu pflegen und fortgeschrittenes Knowhow auf die lokale Ebene zu tragen (Akizuki 2002; Inoki 2002). Häufig dienen diese Entsendungen zeitlich begrenzten Projekten, mitunter aber bekommen sie auch Routinecharakter, so dass einer der drei Vizebürgermeisterposten in Kyoto für einen abwechselnd aus dem Bauministerium und aus dem kleinen Innenministerium – bzw. seit 2001 aus den entsprechenden Abteilungen der Nachfolgeministerien – abgeordneten Beamten reserviert ist. Auf diesem Wege amtierte von 2004 bis 2007 der Stadtplanungsexperte Mōri Shinji als Vizebürgermeister, und sowohl innerhalb als auch außerhalb der Stadtverwaltung wurde er mir einhellig als zumindest die Leitfigur, wenn nicht sogar das eigentliche Zugpferd bei der Ausarbeitung der neuen Verordnungen beschrieben. Zuvor war er zentral an den nationalen „Landschaftsgesetzen" beteiligt gewesen, und diese hatte eine weitere Ministerialbeamtin mitverfasst, die ihrerseits gerade von einer mehrjährigen Abordnung nach Kyoto zurückgekehrt war. Das nationale Gesetz war also bereits mit Kyoto im Hinterkopf formuliert worden, und nach seiner Verabschiedung bot sich die Stadt als Anwendungsfall an.

Trotz der klaren nationalen Einflussnahme war jedoch wichtig, dass diese in Kyotos Stadtverwaltung nicht auf Widerstand stieß. Gerade unter einer neuen Generation von Beamten bis etwa zur Ebene der *kachō* [Abteilungsleiter] hatten meinen Informanten (sowohl innerhalb als auch außerhalb der Stadtverwaltung) zufolge viele auf diese Chance gewartet, den Zustand der empfundenen Machtlosigkeit zu beenden. Daher arbeiteten sie enthusiastisch und (wie mir ein zentral beteiligter Beamter berichtete) ganze Wochenenden und Nächte hindurch mit. Und schließlich stellte sich Bürgermeister Masumoto Yorikane selbst hinter den Plan und tat sich vor allem in der letzten Phase, als sich Widerstand regte, mit sehr entschiedenen öffentlichen Äußerungen hervor, mit denen er auch viele seiner politischen Gegner überraschte.

Dass der Bürgermeister damit ein für ihn neues Thema entdeckt hatte, ist allerdings nicht zu bestreiten, und dafür dürfte die fast einhellige Unterstützung von Kyotos Geschäftswelt – also seinen treuesten politischen Unterstützern – entscheidend gewesen sein. Auf der Oike-Straße, die soeben mit Staatsmitteln in zwar umstrittener, aber zweifellos aufwändiger Weise zu Kyotos *shinboru rōdo* [Symbolstraße] umgestaltet worden war, plante 2001 dieselbe Immobilienfirma wie im zuerst berichteten Streitfall ein Wohnhochhaus. Dieses nutzte nicht nur als einziges Gebäude im Umkreis die erlaubten 45 Höhenmeter voll aus, sondern sollte mit 86 Metern Breite eines der größten *manshon* der ganzen Stadt werden. Für die auf die „Symbolstraße" gehende Seite hatte dieser riesige Bau zudem keine eigentliche Fassadengestaltung, sondern nur offene Korridore in den Obergeschossen und offene Parkplätze im Erdgeschoss übrig. Die direkten Anwohner hatten sich hier zum Protest organisiert, mit Unterstützung einer Nachbarschaftsinitiative, die bereits in anderen *manshon*-Konflikten in der Nähe – zum Teil durchaus erfolgreich – involviert gewesen war und 2002 die bis dahin größte freiwillige Bauvereinbarung (*kenchiku kyōtei*) im Innenstadtbereich angestoßen hatte. Ihnen gelang es, einflussreiche Kyotoer Unternehmer auf das Projekt aufmerksam zu machen, und die Tatsache, dass der Vorsitzende eines Kyotoer Unternehmerverbandes sein ästhetisch anspruchsvolleres und nur 31 Meter hohes Firmengebäude ganz in der Nähe hatte, half hier sehr.

Dieser und andere Unternehmer traten auf Diskussionsveranstaltungen der *manshon*-Gegner auf oder äußerten sich in städtischen Expertengremien kritisch. Darüber hinaus mit den Bürgerinitiativen gemeinsame Sache zu machen, die oft (und längst nicht immer berechtigt) im Ruch der Nähe zur Kommunistischen Partei stehen, war für sie allerdings keine Option. Eher entsprach es ihrem Selbstbild, eine Lösung unter ihresgleichen zu suchen. Laut einem Informanten, der dies von den Beteiligten selbst berichtet bekommen hatte, verlief ein Besuch der Vorsitzenden der Industrie- und Handelskammer und anderer Kyotoer Wirtschaftsverbände in der Zentrale des *manshon*-Konzerns in Tokyo aber erfolglos. Allen Appellen zum Trotz gestand der Bauherr nur Läden statt Parkplätze im Erdgeschoss zu, jedoch keine Änderung der Gebäudemaße. Die ernüchternde Erkenntnis, dass hier nicht verfing, was eine Kyotoer Firma in jedem Fall zur Räson gebracht hätte, veranlasste die Unternehmer im Anschluss dazu, sich an den Bürgermeister zu wenden und ihn um eine politische Regelung zu bitten.

Trotz aller Unterstützung gab es auch Widerstand gegen die neuen Vorschriften, vor allem nach der offiziellen Bekanntgabe des Verordnungsentwurfs im November 2006. Kyotos Schilderhersteller sahen ihre Existenz bedroht. Die Immobilienmakler und zum Teil auch die Baubranche beklagten ebenfalls die Gefährdung ihrer eigenen Geschäfte, betonten aber auch negative Folgen für andere, wie z. B. die Schwierigkeit, auf den durch die neuen Gestaltungs- und Begrünungsregeln verkleinerten Grundstücken noch genügend Raum für einen Parkplatz oder gar überhaupt für ein Wohnhaus zu gewinnen, oder den Rückgang des städtischen Steueraufkommens. Vertreter dieser direkt betroffenen Branchen monierten zudem, nicht im Expertenrat vertreten gewesen zu sein, der die neuen Vorschriften vorbereitet hatte (*Kyōto Shinbun News*[3] 20.12.2006[4]). Führende Kyotoer Unternehmer wie der Vorsitzende der Industrie- und Handelskammer bekräftigten jedoch nachdrücklich ihre Unterstützung für die neuen Bauregeln. Sie gestanden dabei Uneinigkeit in den eigenen Reihen durchaus zu, doch überwog gegenüber liberalistischen Grundsätzen und allgemeiner Unternehmersolidarität mit den betroffenen Branchen ganz offensichtlich die Sorge vor dem langfristigen Schaden für die Stadt, ihr Image und die eigenen Geschäfte. Gerade die Wirtschaftsvertreter formulierten auch explizit, was die Stadtverwaltung nicht so offen sagen konnte oder wollte, nämlich dass die neuen Bauregeln individuelle Härten mit sich brächten, die zum Wohl der Allgemeinheit schlichtweg ertragen (*gaman*) werden müssten (*KSN* 24.01. 2007[5], 03.03.2007[6]).

Widerstand regte sich auch unter den Besitzern von Eigentumswohnungen in den nun nicht mehr vorschriftsgemäßen *manshon*, und er reichte bis hin zur Gründung einer Bürgerinitiative und zur Schaltung ganzseitiger Zeitungsanzeigen zusammen mit einem Maklerverband. Auch hier war der erwartete Verfall der Immobilienpreise und das dann auftretende Problem, für die im Wert gesunkenen Wohnungen noch Anschlusskredite zu erhalten, ein Argument. Doch am häufigsten wurde beklagt, dass die neuen Höhengrenzen es nicht mehr erlauben würden, beim nächsten Neubau für alle jetzigen Eigentümer ausreichenden Wohnraum zu schaffen, und die Stadt für den Wertverlust keinerlei Kompensationen vorsah. Sechs private Universitäten sprachen sich ebenfalls gegen

---

[3] Im Folgenden *KSN*. Es handelt sich um die Internetausgabe der Kyotoer Lokalzeitung *Kyōto Shinbun*. Die dortigen Artikel erscheinen gewöhnlich auch in einer der Printausgaben des gleichen oder folgenden Tages.
[4] http://www.kyoto-np.co.jp/info/special/07sinkeikan/061220.html.
[5] http://www.kyoto-np.co.jp/info/special/07sinkeikan/070124.html.
[6] http://www.kyoto-np.co.jp/info/special/07sinkeikan/070303.html.

die Verordnungen aus, da sie ihren eigenen zukünftigen Umbauvorhaben im Wege stehen könnten (*KSN* 10.03.2007[7]). Eine Debatte über die Berechtigung einer konservierend-historisierenden Stadtplanung für Kyoto blieb dagegen interessanterweise fast völlig aus, eine Bestätigung meines schon 1999 ermittelten Befundes, dass hinsichtlich der ästhetischen Einordnung von Architektur und Stadtbild weitgehende Einigkeit zugunsten der japanischen und historischen Gebäude besteht (Brumann 2005b: 269–281).

Der Protest erreichte schließlich den Stadtrat, und in seiner Aussprache über die Verordnungen erhielt der Bürgermeister einhellige Unterstützung von der kommunistischen Opposition, die allenfalls die fehlende Reue über die Sünden der Vergangenheit beklagte, während sich die Stadträte seiner größten Unterstützerpartei, der LDP, in ungekannter Weise miteinander stritten. Dass nicht alle Vertreter dieser mit der Immobilienbranche üblicherweise eng verbundenen Partei Begeisterung zeigen konnten, liegt auf der Hand. Doch blieb es bei verhaltenem Widerspruch, und im März 2007 wurden die neuen Stadtbild-Verordnungen vom Stadtrat schließlich ohne Gegenstimme verabschiedet (*KSN* 30.11.2006[8], 31.01.2007[9], 27.02.2007[10], 13.03.2007[11]).

Ein an der Ausarbeitung beteiligter Stadtbeamter wunderte sich mir gegenüber in der Rückschau nicht über den Widerstand, sondern dass es so wenig davon gab. Die erwähnten Zeitungsanzeigen und eine Demonstration vor dem Rathaus (*KSN* 01.03.2007[12]) waren noch die dramatischsten Formen, aber hauptsächlich motivierten eng umgrenzte Partikularinteressen den Protest. Und diese äußerten sich weniger als Fundamentalopposition, wie etwa in Form einer grundsätzlichen Infragestellung historisierender Stadtplanung oder einer Verteidigung individueller Freiheitsrechte, sondern eher als Kritik an den Übergangsmodalitäten, z. B. dem zu schnellen Tempo oder den fehlenden Kompensationen. Auch erschien der Widerstand der betroffenen *manshon*-Bewohner wenig leidenschaftlich, und die gemeinsamen Aktionen mit den Immobilienmaklern wirkten von den letzteren gelenkt. Was über die Motive der meisten Wohnungskäufer bekannt ist, spricht ohnehin dagegen, dass viele von ihnen langfristige Perspektiven haben und sich wesentlich um den Verkaufswert oder die Neubaumöglichkeiten in zwei oder drei Jahrzehnten

---

[7] http://www.kyoto-np.co.jp/info/special/07sinkeikan/070310.html.
[8] http://www.kyoto-np.co.jp/info/special/07sinkeikan/061130.html.
[9] http://www.kyoto-np.co.jp/info/special/07sinkeikan/070131.html.
[10] http://www.kyoto-np.co.jp/info/special/07sinkeikan/070227.html.
[11] http://www.kyoto-np.co.jp/info/special/07sinkeikan/070313.html.
[12] http://www.kyoto-np.co.jp/info/special/07sinkeikan/070301y.html.

sorgen. Denn diese sind auch unter den bisherigen Bedingungen durchaus unsicher, wie der dramatische Verfall der Bodenpreise in den 1990er Jahren nachdrücklich gezeigt hat. Den Kritikern aus Reihen der LDP scheint es hauptsächlich darum gegangen zu sein, einer bestimmten Klientel gegenüber Haltung zu demonstrieren. Doch stand die Stadtratswahl im April 2007 unmittelbar bevor, und damit gab ganz offensichtlich den Ausschlag, dass – wie eine Meinungsumfrage feststellte – mehr als 80 Prozent der Kyotoer Bürger die neuen Vorschriften begrüßten und mehr als 70 Prozent sie auch für das eigene Grundstück akzeptieren würden (*KSN* 15.02.2007[13]). Auch von keinem meiner Dutzenden von früheren Informanten – nicht einmal von denen, die mir gegenüber vormals die Freiheit des Eigentümers verteidigt hatten – hörte ich 2007 grundsätzliche Kritik. Und so konnte die Stadtverwaltung es sich leisten, in der Endfassung der Gestaltungsvorschriften zwar einige kleinere Kompromisse zu schließen (etwa bei der Begrünung und den Ausmaßen von Vor- und Seitendächern auf Kleinstgrundstücken) und günstige Kredite und Beratung für den Neubau nicht mehr vorschriftsgemäßer *manshon* anzubieten, aber die Höhengrenzen unangetastet zu lassen und auch auf die Entschädigungsforderungen nicht einzugehen. Die Verschiebung des Inkrafttretens der Verordnung vom Sommer auf den Herbst (*KSN* 08.03.2007[14]) war das einzige substanzielle Zugeständnis; wegen der noch ausstehenden Detailumsetzung der neuen Vorschriften könnte sie allerdings ohnehin unumgänglich gewesen sein.

5 Die Konsequenzen der neuen Verordnungen

In dem halben Jahr zwischen der Verabschiedung und dem Inkrafttreten der Verordnungen kam es zu einer die städtische Bauaufsicht an die Grenzen ihrer Belastbarkeit bringende Welle von Bauanträgen, die noch die alte Rechtslage ausnutzten (*KSN* 02.09.2007[15]). In Kyotos Stadtzentrum dürften daher wohl kaum jemals so viele Hochhäuser auf einmal im Bau gewesen sein wie zum jetzigen Zeitpunkt. In bereits zwei Jahren werden es allerdings wohl so wenige wie seit Jahrzehnten nicht mehr sein. Der Immobilienmarkt kam sehr schnell zu einem fast völligen Stillstand, und seine weitere Entwicklung ist unklar. Die Klagen der Makler, Baufirmen und Schilderhersteller halten dementsprechend an, und nicht wenige von diesen führen existenzbedrohende Schwierigkeiten an. Die *manshon*-Prei-

---

[13] http://www.kyoto-np.co.jp/info/special/07sinkeikan/070215_1.html.
[14] http://www.kyoto-np.co.jp/info/special/07sinkeikan/070308y.html.
[15] http://www.kyoto-np.co.jp/info/special/07sinkeikan/070902c.html.

se brechen jedoch bislang nicht ein, und im Gegenteil sind gerade die höhergelegenen Wohnungen in Neu- wie auch Altbauten momentan besonders begehrt (*Sankei Shinbun* 08.08.2007[16]).

An den neuen Vorschriften rüttelt jedoch fast niemand. Bei der gerade erfolgten Bürgermeisterwahl 2008 landete der einzige von insgesamt vier Bewerbern, der die Verordnungen ablehnte, weit abgeschlagen. Altbürgermeister Masumoto kandidierte nicht mehr. Ein Expertenrat zur Ausarbeitung detaillierter Gestaltungsregeln für die insgesamt 76 Schutzzonen wurde eingerichtet (*KSN* 07.08.2007[17]); ein weiterer befasst sich mit den Anträgen auf Ausnahmen für öffentliche Gebäude, die die neuen Verordnungen vorsehen (*KSN* 16.10.2007[18]). Die Entscheidung über den ersten solchen Antrag, einen Krankenhausbau der Kyoto-Universität, verlief so kontrovers und zeitaufwändig (*KSN* 17.01.2008[19], 07.03.2008[20]), dass man die routinemäßige Nutzung solcher Anträge als Schlupfloch ausschließen kann. Und auch bei den Schildern wird durchgegriffen: Zwei Monate vor dem Inkrafttreten der neuen Regeln – und damit wohl zu spät, um noch kurzfristigen Ersatz nach den alten Regeln zu erlauben – verkündete die Stadtverwaltung, dass ihren Nachforschungen zufolge mehr als 80 Prozent der Geschäfte auf den wichtigsten Einkaufs- und Amüsierstraßen Schilder hatten, die bereits nach den alten Vorschriften illegal waren, und ordnete ihre umgehende Entfernung an. Recht nonchalant bedauerte der Bürgermeister, dass dieser Missstand aus Personalmangel jahrelang ignoriert worden war, bekräftigte aber, dass dies keine Rechtfertigung für weitere Tatenlosigkeit sein könne (*KSN* 21.06.2007[21]). Bleibt es dabei, wird sich die Übergangszeit hier sehr verkürzen. Und auch die Fertighaus-Hersteller reagieren bereits und bieten auf die neuen Designvorschriften abgestimmte Modelle an (*KSN* 05.12.2007[22]; vgl. Abb. 9).

Das alte, von mir eingangs skizzierte Paradigma der Immobilie als privatem Vermögenswert ist aus der Diskussion noch keineswegs verschwunden. Vielmehr äußern der Bürgermeister, andere Stadtvertreter und die Wirtschaftsführer immer wieder die Überzeugung, dass die neuen Verordnungen die langfristige Werterhaltung sichern werden, und erhalten darin auch Unterstützung durch eine Ministeriumsstudie, die allgemein für Japan eine positive Wirkung eines ansprechenden Stadtbildes

---

[16] http://blogs.yahoo.co.jp/masatake_ko/23713474.html.
[17] http://www.kyoto-np.co.jp/info/special/07sinkeikan/070807a.html.
[18] http://www.kyoto-np.co.jp/info/special/07sinkeikan/071016.html.
[19] http://www.kyoto-np.co.jp/info/special/07sinkeikan/080117.html.
[20] http://www.kyoto-np.co.jp/info/special/07sinkeikan/080307b.html.
[21] http://www.kyoto-np.co.jp/info/special/07sinkeikan/070621b.html.
[22] http://www.kyoto-np.co.jp/info/special/07sinkeikan/071205.html.

auf die Grundstückspreise feststellt (KKTCSK 2007, Internet). Kyotos Immobilienbranche ist sich darüber jedoch uneins (*KSN* 20.09.2007[23]), und wer hier Recht behalten wird, bleibt abzuwarten.

Doch abgesehen von dieser wohl eher als Reaktion auf die Vorwürfe der Gegner zu sehenden Argumentation fällt auf, dass das Stadtbild als *commons* jetzt auch in den Köpfen der Kyotoer angekommen ist. Nicht mehr nur einige wenige kritische Bürgerinitiativen wie früher, sondern Befürworter aller Couleur beschreiben es als „Allgemeingut" (*kōkyō no zaisan*), formulieren einen Gegensatz zu den Privatgütern der individuellen Grundstücke und stellen das erstere über die letzteren. Genauso neu, aber nicht weniger allgegenwärtig im Diskurs ist die Langzeitperspektive: Alle Befürworter betonen – nicht selten an erster Stelle –, dass es um das Kyoto in 50 oder 100 Jahren geht und dass kurzfristige Erwägungen dahinter zurückzustehen haben. Und als weitere neue Redefigur sticht hervor, dass Kyotos Besonderheit nun als expliziter Wert auftritt. Statt wie früher eine nachholende Entwicklung gegenüber Tokyo oder Osaka einzufordern oder als gegeben vorauszusetzen – etwa wenn das französische Brückenprojekt als Ersatz für den in Kyoto im Gegensatz zu den Metropolen noch nicht vorhandenen und anders auch nur schwer zu realisierenden Themenpark (*tēma pāku*) eingeordnet wurde –, ist es nun gerade die Angst davor, dass Kyoto genauso werden könnte wie jede andere japanische Stadt, die vom Bürgermeister als Motiv für die neuen Bauregeln genannt wird (*KSN* 05.02.2007[24]).

Wie bereits erwähnt, hat diese Entwicklung mich sehr überrascht, denn ich hatte zwar bereits während der früheren Aufenthalte Anzeichen eines Bewusstseinswandels bemerkt und vermutet, dass dieser nur noch nicht allen Beteiligten genügend klar geworden war (Brumann 2005a: 165; 2006: 156). Gleichzeitig war ich jedoch sicher, dass „mit einem schnellen Wandel [...] kaum zu rechnen" sei (2005a: 165). Während meines Forschungsaufenthalts im März und April 2007, wenige Monate vor Inkrafttreten der neuen Verordnungen, nahmen jedoch dieselben Informanten, die ein radikaleres Vorgehen 2001 als verfrüht oder gänzlich unmöglich verworfen hatten, die neue Entwicklung zwar ebenfalls überrascht, aber doch recht selbstverständlich hin. Ein volles Gefäß läuft auch dann schon über, wenn man nur ein einziges weiteres Glas Wasser hinzuschüttet, kommentierte dies ein bei der Abfassung der Verordnung in beratender Funktion beteiligter Stadtplanungsprofessor, und tatsächlich erscheint mir das bekannte *shikaodoshi* [„Wild-Scheuche"] im Kyotoer Tempel Shisendō – ein drehbar in einen Bachlauf gehängtes Bambusrohr, das sich so lange füllt, bis es

---

[23] http://www.kyoto-np.co.jp/info/special/07sinkeikan/070920.html.
[24] http://www.kyoto-np.co.jp/info/special/07sinkeikan/070205tyoubou.html.

schlagartig überkippt, sich entleert und mit lautem, Schädlinge aus dem Garten vertreibenden Knall zurückfällt – als ein nicht ungeeignetes Bild für diese Entwicklung. Alles deutet darauf hin, dass der Prozess eine Eigendynamik entwickelte, die die meisten Beteiligten weit über ihren anfänglichen Erwartungshorizont hinaustrug.

Dies ist zugegebenermaßen eher eine Beschreibung als eine Erklärung, doch eine detailgenaue Klärung der lokalen Abläufe hätte der durchgehenden Präsenz vor Ort bedurft. Den zugrunde liegenden Bewusstseinswandel erklärende externe Faktoren sind leichter zu finden. Offenkundig ist hier für mich der Zusammenhang mit der demographischen Entwicklung. Seit 2005 schrumpft die japanische Bevölkerung, und Kyoto wird offiziellen Schätzungen zufolge 2030 nur noch 1,30 statt wie jetzt 1,46 Mio. Einwohner haben. Dies senkt den konjunkturbedingt ohnehin nicht mehr in früheren Höhen liegenden Bedarf an Neubauten und erhöht den Druck auf die Städte, in der Konkurrenz um Besucher, Bewohner und Steuerzahler attraktive Lebensumfelder zu schaffen. Der in den letzten Jahren boomende Kyoto-Tourismus dürfte dies gerade auch den Wirtschaftsführern deutlich gemacht haben, zumal er sich abhebt vom Niedergang vieler der traditionellen Kyotoer Branchen wie etwa der Kimono-Produktion. Kampagnen wie die des vormaligen Premierministers Abe Shinzō für ein „schönes Land" (*utsukushii kuni*) haben sicherlich in ganz Japan auch zur Legitimierung des ästhetischen Blicks auf Landschaften und Stadtbilder beigetragen. Das ausländische Vorbild spielt ebenfalls eine Rolle, da immer mehr Japaner auf Fernreisen attraktive Stadtbilder kennenlernen und – wie sich in einer Vielzahl von einschlägigen öffentlichen Veranstaltungen in Kyoto zeigte – auch in der Fachdiskussion der Bezug auf westliche Vorbilder häufig ist.

Dass die neuen Bauregeln die Liste der „Kyotoer Nachrichten des Jahres 2007" der größten Lokalzeitung *Kyōto Shinbun* anführen,[25] sagt einiges über ihr Echo in der Stadt. Doch reicht ihre Bedeutung auch darüber hinaus. In der Geschichte der japanischen Stadtplanung fällt mir kein Beispiel ein, wo auf ähnlich radikale Weise in etablierte Eigentümerrechte eingegriffen worden wäre. Kyoto hat zwar als Verbindung aus historischer Stadt und Millionenstadt innerhalb Japans fraglos eine Sonderrolle inne, doch ist hier trotzdem ein kaum zu überschätzender Präzedenzfall geschaffen worden, der nicht nur bei Versuchen, konservierend-historisierende Planung auch in den kleineren historischen Städten bzw. in einzelnen Stadtvierteln der Metropolen durchzusetzen, sondern auch ganz allgemein beim Bestehen auf öffentlicher Kontrolle über den öffentlichen Stadtraum fortan immer wieder in die Diskussion eingebracht werden wird. Dies gilt umso

---

[25] http://www.kyoto-np.co.jp/kp/2007topics/kyoto_back.html.

mehr, als auch andere Städte gerade im Begriff sind, sich an das neue Gesetz anzupassen. Nach dem Stand vom April 2008 haben z. B. in den letzten vier Jahren nicht weniger als 104 Gebietskörperschaften (Präfekturen und Gemeinden) einen „Stadtbild-/Landschaftsplan" (*keikan keikaku*) beschlossen,[26] und da Kyoto dies als erste Großstadt bereits 2005 tat, muss man davon ausgehen, dass die Stadt hier wie auch bei anderen Stadtbildmaßnahmen bereits jetzt häufig als Referenzpunkt fungiert.

In Sachen lokaler Selbstverwaltung und Bürgerbeteiligung hat die neue Verordnung allerdings keine vergleichbaren Umwälzungen gebracht. Zwar haben die Gesetzesänderungen 1999/2000 die rechtlichen Spielräume der Präfekturen und Gemeinden in vielen Bereichen – gerade auch in der Stadtplanung – sehr gestärkt, aber nach einem mühselig erkämpften Triumph lokaler Ansprüche über nationalstaatliche Gängelung klingt der oben beschriebene Ablauf trotzdem nicht. Eher scheint die Initiative von der nationalen Ebene und den von ihr entsandten Funktionsträgern ausgegangen zu sein, so sehr sie in Kyoto auch auf Widerhall stieß, und die Zusammenarbeit der Regierungsebenen wirkt konventionell. Die häufig gestellte Frage nach den Auswirkungen der jüngeren Dezentralisierungsreformen (z. B. bei Hein und Pelletier 2006: 1–2; Ishida 2006: 43–49) muss für diesen Fall sicher eher mit Verweis auf Kontinuitäten statt auf Brüche beantwortet werden.

Dies gilt mit Abstrichen auch für die zivilgesellschaftlichen Strukturen. Während meiner früheren Forschungsaufenthalte hatte sich die Stadtverwaltung ganz dem Ideal der *pātonashippu* [Partnerschaft] mit den Bürgern verschrieben, das in keiner offiziellen Ansprache fehlte, und anders als bei der von weitgehend autonom agierenden Verwaltungsbeamten von oben herab durchgeführten Planung früherer Zeiten wurde mit *machizukuri*-Aktivitäten der Bürgerdialog gesucht. Wie allerdings bereits beschrieben (Brumann 2006), hatten die Stadtbeamten ihre Schwierigkeiten damit, den verschiedenen Formen der bürgerlichen Selbstorganisation wie Nachbarschaftsvereinigungen und Bürgerinitiativen tatsächlich auf gleicher Ebene zu begegnen, und ohnehin wurde dies meist den unteren und mittleren Hiearchieebenen der Verwaltung überlassen, ohne dass klar erkennbar war, wie sich dies auf die Entscheidungen der Leitung auswirkte.

Der politische Entstehungsprozess hinter den revolutionären Stadtbildverordnungen blieb in dieser Hinsicht herkömmlich: Entscheidende Anstöße kamen von Kräften, mit denen Bürgermeister und führende Beamte klientelistische, den Augen der Öffentlichkeit weitgehend entzogene Verbindungen unterhalten, nämlich von nationalen Ministerien und von Kyotoer Wirtschaftsführern. Die Ausarbeitung erledigten die städtischen

---

[26] http://www.mlit.go.jp/crd/city/plan/townscape/database/plan/index.htm.

Beamten, die sich dafür des altgedienten Mittels eines Expertenrats aus Stadtplanungsprofessoren und anderen Fachleuten bedienten, aber keine Anstrengungen machten, über die vorgeschriebene öffentliche Auslegung der Pläne hinaus den Dialog mit den gewöhnlichen Bürgern und Betroffenen oder gar mit den kritischen Bürgerinitiativen zu suchen. Und die Legislative wurde vor vollendete Tatsachen gestellt und durfte sich zwar noch ein wenig störrisch zeigen, hatte aber keine Möglichkeit, in größerem Umfang gestaltend einzugreifen. Der eigentliche Entscheidungsprozess wirkt nicht weniger autokratisch als derjenige, der dem Bürgermeister anlässlich des französischen Brückenprojekts eine seiner schmerzlichsten Niederlagen eingebracht hatte (Brumann 2002), und ein neuer Politikstil zeichnet sich hier nicht ab. Dies lag allerdings sicherlich auch daran, dass die Protagonisten die öffentliche Meinung diesmal auf ihrer Seite wussten, ganz anders als bei dem Brückenprojekt, wo Meinungsumfragen ein gespalteneres Bild ergeben und die Proteste ganz andere Dimensionen erreicht hatten.

Für diese öffentliche Meinung waren allerdings die in den Medien breit kommentierten Aktivitäten der Bürgergruppen kein geringer Einflussfaktor, und ihr Selbstbewusstsein, die Stadtbildverordnung als eigenen Erfolg zu feiern, halte ich daher auch nicht für überzogen. Ohne die Aktivitäten der diversen Bürgergruppen wären die kontroversen *manshon*-Bauprojekte kaum so bekannt geworden, gerade auch nicht unter den Wirtschaftsführern. Und ohne die angesprochene Bauvereinbarung wäre nicht so klar gewesen, dass sich auch alteingesessene Kyotoer mit Maßnahmen, die ihren eigenen Grundstückswert gefährden, durchaus anfreunden können. Die besonders intensiv beteiligten jüngeren Stadtbeamten haben zudem die meiste Erfahrung im *machizukuri*-Bürgerdialog und im Umgang mit kritischen Bürgerinitiativen und sind daher wohl auch am ehesten von deren Standpunkten beeinflusst. Insofern legt es der Fall nahe, auch bei der Frage nach der Wirkung von *machizukuri* und Bürgerbeteiligung (vgl. etwa Sorensen und Funck 2007: 1–4) zwar auf Kontinuitäten zu verweisen, einen Effekt der zivilgesellschaftlichen Selbstorganisation aber keineswegs ganz zu verneinen.

Die „tragedy of the commons" bezüglich Kyotos Stadtbild – also allseitiges Klagen, aber kein Handeln – ist in jedem Fall fürs erste gebremst oder sogar gestoppt, und die Vorgänge scheinen Hardins ursprünglichem Therapievorschlag Recht zu geben. Ihm zufolge bieten nur die Überführung in Privateigentum oder staatliches Eingreifen Schutz für ein *commons*, und tatsächlich war es der Staat in Gestalt von Kyotos Stadtverwaltung und Stadtrat, der mit ministerialer Rückendeckung die neuen Baureglen verordnete. Die private Eigeninitiative der Stadtbild-„Nutzer" hatte hingegen nur Selbstverpflichtungen von der

Größe der erwähnten Bauvereinbarung erreicht, die auch nicht mehr als 100 Grundstücke und darunter kein einziges mit einem *manshon*-Hochhaus bebautes umfasste. Doch muss angesichts der jahrelangen Passivität der staatlichen Institutionen ihr plötzliches entschlossenes Handeln selbst als ein *commons* zweiter Ordnung gesehen werden. Und dann ergibt sich eine gemischte Botschaft: Die wichtige Rolle der Kyotoer Wirtschaftsführer bestätigt die schon von Mancur Olson postulierte Förderlichkeit der Präsenz einiger besonders starker und stark interessierter Nutzer, wenn es um die Herbeiführung von kollektivem Handeln geht (Olson 1965: 29, 50). Gesteht man den Aktivitäten der Bürgerinitiativen jedoch zumindest eine bewusstseinsbildende Funktion zu, so war auch die Kooperation unter vergleichsweise „kleinen", untereinander gleichrangigen Nutzern nicht ohne Bedeutung.

LITERATURVERZEICHNIS

Akizuki, Kengo (2002): Partnership in controlled decentralization: Local governments and the Ministry of Home Affairs. In: Michio Muramatsu, Farrukh Iqbal und Ikuo Kume (Hg.): *Local Government Development in Postwar Japan*. Oxford: Oxford University Press, S. 63–84.

Axelrod, Robert (1984): *The Evolution of Cooperation*. New York: Basic Books.

Brumann, Christoph (2001): Machiya vs. manshon: Notizen vom Kyotoer Häuserkampf. In: *Japanstudien. Jahrbuch des Deutschen Instituts für Japanstudien* 13, S. 153–192.

Brumann, Christoph (2002): Deconstructing the Pont des Arts: Why Kyoto did not get its Parisian bridge. In: *Senri Ethnological Studies* 62, S. 15–24.

Brumann, Christoph (2005a): Kyotos Dilemma: Das Stadtbild als „commons". In: Werner Pascha und Cornelia Storz (Hg.): *Wirkung und Wandel von Institutionen: Das Beispiel Ostasien*. Stuttgart: Lucius & Lucius, S. 133–168.

Brumann, Christoph (2005b): A Right to the Past: Tradition, Democracy, and the Townscape in Contemporary Kyoto. Habilitationsschrift, Philosophische Fakultät, Universität zu Köln.

Brumann, Christoph (2006): Whose Kyoto? Competing models of local autonomy and the townscape in contemporary Kyoto. In: Carola Hein und Philippe Pelletier (Hg.): *Cities, Autonomy, and Decentralization in Japan*. London: Routledge, S. 139–163.

Hardin, Garrett (1968): The tragedy of the commons. In: *Science* 162, S. 1243–1248.

Hein, Carola und Philippe Pelletier (2006): Introduction: Decentralization and the tension between global and local urban Japan. In: Carola Hein und Philippe Pelletier (Hg.): *Cities, Autonomy and Decentralization in Japan*. London: Routledge, S. 1–24.

Hohn, Uta (2000): *Stadtplanung in Japan: Geschichte – Recht – Praxis – Theorie*. Dortmund: Dortmunder Verlag für Bau- und Planungsliteratur.

Inoki, Takenori (2002): Staff loans and transfers among central and local governments in Japan. In: Michio Muramatsu, Farrukh Iqbal und Ikuo Kume (Hg.): *Local Government Development in Postwar Japan*. Oxford: Oxford University Press, S. 132–153.

Ishida, Yorifusa (2006): Local initiatives and the decentralization of planning power in Japan. In: Carola Hein und Philippe Pelletier (Hg.): *Cities, Autonomy and Decentralization in Japan*. London: Routledge, S. 25–54.

Itō, Takeshi (1993): Toshi-shi no naka no saigai [Katastrophen in der Stadtgeschichte]. In: Yasuo Takahashi, Nobuyuki Yoshida, Masaaki Miyamoto und Takeshi Itō (Hg.): *Zushū Nihon toshi-shi* [Stadtgeschichte Japans in Karten]. Tokyo: Tōkyō Daigaku Shuppankai, S. 308–314.

KKTCSK (= Kokudo Kōtsū-shō Toshi, Chiiki Seibi-kyoku) (2007): Keikan keisei no keizaiteki kachi bunseki ni kan suru kentō hōkoku-shō [Prüfungsbericht zur Analyse des wirtschaftlichen Wertes der Stadtbildgestaltung]. http://www.mlit.go.jp/crd/city/plan/townscape/pdf/070615 kachi.pdf (letzter Zugriff 24.05.2008).

McCay, Bonnie M. und James M. Acheson (Hg.) (1987): *The Question of the Commons: The Culture and Ecology of Communal Resources*. Tucson: University of Arizona Press.

Olson, Mancur (1965): *The Logic of Collective Action: Public Goods and the Theory of Groups*. Cambridge, Mass.: Harvard University Press.

Ostrom, Elinor (1990): *Governing the Commons: The Evolution of Institutions for Collective Action*. Cambridge: Cambridge University Press.

Ostrom, Elinor, Thomas Dietz, Nives Dolšak, Paul C. Stern, Susan Stonich und Elke U. Weber (Hg.) (2002): *The Drama of the Commons*. Washington: National Academy Press.

Sorensen, André (2002): *The Making of Urban Japan: Cities and Planning from Edo to the Twenty-first Century*. New York: Routledge.

Sorensen, André und Carolin Funck (2007): Living cities in Japan. In: André Sorensen und Carolin Funck (Hg.): *Living Cities in Japan: Citizens' Movements, Machizukuri, and Local Environments*. Abingdon: Routledge, S. 1–36.

Tsuru, Shigeto (1993): *Creative Defeat and Beyond: Japanese Capitalism since the War*. Cambridge: Cambridge University Press.

Waswo, Ann (2002): *Housing in Postwar Japan: A Social History*. London: RoutledgeCurzon.

Abbildungen

Abb. 1: **Kyotoer *manshon*-Hochhäuser an der 45-Meter-Höhengrenze**
Quelle: Photo des Autors.

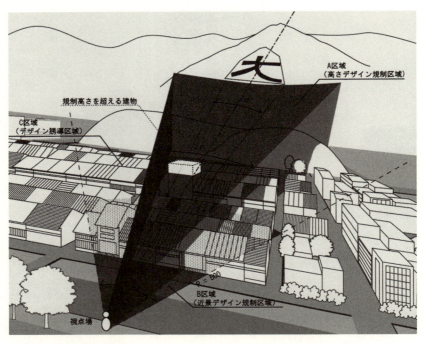

Abb. 2: **„Ausblicksstadtbild"**

Anm.: Vorschriften für den Blick vom Westufer des Kamogawa auf den Daimonjiyama-Berg (grau eingefärbter Zentralbereich mit harten Vorschriften, Seitenbereiche bis hin zu den gestrichelten Fluchtlinien mit Empfehlungen).

Quelle: Unveröff. Material des Kyōto-shi Toshi Keikaku-kyoku [Stadt Kyoto, Dezernat für Stadtplanung].

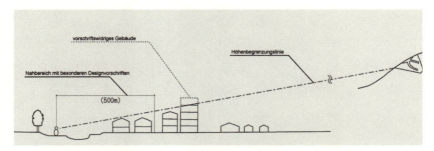

Abb. 3: **Darstellung von Abb. 2 im Querschnitt**

Quelle: Unveröff. Material des Kyōto-shi Toshi Keikaku-kyoku; eig. Bearbeitung.

Weite Himmel über der Kaiserstadt

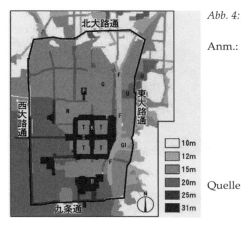

Abb. 4: **Die neuen Bauhöhengrenzen im Stadtzentrum Kyotos**

Anm.: Schwarz umrandet = Stadtgebiet der Meiji-Zeit, B = Hauptbahnhof, F = Kamogawa-Fluss, G = Gosho und Kyōto Gyoen [Kaiserpalast und Garten], GI = Gion-Viertel, K = Karasuma-Straße, N = Nijōjō-Palast, P = Präfekturverwaltung, R = Rathaus, S = Shijō-Straße, T = Tanoji-Bereich, U = Kyōto-Universität.

Quelle: *Kyōto Shinbun News* (05.02.2007). http://www.kyoto-np.co.jp/info/special/07sinkeikan/070205b.html (letzter Zugriff 24.05.2008); eig. Bearbeitung.

Abb. 5: **Blick vom Kamogawa-Westufer auf die Higashiyama-Berge nach den alten Vorschriften**

Quelle: Unveröff. Material des Kyōto-shi Toshi Keikaku-kyoku.

Abb. 6: **Blick vom Kamogawa-Westufer auf die Higashiyama-Berge nach den neuen Vorschriften**

Quelle: Unveröff. Material des Kyōto-shi Toshi Keikaku-kyoku.

Abb. 7: **Tanoji-Seitenstraßenbereich nach den alten Vorschriften**
Quelle: Unveröff. Material des Kyōto-shi Toshi Keikaku-kyoku.

Abb. 8: **Tanoji-Seitenstraßenbereich nach den neuen Vorschriften**
Quelle: Unveröff. Material des Kyōto-shi Toshi Keikaku-kyoku.

Abb. 9: **An die neuen Bauvorschriften angepasstes Fertighausmodell**
Quelle: *Kyōto Shinbun News* (05.12.2007). http://www.kyoto-np.co.jp/info/special/07sinkeikan/071205.html (letzter Zugriff 24.05.2008).

RUHESTÄNDLER ALS LEBENSELIXIER? RUHESTANDSWANDERUNG UND LOKALE NEUBELEBUNGSSTRATEGIEN AM BEISPIEL VON ATAMI UND ISHIGAKI

Maren Godzik

Retirees as Rejuvenators? Retirement Migration in the Context of Local Revitalization Strategies – the Cases of Atami and Ishigaki

Abstract: Drastic demographic changes in Japan have forced Japanese municipalities to seek ways to prevent further shrinking. One strategy initiated by several towns and cities is to attract retirees. Due to recent changes in elderly people's lifestyles, it is not unreasonable to opt for this strategy: Spending their remaining years in a new environment seems to be an option for a growing number of the elderly. This paper focuses on the question of to what extent elderly migration and amenity moves have occurred in recent years. A closer look is taken at the situation in the cities of Atami and Ishigaki, for which it was possible to give detailed appraisals of elderly migration. The demographic situation of the cities is quite different: A larger number of 'older elderly' mainly from the Kantō area chooses to spend their remaining years in Atami, where private investors offer a wide range of housing aimed at elderly people. Nevertheless, the city is shrinking, which has pushed the municipality to actively support inward migration. Ishigaki, in contrast, is the destination of choice for 'younger elderly' and older middle-aged persons who can be characterized as typical retirement migrants. Although the number of migrants is small compared to Atami, the city of Ishigaki – not yet affected by population decline – fears the loss of cultural and natural resources due to migration. However, the cases of Ishigaki and Atami may provide hints for other smaller cities in Japan on how to sustain their populations.

1 EINLEITUNG

1.1 Problemstellung

Mit steigender Tendenz sehen sich Japans ländliche Gemeinden und Städte der Alterung ihrer Bewohner ausgesetzt; viele sind von akuter Schrumpfung betroffen und stehen vor der Schwierigkeit, ihre Finanzhaushalte stabil zu halten. Die Förderung der dauerhaften Zuwanderung neuer Einwohner (*teijū seisaku*) wird vielerorts als eine Lösung zur Reduzierung des Problems betrachtet. Frühere Versuche, Familien mit Kindern für eine Umsiedlung zu gewinnen, waren meist wenig erfolgreich. Daher hat sich der Fokus mittlerweile auf Personen im Ruhestandsalter oder kurz vor dem Ruhestandsalter verschoben. Die jungen Alten werden als ein besonderes Potenzial betrachtet: Sie haben noch eine längere Lebenszeit vor sich und gelten zudem als vergleichsweise wohlhabend; sie sind aktiv und verfügen über einen relativ guten Gesundheitszustand, belasten die Sozialkassen also noch wenig. Sie können nicht nur fehlende Arbeitskräfte – gerne auch ehrenamtlich – ersetzen, sondern gründen zuweilen selbst Unternehmen und tragen damit zu einer Verbesserung der Haushaltslage ihrer Gemeinde bei und zögern so den Schrumpfungsprozess hinaus, der durch den demographischen Wandel unabwendbar ist (Tahara 2007: 44, 56–57). Je nach räumlicher Verteilung der Migration würde diese eine Angleichung der Unterschiede oder auch eine Vergrößerung der Differenzen zwischen verschiedenen Gebieten zur Folge haben. Für die Regionen bedeutet dies eine zunehmende Konkurrenz, die zu der Überlegung führt, was einen bestimmten Ort attraktiv macht. Auch die Frage, wo es die besten (und preiswertesten) Pflegeheime und andere Serviceeinrichtungen gibt, wird bei der Wohnortwahl nicht irrelevant sein (Tahara 2002: 169).

Maßnahmen, die genau die Personengruppe älterer Menschen zu Beginn des Rentenalters, im Idealfall als Ehepaar, zu einem Wohnortwechsel motivieren sollen, sind beispielsweise Briefaktionen der Präfektur Shimane und der Stadt Muroran auf Hokkaidō, gerichtet an ursprünglich aus diesen Gebieten stammende Personen, Werbung in Fernsehen und Printmedien (Präfektur Kōchi), oder finanzielle Anreize wie zum Beispiel Pendlerprämien (Izumizaki-*mura* in der Präfektur Fukushima) (Tahara 2007: 57–58). Interessant ist auch das Konzept, das zum Beispiel der Stadtbezirk Setagaya, Tokyo, und die Dorfgemeinde Kawaba in der Präfektur Gunma verfolgen: Als Partnergemeinden sind sie eine besondere Verbindung mit regem Austausch eingegangen. Die ländliche Gemeinde ist mit einem Erholungsheim im Besitz des Bezirks vorwiegend Erholungsgebiet für die Einwohner von Setagaya; mittel- und langfristig würde begrüßt werden, wenn einige der Bewohner Setagayas regelmäßig ihre Wochenenden und ihren Urlaub in Kawaba verbrächten oder sich sogar dafür entschieden, dauerhaft dort zu wohnen.[1] Wie groß das Interesse der Präfekturen und Gemeinden ist, zeigen auch die von der NPO Furusato Kaiki Shien Sentā [Zentrum zur Unterstützung bei Rückkehr in die Heimat] organisierten Informationsveranstaltungen (Furusato Kaiki Fea), bei denen sich Gemeinden mit eigenen Ständen

---

[1] Vgl. http://www.furusatokousha.co.jp/ und http://www.city.setagaya.tokyo.jp/030/d00011702.html (letzte Zugriffe 09.01.2008).

vorstellen, um auf sich aufmerksam zu machen und Interessierten die positiven Aspekte eines Wohnortwechsels nahe zu bringen.[2] Auch haben Immobilienmakler und Bauträger den *silver market* für sich entdeckt und werben mit einem entsprechenden Wohnangebot.[3] Betrachtet man den Büchermarkt, vor allem die Ratgeberliteratur – z. B. *Teinen kara hajimaru inaka kurashi kanzen gaido* [Vollständiger Führer für den Beginn des Landlebens im Ruhestand] (Kinoshita und Kojima 2007), *Okinawa ijū keikaku. Sekando raifu wa surō de ikō* [Planung für die Umsiedlung nach Okinawa. Langsam leben in der zweiten Lebenshälfte] (Akiba und Mizoguchi 2004) –, sieht sich das Fernsehprogramm an (Ōsaka Shōdai, Hakuhodo Erudā und Kajino Kenkyūkai 2007: 123) oder spricht mit Bekannten über Wohnorte im Alter, erhält man ebenfalls den Eindruck, dass sich ein Großteil der älteren Bevölkerung Japans auf den Weg macht, um seinen bisherigen Wohnort zu verlassen und wahlweise auf dem Land, im Zentrum einer der Metropolen, auf einer der subtropischen Inseln Japans oder sogar im Ausland zu leben.

Die bisherige Datengrundlage lässt jedoch für Gesamtjapan keine eindeutigen Aussagen über eine signifikante Zunahme der Alterswanderung, speziell der Ruhestandswanderung, zu. Im Folgenden wird daher nach theoretischen Vorbemerkungen und der Feststellung der bisherigen Forschungslage sowie der Datenlage zur Alterswanderung in Japan kurz auf Tendenzen sowie Prognosen zum Thema Ruhestandswanderung für Gesamtjapan eingegangen. Anschließend werden für die beiden Beispiele Atami und Ishigaki die Fragen erörtert, ob und in welchem Ausmaß Ruhestandswanderung stattfindet, wie in den beiden Städten auf die gegenwärtige demographische Situation reagiert wird und welche Maßnahmen ergriffen werden. Schließlich wird zusammenfassend dargestellt, welche Möglichkeiten – über die beiden Beispiele hinaus – für Gemeinden bestehen, potenzielle Zuwanderer für sich zu gewinnen.

---

[2] Für den Zeitraum September 2007 bis Januar 2008 initiierte das Ministerium für öffentliche Verwaltung, Inneres, Post und Telekommunikation ein Programm für ein ca. einwöchiges Probewohnen (*otameshi raifu*) für ältere Menschen in vier Präfekturen, die besonders von der Alterung betroffen sind, mit dem Ziel, durch eine Befragung der Teilnehmer die Bedürfnisse zu ermitteln, um Umsiedlungen (oder auch Zweitwohnsitze) in Gemeinden mit schrumpfender Bevölkerung fördern zu können. http://www.otameshi-life.jp/ und http://www.soumu.go.jp/c-gyousei/2001/kaso/kasomain0.htm (letzte Zugriffe 07.12.2007).

[3] Die Zeitschrift *Shinia Bijinesu Māketto* (Senior Business Market) gibt regelmäßig Sonderhefte zu diesem Thema heraus.

1.2 Forschungslage

Altersmigration in Japan ist ein vergleichsweise junges Forschungsgebiet, was sich vor allem daraus erklärt, dass erstens der Prozentsatz derjenigen, die im Alter den Wohnort wechseln, bislang äußerst gering und zweitens die Zahl der Personen im arbeitsfähigen Alter, die in die Metropolen abwanderten, über Jahrzehnte – besonders in der Phase des Wirtschaftshochwachstums seit Mitte der 1950er Jahre – extrem hoch war, so dass die Alterswanderung insgesamt als vergleichsweise unbedeutend betrachtet wurde. Der Blick richtete sich eher auf die „aktiven" Jungen und weniger auf die „passiven" Alten. Auch wenn sich Familienstrukturen und Migrationsverhalten gewandelt haben, dominierte weiterhin die Vorstellung, dass ältere Menschen dort wohnen, wo sie ihr Leben lang gelebt haben, und dass sie bei Hinfälligkeit vom ältesten Sohn – *de facto* von dessen Frau – gepflegt werden, während die jüngeren Kinder ihren ländlichen Wohnort in Richtung Metropolen und Arbeit verlassen (Ezaki 2006: 37).

Die bisherige Forschung wurde vor allem durch Ōtomo Atsushi und Tahara Yūko bestimmt. Ōtomo wurde 1981 als erster auf Grundlage der Volkszählung von 1970 auf die Migration von Personen ab 75 Jahren aus den Metropolen Tokyo und Osaka in das 20 bis 50 km entfernte Umland aufmerksam. In den folgenden Jahren war zudem eine zunehmende stadtgerichtete Altersmigration zu beobachten. Seit den 1980er Jahren ist eine hohe Migrationsrate besonders von Personen ab 85 Jahren in ganz Japan erkennbar (Otomo 1981: 24–26; 1992: 192, 194; Uchino 1987). Für die Erforschung der Altersmigration heute und auch der Ruhestandswanderung bilden vor allem Taharas Aufsätze (2002, 2005, 2007), aber auch die Arbeiten des Geographen Ezaki Yūji (z. B. 2006) eine wichtige Grundlage.

Dass das Thema seit einigen Jahren an Bedeutung gewonnen hat, wie aus einer steigenden Zahl von Publikationen sowohl im Bereich der populären als auch der wissenschaftlichen Literatur ersichtlich ist, scheint aber weniger dem, wie im Folgenden gezeigt wird, bisher nicht dramatisch veränderten Wanderungsverhalten geschuldet zu sein, als vielmehr der demographischen Tatsache eines wachsenden Anteils der älteren Bevölkerung insgesamt. Zudem hat 2007 der erste Jahrgang der geburtenstarken Nachkriegsjahrgänge, der zwischen 1947 und 1949 geborenen *dankai sedai* [Klumpengeneration], das 60. Lebensjahr erreicht. Die Präsenz des Themas der alternden Gesellschaft bewirkt eine verstärkte Beschäftigung mit den Problemen, Wünschen und Bedürfnissen älterer Menschen, so auch in Bezug auf das Wohnen. Zudem lenken Themen anderer Bereiche wie die Auflösung der bisherigen Strukturen der Familie den Blick auf die

Wohnsituation älterer Menschen. Kinder sehen sich nicht mehr zwangsläufig in der Verantwortung für ihre Eltern, und diese bestehen, wie Statistiken zeigen (KKKSK 2006, Internet), vermehrt auf einem Leben nur in der Nähe ihrer Kinder, nicht aber auf einem gemeinsamen Haushalt. Die Selbstverständlichkeit der Mehrgenerationenfamilie weicht einer Suche nach neuen Lösungen für die wachsende Diversifizierung der Lebensformen. Gleichzeitig steigt das Angebot an Wohnmöglichkeiten für Ältere,[4] und die Pflegeversicherung verbessert die Möglichkeit, möglichst lange in der bisherigen Wohnung zu verbleiben (*ageing in place*). Die Zeit nach der Erwerbstätigkeit wird zunehmend als eine Phase gesehen, die man genießen und die – je nach den eigenen Vorstellungen – aktiv, bequem oder sicher gestaltet werden kann. Ein Wohnortwechsel, der allein den eigenen Vorlieben der älteren Menschen und nicht den Erwartungen von Familie und Gesellschaft folgt, scheint zu einer Option geworden zu sein. Die Babyboomer-Generation, die seit den 1970er Jahren mit ihrem Lebensstil wesentlich zu dem beitrug, was in Bezug auf Familie und Arbeitsleben lange als japanische „Normalität" galt (Suzuki 2004: 55–56), könnte sich auch in ihrem kommenden Lebensabschnitt als gesellschaftlich prägend erweisen.

Das Interesse an dem Thema Altenwanderung wird folglich in Japan, abgesehen von den demographischen Faktoren, durch zwei Themenbereiche bestimmt: durch den Wandel der Phase des Alterns, der sich in einer verstärkten Mobilität zeigt, und durch den Bedarf an Neubürgern in den schrumpfenden Gemeinden.

1.3 Theoretische Konzepte

Ausgehend von der Entwicklung der Migration in westlichen Industriestaaten und in Anlehnung an das bekannte Modell des „Demographischen Übergangs" erstellte Zelinsky (1971) ein Modell des Migrationsübergangs (*mobility transition*), das der jeweiligen sozioökonomischen Entwicklungsstufe eines Landes ein bestimmtes Migrationsverhalten seiner Bevölkerung zuweist. Rogers (1992: 10–13) und andere erweiterten Zelinskys Modell aufgrund einer wachsenden und sich in ihrem Charakter wandelnden Migration älterer Menschen (*elderly mobility transition*). Diesem Modell zufolge ist während der ersten Phase (Zeit der Früh- und Hochindustrialisierung) das Wanderungsvolumen älterer Menschen sehr

---

[4] Nicht zuletzt die Zahl der Altenheime hat von ca. 1.000 im Jahr 1970 auf über 9.871 mit 586.955 Bewohnern 2005 stark zugenommen (Otomo 1992: 201; Kōsei Rōdōshō (2005: I.7, Table 9, Internet).

gering; sie kehren allenfalls in ihre Herkunftsorte zurück, die sie aufgrund ihrer Arbeitssuche verlassen hatten. Die zweite Phase ist durch eine Alterswanderung in Erholungsgebiete gekennzeichnet, ermöglicht durch den Ausbau des Sozialsystems und einer zunehmenden Lebenserwartung. Die dritte Phase, die von weiterer Urbanisierung und dem Ausbau der Infrastruktur geprägt ist, bringt eine Diversifizierung mit sich: Die Phase des höheren Lebensalters kann – je nach Neigung – an unterschiedlichsten Orten verbracht werden.

Folgte man der vorhandenen Literatur, wäre Japan in Anbetracht seiner weiterreichenden sozioökonomischen Entwicklung als Sonderfall unter den Industriestaaten zu betrachten: Es wird in der Regel weiterhin der ersten Phase der Altersmigration zugeordnet (Tahara 2002: 182; 2005: 14), was bedeutet, dass die in den kommenden Jahren in Rente gehende *dankai sedai*, wenn sie denn überhaupt wandert, eine Ruhestandswanderung (*intai idō*) in Richtung des Herkunftorts antreten müsste (Tahara 2007: 46). Kritisiert werden diese Modelle, da sie die „kulturspezifischen, historischen und räumlichen Rahmenbedingungen" unberücksichtigt lassen (Friedrich und Warnes 2000: 108). Tahara begründet die geringe Migration im Alter mit der nach wie vor großen Anzahl von Mehrgenerationenhaushalten und mit der extrem schnellen Entwicklung zur alternden Gesellschaft, für die man in der Kürze der Zeit keine neuen Wohn-Lösungen gefunden habe (Tahara 2007: 45). Zusätzlich wird die geringe Migration mit hoher Erwerbsbeteiligung im Alter erklärt (Kōsei Rōdōshō 2005, Internet), die wiederum auf einer hohen Selbstverpflichtung zur Arbeit, aber auch auf einer unzureichenden sozialen Absicherung beruhen soll (Ogawa 2005: 156).

Anders als Zelinsky entwickelten Litwak und Longino (1987) ein Modell, das auf der individuellen Lage im Alter beruht. Demnach können drei Migrationslebensphasen unterschieden werden: (1) von Personen, meist Ehepaaren, in den Fünfzigern oder Sechzigern in einem relativ guten Gesundheitszustand und in einer guten finanziellen Situation, die sich durch den Umzug ein angenehmeres Lebens erhoffen (*amenity move*); (2) von Personen, die aufgrund von chronischen Krankheiten oder des Todes ihres Lebenspartners zu ihren Kindern oder in die Nähe ihrer Kinder ziehen, um bei Bedarf Hilfe zu erhalten, aber noch ein selbstständiges Leben führen; (3) von Personen, die aufgrund von Pflegebedürftigkeit mit ihren Kindern zusammenziehen, professionelle Hilfe in Anspruch nehmen oder in Altenheime oder Krankenhäuser wechseln, also nicht mehr zu einem selbstständigen Leben in der Lage sind. Diese weniger das nominale Alter als die individuelle Situation berücksichtigende Einteilung der Alterswanderung ermöglicht, das Migrationsverhalten besser einzuschätzen.

In Anlehnung an Litwak und Longino erstellte Tahara (2002: 179–180) auf der Grundlage der Volkszählung von 2000 verschiedene Wanderungsmuster für die zwei Altersgruppen „junge Alte" und „alte Alte" (vgl. Tab 1). Tahara ordnet dabei die Wanderungsrichtung urban → rural ausschließlich der Ruhestandswanderung zu.

	Wanderungsentfernung/-richtung	Hauptsächliche Gründe
Junge Alte (65–74)	intrakommunal, interkommunale Nahumzüge	Wohnsituation*
	urban → rural	Ruhestand
	rural → urban	Zusammenwohnen mit den Kindern
Alte Alte (75+)	intra-/interkommunal	Wohnsituation, Gesundheitszustand
	längere Entfernung (meist rural → urban)	Gesundheitszustand, *yobiyose***

Tab. 1:   Alterswanderung in Japan

Anm.:   * „Wohnsituation" steht hier für eine Vielzahl von Begründungen, wie zum Beispiel Größe oder Zustand der Wohnung, die Miethöhe oder das Ende des Mietverhältnisses. ** *Yobiyose* (wörtl.: das „Zu-sich-rufen-lassen") bezeichnet den oft auch gegen den Willen stattfindenden Umzug einer älteren Person zu ihren Kindern (Otomo 1992: 194–196).

Quelle: Tahara (2002: 179–180), eigene Darstellung.

Die Altersgruppe der 50- bis 64-Jährigen wird zwar meist nicht zu den alten Menschen (*kōreisha*) gezählt,[5] jedoch als eine Hauptgruppe der Ruhestandswanderung betrachtet. So kategorisiert auch das Bundesamt für Bauwesen und Raumordnung[6] den Wohnortwechsel in diesem Alter als „Altenwanderung der frühen Phase", bei Litwak und Longino (1987) nimmt der Personenkreis dieses Alters den ersten Wohnortwechsel der Alterswanderung vor. Es ließe sich argumentieren, dass das Rentenalter in Japan erst mit 65 beginnt (das Ruhestandsalter der meisten großen Unternehmen liegt jedoch noch bei 60 Jahren) und dass viele tatsächlich auch darüber hinaus noch einer Arbeit nachgehen, so dass eine Ruhestandswanderung nicht schon ab einem Alter von 50 Jahren stattfinden könne.[7] Im Folgenden werden die 50- bis 64-Jährigen dennoch in die

---

[5] In einigen Studien und Statistiken beginnt die Phase des Alters mit 60 Jahren.
[6] Vgl. http://www.bbr.bund.de/cln_007/nn_22558/DE/Forschen Beraten/ Raumordnung/Raumentwicklung Deutschland/Demographie/ Binnenwanderung/binnenwanderung.html (letzter Zugriff 12.10.2007).

Überlegungen einbezogen, da davon ausgegangen wird, dass eine Ruhestandswanderung vorausplanend schon vor Beginn des Ruhestands erfolgen kann. Eine Ergänzung des Modells von Tahara um diese Altersgruppe wäre vorzunehmen.

Nach Tahara definiert sich Ruhestandswanderung auch durch einen neuen Lebensstil, der mit Ende der Erwerbstätigkeit angestrebt wird. Da dies aufgrund der vorhandenen Daten schwer nachweisbar ist, sieht Tahara es als Voraussetzung an, dass ein Wohnortwechsel in eine andere Präfektur stattfinden muss, denn ein vollständig neu strukturiertes Lebensumfeld sei Voraussetzung für eine andere Lebensweise (2007: 46). Problematisch ist diese Definition insofern, als die „andere Präfektur" nur wenige Kilometer entfernt sein kann und so nicht unbedingt einen neuen Lebensstil ermöglicht oder verlangt. Andererseits kann ein Umzug von der Peripherie ins Zentrum einer Metropole oder umgekehrt sehr wohl einen neuen Lebensstil bedeuten. Ob der Lebensstil sich durch die Umsiedlung in eine andere Präfektur tatsächlich verändert, kann hier nicht geklärt werden. Neben der „U-Turn-Migration" (die Rückkehr an den Herkunftsort) mag in einigen Fällen die in Statistiken ebenfalls gebrauchte Unterteilung in urbane (*daitoshiken*) und rurale (*hi-daitoshiken*) Regionen hilfreich sein, wobei sich *daitoshiken* auf die drei großen Metropolen Tokyo, Osaka und Nagoya und die umliegenden Präfekturen[8] bezieht und *hi-daitoshiken* auf die übrigen Präfekturen. Da auch hier die Binnenstruktur der Gebiete unberücksichtigt bleibt, ist bei der Untersuchung einzelner Orte eine genauere Ermittlung der Herkunfts- und Zielorte sinnvoll, aber aufgrund fehlenden Datenmaterials nicht immer möglich.

1.4 Datenlage

Die Untersuchung der Altersmigration (oder auch der Binnenmigration insgesamt) wird durch eine dürftige Datenlage erschwert (Itō 2006: 26–28). Wichtigste Grundlage bilden die Ergebnisse der alle fünf Jahre durchgeführten Volkszählungen (*Kokusei chōsa*), die jedoch die Frage nach

---

[7] Eine bei 1947 und 1948 geborenen Männern durch das Unternehmen Dentsū durchgeführte Umfrage von 2006 ergab, dass 77 % der Männer auch im Ruhestand weiter arbeiten wollen, 75 % in ihrem bisherigen Unternehmen, während 47 % der Arbeitswilligen sich wünschten, auch weiterhin voll erwerbstätig zu sein (Dentsū 2006, Internet).

[8] Die Unterteilung ist nicht genau festgelegt und durchaus problematisch. Hier werden die Präfekturen Tokyo, Saitama, Chiba, Kanagawa, Osaka, Kyoto, Hyōgo und Aichi zu den urbanen Regionen gerechnet, nicht aber Nara, Gifu und Mie, die beispielsweise von Tahara (2002: 172) hinzugezählt werden.

einem Wohnortwechsel nur alle zehn Jahre aufnimmt. Gefragt wird, wo vor fünf Jahren gewohnt wurde.[9] Als einzige umfassende Untersuchung nimmt sie eine Differenzierung nach dem Alter vor und ist daher für die Frage der Altersmigration von besonderer Wichtigkeit (Ezaki 2006: 44). Mehrfachumzüge werden in dieser Erhebung nicht berücksichtigt, und vor allem bei den höheren Altersgruppen ist problematisch, dass der Umzug inzwischen Verstorbener nicht erfasst werden kann, so dass gerade in dieser Altersgruppe das Migrationsvolumen niedriger erscheint, als es tatsächlich ist (Itō 2006: 26–27). Die aktuellsten Migrationsdaten, die in diesem Aufsatz verwendet werden konnten, sind die der Volkszählung von 2000; die nächste Erhebung erfolgt erst 2010.

Die etwa alle fünf Jahre durchgeführte Migrations-Untersuchung (*Jinkō idō chōsa*) des National Institute of Population and Social Security Research (Kokuritsu Shakai Hoshō, Jinkō Mondai Kenkyūjo) zeichnet sich – unter Einbeziehung des Alters der Migranten – besonders durch die Erfragung von Gründen für den Umzug und die Frage aus, ob in den nächsten fünf Jahren ein Wohnortwechsel geplant ist. Ebenfalls wird danach gefragt, ob eine U-Turn-Migration vorgenommen wurde; nicht erfasst wird jedoch, wann oder im welchem Alter dieser stattfand. Aufgrund des geringen Umfangs der Stichprobe von unter 15.000 Befragten lassen sich zwar allgemeine Tendenzen feststellen, aber bei bestimmten Variablen ist die Zahl der Personen in einzelnen Altersgruppen so gering, dass die Repräsentativität anzuzweifeln ist.

Eine dritte, flächendeckende Untersuchung wird von den Gemeinden durchgeführt und monatlich veröffentlicht. Es handelt sich um aus den Melderegistern extrahierte Migrationsdaten (*Jūmin kihon daichō jinkō idō hōkoku*). Sie enthalten jedoch für die kommunale Ebene keine Informationen, woher bzw. wohin Wanderung stattfindet (verzeichnet ist lediglich, ob es sich um eine intra- oder interpräfekturale Wanderung handelt). Des Weiteren wird auch das Alter der Wandernden nicht erfasst, wodurch dieses eigentlich sehr detaillierte Material (was die zeitliche Dimension angeht) für die Untersuchung einer bestimmten Altersgruppe nicht verwendbar ist.

Eine Vielzahl von kleineren Studien und Erhebungen unterschiedlicher Qualität liefert zusätzliche Anhaltspunkte und wurde deshalb im Folgenden herangezogen. Die unterschiedliche Erhebungsweise der einzel-

---

[9] Die konkreten Fragen haben sich über die Jahrzehnte geändert, was die Vergleichbarkeit erschwert. 1960 wurde nach dem Wohnort vor einem Jahr gefragt, 1970 und 1980 danach, seit wann an dem aktuellen Wohnort gewohnt wird und nach dem Wohnort fünf Jahre zuvor. 1990 und 2000 wurde nur nach dem Wohnort fünf Jahre zuvor gefragt (Itō 2006: 26).

nen Untersuchungen führt allerdings zu nur schwer vergleichbaren Ergebnissen (Itō 2006: 26–27).

2 RUHESTANDSWANDERUNG IN JAPAN: BISHERIGE ERGEBNISSE UND PROGNOSEN

Die Ergebnisse der Volkszählung von 2000 weisen nach wie vor auf eine im Vergleich zu westlichen Industriestaaten geringe Migrationsquote bei älteren Menschen hin (soweit Vergleiche mit anderen Ländern durch die Unterschiedlichkeit der Datenerhebung überhaupt durchführbar sind). Auch Tahara (2005: 16) geht beispielsweise davon aus, dass es mit Eintritt ins Rentenalter keinen Wohnortwechsel im nennenswerten Umfang gibt, aber die Zahlen von 2000 weisen gegenüber 1990 doch einige Unterschiede auf (Abb. 1):

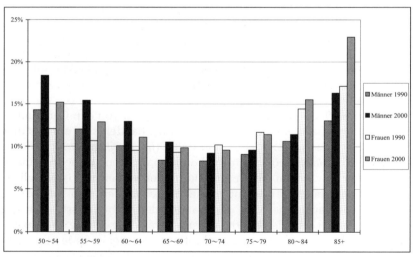

Abb. 1: **Volumen der Altersmigration zwischen 1985 und 1990 bzw. 1995 und 2000**
Quelle: Sōmushō Tōkeikyoku, *Kokusei chōsa hōkoku* (1990, 2000), eigene Darstellung.

Auffällig ist der Anstieg des Migrationsvolumens bei den 50- bis 64-Jährigen (besonders bei den jüngeren Personen dieser Gruppe). In den anderen Altersgruppen fallen die Zunahmen weit geringer aus, bei den Frauen im Alter von 70 bis 79 Jahren zeigt sich sogar ein rückläufiger Trend. Der starke Anstieg der Migration unter den Frauen in der höchsten Altersgruppe (fast 23 % haben zwischen 1995 und 2000 den Wohnort gewechselt), ist zwar aufschlussreich, spielt aber für die Ruhestandswanderung keine direkte Rolle, da es sich in der Regel um einen Umzug aufgrund von Pflegebedürftigkeit handeln dürfte (vgl. Tab. 1).

Ein leicht verändertes Migrationsverhalten zeigt auch die 5. Migrations-Untersuchung von 2001 (KSHJMK 2003, 2005, Internet). Berufsbedingte Umzüge verlieren demnach an Bedeutung. Knapp 42 Prozent der Männer zwischen 55 und 59 Jahren begründen den Wohnortwechsel inzwischen mit dem Ruhestand (1996: ca. 35 %). In der Altersgruppe der 50- bis 54-Jährigen wurde der Ruhestand allerdings nur von etwa 8 Prozent (gestiegen von rund 5 %) als Grund genannt. Realistischerweise ist also davon auszugehen, dass in Japan zurzeit für Personen ab 55 Jahren eine Ruhestandswanderung in Betracht kommt. Die U-Turn-Migration hat bei den Männern zwischen 40 und 59 im Vergleich zu 1996 deutlich zugenommen, zwischen 50 und 54 sogar um knapp zehn Prozentpunkte. Bei den Frauen stieg der Anteil der U-Turn-Migration in den Altersgruppen ab 40 Jahren ebenfalls, wenn auch weniger stark.

Betrachtet man die Zielrichtung der Wanderung von Personen im frühen Rentenalter, lassen sich bisher keine speziellen Zielorte nachweisen.[10] Dies ist in vielen Industriestaaten anders, wie die Beispiele der Südküste Englands und des Sunbelts in den USA zeigen (Tahara 2005: 16). In Japan ist jedoch feststellbar, dass Personen zwischen 60 und 64 Jahren andere Präfekturen bevorzugen als Personen über 80 Jahre: Während die Jüngeren in eher ländliche Gebiete (besonders Yamanashi, Nagano, Miyazaki, Kagoshima) ziehen, migrieren die Älteren umgekehrt eher in die Metropolen (Tahara 2005: 18; 2007: 50–54).

Die Prognosen für die Zukunft sind unterschiedlich. Untersuchungen von Wohnortwechselwünschen zeigen bisher regelmäßig, dass ältere Menschen mit zunehmendem Alter immer weniger zu einem Umzug bereit sind. Durch die in Rente gehende *dankai sedai* wird bei der Migration über Präfekturgrenzen hinweg daher zwar ein moderates Anwachsen der absoluten Wanderungszahlen älterer Menschen bis 2040 prognostiziert (Nagai 2007: 609–610). Andererseits geht die Forschung, die auf diesen

---

[10] Auch für Deutschland lässt sich feststellen, dass die Wanderungsquoten über größere Entfernungen seit den 1970er Jahren abgenommen haben und sich die vormalige Bevorzugung des süddeutschen Raums verringert hat (Friedrich und Warnes 2000: 110, 112). Trotzdem findet auch in Deutschland die Ruhestandswanderung Beachtung als Mittel, um Regionen zu beleben (vgl. dsn-Projekte und Studien für Wirtschaft und Gesellschaft 2007; Goltz und Stachen 2004).

Daten beruht, aber davon aus, dass das relative Volumen der Altersmigration in Japan auch künftig eher gering bleibt, während in den jüngeren Altersgruppen die Migrationszahlen sogar sinken (Ezaki 2006: 49; 2007: 36–38).

Gegen ein starkes Anwachsen der Ruhestandsmigration spricht, dass die *dankai sedai* mehr als vorangegangene Generationen in Tokyo und den übrigen Metropolen verankert ist. Die überwiegende Mehrheit (insgesamt ca. 8 Mio. Menschen) ist zwar ländlicher Herkunft, lebt aber heute zu 80 Prozent in den Städten (Aoki 1996: 148; Itō 2006: 23). In vielen Fällen hat diese Generation dafür gesorgt, dass die Elterngeneration ebenfalls in die Städte nachgezogen ist, so dass vielfach eine Bindung an den ländlichen Herkunftsort verloren ging. Wird doch ein Umzug in Betracht gezogen, sieht man, an die Anonymität der Großstädte gewöhnt, soziale Verpflichtungen, die sich besonders in ländlichen Gemeinden mit geringer Einwohnerzahl ergeben könnten, eher als abschreckende Faktoren (Motani 2004: 220). Hausbesitz, persönliche Netzwerke und die oft vor Ort lebenden Kinder erschweren zusätzlich die Trennung vom bisherigen Wohnort. Fehlende Möglichkeiten der Erwerbstätigkeit auch im Alter sind ein weiterer Grund, einen Umzug kritisch zu sehen. Die unterschiedliche Dichte medizinischer Versorgung und Altenpflege könnte zudem einen weiteren Umzug im höheren Alter notwendig werden lassen. Die Inanspruchnahme der Pflegeversicherung verspricht jedoch die Möglichkeit, das Leben länger als bisher in den eigenen vier Wänden zu verbringen.

Tatsächlich ist jedoch der Wunsch, an einem anderen Ort zu wohnen, keine Seltenheit, wie unter anderem eine Studie des Bauministeriums (Kokudo Kōtsū-shō) von 2006 zeigt. Demnach ziehen die Angehörigen der *dankai sedai* der Metropolgebiete (*daitoshiken*) einen Wohnortwechsel öfter in Betracht als bisher in dieser Altersgruppe üblich, und zwar mit steigender Größe der Stadt zunehmend häufiger.[11] So wünschen sich 19,2 Prozent der in der Region Tokyo Befragten, zukünftig an einem anderen Ort zu wohnen, weitere 21,2 Prozent wollen zumindest teilweise (Zweitwohnung) anderswo leben. Weitere statistische Angaben hierzu sind allerdings inkonsistent (KKKKSK 2005, Internet). Bislang liegt der Besitz von Ferien- und Zweitwohnungen in Japan nach dem Wohn- und Bodenzensus (*Jūtaku, tochi tōkei chōsa*) von 2003 bei nur etwa einem Pro-

---

[11] Das Ministerium sieht die Zweitwohnung auch als Mittel zur Förderung von Regionen und unterscheidet fünf verschiedene Formen des Wechsels zwischen den Wohnorten je nach Aufenthaltsdauer und Frequenz. Für diese Wohnformen prägte das Innenministerium den Begriff *kōryū kyojū* [Wechselwohnen]. http://soumu.go.jp/s-news/2006/pdf/060525_2_3.pdf; http://kouryu-kyoju.net/index.php (letzter Zugriff 12.10.2007).

zent aller Haushalte (Sōmushō Tōkeikyoku 2006: Tab. 28). Die Entwicklung des Immobilienmarkts und Programme, die den Wohnortwechsel erleichtern, wie das durch das Bauministerium unterstützte des Japan Trans-housing Institute (Ijū, Sumikae Shien Kikō), das seit 2006 Personen über 50 Jahre eine – wenn auch unter dem Marktwert liegende – Mietgarantie für ältere Wohnungen und Häuser anbietet, können ebenfalls die Migration älterer Menschen beeinflussen.[12]

Analysen von Konsumvorlieben der *dankai sedai* durch Marketing-Unternehmen wie Hakuhodo zeigen, dass die große Mehrheit Wert darauf legt, im Ruhestand „einen ganz persönlichen Lebensstil zu entwickeln", sich die eigenen Wünsche und Bedürfnisse zu erfüllen, dabei intensiv ihren Hobbys oder auch ihrer Arbeit nachzugehen oder sich in ihrer Umgebung einzubringen. Ein Wohnortwechsel kommt nach diesen Untersuchungen für viele in Betracht: 22 Prozent wünschen sich, im ländlichen Raum zu leben, ebenso viele bevorzugen ein Leben in der Großstadt (Ōsaka Shōdai und Hakuhodo Erudā und Kajino Kenkyūkai 2007: 98–99). Wie bei anderen Untersuchungen auch, zeigt sich eine relativ klare Trennung in männliche Bevorzuger des Landlebens und weibliche Bevorzuger des Stadtlebens (MYSFK 2007: 22, Internet). Anderen Studien zufolge ist die negative Einstellung der Ehefrau zu einer Übersiedlung in eine ländliche Region einer der Haupthinderungsgründe für die tatsächliche Durchführung. Verstärkt wird diese Tendenz zusätzlich, wenn die Herkunft der Ehepartner unterschiedlich ist. Ein U-Turn kommt dann nur selten in Frage (Ezaki 2006: 51; TJK 2006: 4–6, Internet). Des Weiteren sind konkrete Gründe für den Umzug von entscheidender Bedeutung, wie zum Beispiel die Notwendigkeit der Versorgung der Eltern. Der Wunsch, ein Leben in angenehmerer Umgebung zu führen, reicht in der Regel nicht aus; ergeben sich am geplanten Zielort keine Möglichkeiten für ein (zusätzliches) Einkommen, verhindert dies durchaus den Umzug oder führt zum Rückumzug (Ezaki 2006: 53).

Zusammenfassend kann gesagt werden, dass sich aus den sich auf die nationale Ebene beziehenden Statistiken und Analysen nur einzelne Hinweise auf ein sich wandelndes Migrationsverhalten feststellen lassen. In welchem Ausmaß und auf welche Weise Veränderungen tatsächlich stattfinden, lässt sich mit Bestimmtheit erst auf Grundlage der Volkszählungsergebnisse von 2010 beantworten.

---

[12] Japan Trans-housing Institute (Ijū, Sumikae Shien Kikō), http://www.jt-i.jp/ (letzter Zugriff 05.09.2007).

3 ATAMI UND ISHIGAKI: ZWEI FALLSTUDIEN

Wie äußert sich das tatsächliche Wanderungsgeschehen jüngerer alter Menschen auf lokaler Ebene? Anhand von zwei Beispielen der Zielortkategorie „Erholungs-/Ferienort" sollen die gegenwärtige demographische Situation in diesen Gemeinden beschrieben und die bisherigen Zuwanderungstendenzen aufgezeigt werden. Außerdem sollen Maßnahmen der Gemeinden, die als Reaktion auf die aktuelle Bevölkerungsentwicklung zu verstehen sind, dargestellt werden. Schließlich wird der Versuch unternommen, die beiden Gemeinden danach zu analysieren, ob und für welche Personengruppen sie für eine Ruhestandswanderung in Frage kommen.

Die Auswahl der Orte Atami und Ishigaki erfolgte aus den folgenden Gründen: Mir war bekannt, dass in Atami zahlreiche Projekte für den Bau von Altenresidenzen durchgeführt wurden, die auf eine Ruhestandswanderung schließen lassen; zudem ließen sich Kontakte zur Stadtverwaltung leicht herstellen.[13] Während Atami, westlich von Tokyo gelegen, zu den „traditionellen" Heißquellen-Badeorten (*onsen machi*) gehört und spätestens mit Beginn des Wirtschaftswachstums zeitweilig der bekannteste und beliebteste Badeort Japans war, ist die randtropische Insel Ishigaki im Südwesten der Präfektur Okinawa ein neueres Reiseziel, das seit Ende der 1980er Jahre an Beliebtheit gewann. Die Unterschiedlichkeit der beiden Orte ermöglicht es, eine Vielzahl von Aspekten zu berücksichtigen. Die Einwohnerzahlen (in beiden Städten wohnen derzeit etwas über 40.000 Personen) sind in Atami seit Jahren rückläufig, in Ishigaki hingegen nehmen sie zu (Abb. 2). Für Orte in der Größenordnung von Atami und Ishigaki ist eine auf ganz Japan gesehen kleine Anzahl von einigen Hundert Menschen, die sich dort ansiedelt, bereits bedeutsam.

3.1 Atami

Spätestens seit Atami im Jahr 1907 an das Eisenbahnnetz angeschlossen wurde, ist die an die Präfektur Kanagawa angrenzende Stadt am nördlichsten Punkt der Ostküste der Izu-Halbinsel mit ihren zahlreichen heißen Quellen ein touristisches Ziel. Mit einer Fahrtzeit von nur 50 Minuten mit dem Shinkansen-Schnellzug von Tokyo aus (Shinkansen-Bahnhof seit 1964) liegt Atami im Einzugsbereich der japanischen Hauptstadt (ca. 100 km entfernt). Diese Nähe ist Vor- und Nachteil zugleich. Konnte durch die

---

[13] An dieser Stelle möchte ich Herrn Ikegaya Hiroshi, Präfekturverwaltung Shizuoka, für seine Unterstützung danken.

Ruheständler als Lebenselixier?

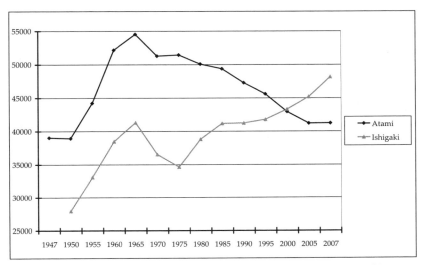

Abb. 2: Bevölkerungsentwicklung in den Städten Atami und Ishigaki, 1947–2005 (2007)

Quelle: Atami-shi SST (2007) bzw. Ishigaki-shi KKC (2006), basierend auf den Daten der Volkszählungen bis 2005 und Melderegister für 2007, eigene Darstellung.

schnelle Verbindung die Zahl der Tagesgäste gesteigert werden, so erwies sie sich für die Zahl der Übernachtungen als ungünstig. Sie ist seit den 1960er Jahren um etwa die Hälfte zurückgegangen, was das Wegbrechen eines großen Teils des Dienstleistungssektors nach sich zog. Hierin liegt der wichtigste Grund für den starken Rückgang der Einwohnerzahl, die 1965 mit 54.540 Personen ihren Höchststand erreichte (Atami-shi SST 2007: 6). Dennoch waren auch 2005 noch 25,8 Prozent der Erwerbstätigen im Hotel- und Gaststättengewerbe beschäftigt (Atami-shi SST 2007: 15).

Die Anzahl der Ferien- und Zweitwohnungen ist mit 9.783 sehr hoch.[14] Schon 1976 wurde in Atami eine Ferienwohnungssteuer (*bessō-zei*, 650 Yen pro qm und Jahr) eingeführt, für Japan bisher ein Einzelfall. Nach Schätzungen der Stadtverwaltung beträgt die Rate der Dauerbewohner in 10.788 Wohnungen in hochwertigen Mehrfamilienhäusern (*manshon*) nur 21,1 Prozent; somit leben 78,9 Prozent nur temporär dort. Dass ein solch

---

[14] In der Präfektur Shizuoka befindet sich ca. ein Zehntel (52.900 Zweitwohnungen, davon 46.200 Ferienwohnungen) der 498.200 Zweit- und Ferienwohnungen Japans (davon 257.200 Ferienwohnungen) (Sōmushō Tōkeikyoku 2006: 1–28: 5–22–20).

hoher Anteil von nur zeitweilig anwesender Bevölkerung positiv für Atami ist, mag bezweifelt werden.
Für 2005 ergab die Volkszählung 41.202 Einwohner (Abb. 2). Der Anteil der über 64-Jährigen liegt mit 32,2 Prozent weit über dem nationalen Durchschnitt von 20,1 Prozent. 15,0 Prozent der Einwohner Atamis sind sogar 75 Jahre und älter. Ein Vergleich der Zuwanderung von Personen ab 50 Jahren nach Atami für die Zeiträume von 1985 bis 1990 und von 1995 bis 2000 zeigt, abgesehen von den 50- bis 54-Jährigen, einen Rückgang des Zuwanderungsvolumens (Abb. 3). Besonders auffällig ist der Rückgang bei den Frauen zwischen 60 und 69 Jahren (Sōmushō Tōkeikyoku 2000, 2005).

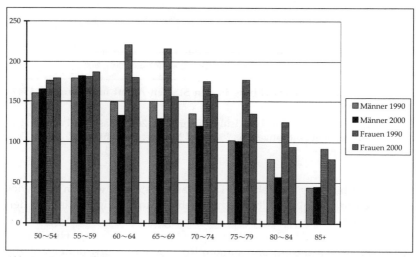

Abb. 3: **Interpräfekturale Migration nach Atami, 1985–1990 und 1995–2000 (abs. Zahlen)**

Quelle: *Kokusei chōsa hōkoku* (Sōmushō Tōkeikyoku 1990, 2000), eigene Darstellung.

Vergleicht man die Anteile der Zuwanderer einer Altersgruppe an allen Personen dieser Altersgruppe in Atami mit den entsprechenden nationalen Migrationsdurchschnitten, wird deutlich, dass in Atami auch im Zeitraum von 1995 bis 2000 eine Zuwanderung älterer Menschen stattfand, wie sie wohl nur in wenigen Orten Japans zu beobachten ist. Allerdings konnte auch diese den Abwanderungsüberschuss Atamis bisher nicht ausgleichen (Abb. 4).

Die Herkunft der Zuwandernden ist auf der Ebene der Stadt statistisch nicht nach Altersgruppen getrennt erfasst, jedoch nach Erwerbstä-

Ruheständler als Lebenselixier?

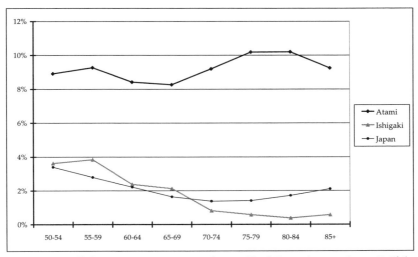

Abb. 4: **Anteil der 1995–2000 zugewanderten Neubürger (aus anderen Präfekturen) in Atami und Ishigaki und nationale Altersmigrationsrate (interpräfektural)**
Quelle: *Kokusei chōsa hōkoku* (Sōmushō Tōkeikyoku 2000), eigene Darstellung.

tigkeit. Insgesamt gesehen macht die Zuwanderung aus der angrenzenden Präfektur Kanagawa über ein Drittel aus, gefolgt von Tokyo mit knapp einem weiteren Drittel (jeweils etwa die Hälfte sind Erwerbspersonen). Die Migration aus angrenzenden oder nahen Gebieten überwiegt bei weitem und fällt gleichzeitig mit dem Metropolgebiet Tokyo (Minami-Kantō) zusammen. Dies bedeutet umgekehrt, dass nur ein Fünftel nicht aus *daitoshiken*-Präfekturen kommt. Die Zuwanderung aus dem Raum Osaka ist eher gering. Die spezifische Lage von Atami macht diesen Ort mithin zum bevorzugten Ziel für Personen aus der südlichen Kantō-Region (Abb. 5).

Für die weitere Entwicklung seit dem Jahr 2000 gibt es nur einige wenige Anhaltspunkte: Zwischen 2002 und 2006 ist der Migrationssaldo nach dem Melderegister von 37 Personen (2004) bis zu 206 (2006) konstant positiv. Welche Rolle hierbei die Zuwanderung älterer Menschen spielt, geht aus den Daten nicht hervor. Schätzungen, die das Alter einbeziehen, lassen sich anhand der Veränderungen des Umfangs einer Alterskohorte (bereinigt um die Mortalitätsverhältnisse)[15] zwischen den Volkszählungs-

---

[15] Hierfür wurde jeweils für alle hier betrachteten Altersgruppen die Sterbewahrscheinlichkeit q der aktuellen Sterbetafel (2000) für Atami mit der Zahl der Be-

145

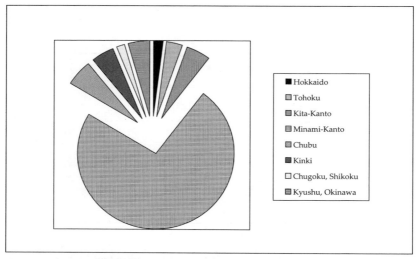

Abb. 5: **Herkunft der interpräfekturalen Zuwanderer nach Atami**
Quelle: *Kokusei chōsa hōkoku* (Sōmushō Tōkeikyoku 2000), eigene Darstellung.

Jahren 2000 und 2005 vornehmen (Abb. 6). Demnach ist ein Zuwanderungsüberschuss besonders in den Alterskohorten zwischen 55 und 74 Jahren (bezogen auf 2000) deutlich zu erkennen. In den Alterskohorten ab 75 Jahren sinkt die mortalitätsbereinigte Kurve jedoch unter Null, so dass von diesem Alter an von einem Abwanderungsüberschuss ausgegangen werden kann.

Um dem – trotz der hohen Zuwanderung älterer Menschen – starken Bevölkerungsrückgang entgegen zu wirken, hat die Stadt Atami begonnen, konkrete Maßnahmen zur Erhöhung der Einwohnerzahl einzuleiten.[16] Die Stadtverwaltung richtete im September 2006 ein Büro ein,

---

wohner multipliziert und das Ergebnis (= die erwartete Zahl der zwischen 2000 und 2005 Verstorbenen) mit der Differenz aus der Kohortenstärke von 2000 und der von 2005 addiert. Insbesondere da die Sterbewahrscheinlichkeit der Zuwanderer bei dieser Rechnung nicht berücksichtigt werden konnte, kann das Ergebnis in Abb. 6 nur als Approximation betrachtet werden.

[16] Ich bin Herrn Ishiwata Hisaaki, dem Leiter des Büros Atami-shi Nyū Raifu Shien-shitsu [Büro der Stadt Atami für die Unterstützung eines neuen Lebens], für die Bereitstellung von Informationen zu Dank verpflichtet (Interview am 17.08.2007 in Atami). Die Angaben in den folgenden Absätzen beziehen sich hierauf.

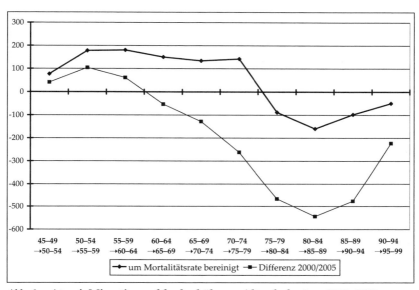

Abb. 6: **Atami: Migrationssaldo der höheren Alterskohorten, 2000–2005**
Quelle: Datengrundlage: *Kokusei chōsa hōkoku* (Sōmushō Tōkeikyoku 2000, 2005), *Heisei 12-nen shikuchōson-betsu seimeihyō* (Kōsei Rōdōshō 2000, Internet), eigene Berechnung.

dessen Aufgabe es ist, potenziell Umzugswilligen bei Fragen des Umzugs und der Ansiedlung behilflich zu sein und vor allem deren Eingliederung in die Gemeinde zu unterstützen. Das Büro sieht sich dabei weniger in der Rolle, aktiv neue Bewohner zur Ansiedlung anzuwerben, sondern eher als Vermittler zwischen den ortsansässigen Bürgern und Unternehmen auf der einen und den potenziellen neuen Bewohnern auf der anderen Seite. Neben dem Engagement der Stadtverwaltung sei eine Unterstützung seitens der Bewohner und Unternehmen gefordert. Kurz- bis mittelfristiges Ziel sei es, die Zahl der Menschen mit Langzeitaufenthalten in Atami zu steigern und diese im Idealfall zu dauerhaftem Wohnen zu bewegen. Zielgruppe seien zwar in erster Linie Menschen im Rentenalter, aber auch die Jüngeren sollten durch Verbesserung des Angebots von Kindertagesstätten und Schulen sowie durch die attraktive Wohnumgebung Atamis gewonnen werden. Bis 2010 soll die Einwohnerzahl auf 50.000 Personen ansteigen, wie aus einer Informationsbroschüre (*Atami furesshu 21 keikaku* [Frischer Plan für Atami im 21. Jahrhundert]) der Stadtverwaltung hervorgeht (Atami-shi SKS 2006). Wie andere Gemeinden auch, organisiert die Stadt Atami Schnuppertouren (*taiken tsua*)[17], bei denen unter Einbeziehung von städtischen Verbänden und Gruppen mit Besichtigungen, kulturellen Angeboten und der Möglichkeit, sich über die Stadt zu informieren, um die potenziell Umsiedlungswilligen geworben wird. Darüber hinaus gibt es Bestrebungen, Spitzensportler aus bisher noch wenig gesponserten Disziplinen zum Wohnen in Atami zu bewegen (ein Spieler des nationalen japanischen Beach-Volleyball-Teams wohnt bereits in Atami), um dadurch die Attraktivität der Stadt unter Beweis zu stellen.

Wie groß sind die Chancen für weitere Altersmigration nach Atami? Die Topographie des Ortes – steil zum Meer abfallende Berghänge und ein kleines, durch Landaufschüttung gewonnenes Stadtzentrum – bietet fast jedem Haus einen Meerblick. Die steilen Straßen und zahlreichen Treppen werden jedoch oft als nachteilig für die Mobilität älterer Menschen beurteilt, andere sehen diese Bedingungen im Gegenteil als „gesundheitsförderndes Fitnessprogramm". So äußerte sich Ishiwata, dass, wer die Hügel nicht mehr schaffe, auch an anderen Orten Probleme hätte. Für Rollstuhlfahrer sind jedoch bis auf den Küstenstreifen große Teile Atamis quasi unzugänglich. Busse können nur einen Teil des Bedarfs abdecken; die Stadt bietet Personen über 70 Jahren verbilligte Fahrscheine an. Die hohe Zahl der Taxi-Unternehmen ermöglicht Bewegungsfreiheit; die Kosten sind jedoch – abgesehen für Personen mit anerkannten Behinderungen – hoch.

Atami ist mit mehreren Alten- und Pflegeeinrichtungen ausgestattet, die insgesamt 295 Menschen Platz bieten. Gerechnet auf die Einwohnerzahl von knapp 14.000 Personen ab 65 Jahren ist die Zahl der sogenannten kostenpflichtigen Altenheime (*yūryō rōjin hōmu*), für die die anfallenden Kosten von der zu versorgenden Person vollständig übernommen werden müssen und die sich daher an eine vergleichsweise begütertere Klientel wenden, mit sieben Einrichtungen mit über 900 Plätzen auffällig hoch[18] (vgl. Tab. 2).

---

[17] Die Stadt führte eine Befragung bei den Teilnehmern durch, die aber aufgrund der geringen Gesamtzahl von 115 Personen und nicht einheitlichen Fragen nicht repräsentativ ist. Sie gibt aber möglicherweise Tendenzen wieder: Drei Viertel der Befragten arbeiteten nicht mehr, und wenn doch, so vor allem als Angestellte oder Manager (*kanrisha*). Die Zahl der Selbstständigen war äußerst gering. Ein größerer Anteil interessierte sich für Wohnungen mit der Möglichkeit, Hilfe oder Pflege in Anspruch nehmen zu können (*kea tsuki*, *kaigo tsuki*) (unveröff. Material des Atami-shi Nyū Raifu Shien-shitsu: *Atami taiken tsuā sankasha ankēto shūkei* [2006/07]).

[18] Vgl. http://www.pref.shizuoka.jp/kousei/ko-220/kaisa/documents/0731yuryou roujinitiran.pdf (letzter Zugriff 04.02.2008) und http://www.pref.shizuoka.jp/kousei/ko-720/fukusisisetuitiran.html (letzter Zugriff 04.02.2008).

	Atami-*shi*		Ishigaki-*shi*	
	Einrichtungen	Plätze	Einrichtungen	Plätze
1. *yōgo rōjin homu*	1	50	1	30
2. *tokubetsu yōgō rōjin hōmu, kaigo rōjin fukushi shisetsu*	2	130	2	120
3. *keihi rōjin hōmu, keahausu*	1	15	1	50
4. *kaigo rōjin hoken shisetsu*	1	78	2	160
5. *yūryō rōjin hōmu*	7	ca. 900	1	32

Tab. 2: Sozial- und Wohlfahrtseinrichtungen für Senioren in Atami und Ishigaki
Quelle: Atami-shi SF (2006, Internet); Okinawa-ken Fukushi Hoken-bu (2006).

Ebenso für die Größe der Stadt erstaunlich ist die große Anzahl von Wohnkomplexen ausschließlich für Menschen ab 55, die noch in der Lage sind, selbstständig zu leben („Seniorenresidenzen", *keatsuki jūtaku*) (Atami-shi SF 2006, Internet).

Die Bau- und Immobilienbranche sieht offensichtlich für die Zukunft größere Zuwachschancen in Atami, vor allem im Bereich von Ferienwohnungen. Die Anzahl und Größe der seit Beginn des Jahrhunderts neu entstehenden Apartmenthäuser (oft bis zu 20 Stockwerke), die überwiegend dort gebaut werden, wo in Konkurs gegangene Hotels lange Zeit leer standen, ist Hinweis für die Überzeugung, dass eine ausreichende Nachfrage vorhanden ist. Bisherige Verkaufszahlen von 40 bis 50 Wohnungen und Häusern pro Monat bei einem einzelnen Unternehmen sind als hoch zu bewerten; Käufer sind zu 80 Prozent Personen ab etwa 50 Jahren, meist Ehepaare, aber auch Alleinlebende, darunter 70 Prozent Frauen. Dies scheint auf einen erheblichen Umfang von Ruhestandswanderung hinzudeuten. Von der Mehrheit werden die Wohnungen jedoch nur an den Wochenenden genutzt. Es wird geschätzt, dass in den nächsten Jahren 1.500 bis 2.000 neue Wohnungen entstehen (Senior Business Market 2006: 27).

Um die Zahl und Art der Neubauten zu regulieren, hatte die Stadtverwaltung zum wiederholten Mal zwischen Ende 2004 und Anfang 2006 die Möglichkeit zur Beantragung des Baus von Apartmenthäusern eingefroren. Inzwischen sind die Baugenehmigungen mit der Auflage verbunden, Neubauten so auszustatten, dass sie auch für Dauerbewohner, beispielsweise für Familien mit Kindern, attraktiv sind (Senior Business Market 2006: 28). In Anbetracht der demographischen Entwicklung ist es jedoch ungewiss, ob diese Wohnungen zukünftig ihre Bewohner finden werden.

Zusammenfassend lässt sich feststellen, dass Atami eine deutliche Zuwanderung vor allem aus der angrenzenden Süd-Kantō-Region aufweist. Klimatische Erwägungen spielen daher wahrscheinlich eine geringere Rolle als z. B. das Angebot von heißen Quellen und die im Vergleich zu anderen Orten hohe Anzahl von Wohnmöglichkeiten für ältere Menschen. Die Nähe zum bisherigen Wohnort ermöglicht, soziale Kontakte aufrechtzuerhalten.

Für die Stadt sind die Auswirkungen der großen Zahl von Ferienwohnungen zweischneidig. Zwar ist anzunehmen, dass die Ferienwohnungsbesitzer einen Teil ihres Konsums in Atami tätigen (soweit diese Klientel ein entsprechendes Angebot findet); ob aber die Stadt durch ihre niedrige Ferienwohnungssteuer durch sie profitiert oder zumindest die Kosten für die städtische Infrastruktur deckt, kann bezweifelt werden. Die nur zeitweilige Anwesenheit ermöglicht eine soziale Integration nur in Ausnahmefällen, und das Interesse an der Stadt und ihren Problemen wird über den eigenen Lebensbereich hinaus meist gering ausfallen. Aus baulich-landschaftlicher Sicht sind die Ferienwohnungskomplexe fragwürdig. Diese mit Meerblick ausgestatteten Wohnungen finden zwar schnell ihre Käufer, nehmen aber den umliegenden Häusern die Sicht. Sie tragen möglicherweise zu einem weiteren Attraktivitätsverlust des Ortes bei.

3.2 Ishigaki

Die Verwaltungseinheit Ishigaki-*shi* in der Präfektur Okinawa umfasst die gesamte Insel Ishigaki und die unbewohnte (von den beiden chinesischen Staaten als zu Taiwan gehörig beanspruchte) Senkaku-Inselgruppe. Ishigaki liegt etwa 400 km südwestlich der Präfekturhauptstadt Naha. Die Einwohnerzahl beträgt nach der letzten Volkszählung 47.766 Personen (Sōmushō Tōkeikyoku 2005). Zwischen 1970 und 1975 war die Bevölkerung drastisch gesunken – 1972 wurde Okinawa von den USA wieder an Japan zurückgegeben und viele strömten in die Metropolen auf den Hauptinseln –, stieg aber besonders während der 1980er Jahre und seit 2000 stark an (s. o. Abb. 2). Die Altersstruktur Ishigakis unterscheidet sich deutlich von der gesamtjapanischen. Der Anteil der Personen ab 65 Jahren liegt bei 16,8 Prozent (Sōmushō Tōkeikyoku 2005) und wird nach Prognosen des National Institute of Population and Social Security Research auch noch 2015 unter der heutigen Altenquote Japans von 20,1 Prozent liegen. Die Geburtenrate liegt deutlich über der Sterberate. Prognosen gehen von einer Zunahme der Bevölkerung auf über 50.000 Einwohner im Jahr 2030 aus (Ishigaki KKC 2001–2007; KSHJMK 2004).

Über 70 Prozent der erwerbstätigen Bevölkerung ist im tertiären Sektor tätig, allein 12,4 Prozent im Hotel- und Gaststättengewerbe. Der Tourismus nimmt eine wichtige Rolle für die Wirtschaft Ishigakis ein, auch wenn die Zahlen im Vergleich zu Atami niedriger ausfallen (Ishigaki-shi KKC 2006: 21, 105). Mit schätzungsweise 767.850 Personen, die 2006 Ishigaki besuchten – das sind ca. 300.000 Personen mehr als 1995 – zählt die Insel zu einem der beliebtesten Reiseziele des seit einigen Jahren anhaltenden Okinawa-Booms (Ishigaki-shi KKC 2006: 21, 105). Der sich im Bau befindende neue Flughafen wird voraussichtlich eine weitere Erhöhung der Touristenzahlen zur Folge haben. Gute Verkehrsanbindung allein ist jedoch nicht entscheidend für die Zahl der Touristen. So hat Ishigaki 2,5-mal so viele Besucher wie die ebenfalls zu Okinawa gehörende Insel Miyako, die schon jetzt einen größeren Flughafen besitzt (Kusumi 2007: 208; Motani 2006: 80). Vergleicht man die Zuwanderung nach Ishigaki mit den nationalen Wanderungsraten, so liegt der Anteil der Neubürger in Ishigaki nur in den Altersgruppen 55–59 und 65–69 leicht über dem Landesdurchschnitt (s. o. Abb. 4).

Aus der Volkszählung von 2000 geht für den Zeitraum von 1995 bis 2000 gerade für die Altersgruppe der 20- bis 40-Jährigen eine starke Zunahme der auch im vorherigen Untersuchungszeitraum von 1985 bis 1990 schon hohen Zuwanderung hervor. Ebenso haben sich die Zahlen in den Altersgruppen zwischen 50 und 74 Jahren, die – auch im Vergleich mit Atami – sich nicht durch einen extremen Zuwanderungsüberschuss auszeichnen, in etwa verdoppelt. Auffällig ist der starke Zuwanderungsanstieg bei Männern zwischen 50 und 69 Jahren (Abb. 7). Ishigaki lässt sich diesen Ergebnissen zufolge als Ziel einer Ruhestandswanderung begrenzten Ausmaßes bezeichnen.

Das Spektrum der Herkunftsorte ist – auch wenn der Anteil der Zuwanderer aus der Region Minami-Kantō deutlich überwiegt – vielfältiger als im Falle von Atami (Abb. 8). Der Anteil der aus den Metropolregionen stammenden Personen insgesamt beträgt zwei Drittel aller Zuwanderer. Für Okinawa spezifisch ist der hohe Anteil der aus dem relativ nahen Kyūshū (besonders aus Fukuoka und Kagoshima) Kommenden. Es ist anzunehmen, dass sich ein vergleichsweise hoher Anteil von Rückkehrern darunter befindet, denn neben dem Großraum Osaka war – aufgrund der vergleichsweise geringen Entfernung – Kyūshū ein wichtiger Zielort (Sōmushō Tōkeikyoku 2000).

Für die Entwicklung einer Ruhestandswanderung nach Ishigaki für die Zeit nach 2000 lassen sich nur einige wenige Anhaltspunkte finden.

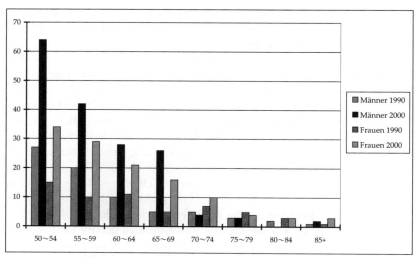

Abb. 7: **Interpräfekturale Migration nach Ishigaki, 1985–1990 und 1995–2000 (abs. Zahlen)**

Quelle: *Kokusei chōsa hōkoku* (Sōmushō Tōkeikyoku 1990, 2000), eigene Darstellung.

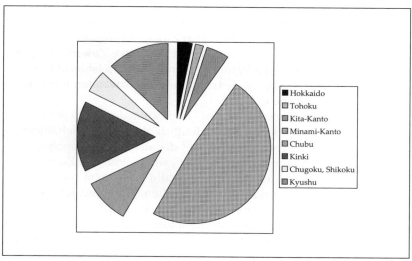

Abb. 8: **Herkunft der interpräfekturalen Zuwanderer nach Ishigaki**

Quelle: *Kokusei chōsa hōkoku* (Sōmushō Tōkeikyoku 2000), eigene Darstellung.

Die Wanderungsdaten des Melderegisters von Ishigaki zeigen – ohne Unterteilung in Altersgruppen – folgendes Ergebnis: Für die Jahre 2001 und 2002 ist der interpräfekturale Migrationssaldo deutlich negativ. Zwischen 2004 und 2006 war hingegen eine besonders starke Zuwanderung zu verzeichnen, die weit über dem Niveau der Abwanderung lag. Im Jahr 2006 wuchs die Bevölkerung Ishigakis im Saldo um 405 Personen durch Zuwanderung aus anderen Präfekturen (1.937 Zuwanderer, 1.532 Abwanderer). Hingegen fiel der Anstieg 2007 wiederum geringer aus: Der Zuwanderungsüberschuss lag nur noch bei 106 Personen.

Die Berechnung nach der oben am Beispiel von Atami bereits näher erläuterten Differenzmethode für den Zeitraum 2000–2005 ergab mortalitätsbereinigt einen leichten Zuwanderungsüberschuss nur für die Altersgruppen bis 64 Jahre und einen leichten Abwanderungsüberschuss für die Altersgruppen ab 75 Jahren (bezogen auf das Jahr 2000). Dieses Ergebnis stimmt weitgehend mit dem der Volkszählung des vorangegangenen Zeitraums 1995–2000 überein.

Ishigaki nimmt im innerpräfekturalen Vergleich des Zuwanderungsvolumens aller Gemeinden 2007 den siebten Platz ein, bei den Städten sogar den ersten (Okinawa-ken KT 2006, Internet). Wie groß der Anstieg der letzten Jahre ist, wird deutlich, wenn man die Zahl der Zuwanderer nach der Volkszählung von 2000 heranzieht. Für den Zeitraum von 1995 bis 2000 lag sie bei insgesamt 2.758 (Sōmushō Tōkeikyoku 2005). Außerdem wird von einer großen Zahl von Personen ausgegangen, die sich nicht umgemeldet haben, also in Ishigaki nicht registriert waren (sog. Geisterbevölkerung oder *yūrei jinkō*). Vermutungen zufolge liegt die Zahl dieses Personenkreises bei bis zu 5.000 Personen, das wären ca. 10 Prozent der offiziellen Einwohnerzahl (Iimura 2007, Internet).

Die starke Zunahme der Einwohnerzahl bringt eine Reihe von Problemen mit sich. Während sich die Bevölkerung bisher überwiegend auf den Süden der Insel konzentriert, siedeln sich Neubewohner aus den städtischen Ballungszentren der Hauptinseln Japans gern an den Küstenbereichen Ishigakis an. Diese waren bisher unbebaut oder wurden landwirtschaftlich genutzt. Die Bebauung bringt somit eine Zerstörung der Landschaft mit sich. Ein weiteres schwerwiegendes Problem ist die fehlende Infrastruktur (Straßenanbindung, Wasser- und Abwasserleitungen, Stromleitungen) in diesen Gebieten. Der Bürgermeister von Ishigaki hat inzwischen erklärt, dass die Bereitstellung der Infrastruktur in nicht erschlossenen Gebieten nicht mehr von der Stadt geleistet werden kann und rät von einem Grundstückkauf in den als landwirtschaftliche Nutzflächen ausgewiesenen Gebieten ab (Ishigaki-shi 2007, Internet). Großprojekte werden kritisch betrachtet, die Bauvorschriften wurden verschärft und eine Vorschrift zum Landschaftsbild erlassen[19] (beruhend auf dem nationalen Gesetz zum Landschaftsbild vom Dezember 2004 (*Keikan-hō*)[20]). Die Ausweitung des Iriomote-Nationalparks zum Iriomote-Ishigaki-Nationalpark im Jahr 2007, der etwa ein Drittel der Insel Ishigaki einbezieht, kam der Stadtverwaltung somit nicht ungelegen. Auch die Bevölkerung widersetzt sich einer zu starken Zuwanderung. Einen Hinweis auf die Altersgruppe der in den letzten Jahren Zugewanderten gibt ein Artikel, der am 16.05.2007 in der Online-Ausgabe der *Nikkei Business* (Iimura 2007, Internet) erschien: *Mohaya „dankaisama, okotowari"* [Es heißt bereits „Babyboomer? Nein, danke!"]. Ob die Mehrzahl tatsächlich zu dieser Altersgruppe gehört, ist nicht feststellbar. Alteingesessene beklagen die fehlende Bereitschaft, sich in die bestehenden gesellschaftlichen Strukturen zu integrieren, wie sich schon baulich in dem „ritoru Tōkyō" [Little Tokyo] genannten Neubaugebiet mit etwa 40 Häusern mit Meerblick 30 Minuten per Auto vom städtischen Gebiet entfernt zeige. Die Bodenpreise sind innerhalb von vier Jahren um bis zu 50 Prozent gestiegen, teilweise auch aufgrund von Spekulation (Iimura 2007, Internet). Die hohe Bautätigkeit habe seit April 2007 zu Leerstand geführt, wie die *Yaeyama Mainichi Shinbun Online* im September 2007 zweimal berichtete (*YMSO* 16.09.2007, Internet und *YMSO* 26.09.2007, Internet). Die geringere Zahl von Zuwanderern 2007 entsprach offensichtlich nicht den Erwartungen der Immobilienbranche.

Inwieweit eignet sich Ishigaki infrastrukturell als Ziel einer Ruhestandswanderung? Der geringe Anteil pflegebedürftiger Bevölkerung zeigt sich in einer niedrigen Zahl der entsprechenden Versorgungseinrichtungen. Neben Einrichtungen für Kurzzeitpflege gibt es nur vier Alten- und Pflegeeinrichtungen mit insgesamt 232 Plätzen (s. o. Tab. 2). Weder für die einheimische Bevölkerung, noch für im Ruhestand umsiedelnde Personen besteht bislang ein Angebot an zusätzlichem, für ältere Menschen konzipiertem Wohnraum. Es ist zu vermuten, dass die Versorgung Hilfebedürftiger durch die disperse Besiedelung sogar zum Problem werden könnte.

---

[19] Die nur sechs Kilometer von Ishigaki entfernte Insel Taketomi (350 Einwohner, 400.000 Touristen pro Jahr) hat sich schon 1986 auf ein gemeinsames Regelwerk verständigt, um den Erhalt von Landschaft und Kultur (und damit auch langfristig die Einnahmequelle des Tourismus) zu gewährleisten. Land darf nicht verkauft, Natur und Bausubstanz muss bewahrt, die Kultur soll gefördert werden.

[20] Vgl. zum *Keikan-hō* und seinen Auswirkungen auch den Aufsatz von Brumann in diesem Band.

4 SCHLUSSBETRACHTUNG

Sowohl Atami als auch Ishigaki sind Ziele von Ruhestandswanderung. Die – wenn auch gesunkene – weit über dem Durchschnitt liegende Zuwanderung älterer Menschen nach Atami zwischen 1995 und 2000 setzte sich auch im Zeitraum 2000–2005 fort, wie sich durch die Differenzmethode ermitteln ließ. Es ist zu vermuten, dass gerade in den höheren Altersgruppen neben dem Ruhestand weitere Gründe bei der Entscheidung, den Wohnort zu wechseln, von Bedeutung sind. Der vergleichsweise hohe Anteil von Frauen bei den Zuwanderern weist darauf hin, dass beispielsweise wohnsituationsbedingte Gründe, wie sie Tahara in ihrem Modell kategorisiert, eine Rolle spielen könnten. Ebenso lassen sich die Zuwanderer nach Atami nicht nur der ersten Phase der Altersmigration nach Litwak und Longino (1987) (*amenity move*), sondern auch der zweiten Phase zuordnen, wobei die Rolle der Kinder als Verantwortliche für die Versorgung der Eltern durch das große Angebot an altengerechtem Wohnraum ersetzt wird, der bei Bedarf mit den entsprechenden Hilfsleistungen ausgestattet ist.

Ishigaki zieht vor allem jüngere Menschen (teilweise „Aussteiger") an und allenfalls noch die 50- bis 60-Jährigen. Mit diesem im Vergleich zu Atami niedrigen Zuwanderungsalter entspricht Ishigaki eher einem Zielort typischer Ruhestandswanderung nach Definition von Tahara sowie Litwak und Longino. Das Zuwanderungsvolumen hält sich jedoch in Grenzen. Die Suche nach der Verwirklichung eines neuen Lebensstils – nach Tahara Teil der Definition von Ruhestandswanderung – fern von den Großstädten Japans bei angenehmen klimatischen Bedingungen ließe sich durch die Eigenschaften Ishigakis leicht verwirklichen. Interessant ist der große Anteil von Männern bei den Zuwanderern. Die größere Vorliebe von Männern für ein ländliches Leben, wie es viele Untersuchungen zeigen (s. o. Kap. 2), mag hierfür eine Erklärung bieten.

Aufgrund der sehr unterschiedlichen Ausgangsbedingungen unterscheidet sich die Art und Weise, wie die beiden Gemeinden auf die Situation reagieren, erheblich. Während Atami auf Zuwanderung angewiesen ist, sich aber dennoch mittel- bis längerfristig auf eine Schrumpfung einstellen muss, wächst die Einwohnerzahl der Stadt Ishigaki auch ohne intra- oder interpräfekturale Zuzüge weiterhin. Ishigaki ist jedoch ebenso wie Atami vor allem vom Tourismus abhängig. Langzeiturlauber und Dauerübersiedler – solange sie zahlungskräftig sind, wie ein großer Teil der *dankai sedai* – dürften also nicht uninteressant für die Insel sein.

Die Zuwanderung ist für beide Orte mit einer Reihe von Problemen verbunden. Auch wenn durch die Migration ein wirtschaftlicher Gewinn in vielen Bereichen erreicht wird, entstehen vielfältige Kosten für die Zielgemeinden (vgl. Iimura 2007, Internet). In Atami geht man jedoch davon aus, dass die Einnahmen in der Zeit des frühen Alters die Kosten im späteren Alter übersteigen werden, so dass sich Zuwanderung insgesamt positiv auswirken wird.[21]

Unproblematisch ist auch die Ausweitung Atamis als Zweitwohnsitz nicht, da das Stadtbild und die Interessen der bisherigen Bewohner möglicherweise nicht ausreichend berücksichtigt werden. Die Erwartung der Stadt besteht jedoch darin, dass ein Teil der Ferienhausbesitzer sich dazu entschließen könnte, dauerhaft in Atami zu wohnen. Die Voraussetzung hierzu, d.h. die Herstellung einer stärkeren Bindung dieser Gruppe an den Ort, ist von der Stadtverwaltung erkannt worden.

Die Gefahr für Ishigaki besteht darin, dass durch Zersiedelung und eine entstehende Parallelgesellschaft von Neubewohnern das wichtigste Kapital, das die Insel besitzt – Kultur und Natur –, beeinträchtigt wird. Die verschärfte Baugesetzgebung und die Ernennung von Teilen Ishigakis zum Nationalpark setzen einer Entwicklung, die sich ausschließlich am kurzfristigen Profit orientiert, jedoch Grenzen.

Soweit es aus den Daten ersichtlich ist, unterscheiden sich die Personengruppen, die sich für einen Wohnsitz in Atami bzw. Ishigaki interessieren, erheblich. Zwar spricht Motani (2006) Atami und ähnlichen traditionellen Erholungsorten eine Attraktivität als Alterswohnsitz ab, da es ihnen an speziellen Eigenschaften fehle, die sie von anderen Orten unterscheiden. Aber durch die gute Erreichbarkeit von Tokyo ist der Bruch mit dem vorherigen Wohnsitz weniger stark, und medizinische Versorgung, soweit nicht vor Ort vorhanden, kann auch ambulant in Yokohama oder Tokyo in Anspruch genommen werden. Ein Wohnsitz in Atami eignet sich daher besonders auch für Personen, die wegen ihres Gesundheitszustandes mit einiger Unsicherheit in die Zukunft sehen, das sind etwa die Hälfte aller Personen im Alter von 65 Jahren und älter (Naikaku-fu 2004, Internet). Des Weiteren eignet sich ein Wohnsitz für diejenigen, die eine engere Verbindung zu ihrem bisherigen metropolitanen Wohnort aufrechterhalten wollen. Ob Gemeinden mit einer homogenen Altersstruktur erstrebenswert sind und von den Bewohnern gewünscht werden, ist fraglich; Atami bietet jedoch keine schlechten Voraussetzungen, um zu einer Seniorenstadt zu werden.

Das randtropische Klima Ishigakis, das Meer und die Strände, die vergleichsweise günstigen Lebenshaltungskosten (Mieten und Dienstleistungen), aber auch die sich deutlich von den japanischen Hauptinseln unterscheidende Kultur Okinawas sorgen für steigende Besucherzahlen und wachsende Ansiedlung. Die Charakteristika eines Ortes zu bewahren

---

[21] Information laut Interview mit Herrn Ishiwata am 17.08.2007.

oder herauszustellen hält Motani aber für entscheidender als geographisch-klimatische Bedingungen oder die Infrastruktur. Demnach wäre Ishigaki gerade auch im Vergleich zu der ebenfalls zu Okinawa gehörenden Insel Miyako, die durch „Modernisierung" und bauliche Großprojekte zuviel von ihrer eigenständigen Kultur verloren habe, positiv zu beurteilen (Motani 2006: 80).

Die Wahl von Ishigaki als Wohnsitz lässt vermuten, dass diese Personengruppe noch aktiver ist und ein weniger ausgeprägtes Sicherheitsbedürfnis hat, als diejenige, die sich in Atami niederlässt. Die Erreichbarkeit medizinischer Einrichtungen und die Betreuung im Pflegefall können offensichtlich nicht im Vordergrund der Entscheidung stehen, wie das fehlende Angebot an entsprechenden Einrichtungen zeigt. Die Organisation Okinawa Ijū Shien Sentā [Zentrum zur Unterstützung bei Übersiedlung nach Okinawa] warnt Interessierte vor zu hohen Erwartungen oder sogar vor einer Idealisierung Okinawas als einen quasi paradiesähnlichen Ort. Hierin sieht sie den Hauptgrund, warum der neu gewählte Wohnort in vielen Fällen nach kurzer Zeit wieder aufgegeben werde. Hinzu kommen praktische Probleme wie z. B. fehlende Möglichkeiten zu einer Erwerbstätigkeit, die aus finanziellen Gründen oder aus Interesse gewünscht wird.[22] Negativ zu bewerten ist aus Sicht vieler sicher die Entfernung zu Japans Hauptinseln und damit auch zu den Familienangehörigen. Neben der wenig ausgebauten Infrastruktur gerade im Pflegebereich lassen diese Einschränkungen Ishigaki eher zu einer Zwischenstation im Rentenalter werden, dem ein weiterer Wohnortwechsel im höheren Alter in vielen Fällen wird folgen müssen.

Die Beispiele Atami und Ishigaki haben gezeigt, dass Ruhestandswanderung – wenn auch nur im kleineren Umfang – in Japan stattfindet. Welches Ausmaß sie zukünftig annehmen wird, werden vor allem die nächsten Volkszählungsdaten zeigen. Die Zielrichtung ist jedoch alles andere als einheitlich. Atami und Ishigaki sind hier nur zwei Beispiele sehr unterschiedlicher Art. Wollte man Japan einer der Phasen von Rogers Migrationsmodell zuordnen, wäre es meines Erachtens die dritte Phase (ohne die erste und zweite Phase durchlaufen zu haben). Mit Friedrich und Warnes (2000) lässt sich aber auch sagen, dass die Übertragung der Theorien zur Ruhestandswanderung in den USA nur bedingt auf andere Länder möglich ist. Vielmehr muss das spezifische Wanderungsverhalten untersucht werden.

Um auch künftig attraktiv für Zuwanderungswillige zu sein – und dies gilt im unterschiedlichen Maß auch für andere Gemeinden, die auf Zu-

---

[22] Vgl. Okinawa Ijū Shien Sentā: *Okinawa ijū shippai jirei* [Beispiele für fehlgeschlagene Übersiedlung nach Okinawa]. http://www.ryuukyuu.com/shippai/shippai.html (letzter Zugriff 09.01.2008).

wanderung angewiesen sind –, ist entscheidend, dass Lösungen für die Interessenkonflikte von Alt- und Neubewohnern sowie zwischen Ausbau der erforderlichen Infrastruktur und der Bewahrung (oder sogar Wiederherstellung) der natürlichen Ressourcen gefunden werden. Für Atami wäre es vorteilhaft, das eigene Profil im Sinne Motanis zu stärken, um als Alternative zum bisherigen Wohnort wahrgenommen zu werden und sich von anderen Orten abzuheben. Ein Desiderat wären zusätzlich Vor-Ort-Befragungen von Zuwanderern (und zeitweiligen Bewohnern), die detaillierte Auskunft über Motive des Wohnortwechsels und damit über die Bedürfnisse der Migranten liefern könnten.

LITERATURVERZEICHNIS

Akiba, Ayako und Emi Mizoguchi (2004): *Okinawa ijū keikaku. Sekando raifu wa surō de ikō* [Planung für die Umsiedelung nach Okinawa. Langsam leben in der zweiten Lebenshälfte]. Tokyo: Gakushū Kenkyūsha.

[Aoki, Masao] (1996): Kōreisha wa naze furusato o hanareta no ka [Warum verließen ältere Menschen ihre Heimat?] (= NIRA Kenkyū hōkokusho/NIRA research report; 960079). Fukuoka: Kyūshū Chiiki Keikaku Kenkyūjo.

Atami-shi SF (= Atami-shi Shimin Fukushi-bu Fukushi Jimusho Shiawase Suishin-ka Fukushi Kikaku-kakari) (2006): Atami-shi fukushi sōgō keikaku [Gesamt-Sozialplan der Stadt Atami]. http://www.city.atami. shizuoka. jp/icity/browser?ActionCode=content&ContentID=1148868477198&SiteID =0&ParentGenre=1118053803885 (letzter Zugriff 21.01. 2008).

Atami-shi SKS (= Atami-shi Sōmu-bu Kikaku Seisaku-ka) (2006): *Atami furesshu 21 keikaku* [Frischer Plan für Atami im 21. Jahrhundert]. Atami-shi: Atami-shi Sōmu-bu Kikaku Seisaku-ka.

Atami-shi SST (= Atami-shi Sōmu-bu Sōmu-ka Tōkei-kakari) (2007): *Atami-shi tōkeisho. Heisei 18 nendo* [Statistisches Jahrbuch Atami für das Jahr 2006]. Atami: Atami-shi.

Dentsū (2006): 2007-nen dankai sedai taishoku shijō kōryaku ni muketa chōsa repōto „Taishokugo no riaru raifu II" [Bericht von 2007 zur Untersuchung von Marktstrategien anlässlich des Ruhestands der Klumpengeneration: „Das richtige Leben im Ruhestand II"]. http://www.dentsu. co.jp/news/release/2006/pdf/2006069–0913.pdf (letzter Zugriff 13.12. 2007).

dsn-Projekte und Studien für Wirtschaft und Gesellschaft (2007): Altenwanderung und seniorengerechte Infrastruktur – Teil A: Analyse der Altenwanderung (Studie im Auftrag des Innenministeriums des Landes Schleswig-Holstein). http://www.rpv-mmr.de/fileadmin/pdf/

Studien%2C%20Gutachten/ASAP_TeilA_Endfassung.pdf (letzter Zugriff 04.02.2008).
Ezaki, Yūji (2006): Shutoken jinkō no shōraizō. Toshin to kōgai no jinkō chirigaku [Das Zukunftsbild der Bevölkerung in der Hauptstadtregion. Bevölkerungsgeographie des Stadtzentrums und der Vorstädte]. Tokyo: Senshū Daigaku Shuppankyoku.
Ezaki, Yūji (2007): Dankai sedai no jinkō idō [Bevölkerungswanderung der Babyboomer-Generation]. In: Tōkei 58 (5), S. 33–38.
Friedrich, Klaus und Anthony M. Warnes (2000): Understanding Contrasts in Later Life Migration Patterns: Germany, Britain and the United States. In: Erdkunde 54 (2), S. 108–120.
Goltz, Elke und Jirka Stachen (2004): „Best Ager" – Eine Chance für die Peripherie? Raumwirksame Konsequenzen der Migration Älterer. In: Karen Ziener, Ines Carstensen und Elke Goltz (Hg.): *„Bewegende Räume" – Streiflichter multidisziplinärer Raumverständnisse* (= Praxis Kultur- und Sozialgeographie; 36). Potsdam: Universitäts-Verlag, S. 171–183.
Iimura, Kaori (2007): Mohaya „dankaisama, okotowari". „Ijū keiki" o yorokobenai Ishigaki-jima no kunō [Es heißt bereits „Babyboomer? Nein, danke!" Der Kummer der Insel Ishigaki, die sich nicht über die „Zuwanderungskonjunktur" freuen kann]. In: NBonline (= Nikkei Business Online), 16.5.2007. http://business.nikkeibp.co.jp/article topics 20070510/124464/ (letzter Zugriff 09.10.2007).
Ishigaki-shi (2007): Ishigaki-jima de tochi baibai, jūtaku nado kenchiku o keikaku sarete iru minasama e (go-chūi) [An alle, die beabsichtigen, auf der Insel Ishigaki Land zu kaufen oder zu verkaufen, ein Wohnhaus oder anderes zu bauen (Vorsicht!)]. http://www.city.ishigaki.okinawa.jp/110000/110100/tochi/index.html (letzter Zugriff 17.01.2008).
Ishigaki-shi KKC (= Ishigaki-shi Kikaku-bu Kikaku Chōsei-shitsu) (2001–2007): *Jūmin kihon daichō jinkō idō shōsaihyō* [Melderegister: Detaillierte Tabelle der Bevölkerungsmigration]. Ishigaki: Ishigaki-shi.
Ishigaki-shi KKC (2006): *Tōkei Ishigaki. Heisei 18-nendo. Dai 30-gō* [Statistik Ishigaki 2006, Nr. 30]. Ishigaki: Ishigaki-shi.
Itō, Kaoru (2006): Dankai no sedai no „sumau katachi" – dankai sedai no jinkō idō no kako, genzai, mirai [Wohnformen der Babyboomer – Bevölkerungswanderung der Babyboomer in Vergangenheit, Gegenwart und Zukunft]. In: *Review of Economics and Information* (*Gifu Shōtoku Gakuen Daigaku Kiyō*) 6 (2–4), S. 23–53.
Kinoshita, Mariko und Kazuhisa Kojima (2007): *Teinen kara hajimaru inaka kurashi kanzen gaido* [Vollständiger Führer für den Beginn des Landlebens im Ruhestand]. Tokyo: Seigetsusha.
KKKKSK (= Kokudo Kōtsūshō Kokudo Keikaku-kyoku Sōgō Keikaku-ka) (2005): „Ni chiiki ijū" ni taisuru toshi jūmin ankēto chōsa kekka to „ni

chiiki jūmin jinkō" no genjō suikei oyobi shōrai imēji ni tsuite [Ergebnis der Befragung der städtischen Bevölkerung zu „Leben an zwei Orten" und Schätzung der jetzigen Lage sowie der Vision für die Zukunft der „an zwei Orten lebenden Bevölkerung"]. http://www.mlit. go.jp/kisha/ kisha05/02/020311_html (letzter Zugriff 09.10.2007).

KKKSK (= Kokudo Kōtsūshō Kokudō Shingikai Keikaku-bukai) (2006): Raifu sutairu, seikatsu senmon iinkai teishutsu shiryō (an). Shiryō 4: Kikonsha to sono oya to no sumaikata. „Kinkyo" o chūshin toshita jittai to shōrai ikō [Materialien der Expertenkommission Lifestyle und Leben (Konzept). Material 4: Die Wohnweise von Verheirateten und ihren Eltern. „In der Nähe wohnen" als tatsächliche und für die Zukunft angestrebte Lebensweise]. http://www.mlit.go.jp/singikai/kokudosin/ keikaku/lifestyle/9/04.pdf (letzter Zugriff 21.01.2008).

Kōsei Rōdōshō (2000): Heisei 12-nen shikuchōson-betsu seimeihyō: Shizuoka-ken Atami [Sterbetafeln getrennt nach Gemeinden 2000: Präfektur Shizuoka, Atami]. http://wwwdbtk.mhlw.go.jp/toukei/data/019/ 2000/toukeihyou/0004098/t0077026/22205_001.html (letzter Zugriff 05.03.2008).

Kōsei Rōdōshō (2005): Shakai fukushi shisetsu-tō chōsa kekka [Ergebnis der Untersuchung zu sozialen Wohlfahrtseinrichtungen]. http://www. mhlw.go.jp/toukei/saikin/hw/fukushi/05/index.html (letzter Zugriff 07.01.2008).

KSHJMK (= Kokuritsu Shakai Hoshō, Jinkō Mondai Kenkyūjo) (2003): Dai 4-kai jinkō idō chōsa [4. Migrations-Untersuchung]. http://www.ipss. go.jp/ (letzter Zugriff 09.01.2008).

KSHJMK (2004): *Nihon no shikuchōson-betsu shōrai suikei jinkō / Population Projections by Municipality, Japan.* Tokyo: Kokuritsu Shakai Hoshō, Jinkō Mondai Kenkyūjo.

KSHJMK (2005): Dai 5-kai jinkō idō chōsa (2001) [5. Migrations-Untersuchung (2001)]. http://www.ipss.go.jp/ (letzter Zugriff 09.01.2008).

Kusumi, Kenji (2007): Okinawa-ken no rishima ni okeru kadai to sono taisaku. Miyako-jima oyobi Ishigaki-jima o chūshin ni [Die Probleme der abgelegenen Inseln der Präfektur Okinawa und die zu ergreifenden Maßnahmen. Die Beispiele Miyako und Ishigaki]. In: *Rippō to Chōsa* 264, S. 107–111.

Litwak, Eugene und Charles F. Longino (1987): Migration patterns among the elderly: A developmental perspective. In: *The Gerontologist* 27 (3), S. 266–272.

Motani, Kōsuke (2004): Dankai sedai no chiriteki hensa to sono kōreika ni shitagau eikyō [Die geographische Variation der Babyboomer und der Einfluss, den ihre Alterung mit sich bringt]. In: Yoshio Higuchi und Zaimushō Zaimu Sōgō Seisaku Kenkyūjo (Hg.): *Dankai sedai no teinen to*

Nihon keizai [Der Ruhestand der Babyboomer und die Wirtschaft Japans]. Tokyo: Nihon Hyōronsha, S. 213–232.

Motani, Kōsuke (2006): 260-toshiken no dēta kara mieru, anata no machi no shinjitsu: Ikinokoru machi, kieru machi [Die Wahrheit über Ihre Stadt, wie sie die Auswertung der Daten von 260 Großstadtgebieten zeigt: Überlebende Städte, verschwindende Städte]. In: *Chūō Kōron* 121 (6), S. 72–83.

MYSFK (= Meiji Yasuda Seikatsu Fukushi Kenkyūjo) (2007): 30–50 saidai mikonsha no seikatsu sekkei ni kansuru ishiki chōsa. Kekka gaiyō [Untersuchung über die Einstellungen zur Lebensplanung von Unverheirateten im Alter von 30 bis 50 Jahren. Abriss des Ergebnisses]. http:// www.myilw. co.jp/life/pdf/12_01.pdf (letzter Zugriff 25.09.2007).

Nagai, Yasuo (2007): Kōreisha no jinkō idō. Tsui no sumika e no idō [Altenwanderung. Der Umzug zur letzten Bleibe]. In: *Keizaigaku Ronsō* (Chūō Daigaku) 47 (3/4), S. 591–611.

Naikaku-fu (2004): Kōreisha no nichijō seikatsu ni kansuru ishiki chōsa [Untersuchung zur Einstellung älterer Menschen zum alltäglichen Leben]. http://www8.cao.go.jp/kourei/ishiki/h16_nitizyou/4.pdf (letzter Zugriff 07.12.2007).

Ogawa, Tetsuo (2005): Inter-generational Equity and Social Solidarity: Japan's Search for an Integrated Policy of Ageing. In: John Doling, Catherine Jones Finer und Tony Maltby (Hg.): *Ageing Matters. European Policy Lessons from the East*. Aldershot: Ashgate, S. 150–176.

Okinawa-ken Fukushi Hoken-bu (2006): *Shakai fukushi shisetsu-tō meibo* [Liste der Sozial- und Wohlfahrtseinrichtungen]. Naha: Okinawa-ken.

Okinawa-ken KT (= Okinawa-ken Kikaku-bu Tōkei-ka Jinkō Shakai Tōkei-han) (2006): Okinawa-ken no jinkō [Die Bevölkerung von Okinawa]. http:// www.pref.okinawa.jp/toukeika/estimates/2006/year/year.html (letzter Zugriff 04.02.2008).

Ōsaka Shōdai, Hakuhōdō Erudā und Kajino Kenkyūkai (2007): *Dankai no rakuen* [Das Paradies der Babyboomer]. Tokyo: Kōbundō.

Otomo, Atsushi (1981): Mobility of elderly population in Japanese metropolitan area. In: *Jinkōgaku Kenkyū* 4, S. 23–28.

Otomo, Atsushi (1992): Elderly migration and population redistribution in Japan. In: Andrei Rogers, with the assistance of William H. Frey *et al.* (Hg.): *Elderly Migration and Population Redistribution. A Comparative Study*. London: Belhaven Press, S. 185–202.

Rogers, Andrei (1992): Introduction. In: Andrei Rogers, with the assistance of William H. Frey *et al.* (Hg.): *Elderly Migration and Population Redistribution: A Comparative Study*. London: Belhaven Press, S. 1–15.

Senior Business Market (2006): Eria gaikyō Report & Map. Part 2: Atamihen. Shinia ga ken'in suru rizōto manshon to fukkatsu suru shukuhaku-gyō [Allgemeine regionale Tendenzen. Teil 2: Atami. Die durch die Senioren erstarkende Ferienapartmentbranche und das wiederbelebte Hotelgewerbe]. In: *Shinia Bijinesu Māketto* 23, S. 26–29.

Sōmushō Tōkeikyoku (1990, 2000, 2005): *Kokusei chōsa hōkoku* ([1990, 2000, 2005] Population Census of Japan). Tokyo: Nihon Tōkei Kyōkai [mehrbändige Veröffentlichung].

Sōmushō Tōkeikyoku (2006): *Heisei 15 jūtaku tochi tōkei chōsa hōkoku* (2003 Housing and Land Survey of Japan). Tokyo: Nihon Tōkei Kyōkai [mehrbändige Veröffentlichung].

Suzuki, Yukio (2004): Dankai sedai no tokusei – sono raifusutairu [Die Besonderheiten der Babyboomer: ihr Lebensstil]. In: Yoshio Higuchi und Zaimushō Sōgō Seisaku Kenkyūjo (Hg.): *Dankai sedai no teinen to Nihon keizai* [Der Ruhestand der Babyboomer und die Wirtschaft Japans]. Tokyo: Nihon Hyōronsha, S. 55–74.

Tahara, Yūko (2002): Kōreiki no idō [Altenwanderung]. In: Yoshio Arai, Tarō Kawaguchi und Takashi Inoue (Hg.): *Nihon no jinkō idō. Raifu kōsu to chiikisei* [Bevölkerungswanderung in Japan. Lebenszyklus und regionale Unterschiede]. Tokyo: Kokon Shoin, S. 169–190.

Tahara, Yūko (2005): Kōrei jinkō idō. 2000-nen kokusei chōsa ni miru kinnen no dōkō [Altenwanderung. Tendenzen der letzten Jahre wie aus der Volkszählung 2000 ersichtlich]. In: *Tōkei* 56 (3), S. 14–19.

Tahara, Yūko (2007): Intai idō no dōkō to tenbō – dankai no sedai ni chūmoku shite [Tendenzen und Aussichten der Ruhestandswanderung – die Babyboomer im Fokus]. In: Yoshitaka Ishikawa (Hg.): *Jinkō genshō to chiiki – chirigakuteki apurōchi* [Bevölkerungsschrumpfung und die Regionen – ein geographischer Ansatz]. Kyoto: Kyōto Daigaku Gakujutsu Shuppankai, S. 43–67.

TJK (= Tōkyū Jūseikatsu Kenkyūjo) (2007): Rizōto shijō 1 [Resort-Markt 1]. http://www.tokyu-jsk.co.jp/toukei/pdf/0709/04_1.pdf (letzter Zugriff 17.09.2007).

Uchino, Sumiko (1987): Kōrei jinkō idō no shin-dōkō [Neue Tendenzen der Alterswanderung]. In: *Jinkō Mondai Kenkyū* 184, S. 19–38.

YMSO (= Yaeyama Mainichi Shinbun Online) (16.09.2007): Apāto, manshon kūshitsu dehajimeru. Kyōkyūkata ga yōin [Beginnender Leerstand bei Apartmenthäusern. Der Grund liegt im Angebotüberschuss]. http:// www.y-mainichi.co.jp/news/9338/ (letzter Zugriff 04.02.2008).

YMSO (26.09.2007): Apāto, manshon kensetsu gekizō no naka de [Starke Zunahme von Apartmenthäusern]. http://www.y-mainichi.co.jp/news/9430/ (letzter Zugriff 04.02.2008).

Zelinsky, Wilbur (1971): The hypothesis of the Mobility Transition. In: *Geographical Review* 61, S. 219–249.

KOMMUNALE GEBIETSREFORMEN DER HEISEI-ZEIT UND LOKALE IDENTITÄT: DAS BEISPIEL DER KOMMUNE ARITA-*CHŌ*

Cornelia Reiher

Municipal Mergers of the Heisei Period and Local Identity: The Case of Arita Town

Abstract: Japan witnessed a boom of municipal mergers between 1999 and 2006. During that period, the number of municipalities was reduced from 3,232 to 1,820. The Great Mergers of the Heisei Period, as they have become known, took place within a framework of extensive decentralization reforms in which the central government transferred many administrative tasks to local governments, but failed to also transfer a greater degree of financial autonomy. This contributed to the deterioration of the fiscal situation of many municipalities, which therefore became more susceptible to the central government's financial incentives for the promotion of municipal mergers. Critics of the mergers suspected that municipalities, through the mergers, would lose their local identity. However, the exemplary case study of the merger of two towns in Saga Prefecture, Arita and Nishi-Arita, shows that identity was only a marginal issue during negotiations concerning the merger. Nevertheless, some measures had been undertaken prior to merger by both the municipal governments and the merger council to create a sense of a shared identity by emphasizing the similarities between the municipalities and their residents. Whether a corporate local identity can be achieved in the future is not yet clear, but at the beginning of 2008 the residents were still emphasizing the differences between the two towns, one of which is dominated by the ceramics industry, the other by agriculture.

1 EINLEITUNG

Im April 2006 lief das Sondergesetz über die kommunale Gebietsreform aus. Die in diesem Gesetz vorgesehenen finanziellen Anreize der japanischen Zentralregierung zur Förderung von Gemeindefusionen im ganzen Land führten vor allem zwischen 2004 und 2006 zu Gebietsreformen in so großer Zahl, dass japanische Medien von einem Fusionsboom sprachen, der als *Heisei no dai-gappei* [Umfassende Kommunale Gebietsreform der Heisei-Zeit] bekannt wurde. Vom 1. April 1999 bis zum 31. März 2006 sank die Zahl der japanischen kommunalen Gebietskörperschaften (*shichōson*) von 3.232 auf 1.821 und halbierte sich somit fast (Sōmushō 2008, Internet). Die kommunale Gebietsreform der Heisei-Zeit ist jedoch nicht die erste Fusionswelle dieses Ausmaßes in der modernen japanischen Geschichte. Nach einer knappen Darstellung der vorangegangen Fusionen der Meiji- und der Shōwa-Zeit werde ich die Dezentralisierungsbestrebungen seit Beginn der 1990er Jahre, welche mit den Gebietsreformen der *Heisei no dai-gappei* untrennbar verbunden sind, und anschließend die Gebietsreformen der Heisei-Zeit selbst vorstellen.

Dieser Beitrag setzt sich aber nicht nur allgemein mit den Spezifika der kommunalen Gebietsreformen, sondern mit ihren ganz konkreten Auswirkungen auf die betroffenen Kommunen und ihre Bürger auseinander und geht der Frage nach, welche Beweggründe Bürgermeister und Gemeinderäte zu einer Umsetzung der von der Zentralregierung in Tokyo angeregten Gesetze zur Gebietsreform veranlassten. Anhand eines konkreten Beispiels, der Fusion zweier Gemeinden in der Präfektur Saga im Norden von Kyūshū, soll der Prozess der kommunalen Gebietsreform von der Thematisierung der Möglichkeit einer Fusion im Gemeinderat bis hin zur ersten Gemeinderats- und Bürgermeisterwahl nach der Fusion dargestellt werden. Ziel der Untersuchung der beiden Nachbarkommunen Arita-*machi*[1] und Nishi-Arita-*chō*, die am 1. März 2006 zur neuen Gemeinde Arita-*chō* fusionierten, ist die Analyse folgender Fragen: Welche Gründe wurden von Bürgermeistern und Gemeinderäten für eine Realisierung der Fusion angegeben? Wie standen und stehen die Bürger der Fusion gegenüber? Wie vermittelten Gemeinderat und Kommunalverwaltung den Bürgern Inhalte, die im Zusammenhang mit der Gemeindefusion standen? Wie wurden die Bürger in Entscheidungsprozesse einbezogen?

Im Vordergrund soll vor allem die Frage nach einem möglichen Verlust von Identität, Kultur und Traditionen in den betroffenen Gemeinden stehen, der in Zusammenhang mit Gemeindefusionen häufig befürchtet wird (Mabuchi 2001: 7–8; Rausch 2006: 146; Hobo 2007: 15). Diese Befürchtungen verallgemeinern allerdings häufig stark oder beziehen sich auf Eingemeindungen bzw. die Fusion von mehr als zwei Kommunen. Das Beispiel der Fusion zwischen Arita und Nishi-Arita ist daher interessant, weil es die Untersuchung der Frage nach dem Zusammenhang zwischen lokaler Identität und Gemeindefusionen anhand des Zusammenschlusses zweier etwa gleichgroßer Kommunen ermöglicht, von denen eine zudem eine stark ausgeprägte Identität für sich beansprucht und nach außen propagierte. Laut Sasaki (2004: 80) sollen sich Japaner in einem sehr hohen Maße mit der Kommune, in der sie leben, identifizieren – so zumindest im ländlichen Raum.

---

[1] Die Suffixe -*machi* und -*chō* dienen zur Bezeichnung einer Gemeinde von mehr als 10.000, aber weniger als 50.000 Einwohnern. Es handelt sich dabei um unterschiedliche Lesarten desselben Schriftzeichens. Im Folgenden werden darüber hinaus die Suffixe -*shi* und -*son* (-*mura*) verwendet. *Shi* steht für eine Gebietskörperschaft mit mehr als 50.000 (früher 30.000), *son* (*mura*) für eine Gebietskörperschaft mit weniger als 10.000 Einwohnern.

Nach Rausch (2005: 125) wiederum ist die Bewahrung lokaler Identität für Kommunen ein wichtiges Gegengewicht zu den Vereinheitlichungsbestrebungen durch Gemeindefusionen und eine Ressource, die für die lokale Entwicklung genutzt werden muss. Widerspiegelt sich diese Einschätzung lokaler Identität als bedeutsamer Faktor, welcher bei Gemeindezusammenschlüssen berücksichtigt werden muss, in den Fusionsverhandlungen zwischen Arita und Nishi-Arita? Wurden im Zuge der Verhandlungen „lokale Identität" und deren drohender Verlust thematisiert? Gab es bereits während dieser Verhandlungen Bestrebungen, für die neu entstehende Gebietskörperschaft Arita-chō eine gemeinsame Identität zu konstruieren, wenn diese als Ressource für die Entwicklung der Kommune so bedeutungsvoll ist?

Die japanische Literatur zum Thema *Heisei no dai-gappei* beschäftigt sich nicht explizit mit dem Zusammenhang zwischen lokaler Identität und Gemeindefusionen. Einige Publikationen (Kataoka 2005; Kida 2006) setzen sich mit dem Problem der Namensänderung von Kommunen auseinander, wie sie besonders bei einem Zusammenschluss mehrerer Gebietskörperschaften ähnlicher Größe auftreten können. Diese Probleme betreffen zum Beispiel die Auswahlkriterien bei der Neuschöpfung von Namen für die neuen Kommunen, die Frage der Bürgerbeteiligung bei der Auswahl und die Befürchtung einer Homogenisierung der vormals „einzigartigen Merkmale" der ehemaligen Kommunen, die unter einem neuen Namen in einer neuen Gebietskörperschaft subsumiert wurden. Mit diesem Artikel soll jedoch gezeigt werden, dass lokale Identität mehr beinhaltet als nur den Namen einer Kommune.

Einleitend zur Fallstudie werden Arita-*machi* und das Selbstverständnis der Kommune vor Beginn der Fusionsverhandlungen mit Nishi-Arita vorgestellt, um dann aus der Perspektive der ehemaligen Gebietskörperschaft Arita-*machi* den Verlauf der Verhandlungen und den Prozess bis zur Fusion und die kurz darauf folgende Bürgermeisterwahl am 17. April 2006 nachzuzeichnen. Da der Fokus der Untersuchung auf den Themen „Identität" und „Identitätspolitik" liegt, sollen zunächst diese Begriffe definiert werden, bevor auf die Frage nach der Berücksichtigung der lokalen Identität während der Fusionsverhandlungen eingegangen wird.

Grundlage dieser Untersuchung bilden die Berichte lokaler und regionaler Medien über den Zusammenschluss sowie Publikationen der Stadtverwaltung Aritas und des Büros der Gemeindefusionskonferenz des Kreises Nishi-Matsuura (Nishi-Matsuura-chiku Gappei Kyōgikai Jimukyoku; NMCGK), die im Zeitraum 2003 bis 2006 publiziert wurden. Weiterhin ziehe ich die Ergebnisse leitfadengestützter qualitativer Interviews heran, die ich im Januar 2008 mit Bürgern Aritas geführt habe.[2]

---

[2] Alle Übersetzungen japanischsprachiger Quellen stammen von der Autorin.

2 Kommunale Gebietsreformen in Japan

2.1 Frühe Gebietsreformen

Größere Wellen von Gemeindezusammenlegungen fanden in der neueren japanischen Geschichte mehrfach statt. Die meisten Autoren unterscheiden drei Phasen japanischer kommunaler Gebietsreformen: die Meiji-Fusionen von 1888 und 1889, die Shōwa-Fusionen von 1953 bis 1956 (Sasaki 2002: 27–28) und die Heisei-Fusionen von 1999 bis 2006 (Hobo 2007: 3). Mabuchi (2001: 4) führt noch eine weitere, weniger intensive Phase der Fusionen von 1961 bis in die 1990er Jahre ein. Während im Rahmen der Meiji-Fusionen die Zahl der 71.314 natürlichen Siedlungen (*shizen shūraku*) auf 15.859 sank, halbierte sich die Zahl der Kommunen während der Fusionswelle der Shōwa-Zeit in den 1950er Jahren noch einmal von 9.868 auf 4.668 (Sasaki 2002: 28). Dabei verschwanden vor allem Gebietskörperschaften mit weniger als 10.000 Einwohnern, während die Zahl der *shi* wuchs.

Sowohl die Fusionen der Meiji- als auch die der (frühen) Shōwa-Zeit wurden von der Zentralregierung initiiert und angeleitet und können daher als Gemeindefusionen „von oben" gelten, während die Fusionen nach 1961 als Fusionen „von unten", d.h. als von den Kommunen selbst forciert, bezeichnet werden (Mabuchi 2001: 8).

Während die Meiji-Fusionen auf die Integration der Kommunen in den japanischen Nationalstaat abzielten, dienten die Fusionen der Shōwa-Zeit vorrangig der Stärkung lokaler Selbstverwaltung (Mabuchi 2001: 2, 4). Seit den Shōwa-Fusionen nahmen die Unterschiede zwischen den Kommunen stark zu. Einer wachsenden Anzahl von Kommunen mit mehr als 50.000 Einwohnern standen 1995 fast ebenso viele Kommunen mit weniger als 10.000 Einwohnern gegenüber. Vor allem abgelegene *mura* wurden selten als Fusionspartner in Erwägung gezogen, wohingegen besonders große und wohlhabende Gebietskörperschaften im Laufe der kommunalen Gebietsreform oft nicht mehr zu einer Fusion bereit waren (Mabuchi 2001: 16). Während durch eine Vergrößerung der Kommunen deren Steuereinnahmen steigen und sie dadurch, so nimmt Mabuchi (2001: 16–17) an, in die Lage versetzt werden, ihre Verwaltungsaufgaben effizienter auszuführen, gibt es eine Reihe kleiner – meist ländlicher – Kommunen mit einer großen Zahl alter Menschen, denen es schwerfällt, die medizinische Grundversorgung dieser Bevölkerungsgruppe zu sichern. Vor diesem Hintergrund gewann der Aspekt der Effizienzsteigerung in den 1980er Jahren immer mehr an Bedeutung, weil die Kommunen zunehmend auch die Verantwortung für Sozial- und Gesundheitsdienstleistungen übernehmen mussten (Neary

2002: 141). Dennoch blieb auch in den 1990er Jahren die Förderung der lokalen Selbstverwaltung die bestimmende Logik hinter den Gemeindefusionen (Mabuchi 2001: 17).

2.2 Dezentralisierungsbestrebungen seit den 1990er Jahren

Demographische Alterung ist aber nur eines von vielen Problemen japanischer Kommunen. Vor allem in ländlichen Regionen kommen die kontinuierliche Abwanderung junger Menschen in die Städte oder der ökonomische Niedergang von Kommunen und ganzen Regionen hinzu. Die großen regionalen Disparitäten in Japan – vor allem in ökonomischer Hinsicht – wirken sich natürlich auch auf die Kommunen aus. Während Wachstum vor allem in den Metropolen verzeichnet wird, wurden die Unterschiede zwischen den Kommunen jahrzehntelang durch ein System des Finanzausgleichs, das die Verteilung eines Teils der Einnahmen aus nationalen Steuern auf die Kommunen vorsieht, auf einem moderaten Niveau gehalten (Osiander 2007: 159). Diese finanzielle Abhängigkeit ist aber nur ein Aspekt, welcher der Eigenständigkeit japanischer Kommunen im Weg steht.[3]

Nach der Verabschiedung mehrerer Vorgängergesetze zur Dezentralisierung trat im April 2000 das 1999 beschlossene Gesamtgesetz zur Dezentralisierung (*Chihō bunken ikkatsu-hō*) in Kraft. Wichtige Neuerungen waren die Abschaffung des Systems der übertragenen Aufgaben, die Umstrukturierung der Pflichten der kommunalen Verwaltungen und die Abschaffung des Systems, welches es erlaubte, Mitarbeiter kommunaler Verwaltungen zu nationalen Beamten zu bestimmen, um nationale Interessen auf lokaler Ebene durchzusetzen (Shirai 2005: 23). Weiterhin wurde ein neutraler Schlichtungsausschuss für Konflikte zwischen Kommunen und Zentralregierung eingerichtet sowie Bürgermeister und Präfektur-Gouverneure gesetzlich gleichgestellt (Foljanty 2006: 68).

Im Juni 2002 beschloss die Zentralregierung, den Gesamtumfang des lokalen Steuerausgleichs zu reduzieren, und verabschiedete ein Jahr später die sogenannte Trinitätsreform (*Sanmi ittai kaikaku*), welche die Kürzung

---

[3] Besonders das Prinzip der übertragenen Aufgaben (*kikan inin jimu*), welches im Gesetz über lokale Selbstverwaltung geregelt wurde und die Übertragung zentralstaatlicher Aufgaben an die Kommunen ermöglichte, wurde häufig kritisiert (Barrett 2000: 36). Hinzu kam die ungleiche Möglichkeit zur Erhebung von Steuern auf nationaler und kommunaler Ebene. Die Zentralregierung erhielt 1995 62 % der gesamten japanischen Steuereinnahmen, während die Kommunen nur 38 % des Steueraufkommens direkt und unabhängig von der Zentralregierung einnehmen konnten (Barrett 2000: 38).

zweckgebundener Subventionen, die Kürzung ungebundener Subventionen und eine Übertragung von Steuerquellen vorsah (Shirai 2005: 25–26). Die zugrunde liegende Idee war, dass, wenn Steuereinnahmequellen und die Befugnis, Steuern zu erheben, von der Zentralregierung auf die Kommunen übertragen würden, die Gebietskörperschaften keine andere Wahl hätten, als die Verantwortung für ihre Finanzen zu übernehmen und unnötige Ausgaben zu reduzieren. Während die Dezentralisierung von finanzstarken Kommunen begrüßt wird, weil mit ihr mehr Autonomie für die Kommunen einhergeht, reagieren andere, finanzschwächere Kommunen eher besorgt (Iqbal 2001: 5). Obwohl die Dezentralisierungsbestrebungen langfristig die Selbstverwaltung der Kommunen stärken dürften, so Shirai (2005: 26), sei momentan besonders die Diskrepanz zwischen finanzieller Belastung der Kommunen einerseits und deren wachsenden Aufgaben andererseits problematisch.

2.3 Die Gemeindefusionen der Heisei-Zeit

Die Fusionen der Heisei-Zeit sind Teil dieser Dezentralisierungsbestrebungen, welche seit Beginn der 1990er Jahre das Verhältnis zwischen der japanischen Zentralregierung und den Kommunen stark verändert haben. Im Plan zur Förderung von Gemeindefusionen (*Shichōson gappei shien puran*) von 2001 begründete das Hauptbüro zur Förderung der Gemeindefusionen (Shichōson Gappei Shien Honbu) die Notwendigkeit der Gemeindefusionen damit, dass vor dem Hintergrund der Dezentralisierung die Verwaltungsleistungen der Kommunen gesteigert werden müssten (Shichōson Gappei Shien Honbu 2001, Internet). Laut dem Ministerium für öffentliche Verwaltung, Inneres, Post und Telekommunikation (Sōmushō) dienen die Gemeindefusionen vor allem (1) dem Erhalt der Selbstverwaltung der Kommunen, (2) der Verbesserung der kommunalen Verwaltungsleistungen vor dem Hintergrund niedriger Geburtenraten und demographischer Alterung (*shōshi kōreika*), (3) einer dem größeren Aktionsradius des täglichen Lebens der Bürger angemessenen räumlichen Ausdehnung von Verwaltungstätigkeiten der Kommunen, (4) der Förderung einer wirtschaftlich effizienteren Verwaltungsstruktur als Reaktion auf die ernste Finanzlage von Staat und Kommunen und (5) einer Neustrukturierung der Verwaltungseinheiten, um den seit den Shōwa-Fusionen veränderten Verkehrs- und Kommunikationsmitteln gerecht werden zu können (Sōmushō 2001, Internet). Darüber hinaus, so Shirai (2005: 25), könnten Entwicklungsprogramme zur Revitalisierung lokaler Industrien besser an lokale Bedürfnisse angepasst werden, wenn sie von der entsprechenden Kommunalverwaltung übernommen und in Zusammenarbeit mit den Anwohnern implementiert würden.

Das alte Sondergesetz über kommunale Gebietsreformen (*Gappei tokurei-hō*) von 1965 lief am 31.03.2005 aus (*Nishi-Nihon Shinbun* 31.10.2004: 33). Es beinhaltete Sondersubventionen für beteiligte Kommunen, die innerhalb von zehn Jahren nach der Fusion zu günstigen Konditionen an den japanischen Staat zurückgezahlt werden müssen. Da diese Begünstigungen und andere Sondersubventionen nur solche Kommunen in Anspruch nehmen konnten, die bis zum 31. März 2005 ihren Fusionsprozess abgeschlossen hatten, fanden kurz nacheinander viele Gemeindezusammenlegungen statt (Hobo 2007: 3). Im April 2005 wurde das neue Gesetz über kommunale Gebietsreformen (*Gappei shin-hō*) verabschiedet, welches einige der Begünstigungen für fusionswillige Gemeinden bis zum 31. März 2006 verlängerte und zahlreiche weitere Zusammenschlüsse mit sich brachte. Das neue Gesetz griff die wichtigsten Punkte des alten Gesetzes auf. Allerdings fielen „zum Schutz der Kommunen" (*Kōhō Arita* 10/2004: 7) die Sondersubventionen und Vergünstigungen im Rahmen des Finanzausgleichs weg. Einige Kommunen hatten die Sonderanleihen für Sanierungsprojekte, Stadtgestaltung und Aufstockung des Personals verwendet, woraufhin sich ihre bereits vorher kritische finanzielle Lage noch verschlimmerte. Dieses Phänomen wurde von den Medien mit dem Begriff *gappei baburu* [Fusionsblase] bezeichnet (Hobo 2007: 9).

Der im Sondergesetz über kommunale Gebietsreformen vorgeschriebene Ablauf der Gemeindefusionen war ein Prozess in zwei Etappen. Zunächst gründeten fusionswillige Gemeinden freiwillige Gemeindefusionskonferenzen (*nin'i gappei kyōgikai*), in denen Informationen über potenzielle Partner und die Vor- und Nachteile einer Fusion gesammelt wurden. Der zweite Schritt war die offizielle Gründung einer gesetzlichen Gemeindefusionskonferenz (*hōtei gappei kyōgikai*). Dafür war eine Bewerbung beim Gouverneur der Präfektur nötig, der über die Gründung des Komitees und die Gemeindefusion zu entscheiden hatte (Rausch 2006: 140).

Kritisiert werden die Zusammenschlüsse der Heisei-Zeit vor allem deshalb, weil sie hauptsächlich zur Sanierung der kommunalen Haushalte vollzogen wurden (*Asahi Shimbun* 21.03.2006: 31). Hagiwara (zitiert in Rausch 2006: 143) kommt zu dem Schluss, dass Fusionen zwar für die Zentralregierung sowie große und finanzstarke Kommunen attraktiv seien, für kleinere und finanzschwächere Kommunen jedoch negative Konsequenzen hätten. Hobo (2007: 6) beanstandet zudem Widersprüche innerhalb der vom Sōmushō propagierten Ziele der Gemeindefusionen. Wenn demographische Alterung als ein Grund für die Gebietsreformen angegeben werde, dürften nicht gleichzeitig eine Ausweitung des Bewe-

169

gungsradius der Menschen und die Schließung von Rathäusern im Dienste von Effizienzsteigerung und Einsparungen Ziel der Fusionen sein. So würden kommunale Dienstleistungen für alte Menschen, deren Aktionsradius eher klein sei, unerreichbar gemacht. Weiterhin gäbe es auch Alternativen zu einer Gemeindefusion, wie eine verbesserte interkommunale Zusammenarbeit oder Kompetenzerweiterungen für die Präfekturen, welche ebenfalls auf eine durch Berufspendler oder Mobilität verursachte Vergrößerung des täglichen Aktionsrahmens reagieren könnten. Hobo (2007: 4) hält es zudem für fraglich, ob die erhofften Effekte, besonders was die Sanierung der Haushalte der Gemeinden betrifft, wirklich eintreten. Weitere mögliche negative Auswirkungen der Fusionen sieht er in einer Anonymisierung der Verwaltung, der Schwächung lokaler Demokratie, einer wachsenden Ungleichheit zwischen den Gemeinden und einer Verschlechterung der kommunalen Finanzen. Die *Heisei no dai-gappei* habe eine ernsthafte Diskussion über den Zustand der kommunalen Gebietskörperschaften verhindert, da sie von den in Aussicht gestellten finanziellen Vergünstigungen dominiert sei, so seine These.

3 Fallstudie: Arita-*machi* – „Heimat des japanischen Porzellans"

3.1 Kurzprofil der Kommune Arita

Wie reagierten Kommunen in peripheren ländlichen Gebieten auf die von der Regierung initiierten Anreize zur Förderung von Gemeindefusionen, und wie wurden Entscheidungen für oder gegen einen Zusammenschluss gefällt? Im Folgenden soll eine Gemeindefusion und deren Ablauf im Rahmen der *Heisei no dai-gappei* anhand des Beispiels der Kommune Arita-*machi* in der Präfektur Saga vorgestellt werden.

Die bis zum 1. März 2006 bestehende Kommune Arita-*machi* war bereits das Ergebnis der vorangegangenen Fusionswellen der Meiji- und Shōwa-Zeit.[4] Vor dem Zusammenschluss lebten etwa 13.000 Menschen in Arita.

Einzige in Arita ansässige Industrie ist die Keramikindustrie, die Tolliday und Yonemitsu (2007) als eine lokal gebundene traditionelle Konsumgüterbranche (*jiba sangyō*)[5] charakterisieren, die hauptsächlich aus

---

[4] Im Jahr 1889 war Arita-*mura* aus den Siedlungen Arita und Sarayama hervorgegangen. Erst 1954 entstand Arita-*machi* (Arita-chō 2007, Internet).

[5] Der Begriff *jiba sangyō* für lokal gebundene Branchen wurde in den 1960er Jahren geprägt und beschreibt die Konzentration von meist kleinen Unternehmen einer Branche an einem Ort. Die Produkte werden häufig mit dem Produktionsort assoziiert und tragen dessen Namen (Tolliday und Yonemitsu 2007: 41).

kleinen Familienunternehmen besteht und vor allem der Bewahrung handwerklicher Tradition verschrieben ist. Die Branche florierte zwar während der *bubble economy*-Phase, ihre Umsätze sanken aber nach einem Höhepunkt im Jahr 1991 stetig.[6] Da ein großer Teil der Bevölkerung Aritas ihren Lebensunterhalt in der Keramikindustrie mit ihren etwa 100 Manufakturen und ungefähr doppelt so vielen Groß- und Einzelhandelsunternehmen verdient,[7] werden die Auswirkungen der ökonomischen Krise auf die Kommune als sehr ernst empfunden. Die Heterogenität von Unternehmen – wenige größere Firmen erzielen weiterhin gute Umsätze, während der Großteil der anderen Firmen nur geringe Umsätze hat (*Nishi-Nihon Shinbun* 27.04.2006: 18) – und die Heterogenität von Produkten und Kunden erschwert es der Keramikindustrie, eine Gesamtstrategie zu entwickeln, um die ökonomische Krise zu überwinden. Viele Strategien zur Revitalisierung Aritas stehen in Verbindung mit der Entwicklung neuer Keramikprodukte und deren Vermarktung und somit einer Revitalisierung der Industrie (*sangyō saisei*). Andere Maßnahmen zielen eher auf die Förderung des internationalen Austauschs, des Tourismus und der Bildung ab und werden häufig mit dem Begriff „Stadtgestaltung" (*machizukuri*) umschrieben.

Aritas kommunale Verwaltung, Unternehmer, Museen, Medien und Vereine präsentieren ihre Stadt nach innen und außen als „Heimat des japanischen Porzellans" (*Nihon no jiki no furusato*). Besonders „alteingesessene" Keramikunternehmer identifizieren sich mit der „400-jährigen Geschichte" (Arita Kankō Kyōkai 2005: 1) der Porzellanherstellung in Arita (Interview mit Unternehmer S. K. am 31.01.2008). Diese begann mit der Entdeckung des Porzellans durch den koreanischen Töpfer Ri Sam-Pei, der während der Invasion Koreas durch Toyotomi Hideyoshi Ende des 16. Jahrhunderts in das Lehenstum *Saga-han* gebracht wurde. Ihm werden die Entdeckung von Kaolin und die Herstellung des ersten japanischen Porzellans in Arita im Jahr 1616 zugeschrieben (Hisatomi 2005: 1). Die Erzählung der Erfolgsgeschichte des Arita-Porzellans wird fortgesetzt mit Exporterfolgen nach Europa im 17. und 19. Jahrhundert. Im 17. Jahrhundert wurde Porzellan aus Arita von der Niederländischen *Vereenigte Oostindische Compagnie* (VOC) nach Europa exportiert (*Kōhō Arita* 12/2005: 18). Arita-Porzellan erlebte eine weitere Phase internationaler Popularität am

---

[6] 1991 wurden Umsätze von 3,4 Mrd. Yen erzielt, die sich bis 2004 auf 1,6 Mrd. Yen halbierten (Arita-chō 2006: 7).

[7] Die Keramikbranche war der größte Arbeitgeber in Arita-*machi*. Im Jahr 2004 waren über 2.000 Personen allein dort beschäftigt. Von den 12.700 Einwohnern Aritas waren ferner 3.000 Personen 65 Jahre und älter und 2.000 jünger als 15 Jahre (Arita-chō 2006: 8).

Ende des 19. Jahrhunderts, als Produkte aus den Werkstätten Aritas auf den Weltausstellungen gezeigt wurden. Während des 20. Jahrhunderts blieb der Erfolg des Arita-Porzellans zwar auf den japanischen Markt beschränkt, wo es sich aber großer Wertschätzung erfreute, was sich u. a. darin ausdrückt, dass einige lokale Töpfer, Porzellane und Gebäude in das nationale System des Kulturerbes integriert wurden (Tolliday und Yonemitsu 2007: 62).[8]

Das Identifikationsangebot „Heimat des japanischen Porzellans" wurde in den letzten Jahren einerseits von der ökonomischen Krise in Frage gestellt, andererseits aber im Rahmen von Revitalisierungsmaßnahmen und Stadtgestaltungsprojekten bemüht, um nach innen die lokale Gemeinschaft zu stärken sowie nach außen die Attraktivität des Ortes als Touristenziel und Ursprung der Keramikprodukte hervorzuheben.

3.2 Exkurs: Lokale Identität und Identitätspolitik

Aritas lokale Identität als „Heimat des japanischen Porzellans" ist im Kontext dieser ökonomischen Wiederbelebungsmaßnahmen einerseits und der Stadtgestaltungsmaßnahmen andererseits zu verorten. Lokale Identität gilt vor allem als Ressource, die Kommunen in einem interlokalen Wettbewerb um Touristen oder Fördermittel voneinander unterscheidbar macht (Steffensen 1996: 158). Lokale Identität wird in diesem Zusammenhang verstanden als ein Ensemble aus lokaler Kultur, Traditionen, Kunsthandwerk, Folklore, historischen Orten und Landschaften (Rausch 2005: 125). Verschiedenste Initiativen trugen seit den 1960er Jahren zu dieser Konzeption lokaler Identität als Ressource bei. So hielt z. B. die Revitalisierungsbewegung „Ein Dorf – ein Produkt" (*isson ippin undō*), 1979 von Hiramatsu Morihiko, dem damaligen Gouverneur der Präfektur Ōita, angeregt, Kommunen dazu an, alles zu vermarkten, was sie für eine lokal charakteristische Spezialität hielten. Die kollektive Identität, die so gebildet wurde, war demnach hauptsächlich darauf ausgerichtet, eine Kommune als touristischen Ort aufzuwerten oder an die Kommune gebundene Produkte zu verkaufen (Steffensen 1996: 158–159). Weitere Bestrebungen, innerhalb derer lokale Identität kreiert wurde, war die unter Premierminister Takeshita initiierte „Furusato Creation Policy" Ende der 1980er Jahre. Diese zielte darauf ab, Kommunen zu Heimatorten (*furusato*)

---

[8] Im Jahr 1971 wurden die Töpfer Sakaida Kakiemon und Imaizumi Imaemon vom Kultusministerium (Monbushō) zu sogenannten „lebenden Nationalschätzen" (*ningen kokuhō*) ernannt, deren Aufgabe der Erhalt von Handwerkstechniken ist, die als wichtiges immaterielles Kulturerbe deklariert wurden.

bestimmter kultureller Praktiken oder Produkte zu etablieren.[9] Lokale Identität innerhalb solcher Revitalisierungsstrategien dient zumeist der Repräsentation nach außen. Diese lokale Identität ist aber, wie die Beispiele der „Furusato Creation"-Initiative und der „Ein Dorf – ein Produkt"-Kampagne zeigen, nicht immer schon dagewesen oder beständig. Daher soll lokale Identität hier als Konstrukt verstanden werden. Strategien zur Konstruktion einer solchen Identität im Dienste von Revitalisierungsmaßnahmen nenne ich im Folgenden „Identitätsmarketing".

Die Konstruktion von (lokaler) Identität zielt aber in einer zweiten Funktion auf die Herstellung sozialen Zusammenhalts ab. Diese lokale Identität bietet Individuen die Mitgliedschaft in einem Kollektiv an, indem es die Unterschiede, die zwischen diesen Individuen existieren, aufhebt. Dies geschieht häufig in Bezugnahme zu einem Anderen, von dem sich das Kollektiv durch bestimmte Attribute, die als kulturell, politisch, ökonomisch, ethnisch oder religiös konstruiert sein können, abhebt. Diese Identität wird an einen Raum gebunden, der gleichzeitig als durch diese Identität konstituiert gilt. Sowohl die Identität eines Kollektivs als auch der Raum, auf den diese Identität bezogen wird, werden häufig als primordial präsentiert.

Die Untersuchungsergebnisse Sasaki Masamichis (2004: 80) zeigen für Japan einen Trend auf, demzufolge „lokale" Identitäten vor allem als Gegenstück zu regionaler oder nationaler Identität wichtiger werden. So fühlten sich besonders ältere Menschen ihrer Kommune bis zu fünf- oder sechsmal stärker verbunden als der Präfektur oder dem Nationalstaat. Dennoch bildet der Diskurs über nationale japanische Identität, der sogenannte *nihonjinron*, ebenfalls einen wichtigen Referenzrahmen für die Konstruktion der Identität japanischer Kommunen und Regionen, die über das Konzept der Heimat (*furusato*) positiv in den japanischen Nationalstaat integriert, als Provinz (*inaka*) jedoch den florierenden Metropolen gegenübergestellt und in einem Prozess der Hierarchisierung diesen untergeordnet und mit negativen Attributen versehen werden. Flüchter (1995: 99) argumentiert, dass die Betonung einer starken nationalen Identität und Homogenität, welche den eigentlichen Stadt-Land-Disparitäten stark widerspricht, zur Kompensation regionaler Unterschiede beitrage.

In diesem Spannungsfeld zwischen nationaler und lokaler Identität sollten auch die hier zu diskutierenden Auseinandersetzungen über die

---

[9] So findet man heute nicht nur Gebietskörperschaften, die sich wie Arita als Heimat des japanischen Porzellans präsentieren, sondern auch Landschaften wie Sayama, die selbsternannte Heimat des Anime-Charakters Totoro in der Nähe von Tokyo, oder Regionen wie San'in, die als Heimat der Götter beworben wird. Vgl. dazu die Internetpräsenz der genannten Orte: http://www.totoro.or.jp; http://www.furusato.sanin.jp; http://www.town.arita.saga.jp (jeweils letzter Zugriff 26.06.2008).

lokale Identität Aritas verortet werden. Die Konstruktion lokaler Identität, um Gemeinschaft zu etablieren, wird im Folgenden „Identitätspolitik" genannt. Identitätspolitik sind die mit Identitätskonstrukten verbundenen politischen Notwendigkeiten und Absichten, die laut Berg (2001: 5) immer dann gefragt sind, wenn die Lücke zwischen der Vergemeinschaftung und dem Gemeinschaftsgefühl zu groß wird. Identitätspolitik ist damit als ein Handeln bestimmt, das auf die Kultur eines Kollektivs Einfluss nimmt, indem es jene und dieses als maßgeblich wahrnehmbar und handlungsrelevant setzt, um so die Zugehörigkeit zu diesem Kollektiv und seiner Kultur zu propagieren oder zu verfestigen.

3.3 Aritas Fusion mit Nishi-Arita

Am 1. März 2006 entstanden in der Präfektur Saga drei neue Kommunen: Takeo-*shi* mit 53.000 Einwohnern, Yoshinogari-*chō* mit 15.900 Einwohnern und Arita-*chō* mit 22.000 Einwohnern (*Asahi Shimbun* 02.03.2006: 30). Insgesamt war im Zuge der Heisei-Fusionen in der Präfektur Saga die Zahl der Kommunen von 49 am 1. Oktober 2005 bis zum 20. März 2006 auf 23 geschrumpft. Die ehemals sieben *shi*, 37 *chō* und fünf *son* fusionierten zu nunmehr zehn *shi* und 13 *chō*. Gebietskörperschaften mit weniger als 10.000 Einwohnern verschwanden allesamt von der politischen Landkarte der Präfektur.

Die Fusionen in der Präfektur seien, so die *Asahi Shimbun*, vor allem finanziell motiviert gewesen (21.03.2006: 31). Die Kommunen hätten sich für die Fusionen entschieden, weil sie auf anderem Wege keine Steigerung ihrer Einnahmen erhoffen konnten, die sie aber dringend für die in Zukunft nicht geringer werdenden Ausgaben vor allem im Bereich der sozialen Sicherung benötigten. Eine genaue Planung des Verwendungszwecks der Subventionen sei aber nur ungenügend erfolgt, obwohl ein Teil zurückgezahlt oder ein Eigenanteil von der Kommune aufgebracht werden müsse. Durch diese Herangehensweise rücke die Steigerung der Verwaltungseffizienz als erklärtes Ziel der Gemeindefusionen in weite Ferne.

Die Gemeindefusion zwischen Arita und Nishi-Arita stellt nach der Definition von Mabuchi (2001: 1) einen Zusammenschluss[10] zweier Gebietskörperschaften ähnlicher Größe dar. Im Jahr 2002 initiierte Arita erste Ge-

---

[10] Mabuchi unterscheidet zwei Typen von Fusionen: die Eingemeindung und den Zusammenschluss. Mit „Zusammenschluss" (jap. *shinsetsu gappei, gattai gappei* oder *taitō gappei*) ist die Gemeindefusion mehrerer Kommunen ähnlicher Größe gemeint. „Eingemeindung" (jap. *hennyū gappei* oder *kyūshū gappei*) bezeichnet die Absorption kleinerer Nachbargemeinden durch eine größere Kommune.

spräche mit den Nachbarkommunen Imari-*shi* und Nishi-Arita-*chō* über eine Fusion nach dem Modell *1-shi 2-chō*, die jedoch scheiterten (Interview mit S. K. am 04.02.2008). Der damalige Bürgermeister Aritas, Shinohara Keiichirō, sieht den Grund für das Scheitern im finanziellen Bereich und führt es zudem auf die Ängste Nishi-Aritas zurück, von Imari als einer wesentlich größeren Kommune „verschluckt" zu werden (Interview mit S. K. am 04.02.2008). Der damalige Bürgermeister Nishi-Aritas und gegenwärtige Bürgermeister der neuen Kommune Arita-*chō*, Iwanaga Masata, gibt als Grund für den Ausstieg Nishi-Aritas aus den Verhandlungen aber vor allem Streitigkeiten über das kommunale Krankenhaus Nishi-Aritas an, welches Imari nicht bereit gewesen sei zu tragen (Interview mit I. M. am 07.02.2008).

Im Jahr 2004 begann Arita erneut Verhandlungen, diesmal jedoch nur mit Imari (*Kōhō Arita* 8/2004: 2). Im September trat Arita dann wieder aus der freiwilligen Gemeindefusionskonferenz mit Imari-*shi* aus, weil die Angst bestand, dass Aritas Interessen im Fall einer Fusion mit einer größeren Gebietskörperschaft nicht genügend berücksichtigt würden. Zudem wurde im Gemeinderat vorgebracht, dass die Bürger Aritas nicht hinter einer Fusion mit Imari stünden und nicht nachvollziehen könnten, warum das benachbarte Nishi-Arita nun als Fusionspartner vernachlässigt werde (*Kōhō Arita* 8/2004: 2). Auch Bürgermeister Shinohara (Interview mit S. K. am 04.02.2008) wies auf die Schwierigkeiten einer solchen Fusion hin. Weil zwischen Arita und Imari der Ort Nishi-Arita liegt, würde Arita zu einer Exklave werden. Die praktischen Probleme bei Straßenbauprojekten oder für den öffentlichen Nahverkehr hätten Kosteneinsparungen unwahrscheinlich gemacht. In einer Bürgerbefragung, die im Juli 2004 in Arita durchgeführt wurde, sprachen sich 54,8 Prozent für eine Fusion mit Nishi-Arita, 19,9 Prozent für ein Zusammengehen mit Imari und 21,0 Prozent der Bürger gegen jegliche Fusion aus (*Kōhō Arita* 9/2004: 7).

Am 17. September 2004 wurde die freiwillige Gemeindefusionskonferenz des Kreises Nishi-Matsuura gegründet, in der über die Zusammenlegung Aritas und Nishi-Aritas verhandelt wurde (*Kōhō Arita* 2/2006: Sonderbeilage). Die Kommission setzte sich aus den beiden Bürgermeistern, den Gemeinderatsvorsitzenden, deren Stellvertretern und den vier Mitgliedern (Verwaltungsangestellten) des Fusionsbüros zusammen. Die gesetzliche Gemeindefusionskonferenz des Kreises Nishi-Matsuura (NMCGK) wurde am 12. November 2004 gegründet (*Kōhō Arita* 11/2005: 11). Vom 15. November 2004 bis zur Fusion am 1. März 2006 tagte die Konferenz 16-mal. Die gesetzliche Städtefusionskonferenz bestand aus insgesamt 16 Mitgliedern aus beiden Städten und einem Berater aus der Präfekturverwaltung. Sie war unterteilt in den Vorsitzenden und dessen Stellvertreter, Verwaltungsausschuss, Parlamentsausschuss und Bürgervertreterausschuss, deren Mitglieder zu je gleicher Zahl aus den beiden Kommunen rekrutiert wurden (NMCGK 2005a: 2–3). Die zu klärenden Sachbereiche reichten vom Standort der gemeinsamen Verwaltungsgebäude über die Kanalisation, die Anzahl der Abgeordneten und die Zusammenführung der Wohlfahrtszentren bis hin zu Namen und Wappen der neuen Stadt (NMCGK 2005a: 2–3). Der Fusionsvertrag wurde am 13. März 2005 unterzeichnet. Am 1. März 2006 entstand die neue Stadt Arita-*chō*.

Regionale Medien propagierten die Fusion als Zusammenschluss der Heimatstadt des Arita-Porzellans und der „Agrarstadt" Nishi-Arita: Besonders Nishi-Arita habe wegen der stark ausgeprägten Bevölkerungsalterung, dem erst kürzlich abgeschlossenen Bau eines neuen Rathauses und dem Betrieb eines kommunalen Krankenhauses dringenden Bedarf an neuen Einnahmequellen. Wenn sich jedoch die Krise der Keramikbranche fortsetze, so prophezeite die *Asahi Shimbun* (02.03.2006: 30), werde die neue Kommune viele Probleme haben.

Die Bürgermeisterwahl fand am 11. April 2006 zusammen mit der Wahl der 22 Abgeordneten des Gemeinderates statt (*Asahi Shimbun* 02.03.2006: 30). Erster Bürgermeister der neuen Kommune Arita wurde der ehemalige Bürgermeister Nishi-Aritas, Iwanaga Masata, der 67 Prozent der Stimmen erhielt (*Saga Shinbun* 17.04.2006: 22). In seinem Wahlkampf präsentierte sich Iwanaga vor allem als ein Bürgermeister, der in der Lage sein werde, Subventionen einzuwerben. Iwanagas Ziel sei, so berichtete die *Saga Shinbun* (18.04.2006: 23), die gemeinsame Förderung landwirtschaftlicher Produkte und der Keramik und deren gemeinsame Vermarktung, um so Arbeitsplätze zu schaffen, welche vor allem die jungen Menschen in der Gemeinde halten sollten.

3.4 Gründe für die Gemeindefusion

Welche Beweggründe veranlassten Bürgermeister und Gemeinderäte zu einer Umsetzung der von der Zentralregierung in Tokyo angeregten Gesetze zur Gemeindefusion?

Der ehemalige Bürgermeister Aritas, Shinohara Keiichirō (Interview am 04.02.2008), begründete die Notwendigkeit zur Fusion damit, dass er ohne eine Fusion keine Zukunft für Arita gesehen habe. Die Fusion sei für ihn eine Maßnahme zur Revitalisierung der Kommune. Arita sei eine Gebietskörperschaft mit relativ geringer Fläche. Dies mache es schwer, Unternehmen aus anderen Branchen in Arita anzusiedeln. Nishi-Arita hingegen sei weiträumig und verfüge zudem über weitere Ressourcen. Die Ansiedlung von Unternehmen in Arita sei wichtig, daher habe er sich wieder an Nishi-Arita gewandt, auch wenn dessen Einwohnerzahl und Steuereinnahmen gering waren. Besser wäre es aber gewesen, mit Imari zu fusionieren und eine noch größere Gebietskörperschaft zu werden, da Imari auch einen Zugang zum Meer hat.

Auch eine Bürgervertreterin des Komitees zur Gemeindefusion (Interview mit N. M. am 30.01.2008) plädierte für eine Fusion in größerem Rahmen, weil sie sich davon Zugang zu neuen und frischen *human resources* und Ideen erhoffte, damit Arita nicht an seiner Selbstzufriedenheit zugrunde gehe. Nishi-Aritas ehemaliger Bürgermeister und neuer Bürgermeister Aritas, Iwanaga Masata (Interview am 07.02.2008), gibt an, dass der Druck des Staates und die Drohung des Entzugs von Subventionen ihn zur Fusion seiner Kommune bewogen hätten.

In der von der Konferenz zur Gemeindefusion seit seiner Gründung monatlich an alle Haushalte in Arita und Nishi-Arita verteilten Publikation *Gappei-dayori* [Mitteilungen zur Gemeindefusion] wurde in der Ausgabe vom Januar 2005 die Notwendigkeit einer Gemeindefusion wie folgt begründet:

> Arita und Nishi-Arita haben mit Porzellan, Keramik, Landwirtschaft und Natur gemeinsame Wirtschaftszweige und viele Ressourcen, die sich entwickelt haben, als beide Städte nebeneinander existierten. Aber in den letzten Jahren ist die Geburtenrate gesunken und die Alterung hat zugenommen, die Dezentralisierung schreitet voran, die Finanzlage von Staat und Regionen ist schlecht, durch die Trinitätsreformen sind unsere beiden Städte von einer Umwelt umgeben, die sich in großem Stil verändert. Der Sinn der kommenden Fusion besteht darin, dass wir in Zukunft einer noch ernsteren finanziellen Situation entgegensehen und daher eine solidere Verwaltungs- und Finanzbasis errichten müssen. So wollen wir das Fundament unserer Gesellschaft wieder instand setzen und eine effektive Finanz- und Stadtverwaltung einführen, um so den differenzierten und anspruchsvoller gewordenen Bedürfnissen der Bevölkerung entsprechende Serviceleistungen anbieten und eine attraktive Stadtgestaltung umsetzen zu können. (NMCGK 2005a: 1)

Das Zukunftsszenario für beide Städte wird in den düstersten Farben geschildert. Argumentiert wird mit demographischen, ökonomischen und politischen Daten, Diagrammen und Statistiken. In einer Simulation der Entwicklung des kommunalen Haushalts in den folgenden zehn Jahren wird den Bürgern die jeweilige Entwicklung im Fall einer Gemeindefusion und im Fall einer Ablehnung der Gemeindefusion erklärt. Sollten die Kommunen nicht fusionieren, würden beide innerhalb der nächsten zehn Jahre mit einem Haushaltsdefizit zu kämpfen haben. Im Falle einer Fusion wäre jedoch schon nach zwei Jahren ein Wachstum um etwa 400 Mio. Yen möglich (NMCGK 2005b: 9–10). Die Einsparungen würden vor allem durch personelle Kürzungen in der Stadtverwaltung erreicht. Diese und weitere Begründungen decken sich fast aufs Wort mit den Zielen, welche das Sōmushō für die Gemeindefusionen formulierte (Hobo 2007: 4–6).

3.5 Kommunikation mit den Bürgern

Die *Asahi Shimbun* (21.03.2006: 31) kritisiert die Gemeindefusionen in der Präfektur Saga dafür, dass sie nach Gutdünken der Verwaltung und der Stadtparlamente ausgeführt wurden, ohne die Bürger zu befragen. Wie vermittelten Gemeinderat und Kommunalverwaltung den Bürgern von Arita Inhalte, die im Zusammenhang mit der Gemeindefusion standen? Wurden sie in Entscheidungsprozesse einbezogen?

In Arita wurden die Bürger im Vorfeld der Gemeindefusion durch zwei gesetzlich vorgeschriebene Informationsveranstaltungen in den Stadtdistrikten (*chiku*), regelmäßige Berichterstattung in der kommunalen Monatszeitung *Kōhō Arita*,[11] in der regionalen Tageszeitung *Saga Shinbun*, dem lokalen Fernsehsender *Arita Kēburu* und durch eine monatliche Informationsschrift der Konferenz zur Gemeindefusion über den Verlauf der Verhandlungen und deren Inhalte informiert. Von mangelnder Information kann daher zumindest in quantitativer Hinsicht nicht die Rede sein.

Bereits im Juni 2004 fanden in allen zehn Stadtdistrikten Aritas Veranstaltungen für die Bürger statt, die wesentliche Punkte möglicher Gemeindefusionskonstellationen vorstellten. Von den damals 10.333 volljährigen Bürgern Aritas nahmen insgesamt aber nur 326 teil (*Kōhō Arita* 8/ 2004: 2). Im Februar 2005 fanden zum zweiten Mal in allen Distrikten Informationsveranstaltungen statt (*Kōhō Arita* 3/2005: 18). Die Teilnehmerzahl fiel mit insgesamt 258 Personen noch geringer aus. Angestellte der Stadt und Abgeordnete des Stadtrats erläuterten die Vorteile, den Verlauf und die Auswirkungen der Gemeindefusion. Im Anschluss hatten die Bürger die Möglichkeit, Fragen zu stellen sowie Ängste und Wünsche mitzuteilen. Dazu gehörte vor allem Kritik an der Aufteilung der Verwaltungsaufgaben auf zwei Rathäuser, die voneinander räumlich getrennt und für Bürger ohne Auto schlecht erreichbar sind, an dem geplanten Bau eines neuen Rathauses in Arita und an den geplanten Adressänderungen durch die Veränderung der Distrikteinteilung. Unklar war den teilneh-

---

[11] *Kōhō Arita* ist eine von der Informations- und Planungsabteilung der Kommunalverwaltung monatlich herausgegebene Gemeindezeitung. Sie wird kostenlos an alle Haushalte verteilt.

menden Bürgern, warum die Anzahl der Abgeordneten nicht von Anfang an 18 betragen sollte, sondern in der ersten Wahl 22 Abgeordnete gewählt werden sollten, und wie die Gemeindefusion die Probleme der niedrigen Geburtenrate lösen könne. Sorgen wurden hinsichtlich der Zukunft der öffentlichen Einrichtungen geäußert. Ebenfalls skeptisch standen einige Bürger dem versprochenen finanziellen Segen durch Subventionen gegenüber, die, wenn sie überhaupt helfen sollten, doch spätestens elf Jahre nach der Fusion auslaufen würden (*Kōhō Arita* 3/2005: 18).

Kōhō Arita berichtete regelmäßig über den Fortgang der Fusionsverhandlungen. Bis zur Unterzeichnung des Fusionsvertrags am 13. März 2005 hieß die entsprechende Rubrik *Minna de kangaeyō! Shichōson gappei!* [Lasst uns zusammen über die Gemeindezusammenlegung nachdenken!]. Nachdem feststand, dass eine Fusion zustande kommen würde und auch ein Datum festgelegt war, wurde der Titel der Rubrik ab März 2005 in *Rainen 3/1 gappei ni mukete* [Der Städtefusion am 1. März des nächsten Jahres zustreben!] umbenannt. *Kōhō Arita* vertrat bei der Berichterstattung die Perspektive der Bürger Aritas bzw. vermittelte diesen Anschein, indem die Zeitung häufig Fragen wiedergab, welche von den Bürgervertretern aus Arita (*Arita-machi jūmin daihyō*) gestellt wurden. Sie fungierte außerdem als Mittler zwischen Verwaltung und Bürgern, indem sie die Leser aufforderte, Fragen bezüglich der Gemeindefusion an die Redaktion zu schicken. In der Aprilausgabe von 2005 wurden diese Fragen – die weitestgehend denen ähnelten, die in den Versammlungen gestellt worden waren – beantwortet (*Kōhō Arita* 4/2005: 2). Die Antworten zielten weitestgehend darauf ab, die Bürger zu beruhigen und ihnen die Vorteile der Gemeindefusion plausibel zu machen.

Eine direkte Einbeziehung der Bürgermeinung in die Vorbereitung der Gemeindefusion fand allerdings nur einmal in Form der Bürgerbefragung im Juli 2004 statt. Darüber hinaus war es Aufgabe der Bürgervertreter, die Meinung der Bürger im Komitee zur Gemeindefusion zu repräsentieren. Die Befragung im Juli 2004 ist zunächst Indiz dafür, dass im Vorfeld der Gemeindefusion auch die Bürger Aritas gehört wurden. Allerdings ist dies wohl eher damit zu erklären, dass die Entscheidung des Stadtrats über einen Austritt aus den Fusionsgesprächen mit Imari mit acht zu sieben Stimmen äußerst knapp ausfiel (*Kōhō Arita* 8/2004: 2). Mit 84 Prozent war die Beteiligung an der Bürgerbefragung im Vergleich zur Teilnahme an den Informationsveranstaltungen hoch. Der ehemalige Bürgermeister Aritas (Interview mit S. K. am 04.02.2008) hielt eine darüber hinausreichende gesonderte Berücksichtigung des Bürgerwillens nicht für notwendig, weil die Abgeordneten des Gemeinderats die Vertreter der Bürger seien. Daher genüge es, solche Entscheidungen innerhalb des Gemeinderats zu fällen.

Die Bürgervertreter, die als Mitglieder des Komitees für die Gemeindefusion an den Verhandlungen teilnahmen und als Mittler zwischen Bevölkerung und Komitee fungieren sollten, hatten die Aufgabe, Informationen aus den Treffen der Gemeindefusionskonferenz an die Bürger weiterzugeben und zu erklären sowie deren Meinungen in die Konferenz zu tragen (Interview mit N. M. am 30.01.2008).

Während in anderen Kommunen besonders während der Shōwa-Fusionen Widerstand gegen die Zusammenlegungen von verschiedenen Seiten artikuliert wurde – vor allem von Bürgern kleinerer Kommunen, die Angst hatten, im Fall einer Fusion mit einer größeren Gebietskörperschaft künftig als Bürger zweiter Klasse behandelt zu werden, weil Gebäude der Kommunalverwaltung in Zukunft schwieriger zu erreichen seien oder aus Angst um den Verlust des alten Namens ihrer Kommune (Mabuchi 2001: 8) –, gab es in Arita öffentlich keinen Protest gegen die Gemeindefusion mit Nishi-Arita. Die ehemalige Bürgervertreterin N. M. beschreibt die Reaktion der Bürger während der ersten Fusionsgespräche mit Imari und Nishi-Arita 2004 sogar als gleichgültig:

> Eigentlich gab es kaum Reaktionen. Ich hatte das Gefühl, dass wir, die Bürgervertreter, und die Bürger selbst immer mehr auseinanderdrifteten. [...] Dass die Menschen nicht wussten, ob sie die Gemeindefusion als gut oder schlecht beurteilen sollten, fand ich schlimm. [...] Es ist eine Sache, ob man zuerst fragt, ob es gut wäre zu fusionieren oder nicht, aber eigentlich begann alles gleich damit, dass klar war, dass wir fusionieren würden. (Interview mit N. M. am 30.01.2008)

Wie die Bürgerbefragung zeigte, gab es in Arita auch Bürger, die gegen eine Fusion waren. Diese haben sich aber über ihr Votum bei der Befragung hinaus weder öffentlich geäußert noch organisiert.

3.6 Aritas Gemeindefusion im Kontext lokaler Identität und Identitätspolitik

Unter Bezug auf die Fusion der Gebietskörperschaft Hirosaki-*shi* in der Präfektur Aomori beschreibt Anthony Rausch (2006: 141), dass die Kommune bei der Information der Bürger bereits auf potenzielle Ängste bezüglich eines möglichen Verlusts von Nachbarschaftsidentität sowie regionaler Traditionen und Kultur einging. Auch in der Medienberichterstattung in der Präfektur gehörte die Angst vor dem Verlust lokaler Identität zu den wichtigsten im Zusammenhang mit Gemeindefusionen genannten Themen (Rausch 2006: 146). Mabuchi (2001: 7) erläutert einen Fall, in dem während der Shōwa-Fusionen die Gegner einer Gemeindefusion mit der Gefahr des Verlusts von Brauchtum und Identität argumentierten.

Spiegelt sich diese Einschätzung lokaler Identität als bedeutsamer Faktor, welcher bei Gemeindefusionen sowohl von deren Befürwortern als auch von deren Gegnern berücksichtigt werden muss, in den Fusionsverhandlungen zwischen Arita und Nishi-Arita wider? Wurden im Zuge der Verhandlungen „lokale Identität" und deren möglicher Verlust thematisiert?

In der Berichterstattung von *Kōhō Arita* und im *Gappei-dayori* der NMCGK erschienen im Vorfeld der Gemeindefusion nur selten Themen, die mit der Identität der zu fusionierenden Gemeinden verbunden waren. Lediglich zwei Probleme wurden thematisiert. Das erste Problem hing mit der Neufestlegung der Wahlkreise zusammen. Ein Bürgervertreter der ehemaligen Kommune Arita befürchtete, dass, wenn die neuen Wahlkreise deckungsgleich mit den alten Stadtgrenzen gezogen würden, die eine Hälfte der Abgeordneten die Interessen der Keramikindustrie, die andere Hälfte landwirtschaftliche Interessen vertreten würden (*Kōhō Arita* 1/2005: 6). Hier liegt eine Vorstellung der eigenen Identität und des Anderen zugrunde, die festgeschrieben ist und sich auf einen Raum bezieht, der mit den Grenzen der Kommune kongruent ist. Dazu gehören erstens Vorstellungen von Nishi-Arita als einer abgeschotteten Landwirtschaftsgemeinde, während Arita als eher offen eingeschätzt wird, weil die Porzellanhändler „schon immer" im ganzen Land und sogar im Ausland unterwegs gewesen seien (Interview mit dem ehemaligen Bürgermeister S. K. am 04.02.2008), zweitens die Identifikation beider Kommunen mit ihren jeweiligen Produkten (Interview mit dem Angestellten der Kommunalverwaltung F. R. am 05.02.2008; *Saga Shinbun* 02.03.2006: 27) und drittens Konzeptionen des Anderen als „Nicht-wie-wir". So unterscheide sich laut einer Bürgerin aus dem ehemaligen Arita beispielsweise das Zeitempfinden der Menschen aus Nishi-Arita, die alle Bauern seien, vom Zeitempfinden der Menschen aus dem ehemaligen Arita, da Gemüse länger brauche, um zu wachsen (Interview mit N. M. am 30.01.2008).

Diese Unterschiede werden auch von Seiten Nishi-Aritas betont. So gelten die Menschen aus Arita bei den Bürgern aus dem ehemaligen Nishi-Arita als arrogant (Interview mit H. K. am 07.02.2008). Denn während es in der Bauernkultur Nishi-Aritas üblich sei, sich gegenseitig zu helfen, so Bürgermeister Iwanaga, wären die Töpfer und Händler aus Arita vor allem um ihr eigenes Wohl besorgt. Daher fiele es den Menschen aus dem ehemaligen Arita auch schwer, gemeinsam zu handeln, obwohl Arita Schulden mit in die neue Kommune einbringe und daher mehr Bescheidenheit zeigen sollte. Die Keramikunternehmer scheinen sich überhaupt keine Gedanken darum zu machen, was aus der Stadt wird, kritisiert

Iwanaga. Andererseits betont er aber auch die Gemeinsamkeiten beider Kommunen, die schon in der Edo-Zeit gemeinsam von einem in Nishi-Arita ansässigen Feudalherrn regiert worden seien. Auch in der jüngeren Vergangenheit arbeiteten, als es Aritas Keramikbranche noch besser ging, viele Menschen aus Nishi-Arita in Arita (Interview mit I. M. am 07.02. 2008).

In der Konferenz zur Gemeindefusion wurden darüber hinaus die Probleme der Namensgebung und des Stadtwappens der neuen Kommune diskutiert. Die Einigung auf den Namen Arita-*chō* erfolgte bereits während des zweiten Treffens der Konferenz zur Gemeindefusion am 4. Oktober 2004. Gegen die Lesart *chō* anstelle des bis dahin in Arita gebräuchlichen *machi* gab es von Seiten Aritas keinerlei Einwände (*Kōhō Arita* 11/ 2004: 13).

Rausch (2006: 144) gibt an, dass die Medien in der Präfektur Aomori sich besonders mit der Änderung der Gebietskörperschaftsbezeichnungen beschäftigt hätten. Die Ähnlichkeit der Namen im Fall Aritas und Nishi-Aritas und die ähnliche Größe der Kommunen ließen jedoch kein großes Streitpotenzial zu. Viele Kommunen hätten sich, so Rausch (2006: 144), bei der Namensgebung neuer Gebietskörperschaften an bekannten Namen orientiert. Auch im Fall von Arita spielten Überlegungen über den Bekanntheitsgrad des Namens eine Rolle. So hätten sich die Parteien, laut dem ehemaligen Bürgermeister Aritas (Interview mit S. K. am 04.02.2008), für Arita entschieden, weil der Name überall in Japan bekannt sei.[12]

Obwohl es in den Verhandlungen kaum Stellungnahmen zu Ängsten bezüglich eines Verlusts der lokalen Identität der ehemaligen Kommune Arita gab, wurde Identität nicht völlig ausgeblendet. Es gab bereits im Vorfeld der Fusion Bestrebungen, für die neu entstehende Gebietskörperschaft Arita-*chō* eine neue, gemeinsame Identität zu konstruieren. Diese sei auch nötig, so die *Asahi Shimbun* (21.03.2006: 31), um nach der Fusion in der Bevölkerung ein Gefühl der Einheit herzustellen, auf dessen Basis eine effektive Stadtgestaltung für die neue Kommune erfolgen könne; ohne dieses Gemeinschaftsgefühl blieben die Stadtgestaltungsaktivitäten auf das Gebiet der ehemaligen Kommunen beschränkt. Der Notwendigkeit, ein Gemeinschaftsgefühl für die Bürger der beiden ehemaligen Gemeinden zu entwickeln, war sich auch die Kommunalverwaltung in Arita bewusst.

---

[12] Im Falle einer Fusion mit Imari hätte er aber auch nichts gegen den Verlust des Namens Arita zugunsten von Imari einzuwenden gehabt, weil Imari international bekannter sei, da die Porzellane aus Arita in der Vergangenheit unter dem Namen Imari nach Europa exportiert worden seien (Interview mit S. K. am 04.02.2008).

Im Juli 2005 startete *Kōhō Arita* ein Kooperationsprojekt mit *Kōhō Nishi-Arita*, welches „Der Stolz unserer Stadt. Unsere Stadt ist Nummer eins!" (*Waga machi jiman! Nanbā 1!*) hieß. Das Ziel der Kampagne wurde wie folgt beschrieben:

> Im März nächsten Jahres werden Arita und Nishi-Arita fusionieren. Die Städte liegen nebeneinander und sind sich sehr nah. Beide haben eine 50-jährige Geschichte. Damit aus einer Stadt in der Nähe (*chikai machi*) *eine* Stadt (*hitotsu no machi*) werden kann, möchten wir, dass sich die Bürger unserer beiden Städte gegenseitig kennenlernen, und daher beginnen wir dieses gemeinsame Projekt. Beim ersten Mal stellen uns Angestellte beider Rathäuser ihre liebsten Orte vor und sagen, worauf sie in ihrer Stadt stolz sind. (*Kōhō Arita* 7/2005: 2)

Auf der Rückseite beider Zeitungen erschienen von nun an bis zur letzten Ausgabe vor der Fusion jeweils nebeneinander zwei kurze Artikel, in denen Bürger beider Kommunen den Lesern jeweils einen Ort, ein Fest oder eine Institution nannten, auf welche sie stolz sind. So zeigen auf der Rückseite der Septemberausgabe 2005 zwei Fotos junge Menschen, die sich amüsieren. Vorgestellt wurden die Technische Oberschule Arita (Arita Kōgyō Kōtō Gakkō) und der Jugendaustausch in den Reisterrassen Nishi-Aritas. Weitere Kategorien waren Freizeitvergnügen (Feuerwerk in Nishi-Arita, das Porzellanpuppentheater in Arita), religiöse Orte (der Tōzan-Schrein in Arita, die Glocke eines Tempels in Nishi-Arita) und „Natur" (der Arita-Stausee und der Ryūmon-Stausee).

Die Kampagne richtete sich an die Bürger beider Kommunen, also nach innen, und kann mit ihrer Intention, die Zugehörigkeit zu einem Kollektiv und seiner Kultur zu propagieren, als Identitätspolitik gelten. Dazu gehört auch das Vorhaben, kurz nach der Fusion gemeinsame Feste und Veranstaltungen durchzuführen, um die Gemeinschaft der Bürger der neuen Stadt zu fördern. Diese sollten sich vor allem an die Kinder richten (*Saga Shinbun* 18.04.2006: 23).

Ein weiterer Versuch der Herstellung von Gemeinschaft, der eher als Identitätsmarketing nach außen im Zusammenhang mit Revitalisierungsbemühungen gelten kann, ist die von Bürgermeister Iwanaga schon während der Bürgermeisterwahlen angekündigte Verbindung von Landwirtschaftsprodukten aus Nishi-Arita und Porzellan aus Arita. Unter dem Slogan *Shokki to shoku* [Geschirr und Lebensmittel] soll eine Weltmarke etabliert werden, die durch die Vereinigung von Geschirr aus Arita und landwirtschaftlichen Erzeugnissen aus Nishi-Arita eine neue Esskultur hervorbringt (*Asahi Shimbun* 02.03.2006: 30). Erste Aktivitäten in diese Richtung entfalteten sich kurz nach der Fusion im Rahmen des jährlich stattfindenden Keramikmarktes. Erstmals wurden Verkaufsstände für landwirtschaftliche Produkte aus Nishi-Arita eingerichtet (*Saga Shinbun* 13.04.2006: 20). Im März 2008 stellte Arita das neue Konzept und die dazugehörigen Produkte erstmals in einem Kaufhaus in Tokyo vor (Interview mit I. M. am 07.02.2008).

Die Perspektive der vorangegangen Ausführungen zu lokaler Identität und Identitätspolitik im Zusammenhang mit der Gemeindefusion ist die des Bürgermeisters, der Kommunalverwaltung und der ihnen unterstellten Medien. Wie stellt sich die Fusion und damit verbunden das Thema Identität aber aus Perspektive der Bürger dar? Empfanden die Bürger Aritas die Gemeindefusion als Gefahr für Aritas Identität als „Heimat des japanischen Porzellans"? Im Januar 2008 führte ich 18 ein- bis zweistündige leitfadengestützte qualitative Interviews in Arita durch. Zwei der Befragten sind im Bereich der Stadtgestaltung aktiv, drei arbeiten in Museen in Arita, eine Person ist in einem (sich mittlerweile in Auflösung befindenden) Keramikberufsverband beschäftigt, zwei der Befragten sind Lehrer. Darüber hinaus befragte ich vier Unternehmer aus der Keramikbranche, einen Journalisten des Büros der *Saga Shinbun* in Arita, drei Mitarbeiter des Rathauses, den ehemaligen Bürgermeister Aritas und den gegenwärtigen Bürgermeister der neuen Stadt Arita. Die Hälfte der Befragten wurde im ehemaligen Arita geboren; 15 Interviewpartner leben gegenwärtig dort.

Neun der befragten Personen gaben an, dass die Gemeindefusion auf ihr persönliches Leben und ihr berufliches Umfeld kaum Einfluss habe und sie entsprechend im Vorfeld der Fusion keine Ängste bezüglich des Verlusts der lokalen Identität ihrer Kommune entwickelt hätten. Diese Gruppe besteht aus den Unternehmern aus der Keramikbranche, den Mitarbeitern der Museen und den Lehrern. Dieses Ergebnis lässt sich zum Teil damit erklären, dass weder die Unternehmer noch die in Institutionen der Präfektur angestellten Museumsmitarbeiter und Lehrer direkt von den Haushaltsproblemen der Kommune betroffen waren. Auch die Leiterin des Museums für Stadtgeschichte und Folklore Arita (Arita Rekishi Minzoku Shiryōkan) (Interview mit O. Y. am 08.02.2008) glaubt, dass sie keine Sorge haben müsse, weil Aritas 400-jährige Geschichte ein Grund für den Erhalt des kommunalen Museums sei. Ähnlich selbstbewusst geben sich die Unternehmer aus der Keramikbranche. Einer von ihnen gibt an, dass er nicht glaube, dass Nishi-Arita nötig sei, um Arita wiederzubeleben. „Wenn wir es als Stadt mit unserer 400-jährigen Geschichte der Porzellanproduktion nicht schaffen, kann uns eine Stadt, in der nur Landwirtschaft betrieben wird, erst recht nicht helfen. Landwirtschaft ist nichts Besonderes. Das gibt es überall in der Welt und überall in Japan" (Interview mit K. S. am 31.01.2008).

Interviewpartner, auf deren Leben und Arbeitsumfeld die Gemeindefusion Einfluss nahm, waren die Mitarbeiter des Rathauses, die Bürgermeister, der Mitarbeiter des Keramikberufsverbandes und die in der Stadtgestaltung Aktiven. Obwohl sie im Vorfeld der Fusion verschiedene Vorbehalte entwickelt hatten, gehörte die Sorge vor einem Verlust lokaler Identität nicht dazu. Vorgebracht wurden eher die schwierige kommunale Haushaltssituation und verschiedene Bereiche des alltäglichen Lebens, wie zum Beispiel Bedenken, ob Probleme der Kommune, wie das illegale Abladen von Müll, überhaupt noch von der Verwaltung bemerkt und bearbeitet werden können, wenn Fläche und Einwohnerzahl der Kommune sich verdoppeln, oder die Angst auf Seiten der Verwaltungsangestellten, den Wünschen der Bürger nicht mehr gerecht werden zu können (Interview mit H. K. am 07.02.2008). Die Verantwortliche für *Kōhō Arita* im Rathaus Arita (Interview am 07.02.2008) gibt an, dass sie im Rahmen ihrer Tätigkeit vor der Gemeindefusion im ehemaligen Arita kaum mit Bedenken gegenüber der Fusion konfrontiert gewesen sei, die mit einem möglichen Verlust von Identität, lokaler Kultur oder Tradition begründet wurden. Das habe damit zu tun, dass die Menschen in Arita wegen der 400-jährigen Geschichte der Stadt über genügend Selbstbewusstsein verfügten. Ängste, die eigene Identität zu verlieren und von der starken Identität Aritas aufgesogen zu werden, habe es eher in Nishi-Arita gegeben.

Die Maßnahmen der Kommunalverwaltung, des Gemeinderats und des Bürgermeisters zur Herstellung eines Gemeinschaftsgefühls nach der Fusion wurden von den Befragten eher negativ bewertet. So sollen zugunsten eines gemeinsamen Fests der neuen Kommune etablierte Volksfeste im ehemaligen Arita abgeschafft werden. Frau N., die seit Jahren im Bereich der Stadtgestaltung aktiv ist, bemängelt, dass der finanzielle Aufwand, der für dieses Fest betrieben wird, zu groß sei und plädiert dafür, anstelle dieses großen Fests mehrere Veranstaltungen stattfinden zu lassen, die nicht nur für die Bürger konzipiert seien, sondern noch dazu Touristen anzögen, um so zur Revitalisierung der Kommune beizutragen (Interview mit N. M. am 30.01.2008). Die Bemühungen von Seiten der Kommune, das *Sarayama*-Fest abzuschaffen, habe nach der Gemeindefusion zu einer Thematisierung des Verlusts lokaler Traditionen und Identität im ehemaligen Arita geführt. Über die Abschaffung sei aber noch nicht entschieden worden (Interview mit dem Angestellten der Kommunalverwaltung S. T. am 28.02.2008).

4 ZUSAMMENFASSUNG UND AUSBLICK

Bei der *Heisei no dai-gappei* handelt es sich um einen Sammelbegriff für Gemeindefusionen zwischen 1999 und 2006, die im Kontext staatlich gelenkter Dezentralisierungsbestrebungen auf die Steigerung der Effizienz der kommunalen Verwaltung und der lokalen Autonomie abzielten. Inwieweit lokale Autonomie gefördert wird, indem der finanzielle Spielraum der Kommunen langfristig noch mehr eingeschränkt wurde, ist jedoch fraglich.

Die Fusion der Gemeinden Arita und Nishi-Arita war ein Zusammenschluss zweier ungefähr gleich großer Kommunen. Begünstigt wurde die Entscheidung zu fusionieren vor allem durch den Notstand der kommunalen Haushalte, der sich durch die Dezentralisierungsbestrebungen und damit verbundene Reformen der japanischen Regierung bei gleichzeitiger Krise der lokalen Kernindustriezweige zugespitzt hatte. Als Argumente für die Fusion wurden neben der Notwendigkeit einer Haushaltskonsolidierung durch Einsparungen einerseits und die in Aussicht gestellten finanziellen Beihilfen andererseits vor allem die vom Sōmushō propagierten Gründe angegeben. Die Fusion kann nicht als von den Kommunen freiwillig initiiert gelten, sondern war vielmehr eine Reaktion auf staatliche Anreize und gleichzeitigen Druck, die schwierige kommunale Haushaltslage und die schwierige Situation der lokalen Wirtschaft. In dieser Hinsicht ist die Fusion Aritas mit Nishi-Arita charakteristisch für die kommunalen Gebietsreformen der Heisei-Zeit.

Die Fusionen der Heisei-Zeit wurden dafür kritisiert, dass sie von den Kommunalverwaltungen und -parlamenten beschlossen wurden, ohne die Bürger einzubeziehen, und galten daher als undemokratisch durchgesetzt. In Arita wurden die Bürger zwar auf vielfältige Weise informiert, ein Dialog fand aber kaum statt. Zwar lud *Kōhō Arita* die Bürger zum Meinungsaustausch per Leserpost ein, direkte Kommunikation war aber nur bei den Informationsveranstaltungen der Kommunalverwaltung in den Stadtdistrikten und über Kommunikation mit den Bürgervertretern, die im Komitee zur Gemeindefusion saßen, möglich. An den gesetzlich vorgeschriebenen Informationsveranstaltungen nahmen jedoch nur wenige Bürger teil, und auch das Kommunikationsangebot der Bürgervertreter wurde kaum genutzt. Die Beteiligung bei der Bürgerbefragung über die Fusion im Juli 2004 war mit 84 Prozent jedoch hoch. Eine darüber hinausgehende Einbeziehung der Bürger in die Fusionsvorbereitung fand nicht statt. In Arita wurde öffentlich kein Widerstand gegen die Gemeindefusion artikuliert, obwohl 21 Prozent der Bürger in der Bürgerbefragung gegen eine Fusion gestimmt hatten. Mögliche Gründe dafür sind einerseits das bereits erwähnte Desinteresse der Bürger an einer Kommunikation mit Kommunalverwaltung und -parlament, wo, so die Bürgervertreterin Frau N., von vornherein feststand, dass eine Fusion erfolgen würde (Interview mit N. M. am 30.01.2008). Andererseits bestand auch nicht die Gefahr, von einer wesentlich größeren Kommune „verschluckt" und unter einem neuen Namen subsumiert zu werden (Mabuchi 2001: 8), weil die beiden Kommunen von einer ähnlichen Größe und daher relativ gleichberechtigt waren. Die bei Mabuchi (2001: 8) beschriebenen Effekte von Gemeindefusionen treten häufiger bei Eingemeindungen oder bei einem Zusammenschluss von mehr als zwei gleich großen Partnern auf (Rausch 2006: 144). Es ist daher anzunehmen, dass die Wahrscheinlichkeit von Bürgerprotesten gegen Gemeindefusionen von der Form der Fusion, der Anzahl sowie der Größe der Fusionspartner abhängig ist.

Gilt das Prinzip der Gleichberechtigung zwischen Arita und Nishi-Arita aber auch für die lokale Identität? Obwohl in anderen Fällen von Gemeindefusionen während der Heisei-Zeit und auch bei den Shōwa-Fusionen der Verlust lokaler Identität und Kultur eine Rolle spielte, wurde dieses Problem während der Fusionsverhandlungen zwischen Arita und Nishi-Arita kaum in der Konferenz zur Gemeindefusion oder in den lokalen Medien thematisiert. Zwar wurde beiden Fusionspartnern eine klar definierte, an ihre Produkte geknüpfte Identität zugeschrieben und häufig die Dichotomie Bauern/Töpfer bemüht; ein Verlust der Identität Aritas als „Heimat des japanischen Porzellans" wurde in Arita aber nicht befürchtet. Auch die Namensgebung für die neue Kommune, die in anderen Fällen zu Konflikten und Ängsten bezüglich eines Verlusts lokaler Identität geführt hatte, verlief in Arita reibungslos. Das lag vorrangig daran, dass eine große Namensähnlichkeit bestand. In Arita wurde zudem angenommen, dass Arita bereits ein in ganz Japan für Porzellan bekannter Markenname und dieser Name daher auch für Nishi-Arita von Vorteil sei. Diese Einschätzung deutet bereits die Einstellung vieler Bürger Aritas gegenüber Nishi-Arita an. Interviews mit Bürgern Aritas ergaben, dass Angst vor einem Verlust lokaler Identität durch eine Gemeindefusion deshalb kaum existierte, weil die eigene Identität als überlegen angesehen wird. Es seien eher die Bürger Nishi-Aritas gewesen, die Angst gehabt hätten, von dieser „starken Identität" Aritas absorbiert zu werden. Diese Ängste fanden sich in den Fusionsverhandlungen aber nicht wieder.

In diesem Beispiel der Fusion zweier etwa gleich großer Kommunen, von denen eine über ein starkes Identitätsbewusstsein verfügt, spielen Verlustängste bezüglich dieser Identität keine Rolle, weil der andere Fusionspartner diese Identität nicht in Frage stellte. Lokale Identität steht bei Gemeindefusionen also nicht generell auf dem Spiel, vielmehr sind auch hier Größe und Anzahl der Fusionspartner sowie die jeweilige materielle

Gegebenheit und Selbstwahrnehmung der zu fusionierenden Kommunen zu berücksichtigen.

Obwohl somit der Verlust lokaler Identität in den Fusionsverhandlungen nur indirekt thematisiert wurde, sah man die Konstruktion eines Einheitsgefühls der Bevölkerung als notwendig an, um eine gemeinsame Stadtgestaltung und Revitalisierungsmaßnahmen für die neue Kommune forcieren zu können. Dies resultierte im Vorfeld der Fusion in der Kampagne *Waga machi jiman!* in den beiden Kommunalzeitungen, welche als Identitätspolitik gelten kann, die ein Zusammengehörigkeitsgefühl der Bürger herstellen soll. Darüber hinaus gibt es seit der Fusion Bestrebungen, gemeinsame Veranstaltungen für alle Bürger der neuen Kommune zu organisieren. Diese haben aber in Arita teilweise Proteste hervorgerufen, weil gleichzeitig die Abschaffung etablierter und bisher von der Kommune finanzierter Feste angestrebt wird.

Die Konstruktion einer gemeinsamen Identität im Dienste von Revitalisierungsmaßnahmen wurde von Bürgermeister Iwanaga bereits im Vorfeld seiner Wahl vorgeschlagen. Die Landwirtschaftsprodukte Nishi-Aritas und die Porzellanprodukte aus Arita sollen gemeinsam als Marke außerhalb von Arita präsentiert werden. Konkrete Maßnahmen zur Umsetzung waren bis zur Bürgermeisterwahl nicht unternommen worden, sie begannen aber im Mai 2006 im Rahmen des Keramikmarktes in Arita, und außerhalb Aritas wurde das Konzept erstmals im März 2008 in einem Kaufhaus in Tokyo vorgestellt.

Das Ergebnis der Untersuchung zeigt, dass im Zusammenhang mit Gemeindefusionen Identitätspolitik und Identitätsmarketing, die eine neue Identität für die neuen Kommunen kreieren und verbreiten sollen, nicht notwendig mit Ängsten bezüglich des Verlusts lokaler Identität auf Seiten der Fusionspartner einhergehen müssen. Vielmehr bauen die Bestrebungen in Arita auf der Anerkennung der jeweiligen Identität des Anderen auf und versuchen diese zu verbinden. Damit wird allerdings auch die Anerkennung der angenommenen Unterschiede zwischen den beiden Kommunen und ihrer Bürger übernommen, was möglicherweise der Entstehung eines Gemeinschaftsgefühls im Wege steht. Ebenfalls kann festgestellt werden, dass die Konstruktion einer gemeinsamen Identität im Rahmen eines Identitätsmarketings nach außen erfolgreicher verlief als die an die Bürger der Kommune gerichtete Identitätspolitik. Ein möglicher Grund dafür liegt darin, dass diese Revitalisierungsbestrebungen in der Kommunalverwaltung weitgehend ohne Beteiligung der Bürger geplant wurden.

Was kann nun zwei Jahre nach der Fusion über deren Erfolg gesagt werden? Bürgermeister, Gemeinderatsabgeordnete und Mitarbeiter des Rathauses fühlen sich vom Staat betrogen (Interview mit Bürgermeister I. M.

am 07.02.2008). Die finanzielle Lage der Kommune sei nicht besser, sondern schlechter geworden, so ein Abteilungsleiter des Rathauses (Interview mit S. T. am 28.02.2008). Auch alle anderen 17 Befragten gaben an, dass sie keinen Unterschied hinsichtlich der finanziellen Schwierigkeiten der Kommune im Vergleich zum Zeitpunkt der Gemeindefusion feststellen könnten. Ebenso wenig habe bisher eine Annäherung zwischen den Bürgern Nishi-Aritas und Aritas stattgefunden. Die Menschen aus dem ehemaligen Nishi-Arita seien eben Bauern, so die Mehrheit der Befragten, und hätten entsprechend andere Traditionen und Feste, weil sie nicht über eine 400-jährige Tradition der Keramikproduktion verfügten. Bis zur Entstehung eines Gemeinschaftsgefühls werde wohl noch eine lange Zeit vergehen. Es bleibt die Frage offen, ob die Ziele – einschließlich einer gemeinsamen Identität –, welche durch die Gemeindefusion angestrebt worden waren, in Zukunft erreicht werden können.

Darüber hinaus ist das Thema „Gemeindefusionen" weder in Japan insgesamt noch in Arita abgeschlossen. Das Sōmushō geht davon aus, dass bis zum 1. November 2008 die Zahl der Kommunen weiter auf 1.784 sinken wird (Sōmushō 2008, Internet), und in Arita wird bereits wieder über eine Fusion mit Imari nachgedacht (Interview mit Bürgermeister I. M. am 07.02.2008).

LITERATURVERZEICHNIS

Arita-chō (2006): 17-nen Arita-chō tōkeisho [Statistisches Jahrbuch der Stadt Arita 2005]. http://www.town.arita.saga.jp (letzter Zugriff 13.08. 2007).
Arita-chō (2007): Machi no gaiyō [Übersicht über die Stadt]. http://www.town.arita.saga.jp (letzter Zugriff 15.04.2008).
Arita Kankō Kyōkai (2005): *Gaido bukku* [Reiseführer]. Arita: Arita-chō.
Asahi Shimbun (02.03.2006): 3-shichō arata-na shuppatsu – Takeo-shi – Arita-chō – Yoshinogari-chō [Drei neue Kommunen entstehen – Takeo-shi – Arita-chō – Yoshinogari-chō], S. 30, Morgenausgabe (Präfektur Saga).
Asahi Shimbun (21.03.2006): Mura kie, jichitai 23 ni hangen [Dörfer verschwunden, Anzahl der Kommunen auf 23 halbiert], S. 31, Morgenausgabe (Präfektur Saga).
Barrett, Brendan F. B. (2000): Decentralization in Japan: Negotiating the Transfer of Authority. In: *Journal of Japanese Studies* 20 (1), S. 33–48.
Berg, Wolfgang (2001): *Identitätspolitik. Europäische Identität und Landesbewusstsein in Sachsen-Anhalt*. Aachen: Shaker.
Flüchter, Winfried (1995): Der planende Staat: Raumordnungspolitik und ungleiche Entwicklung. In: Gesine Foljanty-Jost (Hg.): *Der schlanke japanische Staat – Vorbild oder Schreckbild?* Opladen: Leske+Budrich, S. 88–106.

Foljanty-Jost, Gesine (2006): Dezentralisierung als Herausforderung lokaler Demokratie? In: Verena Blechinger (Hg.): *Politik in Japan*. Frankfurt am Main: Campus, S. 63–83.

Hisatomi, Momotarō (2005): Atarashii Ri Sam Pei-hi ni tsuite [Über das neue Denkmal für Ri Sam-Pei]. In: *Arita Rekishi Minzoku Shiryō-kan Gekkan* 67, S. 1–2.

Hobo, Takehiko (2007): *Heisei no dai-gappei-go no chiiki o dō tatenaosu ka* [Wie können wir die Gemeinden nach den umfassenden kommunalen Gebietsreformen der Heisei-Zeit wieder aufbauen?] (= Iwanami bukkuretto; 693). Tokyo: Iwanami Shoten.

Iqbal, Farrukh (2001): Evolution and Salient Characteristics of the Japanese Local Government System. http://siteresources.worldbank.org/WBI/Resources/wbi37179.pdf (letzter Zugriff 03.01.2008).

Kataoka, Masato (2005): *Shichōson gappei de chimei o korosu na* [Tilgt keine Ortsnamen im Zuge der Gemeindefusionen!]. Tokyo: Yōsensha.

Kida, Jun'ichirō (2006): Heisei dai-gappei ni miru nihonjin no chimei kankaku [Die Wahrnehmung von Ortsnamen durch die Japaner im Kontext der kommunalen Gebietsreformen der Heisei-Zeit]. In: *Kōhyō* 43 (7), S. 64–71.

Kōhō Arita (August 2004): Minna de kangaeyō! Shichōson gappei! [Lasst uns zusammen über die Gemeindezusammenlegung nachdenken!], S. 2–3.

Kōhō Arita (September 2004): Minna de kangaeyō! Shichōson gappei! [Lasst uns zusammen über die Gemeindezusammenlegung nachdenken!], S. 6–7.

Kōhō Arita (Oktober 2004): Minna de kangaeyō! Shichōson gappei! [Lasst uns zusammen über die Gemeindezusammenlegung nachdenken!], S. 6–7.

Kōhō Arita (November 2004): Minna de kangaeyō! Shichōson gappei! [Lasst uns zusammen über die Gemeindezusammenlegung nachdenken!], S. 13–15.

Kōhō Arita (Januar 2005): Minna de kangaeyō! Shichōson gappei! [Lasst uns zusammen über die Gemeindezusammenlegung nachdenken!], S. 6–7.

Kōhō Arita (März 2005): Minna de kangaeyō! Shichōson gappei! [Lasst uns zusammen über die Gemeindezusammenlegung nachdenken!], S. 18.

Kōhō Arita (April 2005): Rainen 3-gatsu tsuitachi ni Nishi-Arita to gappei [Nächstes Jahr am 1. März Städtefusion mit Nishi-Arita], S. 2–3.

Kōhō Arita (Juli 2005): Waga machi jiman! Nanbā 1! [Der Stolz unserer Stadt. Unsere Stadt ist Nummer eins!], S. 2–3.

Kōhō Arita (August 2005): Waga machi jiman! Nanbā 1! [Der Stolz unserer Stadt. Unsere Stadt ist Nummer eins!], S. 22.

Kōhō Arita (September 2005): Rainen 3-gatsu tsuitachi no gappei ni mukete [Der Städtefusion am 1. März des nächsten Jahres zustreben], S. 10–11.

Kōhō Arita (Dezember 2005): Kizuna [Bande], S. 17–20.

Kōhō Arita (Februar 2006): Chōsei 50-shūnen kinen [Zum 50-jährigen Jubiläum der Stadtgründung], Sonderbeilage.

Mabuchi, Masaru (2001): Municipal Amalgamation in Japan. http://siteresources.worldbank.org/WBI/Resources/wbi37175.pdf (letzter Zugriff 21.01.2008).

Neary, Ian (2002): The State and Politics in Japan. Oxford: Blackwell.

Nishi-Nihon Shinbun (31.10.2004): 20 shichō asu tanjō [Morgen werden 20 neue Kommunen geboren], S. 33.

Nishi-Nihon Shinbun (27.04.2006): Arita-yaki no 9-nen renzoku uriage gen [Umsätze des Arita-Porzellans sinken das neunte Jahr in Folge], S. 18.

NMCGK (= Nishi-Matsuura-chiku Gappei Kyōgikai) (2005a): Gappei-dayori 1 [Mitteilungen über die Gemeindefusion; Nr. 1]. Arita-chō: Nishi-Matsuura-chiku Gappei Kyōgikai.

NMCGK (2005b): Gappei-dayori 3 [Mitteilungen über die Gemeindefusion; Nr. 3]. Arita-chō: Nishi-Matsuura-chiku Gappei Kyōgikai.

Osiander, Anja (2007): Der Fall Minamata: Bürgerrechte und Obrigkeit in Japan nach 1945 (= Monographien aus dem Deutschen Institut für Japanstudien; 41). München: Iudicium.

Rausch, Anthony (2005): Local Identity, Cultural Commodities, and Development in Rural Japan: The Potential as Viewed by Cultural Producers and Local Residents. In: International Journal of Japanese Sociology 14, S. 122–137.

Rausch, Anthony (2006): The Heisei Dai Gappei: A Case Study for Understanding the Municipal Mergers of the Heisei Era. In: Japan Forum 18 (1), S. 133–156.

Saga Shinbun (02.03.2006): Gappei shin jichitai sutāto – Takeo-shi, Yoshinogari-chō, Arita-chō de kaichōshiki [Start der neu fusionierten Selbstverwaltungskörperschaften – in Takeo, Yoshinogari und Arita werden die Rathäuser eröffnet], S. 27.

Saga Shinbun (13.04.2006): Arita tōki ichi: Nishi-Arita to gappei de shinkikaku [Keramikmarkt in Arita: Neuer Plan anlässlich der Fusion mit Nishi-Arita], S. 20.

Saga Shinbun (17.04.2006): Shodai chōchō ni Iwanaga-shi [Iwanaga wird erster Bürgermeister], S. 22.

Saga Shinbun (18.04.2006): Arita chōchō: Iwanaga Masata-shi (67) [Iwanaga Masata (67), Bürgermeister von Arita-chō], S. 23.

Sasaki, Masamichi (2004): Globalization and National Identity in Japan. In: International Journal of Japanese Sociology 13, S. 69–87.

Sasaki, Nobuo (2002): *Shichōson gappei* [Kommunale Gebietsreform]. Tokyo: Chikuma Shinsho.
Shichōson Gappei Shien Honbu (2001): Shichōson gappei shien puran [Plan zur Unterstützung der Kommunalen Gebietsreform]. http://www.kantei.go.jp/jp/singi/sityouson/dai3/pdfs/830plan.pdf (letzter Zugriff 30.04.2008).
Shirai, Sayuri (2005): Growing Problems in the Local Public Finance System of Japan. http://coe21-policy.sfc.keio.ac.jp/ja/wp/WP31.pdf (letzter Zugriff 11.01.2008).
Sōmushō (2001): Shichōson gappei no haikei to kōka ni tsuite [Über Hintergründe und Wirkungen der Gemeindefusionen]. http://www.soumu.go.jp/gapei/haikei_koka.html (letzter Zugriff 15.05.2008).
Sōmushō (2008): Gappei sōdan kōnā [Beratungsecke Gemeindefusion]. http://www.soumu.go.jp/gapei/index.html (letzter Zugriff 22.04.2008).
Steffensen, Sam K. (1996): Evolutionary Socio-Economic Aspects of the Japanese "Era of Localities" Discourse. In: Sarah Metzger-Court und Werner Pascha (Hg.): *Japan's Socio-Economic Evolution: Continuity and Change*. Folkestone: Curzon Press, S. 142–172.
Tolliday, Steven und Yasushi Yonemitsu (2007): Microfirms and Industrial Districts in Japan: The Dynamics of the Arita Ceramic-ware Industry in the Twentieth Century. In: *Journal of Japanese Studies* 33 (1), S. 29–66.

EINE NEUE IDENTITÄT FÜR REGIONALSTÄDTE: DEINDUSTRIALISIERUNG, KOMMUNALE GEBIETSREFORM UND TOURISMUS

Carolin Funck

A New Identity for Regional Cities: Deindustrialization, Municipal Merger, and Tourism

Abstract: In recent years, many regional cities that had relied on their industrial base and central function for the surrounding areas have experienced varying forms of decline, including population shrinking and ageing. During the wave of municipal mergers, these cities have integrated many peripheral municipalities with the aim of administrative consolidation – even when there were only weak connections between them. As a result of deindustrialization and municipal merger, a new trend has emerged among regional cities to promote tourism, which has always been a prominent regional development tool in peripheral areas, as a tool for both revitalization and the integration of newly created administrative units. Based on examples from Hiroshima Prefecture, this paper examines strategies for identity and image construction in regional cities, identifies the actors involved in the development and implementation of these strategies, and evaluates their success not only in terms of tourist number, but also in terms of long-term effects on regional identities. It becomes apparent that tourism is actively promoted mainly by cities with a declining industrial base and population. However, post-merger images created by the new municipal authorities often do not succeed in integrating the local identities of formerly independent units. Furthermore, this new kind of tourism promotion is rarely accompanied by improvements of the urban environment. The private sector becomes involved in image construction only in cities where tourism is already established. Here, not only private enterprises, but also a large variety of citizen groups are committed to conserving and promoting tourism resources.

1 Einleitung

Das Problem sinkender Bevölkerungszahlen ist in Japan nicht mehr auf den ländlichen Raum beschränkt. Viele Regionalstädte, die sich auf ihre industrielle Basis und ihre Funktion als Zentrum für das Umland verlassen hatten, sind ebenfalls mit einer schrumpfenden und alternden Bevölkerung konfrontiert. Verlagerung von Industriestandorten ins Ausland und von Dienstleistungsfunktionen aus den Stadtzentren in die Vororte, Konkurrenz mit benachbarten Städten um Arbeitsplätze und -kräfte, aber auch um die Kaufkraft der immer mobiler werdenden Bürger haben zum

Niedergang von Städten geführt, die einst Symbole des Wirtschaftswachstums waren. Im Zuge der landesweiten Gebietsreform haben diese Städte viele periphere Orte eingemeindet, mit denen sie wenig mehr verbindet als die benachbarte Lage.

Tourismus spielt als Mittel der Regionalentwicklung gerade im ländlichen Raum eine wichtige Rolle. In den letzten Jahren haben aber auch Regionalstädte Tourismusstrategien entwickelt und Attraktionen auf die touristische Landkarte gesetzt, die vorher höchstens ein paar tausend Geschäftsleute als Besucher zählen konnten. Ein neuer wirtschaftlicher Schwerpunkt im tertiären Sektor, ein besseres Image für die Stadt und Identitätsstiftung für die neu entstandenen Mammut-Kommunen sind die Ziele solcher Tourismusstrategien.

Durch die Eingemeindungen verfügen viele Städte nun über ein breites Potenzial an touristischen Attraktionen. Dank der geographischen Bedingungen können sich manche Orte brüsten, vom Meeresstrand bis zum Skigeländer alles zu bieten. So ist es naheliegend, den Tourismus als Integrationsstrategie zu nutzen, um in den neuen Konglomeraten eine positive Verbindung zwischen Bergdörfern, Inseln und Regionalstädten zu knüpfen, die alle mit ihren jeweils eigenen Problemen der regionalen Umstrukturierung kämpfen.

Dieser Beitrag untersucht an Hand von detaillierten Studien einzelner Städte, welche Tourismusstrategien zur Schaffung einer neuen Identität Regionalstädte anwenden, die bezüglich der Stärke ihrer Wirtschaft und ihres Images im Schatten der Metropolen und Präfekturhauptstädte stehen. Fragen nach Einbeziehung der Bürger in diesen Prozess, nach der Wirksamkeit und Langfristigkeit solcher Strategien und nach dem Erfolg von verwaltungstechnisch durchgeführten Gebietsreformen stehen dabei im Zentrum. Die neue Identität muss sich daran messen, ob sie nicht nur einen kurzfristigen Tourismusboom auslöst, sondern auch innerhalb der Mammut-Kommunen neue Verbindungen schafft und neue Impulse gibt.

2 Tourismus und städtisches Image

Der Ausbau touristischer Einrichtungen und die Förderung von Tourismus gehören zu den klassischen Elementen der Regionalentwicklung in peripheren und ländlichen Räumen. Im urbanen Kontext dagegen haben die Vielzahl von städtischen Funktionen, die Vielfalt der städtischen Umwelt und die Überschneidung von alltäglichen und touristischen Nutzungen dazu geführt, dass Tourismus sowohl in der Politik als auch in der Forschung wenig beachtet wurde. Tourismus spielt natürlich eine wichtige Rolle in Städten mit historischem Kern oder wichtigen historischen

Gebäudekomplexen; Industriestädte jedoch begannen sich erst im Zuge der Deindustrialisierung für diesen Wirtschaftszweig zu interessieren (Shaw und Williams 1994: 212).

Fraser (2003) zeigt auf, dass die Deindustralisierung in vielen europäischen Städten ähnliche Prozesse des Verfalls ausgelöst hat, trotz unterschiedlicher Traditionen in Stadtplanung und -politik. Dies führte zu zahlreichen Regenerierungsprogrammen auf nationaler und regionaler Ebene. Im Anschluss an die Phase der Deindustrialisierung hat die Globalisierung von Kapital und Arbeitskraft jedoch selbst derartige nationale Programme zur Verbesserung der urbanen Lebensbedingungen obsolet gemacht. Die Städte befinden sich gegenwärtig in einem Umstrukturierungsprozess von Orten der Produktion zu Orten des Konsums, wobei neue Wirtschafts- und Sozialstrukturen und Prozesse der Gentrifizierung zumindest das Fortbestehen von Gebäuden und Raum sichern sollen (Fraser 2003: 33).

In Folge der Deindustrialisierung der 1970er und 1980er Jahre in Westeuropa, Nordamerika, Australien und Neuseeland wurde Tourismus als Mittel zur Regeneration städtischer Zentren eingesetzt, wobei Nordamerika eine Vorreiterrolle einnahm (Shaw und Williams 1994: 213). Städtische Image-Strategien zielten auf Einnahmen und Arbeitsplätze im Tourismus, auf potenzielle Investoren, die durch ein besseres Image angezogen werden sollen, und auf die Schaffung eines attraktiven urbanen Umfelds für qualifizierte Arbeitskräfte (Hall 1994: 157). Diese Strategien waren in der Phase des Neoliberalismus Bestandteil einer privatwirtschaftlich orientierten Stadtentwicklungspolitik und führten daher häufig zur Verdrängung sozial schwacher Gruppen aus dem Stadtzentrum und zur Entstehung „bourgeoiser Spielwiesen" (Mommaas und van der Pool 1989, zitiert in Hall 1994: 159). Zahllose aus Industriebrachen entstandene Waterfront-Projekte, Mega-Museen, Expos und Sport-Events sind typische Beispiele. Da damit gleichzeitig eine Umverteilung der ohnehin reduzierten öffentlichen Mittel von sozialen Belangen zu PR-Funktionen und Image-Kampagnen einherging und die entstehenden Arbeitsplätze nur selten mit aus der Industrie verdrängten Arbeitskräften besetzt werden konnten, wurden ihre sozialen Implikationen häufig negativ bewertet.

Die Regenerierung der Innenstädte hat dabei nicht nur zum Ausschluss bestimmter sozialer Schichten geführt. Nach McNeill (2004: 95) nutzen europäische Städte Kultur verstärkt als neuen Wirtschaftsfaktor. Die Produktion eines erfolgreichen touristischen Erlebnisraumes bedarf aber einer Simplifizierung und Reduzierung auf einfach zu vermittelnde Images, so dass sich die Städte zunehmend am Modell der Themenparks orientieren. Dabei wird die Vielfalt von Kultur und Geschichte auf ansprechende, nostalgische, gut zu konsumierende Aspekte reduziert. Hier handelt es sich eindeutig um die Konstruktion von Image, also Bedeutungen, die Orten und Regionen zugewiesen werden, ohne notwendigen Zusammenhang mit der Realität (Bœrenholdt et al. 2004: 34), nicht jedoch um Identitäten, die eine Verbindung zwischen Bewohner und Ort beziehungsweise Raum herstellen könnten.

Ein weiteres Charakteristikum des Städtetourismus besteht darin, dass hier die von Urry (2002: 75–78) beschriebene De-Differenzierung von Tourismus und anderen kulturellen Sphären besonders ausgeprägt ist. Theaterbesuche, Galerien und Einkaufsbummel gehören zum Alltag ebenso wie zum Touristenprogramm. Gerade dieser Aspekt stellt Tourismus ins Zentrum von Regenerierungsstrategien, da ein attraktives urbanes Leben sowohl Besucher von außerhalb als auch neue Bewohnergruppen anzieht. Gleichzeitig kann es hier jedoch zu Konflikten zwischen verschiedenen Erwartungen und Verhalten von Einwohnern und Besuchern kommen.

Um derartige negative Folgen touristischer Entwicklung zu vermeiden und Konflikte um den Einsatz der begrenzten Landressourcen zu lösen, wird verstärkt lokale Kontrolle im Planungsprozess propagiert (Murphy 1985). Besonders in ländlichen Regionen hat sich „Community based tourism" zu einer Standardforderung des nachhaltigen Tourismus entwickelt, die nicht nur die Entscheidungen, sondern auch den wirtschaftlichen Nutzen auf lokaler Ebene zu konzentrieren sucht (Richards und Hall 2000). Hall (2007: 249) betont allerdings, dass diese Ansätze oft die Verteilung von Macht und Interessen innerhalb lokaler Organisationen und Kommunen unterschätzen; auch Richards und Hall (2000: 270) weisen auf die Gefahr der Idealisierung von lokalen Gemeinschaften und endogenen Ansätzen hin. Zudem sind die im ländlichen Kontext entwickelten Entscheidungs- und Planungsmechanismen nur bedingt auf den städtischen Raum zu übertragen.

Praktisch bieten sich Städten eine Reihe von Strategien an. Steinecke (2006: 137) unterteilt diese in Spezialisierung, Vernetzung und zeitliche Limitierung des Angebots. Spezialisierung kann im traditionellen Sinne auf historische Sehenswürdigkeiten erfolgen, aber auch auf Kunst und Kultur, regional bedeutsame Industrien und Gewerbe, oder auf Messen und Kongresse. Eine solche Profilierung führt, wie oben erwähnt, zu einem klaren, gut zu vermittelnden Image. Vernetzungen können innerhalb einer Stadt durch Zusammenfassung von Kultur- und Freizeiteinrichtungen mit gemeinsamen Eintrittskarten und integrierten Verkehrskonzepten durchgeführt werden. Aber auch Städtenetzwerke zu bestimmten Themen oder entlang bestimmter Routen sind erfolgreich; die letzten Jahre haben in Europa eine Ausweitung solcher Netzwerke von der nationalen auf die europäische Ebene gesehen. Die Limitierungsstrategie schließlich wird vor allem in Form von Events umgesetzt.

Aus diesem kurzen Überblick über die Diskussion in der Fachliteratur von Tourismus und Stadtplanung ergeben sich die Fragestellungen für die Analyse der japanischen Fallbeispiele. In Japan, wo Deindustrialisierung und ihre Konsequenzen andere Formen annahmen und auch das „Innenstadt-Problem" nicht so gravierend auftrat, hat die Diskussion um urbanen Tourismus erst wesentlich später begonnen (Tanno 2004: 9). So entwarfen die beiden großen Metropolräume, die Präfektur Tokyo und die Region Kansai, jeweils erst im Jahr 2000 eine Tourismusstrategie. Die Präfektur Osaka führte bis vor kurzem noch nicht einmal Tourismusstatistiken; diejenigen der Präfektur Tokyo beschränkten sich auf die Izu- und Ogasawara-Inseln. Seit dem Beginn des 21. Jahrhunderts jedoch entwickeln auch Regionalstädte, die bis dahin auf der touristischen Landkarte nicht einmal existierten, Tourismusprogramme und -einrichtungen. Welches sind die Motive für dieses neu erwachte Interesse? Dient Tourismus überwiegend als Wirtschaftsfaktor oder als Mittel zur Schaffung eines neuen Images, gar einer neuen Identität? Wer entscheidet über Inhalte der Programme und Pläne? Zielen diese nur auf Besucher von außerhalb oder auch auf eine Verbesserung der Lebensqualität in den Städten, werden die Sphären Tourismus und Freizeit also getrennt oder in Zusammenhang gesehen? Welche Strategien werden gewählt, wie erfolgreich sind sie, wie misst man ihren Erfolg? Diese Fragen werden erst vor dem nationalen Hintergrund und anschließend an Hand von Fallbeispielen aus der Präfektur Hiroshima untersucht.

3 Die Rahmenbedingungen: Deindustrialisierung, Bevölkerungsrückgang, Gebietsreform und nationale Tourismuspolitik

3.1 Regionale Probleme

Bis zum Beginn des 21. Jahrhunderts wurden in der japanischen Regionalpolitik vor allem zwei Problemregionen diskutiert, ländliche Peripherregionen und die Innenstädte der Metropolen. Erstere verloren einen Großteil ihrer Bevölkerung in den Wirtschaftswachstumsphasen der Nachkriegszeit. Besonders in Berg- und Inselgebieten warten zahlreiche *genkai shūraku* [existenzbedrohte Siedlungen] auf den Abzug ihrer letzten Bewohner. Daran hat auch die Neuinterpretation der ländlichen Regionen in den 1980er Jahren als nostalgische Räume, in denen sich noch ein idealisierter, wahrer japanischer Lebensstil mit enger Beziehung zu Natur und Gemeinschaft finden lässt, nichts geändert, auch wenn sie immerhin ein touristisches Interesse an diesen Gebieten geweckt hat (Moon 2002). Erst in den letzten Jahren zeigt sich ein viel diskutierter Trend zur Rückkehr aufs Land nach der Pensionierung.

Innenstadt-Probleme, in den 1980er Jahren als *innā shitī mondai* diskutiert, manifestierten sich in Japan durch Abwanderung von Industriebetrieben und Bevölkerung. Während Teile der Industriebrachen nach westlichem Vorbild mit spektakulären *waterfront*-Projekten wiederbelebt wurden, blieben in anderen Innenstadtbereichen ältere Bewohner in oft schlecht erhaltener Bausubstanz zurück. Diese Kombination erwies sich beim Awaji-Hanshin-Erdbeben 1995 als katastrophal. Zahlreiche Bürgerinitiativen, die sich seit den 1970er Jahren für ihre Stadtteile engagierten, brachten eine gewisse Verbesserung des Wohnumfeldes. Aber erst die Deregulierung von Baubestimmungen in den 1990er Jahren führte zu einer Umkehr der Bevölkerungstrends, allerdings um den Preis der Zerstörung der ursprünglichen Bausubstanz und einer radikalen Erhöhung der Gebäude (Fujii, Okata und Sorensen 2007: 249–252). Ein Boom privatwirtschaftlicher Mega-Stadtsanierungsprojekte hat in den vergangenen drei Jahren die urbane und touristische Landschaft Tokyos verändert: Shiodome, Roppongi Hills, Tokyo Midtown, Omote Sandō, um nur einige zu nennen, füllen heute die Seiten der Reiseführer und haben sich, sicher auch mangels historischer Sehenswürdigkeiten, zu wichtigen Touristenattraktionen entwickelt.

In dieser Dichotomie aus peripheren und metropolitanen Regionen blieben die Regionalstädte, hier definiert als Städte mit weniger als einer Million Einwohnern und ohne die zentrale Funktion eine Präfekturhauptstadt, lange wenig beachtet. Probleme entstanden in Städten mit extrem einseitiger Industriestruktur wie etwa den Kohlebergbaustädten, aber auch durch den Niedergang typisch lokaler und regionaler Gewerbe (*jiba sangyō*) oder den Verlust kommerzieller Funktionen in den Innenstädten. Die Lockerung der Bestimmungen zum Ausbau von großen Einzelhandelseinrichtungen brachte Japan, später als westlichen Ländern, Einkaufszentren in den Vorstädten und den Bedeutungsverlust der innerstädtischen Einkaufsstraßen. In vielen Städten stößt man auf *shattā dōri* [Rolladen-Straßen], Einkaufsarkaden mit geschlossenen Läden. Ein Regierungsprogramm zur Wiederbelebung der Innenstädte mit Hilfe von „Town Management Agencies" unter Leitung der jeweiligen Industrie- und Handelskammern hat bisher wenig Erfolge gebracht. Die Krise der Einkaufsarkaden scheint zwar durch ihre Sichtbarkeit sehr symbolisch für den Bedeutungsverlust der Regionalstädte, ist aber weitgehend nur das Ergebnis einer Umverteilung von Funktionen innerhalb des Stadtgebietes.

Wesentlich kritischer wirken sich der Wegbruch einiger Industrien, die nationale Finanzkrise und ihre Implikationen für die Umverteilung von finanziellen Ressourcen in die Regionen sowie der seit 2006 begonnene Rückgang der absoluten Bevölkerungszahlen aus. Die Bankrotterklärung der Stadt Yūbari im Jahr 2007[1] hat diese Krise ins allgemeine Bewusstsein gerückt.

3.2 Die Auswirkungen der kommunalen Gebietsreform auf die regionalen Strukturen

Die im Jahr 2000 begonnene kommunale Gebietsreform ist eine Folge der Finanzknappheit auf nationaler Ebene. In Japan sind seit dem 19. Jahrhundert drei große Gebietsreformen vollzogen worden. In der Meiji-Gebietsreform von 1889 reduzierte sich die Zahl der Gemeinden von 71.314 auf 15.859. Gleichzeitig wurde die Stadt (*shi*) als neue Gebietskategorie eingeführt. Nach dem Zweiten Weltkrieg wurden 1953 in der Shōwa-Reform 9.868 Gemeinden zu 3.472 zusammengelegt; Ziel war eine Mindest-Einwohnerzahl von ca. 8.000 Personen. Die starken Bevölkerungswanderungen in den 1960er und 1970er Jahren sowie die zunehmende Alterung in den ländlichen Regionen ließen in den folgenden Jahrzehnten manche Gemeinden auf wenige hundert Einwohner schrumpfen. Die jüngste Heisei-Gebietsreform (2000–2006) strebte daher an, diese Ungleichgewichte durch Zusammenfassung in insgesamt 1.000 Gemeinden von mindestens 10.000 Einwohnern zu beseitigen. Gleichzeitig ist diese Reform jedoch vor dem Hintergrund der nationalen Verwaltungsreform zu sehen, die das Prinzip des schlanken Staates einführte und langfristig eine Neugliederung der Regionalstruktur in Länder (*shū*) und Großgemeinden anvisiert. Kommunen, die nicht bereit waren zu kooperieren, standen langfristig finanzielle Restriktionen bevor. Eine Zusammenlegung dagegen wurde für eine Übergangszeit mit besonderen Mitteln belohnt. Letztendlich konnten daher nur Gemeinden mit starker industrieller Basis und hohem eigenen Steueraufkommen ihre Unabhängigkeit bewahren – oder solche, von denen die Nachbarkommunen nichts wissen wollten. Die Durchführung war keine leichte Angelegenheit für die Gemeinden, schließlich musste man sich nicht nur über zentrale Fragen wie Namen der neuen Gemeinde, Sitz der Stadtverwaltung und Höhe der städtischen Steuern, sondern auch über Details wie Müllabfuhr, Zuschüsse für Seniorentaxis und Prämien auf den Abschuss von Wildschweinen einigen. Dies war besonders schwierig in ländlichen Regionen, wo weitgehend gleichrangige Gemeinden einen Kompromiss erzielen mussten. Meistens „schluckte" jedoch

---

[1] Siehe hierzu ausführlich auch den Beitrag von Flüchter in diesem Band.

eine Regionalstadt die umliegenden Kommunen; in diesen Fällen wurde die weniger kompliziertere Form der Eingemeindung gewählt. Als die Gesetzesfrist im März 2006 auslief, existierten immer noch 1.822 Gemeinden; diese Zahl hat sich noch auf 1.795 (Stand 15.01.2007) reduziert. Die Geschwindigkeit und der Druck, mit dem die Reform durchgeführt wurde, hatten zu zahlreichen Konflikten geführt; manche Kommunen hatten mehrfach den Verhandlungspartner gewechselt. Die neuen Gemeinden mit Flächen von bis zu über 2.000 km² standen nicht nur vor der Frage, wie man eine Industriestadt mit einem Bergdorf zusammenbringt, sondern auch vor der Aufgabe, ihre neuen Namen und Ausdehnungen bekannt zu machen und den Bewohnern eine neue Identität zu bieten. Hier bot sich ein Wirtschaftssektor an, der auch ländlichen Regionen Chancen auf Entwicklung versprach, insgesamt ein positives Image hat und gerade von der Regierung intensiv propagiert wurde: Tourismus.

3.3 Nationale Tourismuspolitik

Tourismus stellt nur in Ausnahmen eine Priorität auf der politischen Agenda dar. Generell handelt es sich um einen Bereich, der auf Grund seiner geringen finanziellen Bedeutung im nationalen oder regionalen Budget und seiner relativen Unumstrittenheit eher durch „Nicht-Entscheidungen" im politischen Bereich auffällt (Hall 2007: 261). In Japan zeigt sich dies an der Zersplitterung der Zuständigkeiten auf mehrere Ministerien, die sich auch auf der regionalen und lokalen Verwaltungsebene spiegelt. Die Rolle des Tourismus als Instrument der Regionalentwicklung in Japan wird ausführlich dargestellt von Funck (1999a). 1987 ersetzte mit dem Gesetz zum Ausbau integrierter Erholungsgebiete (*Sōgō hoyō chiiki seibi-hō*), kurz Resort-Gesetz (*Rizōto-hō*), erstmals ein tertiärer Wirtschaftssektor die traditionelle Methode der Ansiedlung industrieller Betriebe in Peripherregionen. Die ehrgeizigen Pläne zum Bau von Tourismus- und Freizeiteinrichtungen in 41 der 47 Präfekturen kamen allerdings mit dem Ende der *bubble economy* 1992 zum Stillstand und hinterließen in vielen Kommunen und Präfekturen Schuldenberge aus dem missglückten Betrieb der eigens zu diesem Zweck gegründeten öffentlich-privaten Unternehmen. Kritiker weisen jedoch darauf hin, dass die Probleme dieser forcierten touristischen Entwicklung weniger in der gesamtwirtschaftlichen Lage als vielmehr in einem Mangel an touristischem Know-how, ungenügender Berücksichtigung lokaler und regionaler Bedingungen, völliger Ignorierung der Nachfrageseite und fragwürdigen Deregulierungsmaßnahmen lagen (Funck 1999b; Suzuki und Kobuchi 1991). Yoshida (2006: 91) kritisiert, dass auch dieses Gesetz, wie in den nationalen Entwicklungsplänen seit der Nachkriegszeit üblich, fast ausschließlich auf die Anwerbung von Unternehmen von außerhalb der jeweiligen Region zielte und damit keine Chancen für eine endogene Entwicklung bot.

Erst zehn Jahre später rückte mit der „Inbound Tourism Initiative" Tourismus wieder ins Rampenlicht nationaler Politik. Die von Ministerpräsident Koizumi 2003 angeregte Initiative ist besser bekannt unter dem Namen ihrer Werbekampagne „Visit Japan Campaign". Sie soll den Makel beseitigen, dass sich Japan – im internationalen Tourismus eines der wichtigsten Ausreiseländer –, was Ankünfte und Einnahmen durch internationale Reisende angeht, weltweit nur um den 30. Rang herum bewegt. Ziele der Strategie sind neben der Förderung internationaler Verständigung Impulse für die Wirtschaft sowie verstärktes Selbstvertrauen und Stolz auf lokale und regionale Kultur. Damit wird die Bedeutung von Tourismuspolitik für Image und Identität anerkannt: Mehr Touristen aus dem Ausland sollen das Image Japans in der Welt verbessern und gleichzeitig im Land die Identifikation mit Ort und Region verstärken.

Drei Jahre später wurde das Gesetz zu den Grundlagen des Tourismus von 1963 (*Kankō kihon-hō*) durch ein neues Gesetz zu den Grundlagen der Förderung als Tourismusnation (*Kankō rikkoku suishin kihon-hō*) ersetzt, auf dessen Basis ein Jahr später der Plan zu den Grundlagen der Förderung als Tourismusnation (*Kankō rikkoku suishin kihon keikaku*) erstellt wurde. Neben konkreten numerischen Zielen wird auch hier durch touristische Entwicklung die „Verwirklichung einer energetischen regionalen Gesellschaft, mit der sich die Bewohner der Regionen in Stolz und Zuneigung verbunden fühlen", angestrebt (Kokudo Kōtsūshō 2007: 2). Die Maßnahmen sollen in Zukunft durch Pläne auf der regionalen Ebene konkretisiert werden. Der Plan beschränkt sich weitgehend auf eine Zusammenfassung der Tourismus-bezogenen Maßnahmen aller Ministerien und verspricht angesichts der angespannten Finanzlage keine neuen Infrastrukturprojekte. Die Kampagne zum internationalen Tourismus und die Ziele des Plans zeigen jedoch im Gegensatz zum Resort-Gesetz, dass Tourismus nicht mehr nur als wirtschaftliches Instrument, sondern als Identität stiftende und Image verbessernde Strategie in die nationale Politik integriert ist.

Auf lokaler und regionaler Ebene konzentrierte sich Tourismuspolitik lange auf den Ausbau touristischer Einrichtungen, teils als öffentlich finanzierte Infrastrukturprojekte, teils als öffentlich-private Unternehmen. Themen- oder Vergnügungsparks als Abwicklungsmaßnahme eines sich aus der Region verabschiedenden Industrieunternehmens waren manchmal erfolgreich, wie im Falle des Hawaian Spa Resorts in Iwaki (Präfektur Fukushima), das nach 40 Jahren Betrieb 2006 auch noch als Verfilmung ein Hit wurde. Die meisten jedoch hatten Anlaufschwierigkeiten, wie Space World in der Stadt Kitakyūshū, oder gaben bald auf, wie der von Mitsui angelegte Themapark Navelland (Gilman 2001). Die auf Grundlage des Resort-Gesetzes geplanten Anlagen stellen dabei nur die Spitze des Eisbergs dar. Allen diesen Projekten ist gemeinsam, dass sie nicht Teil einer Tourismusstrategie oder eines Gesamtplanes waren und damit nur schwer eine Verbindung zu ihrem jeweiligen Standort oder der Region entwickeln konnten. Daher stellt sich die Frage, ob die Gemeinden und Regionen bei den neuen Strategien aus den Misserfolgen der Vergangenheit gelernt haben.

4 Tourismuspolitik und Image-Strategien der Regionalstädte in der Präfektur Hiroshima

Die Präfektur Hiroshima und die neben der Stadt Hiroshima bevölkerungsreichsten fünf Regionalstädte wurden ausgewählt, weil die Autorin über mehrere Jahre hin in allen diesen Städten Untersuchungen zum Tourismus durchgeführt hat. Das Gebiet eignet sich aber auch aus anderen Gründen als Fallbeispiel. Als Teil des „pazifischen Gürtels" ist die Küste Hiroshimas dicht besiedelt und stark industrialisiert. Fahrzeugindustrie, Stahlindustrie und Maschinenbau gehören zu den wichtigen Industriezweigen und trugen 2006 mit 25,3 Prozent, 14,8 Prozent und 13,6 Prozent zusammen zur Hälfte der Industrieproduktion bei (Hiroshima-ken 2007b, Internet); der Anteil der Industrie am Bruttosozialprodukt und an den Arbeitskräften liegt über dem Landesdurchschnitt. Die Präfektur weist eine für Japan durchschnittliche Altersstruktur auf. Bis Mitte der 1970er Jahre wuchs die Bevölkerung stärker als landesweit; seit der Volkszählung im Jahr 2000 verzeichnet Hiroshima jedoch sinkende Einwohnerzahlen, ein Phänomen, das auf nationaler Ebene erst 2006 einsetzte. Neben der Präfekturhauptstadt mit mehr als einer Million Einwohnern gibt es fünf Städte mit über 100.000 Bewohnern, alle mit unterschiedlicher Bevölkerungs- und Wirtschaftsstruktur, so dass ein Vergleich von Tourismusstrategien unter verschiedenen Bedingungen möglich ist. Schließlich gilt Hiroshima als Vorreiter in der kommunalen Gebietsreform, da es seine 86 Gemeinden zu 23 zusammengefasst und so mit 73,3 Prozent die landesweit höchste Gemeindezahl-Schrumpfungsrate aufweist. Jede der fünf Regionalstädte hat mehrere Insel- oder Berggemeinden eingemeindet, die zwar einige touristische Ressourcen, aber auch eine rapide alternde Bevölkerung mitbrachten. Der Kontext altindustrieller Städte, sinkender Bevölkerung und Auswirkungen der Gebietsreform lässt sich somit an dieser Präfektur gut illustrieren, ohne dass es sich dabei um ein Extrembeispiel handeln würde. Die Probleme einer auf Schwerindustrie ausgerichteten Wirtschaftstruktur haben sich allerdings im Aufschwung der letzten Jahre aufgrund der Nachfrage aus China verringert.

Eine neue Identität für Regionalstädte

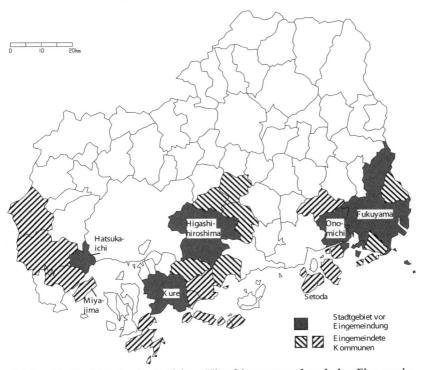

Abb. 1: **Stadtgebiete in der Präfektur Hiroshima vor und nach den Eingemeindungen (Stand: Januar 2008)**

Die Abbildung 1 zeigt die Lage und den Umfang der Gebietserweiterungen, Tabelle 1 die wichtigsten Daten der fünf Städte, die hier kurz charakterisiert werden sollen. Fukuyama ist die zweitgrößte Stadt der Präfektur und das Zentrum ihres östlichen Teils. Mit dem Unternehmen JFE Steel beherbergt es eines der größten Stahlunternehmen Japans. Kure blickt auf eine lange Geschichte als Marine- und Werfthafen zurück. Higashihiroshima ist, wie aus dem Namen „Ost-Hiroshima" ersichtlich, eine relativ neue Kreation aus dem Jahr 1974. Die Stadt ist Standort der großen, ehemals staatlichen Universität Hiroshima, die aus der Innenstadt Hiroshimas hierhin umzog, Teil des *Technopolis*-Gebietes der Präfektur und beherbergt mehrere große Elektronikbetriebe sowie kleinere Universitäten und Forschungseinrichtungen. Hatsukaichi wurde erst 1988 zur Stadt; es bestand bis zur jüngsten Eingemeindung überwiegend aus Wohngebieten von Pendlern nach Hiroshima. Onomichi hat ebenfalls eine lange Tradition als Hafen, die bis ins Mittelalter reicht, aber mit dem

	Präfektur Gesamt	Fuku-yama	Kure	Higashi-hiroshima	Ono-michi	Hatsuka-ichi
Flächenvergrößerung	–	1,4	2,4	2,2	2,6	10,2
Bevölkerung 2005 inklusive Eingemeindung (1, 2)	2.876.642	459.087	251.003	184.430	150.225	115.530
Veränderung 1995–2005 (1995=100) nach Eingemeindungen	99,8	122,6	119,8	161,9	160,2	162,2
Veränderung 1995–2005 (1995=100), altes Stadtgebiet	–	101,9	95,1	117,6	96,9	104,4
% Bevölkerung über 65 J. (2005) (1, 2)	20,9	19,9	25,6	16,4	27,5	19,9
% Beschäftigte 1. Sektor 2005 (1, 2)	4,2	1,9	3,8	7,0	7,9	2,8
% Beschäftigte 2. Sektor 2005 (1, 2)	27,2	33,2	29,0	32,3	32,9	25,5
% Beschäftigte 3. Sektor 2005 (1, 2)	66,9	63,0	65,9	59,3	58,5	70,8
Beschäftigte in Industrie 1994–2004 (1994=100) ohne Eingemeindungen (3)	73,6	81,7	82,9	103,6	83,8	121,0
Beschäftigte in Industrie 1994–2006 (1994=100) inkl. Eingemeindungen (1, 3)	75,9	96,3	79,8	186,1	164,5	216,3

Tab. 1: **Basisdaten der fünf ausgewählten Städte**
Anm.: (1) inklusive aller Eingemeindungen nach 2005.
Quelle: (2) Daten nach Sōmushō Tōkeikyoku (2005); (3) Daten nach Keizai Sangyōshō (1994, 2004, 2006).

Schwerpunkt auf Handel. Dank des ehemaligen Reichtums der Handelshäuser besitzt die Stadt eine Reihe herausragender Tempel. Jede Stadt hat damit unterschiedliche Strukturen; alle haben sich aber aus verschiedenen Gründen in den letzten Jahren mit dem Thema Tourismus beschäftigt, wobei die Gemeindereform einen gemeinsamen Anlass darstellt.

Abbildung 2 zeigt die Entwicklung der Besucherzahlen in den Kernstädten und den touristisch bedeutenden eingemeindeten Gebieten. Die Zahlen sind allerdings nur Annäherungswerte, da sie sowohl solide Daten von Einrichtungen mit Eintrittsgeldern enthalten als auch grobe Schätzungen von Event-Teilnehmern. Zudem werden Touristen, die mehrere Attraktionen besuchen, mehrfach gezählt. Betrachtet man Abbildung 2, so scheint Fukuyama mehr Besucher zu empfangen als Miyajima. Bei Miyajima handelt es sich jedoch um relativ genaue Zahlen beruhend auf

Eine neue Identität für Regionalstädte

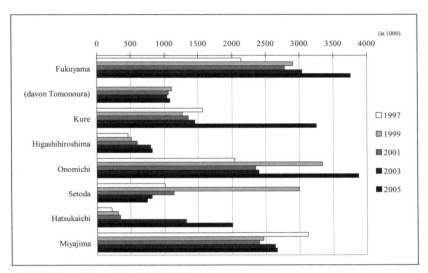

Abb. 2: **Besucherzahlen 1997–2005**
Anm.: Besucherzahlen für Kure und Fukuyama enthalten 2005 bereits einige eingemeindete Kommunen.
Quelle: Hiroshima-ken (2007a).

den Fährenbenutzern, während in Fukuyama Schätzungen von Teilnehmerzahlen am Rosenfest und anderen Events eine eher vage Basis bilden. Trotz dieser Ungenauigkeiten im Vergleich zwischen den Städten lassen sich doch Trends über mehrere Jahre hinweg ablesen. Die Abbildung zeigt mehrere extreme Schwankungen: hohe Besucherzahlen in Miyajima 1997 nach der Registrierung als Weltkulturerbe und einer historischen Fernsehserie mit Schauplätzen in Miyajima; einen einjährigen Boom 1999 in Onomichi und Setoda nach der Eröffnung der *Shimanami Kaidō*, einer Brückenverbindung nach Shikoku; einen starken Anstieg 2005 in Hatsukaichi und Fukuyama nach den ersten Eingemeindungen sowie in Kure und Onomichi in Verbindung mit dem *Yamato*-Museum und dem *Yamato*-Filmset. Außerdem machte sich 2005 eine von der Präfektur durchgeführte Tourismus-Kampagne positiv bemerkbar.

4.1 Fukuyama

Günstig gelegen mit Autobahn, Shinkansen-Bahnhof und einem wachsenden Containerhafen erfüllt Fukuyama die Funktionen einer regionalen Kernstadt (*chūkaku toshi*). Als Zentrum des westlichen Teils der Präfektur und dank der Stahlindustrie ist die wirtschaftliche Struktur der Stadt relativ stabil. Die Bevölkerung ist hier etwas jünger als im Landesdurchschnitt. Über 90 Prozent der Einwohner arbeiten innerhalb des Stadtgebiets und kaufen auch dort ein. Die Stadt stellt 16 Prozent der Bevölkerung der Präfektur, aber ein Fünftel der Beschäftigten und des Outputs in der Industrie (2006). Der Standortquotient der Industrie ist höher als in der Präfektur oder in Japan insgesamt und auch höher als im Durchschnitt aller regionalen Kernstädte; allerdings wuchs die Produktion langsamer (Fukuyama-shi 2005). Die Stadt beherbergt neben JFE Steel sowohl andere Großunternehmen als auch spezialisierte Technologiebetriebe. Das Interesse am Tourismus als Wirtschaftssektor ist daher gering. Wichtigste Attraktionen sind der 1956 eingemeindete Vorort Tomonoura mit dem einzigen erhaltenen Edo-zeitlichen Hafenensemble Japans und ein Rosen-Park, dessen jährliches Rosen-Fest zahlreiche Besucher anzieht.

In der jüngsten Gebietsreform wurden vier Kommunen eingemeindet. Im vierten Generalplan der Stadt aus dem Jahr 2007 werden der Funktionsverlust des Stadtzentrums, der geringe Bekanntheitsgrad und die niedrigen Besucherzahlen als Schwächen der Stadt angeführt (Fukuyama-shi 2007a). Hier zeigt sich, dass das Ziel der Tourismusförderung eher ein besseres Image als konkrete Wirtschaftsförderung ist. Allerdings brachte eine der eingemeindeten Kommunen einen Vergnügungspark mit, der in den 1980er Jahren als Auffangeinrichtung für entlassene Angestellte einer großen Schiffswerft von dem Unternehmen selbst angelegt worden war. Dieser Park, eine Mischung aus Fahreinrichtungen für Kinder und einer „rekonstruierten" Retro-Einkaufsstraße im Stil der 1950er Jahre, kämpft jedoch seit längerem mit sinkenden Besucherzahlen.

Auf Grund der geringen Bedeutung des Tourismus als Wirtschaftssektor ist auch das Interesse am Erhalt touristischer Ressourcen gering. So wurden dem Bau des Shinkansen Teile der Schlossanlage geopfert. Im Ort Tomonoura spielt sich gegenwärtig ein klassischer Konflikt um den Ausbau öffentlicher Infrastruktur ab, wie sie für den japanischen „Bauindustrie-Staat" (*doken kokka*) typisch sind (vgl. Feldhoff 2007). Die Stadt plant – mit Unterstützung der Präfektur – seit mehr als 20 Jahren, die enge Straße durch den historischen Hafenstadtteil durch eine Kombination aus Überbrückung und Aufschüttung des Hafens zu ersetzen. Dies würde, so die Argumentation der Stadt, die Verkehrssituation entscheidend verbessern und damit nicht nur den Bewohnern mehr Lebensqualität bieten, sondern auch die Zufahrt und das Parken für Touristen erleichtern. Die historische Substanz selbst bliebe unberührt und könnte dann unter Denkmalschutz gestellt werden. Die Gegner des Projektes setzen sich aus einer relativ kleinen lokalen Gruppe, aber zahlreichen und bekannten Akteuren aus ganz Japan und dem Ausland zusammen. Sie argumentieren, dass das

Gesamtbild des historischen Ortes durch das Projekt vollständig zerstört und damit auch der Wert als touristische Ressource verloren gehen würde. Die Tatsache, dass ICOMOS den Ort als eines Weltkulturerbes würdig eingestuft hat, ist dabei ein wesentliches Argument. Damit steht das Image als Kulturerbe der Weltklasse und als touristische Attraktion auf internationalem Niveau gegen die Interessen der Bauindustrie und einer auf Autoverkehr fixierten Stadtplanung. Der Fall illustriert aber gleichzeitig auch die Schwierigkeit, nach einer Eingemeindung lokale Ressourcen gegen die politische Richtung der Gesamtstadt zu verteidigen.

In ihrer Tourismusstrategie setzt die Stadt offensichtlich nicht auf die historischen Ressourcen, sondern auf ein Thema, das einfach zu vermitteln ist und Stadt- und Wirtschaftsplanung nicht behindert: Rosen. Erstmals 1956 von Bürgern zur Belebung der Stadt gepflanzt, wurden sie 1985 zur offiziellen Stadtblume. Die Einführung des Rosenfests 1968 und der Ausbau des Rosenparks 2001, die Züchtung eigener Rosensorten und die in Anlehnung an die Papierkraniche in Hiroshima angefertigten „Rose for Peace" (2003) waren Schritte auf dem Weg zur „Stadt der Rosen", die langfristig mit einer Million Rosen aufwarten will. Der Erfolg dieser Strategie zumindest im Stadtgebiet zeigt sich in den Ergebnissen einer Umfrage unter den Bürgern zum Image der Stadt: 57,9 Prozent nannten „Rosen und das Rosenfest", 31,6 Prozent „Hafen und Fischerei von Tomonoura", und erst an fünfter Stelle folgte mit 12,6 Prozent die Stahlindustrie (Fukuyama-shi 2005: 90).

Im Zuge der nationalen Tourismuspolitik und der Eingemeindung der vier ländlichen Kommunen hat Fukuyama 2007 eine „Vision zur Tourismusförderung" verabschiedet. Darin werden die Schaffung eines *toshi burando* [städtischer *brand name*], einer regionalen Identität und Vorteile in der Städtekonkurrenz als Ziele genannt (Fukuyama-shi 2007b: 2). Die meisten der angeführten Maßnahmen sollen von der Stadt selbst durchgeführt werden und beschränken sich auf allgemeine Aussagen wie die Einführung von universellem Design, die Herstellung von Werbematerial oder die Entwicklung regionaler Spezialitäten.

4.2 Kure

Die Stadt Kure ist berühmt als Marinehafen; schon im russisch-japanischen Krieg wurden von hier Soldaten an die Front verschifft. Hafen und Innenstadt drängen sich in einer engen Bucht, die von Bergen umgeben ist, so dass die Verkehrsanbindung der eingemeindeten oder in den Bergen neu angelegten Vororte schwierig ist. Von See aus gut erreichbar, liegt die Stadt abseits von Shinkansen, Autobahnen und Flughäfen. Im Gegensatz zu Fukuyama, dessen Bevölkerung kontinuierlich wächst, sinken die Einwohnerzahlen von Kure seit Mitte der 1970er Jahre. Auch die Zahl der Betriebe und Beschäftigten begann schon Anfang der 1980er Jahre zu sinken, früher als in der Präfektur insgesamt. Diese Tendenz ist besonders ausgeprägt in der Industrie, wo Stahl- und Werftindustrie den Schwerpunkt bilden. Von 1981 bis 2001 sanken die Beschäftigungszahlen in Kure um 36 Prozent, in der Präfektur nur um 23 Prozent (Yano et al. 2007: 28).

Zwischen 2003 und 2006 wurden acht Kommunen eingemeindet: zwei, die ähnlich wie Kure Werften besitzen und sechs Inselgemeinden, auf denen Landwirtschaft und Fischerei eine große Rolle spielen. Ein weiterer Ort entschied im Rahmen der Eingemeindungsverhandlungen, sich lieber der Stadt Higashihiroshima anzuschließen, da man hier eine wirtschaftlich sicherere Zukunft sah.

Die Stadt Kure selbst besaß bis zur Gebietsreform nur wenige touristische Ressourcen und Einrichtungen. In der 1998 verabschiedeten Tourismusstrategie der Stadt wird darauf hingewiesen, dass die typischen Eigenheiten der Stadt nicht touristisch in Wert gesetzt seien. Ausserdem wird die Problematik angesprochen, das historische Erbe als Marinehafen touristisch zu nutzen, da es nur schwer mit dem Thema Frieden zu verbinden sei, welches den Tourismus im benachbarten Hiroshima beherrscht (Kure-shi 1998).

Im Gegensatz dazu brachte jede der eingemeindeten Kommunen mindestens eine in öffentlicher Trägerschaft geführte touristische Einrichtung mit. In zwei Gemeinden sind historische Ortskerne zumindest teilweise erhalten; dort gibt es organisierte freiwillige Touristenführer, die Interessenten die Kulturdenkmäler erklären.

Die Jahre der Gebietsreform brachten in Kure einen wesentlichen Wandel der Tourismuspolitik in Gang. Schon 1992 hatte die Stadt versucht, durch den Ausbau eines Themaparks im pseudo-spanischen Stil neue Arbeitsplätze zu schaffen. Da die Anlage aber letztendlich kein attraktives Thema und kein eigenes Profil entwickelte, wurde sie mangels Besuchern geschlossen und später in einen frei zugänglichen Park mit privat betriebenen Restaurants und Geschäften überführt.

Die Umorientierung zeigte sich auf mehreren Ebenen: Bau einer Kerneinrichtung mit dem Thema Marine und Schiffbau, Erweiterung der zuständigen Verwaltungsabteilung von ursprünglich drei auf über 20 Personen, Einrichtung einer neuen Touristeninformation, Erstellung von Informationsmaterial für die neue Gesamtstadt, Vernetzung der im Stadtkern gelegenen Attraktionen durch Fußwege und Busse und Experimente zur Anbindung der Inselgebiete durch eine Mini-Kreuzfahrt.

Obwohl der Bau eines Museums zum Thema Marine und Schiffsbau lange im Gespräch war, wurde das endgültige Konzept erst 1997 entschieden. Kern des Museums ist ein Modell des angeblich größten und stärksten Schlachtschiffs des Zweiten Weltkrieges, der *Yamato*, die in Kure gebaut wurde und dem Museum auch den Namen gibt. Als das *Yamato*-Museum 2005 eröffnete, brachte im gleichen Jahr der Film „Die letzte Schlacht der *Yamato*" (*Otokotachi no Yamato*, wörtl.: Yamato der Männer) über den Untergang des Schlachtschiffes, welches 1945 von der amerikanischen Marine zerstört wurde und über 2.500 Tote hinterließ, das Thema in die Schlagzeilen. Vier Millionen Menschen sahen den Film, und auch die Besucherzahlen des Museums übertrafen alle Erwartungen: 1,22 Millionen im Jahr 2005 und 1,37 Millionen im Jahr 2006. Dies scheint umso überraschender, als Hiroshima insgesamt mit Friedensgedächtnismuseum und Atombomben-Dom auch im touristischen Bereich einen klaren Schwerpunkt auf das Thema Frieden legt. Im politischen Kontext ist in diesen Jahren mit den Besuchen des Ministerpräsidenten Koizumi beim Yasukuni-Schrein und der Einführung von Patriotismus-Unterricht unter Ministerpräsident Abe ein Rechtsruck zu beobachten, der erstmals in der Nachkriegszeit eine positive Sicht auf Japans Kriegsvergangenheit zu erzeugen versucht. Besucher des Museums dagegen berichten, dass für sie die Tragik des Untergangs, wie sie in den ausgestellten Briefen und Gegenständen der Verstorbenen zum Ausdruck kommt, eine klare Antikriegsbotschaft enthält und das Museum einen positiven Anlass zu Gesprächen über diese Zeit bietet, die bis jetzt gerade innerhalb von Familien oft totgeschwiegen wurde. Auch die Stadt Kure betont, dass das Museum die Geschichte der Stadt Kure und der Technologieentwicklung vorstellen und dadurch die Geschichte Japans und die Bedeutsamkeit des Friedens bewusst machen soll (Kure-shi 2005, Internet). Die Darstellung des historischen Hintergrundes des Krieges fehlt jedoch in der Ausstellung. Planung, Entwicklung und Betrieb lagen bzw. liegen in der Hand der Stadt; bei der Finanzierung beteiligte sich auch das Verteidigungsministerium.

Der Erfolg des Museums, ergänzt durch ein begehbares U-Boot, welches von den maritimen Selbstverteidigungsstreitkräften im Frühjahr 2007 als „Museum des eisernen Wals" (Tetsu no Kujira-kan) eröffnet wurde, hat das Image von Kure als Marinehafen landesweit gefestigt. Damit wird es umgekehrt schwieriger, die eingemeindeten Inseln mit den Ressourcen Natur, historischen Ortskernen und Produkten der Land- und Fischereiwirtschaft zu integrieren. Nur die Museen auf der Insel Shimokamagari wurden häufig gemeinsam mit dem *Yamato*-Museum in das Programm von Tourbussen aufgenommen und verzeichneten daher 2005 einen Besucherzuwachs von 30.301 auf 41.597 Personen (Hiroshima-ken 2007a).

Zwei Umfragen, die 2006 bei Besuchern des *Yamato*-Museums und einer der eingemeindeten Inseln (n=469) sowie 2007 bei aus dem Wählerregister in Zufallsauswahl angeschriebenen Bewohnern der Stadt Kure (n=574) durchgeführt wurden, zeigen diesen Unterschied zwischen dem Image der Stadt Kure als Marinehafen und der Identität der eingemeindeten Ortschaften. Fast die Hälfte der befragten Besucher war von außerhalb der Präfektur Hiroshima angereist. Ein gutes Drittel der Bewohner-Antworten kam aus den eingemeindeten Kommunen, der Rest aus dem ursprünglichen Stadtgebiet. Auf die Frage, was die Attraktivität Kures für Tourismus und Freizeit ausmacht, bewerteten Bewohner die Inseln der Seto-Inlandsee, die reiche Natur von Bergen und Meer sowie Marine und Schiffsbau am höchsten. Dabei zeigten die Bewohner des alten Stadtgebietes eine stärkere Präferenz für Marine und Schiffsbau, die der eingemeindeten Ortschaften hingegen für Terrassenfelder, wie sie auf den Inseln noch häufig zu finden sind, sowie für Essen und landwirtschaftliche Produkte. Die Touristen wählten die gleichen Attraktionen aus, wobei Besucher von außerhalb der Präfektur Hiroshima die Inseln der Seto-Inlandsee wesentlich niedriger bewerteten. Essen und landwirtschaftliche Produkte, die bei den Bewohnern Kures beliebten *yatai* [fahrbare Kneipenstände], Freizeiteinrichtungen und lokale Feste waren dagegen fast unbekannt. Bei der Auswahl eines für Kure typischen Symbols oder Themas zeigen sich die Unterschiede noch stärker (Abb. 3). Obwohl das *Yamato*-Museum bei allen drei Gruppen den ersten Platz einnimmt, ist diese Tendenz bei den Bewohnern des alten Stadtgebiets besonders ausgeprägt; auch das Thema Selbstverteidigungsstreitkräfte (Jieitai) und *yatai* wählen sie öfter aus. Einwohner der eingemeindeten Ortschaften bevorzugen dagegen Themen aus ihrer Umgebung: Meer, Inseln, Zitrusfrüchte. Bei den Besuchern von außerhalb der Präfektur scheint das Image von Marine, Meer und Schiffsbau sehr stark zu sein (Yano et al. 2007: 51–54, 80–86).

Mit der Eingemeindung hat die Stadt Kure auch die Verwaltung der bis dahin von den einzelnen Gemeinden betriebenen Fremdenverkehrseinrichtungen – Museen, *onsen* [heiße Quellen], Übernachtungseinrichtungen, Strände und Erlebniseinrichtungen – übernommen. Gleichzeitig wurde, entsprechend neuer landesweiter Regelungen zum Betrieb öffentlicher Anlagen und Einrichtungen, ein System eingeführt, bei dem der Betreiber im Prinzip durch Wettbewerb ermittelt und die Verträge auf drei Jahre begrenzt werden (*shitei kanri*). Damit wird den Gemeinden die Möglichkeit genommen, eine eigenständige und kontinuierliche Tourismuspolitik durchzuführen. Allerdings wählte Kure in den meisten Fällen den Weg einer Auswahl ohne Wettbewerb und übertrug den Betrieb der Einrichtungen auf die gleichen öffentlich-privaten Organisationen, die bereits vor der Eingemeindung zuständig waren; die Entscheidung über das Budget liegt jedoch nun bei der Stadt. Aufgrund ihrer Abgelegenheit und der starken Saisonalität des Küstentourismus scheint es fraglich, ob diese Einrichtungen nach betriebswirtschaftlichen Prinzipien überleben würden.

Eine neue Identität für Regionalstädte

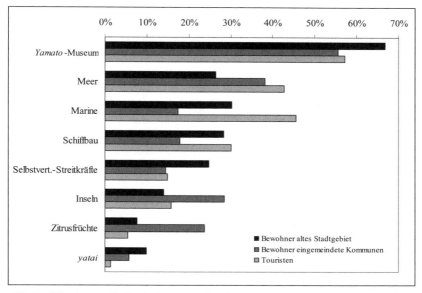

Abb. 3: **Was ist symbolisch für Kure? (Mehrfachantworten möglich)**
Quelle: Eigene Umfrage der Autorin 2006/2007, publ. in Yano *et. al.* (2007).

Der Stadt Kure ist es gelungen, das Thema Marine und Schiffsbau erfolgreich positiv in Szene zu setzen, wobei ihr ein nationaler Trend zur Neubewertung der Kriegsvergangenheit zu Hilfe kam. Gleichzeitig scheint dieses Thema weniger geeignet, eine neue Identität zu schaffen, die auch für die Bewohner der eingemeindeten Ortschaften attraktiv ist. Auch erscheint eine Einbindung ihrer touristischen Ressourcen in dieses Konzept schwierig. Schließlich ist es unsicher, ob der *Yamato*-Boom anhält oder nur ein Nebenprodukt des Films war.

4.3 Higashihiroshima

Die Stadt Higashihiroshima ist selbst schon Ergebnis einer Gebietsreform, da sie 1974 aus vier Gemeinden zusammengeschlossen wurde. Mitte der 1970er Jahre wurde der Umzug der großen staatlichen Universität Hiroshima aus der Innenstadt Hiroshimas nach Higashihiroshima beschlossen, was den Anstoß zur Planung für eine Entwicklung als Universitätsstadt (*gakuen toshi*) gab. Im Rahmen des Technopolis-Konzeptes zur Förderung von Spitzentechnologie-Standorten wurde die Stadt 1984 zum Kerngebiet des Technopolis-Projektes in Hiroshima. Mit mehreren Universitäten, zahlreichen produzierenden Betrieben und kleineren Forschungseinrichtungen hat die Stadt eine ausgewogene Wirtschaftsstruktur; der Anteil der in der Industrie Beschäftigten stieg bis 1995. Der alte Stadtkern Saijō ist überdies bekannt als einer der drei großen Standorte des Sake-Brauens in West-Japan; auch heute existieren noch zehn Brauereien.

Um ihrem Ruf als Universitätsstadt gerecht zu werden, griffen die Planer zu einem bewährten Mittel der Stadtplanung. Sie legten eine neue Achse an, den sogenannten *Boulevard*, der den Bahnhof mit dem neuen Campus verbindet. Entlang dieser Achse und rund um die Universität Hiroshima entstand ein völlig neuer Stadtteil. Allerdings konnte der *Boulevard* erst Jahre später zum Bahnhof hin verlängert werden, da zuerst das alte Ortszentrum weitgehend abgerissen und umgebaut werden musste.

Die Bevölkerung hat sich von 1975 bis 2005 verdoppelt und der Anteil der über 64-Jährigen war geringer als in den anderen Städten Hiroshimas, bis im Jahr 2005 fünf ländliche Gemeinden mit hohem Seniorenanteil eingemeindet wurden. Die Stadt hat demnach rein wirtschaftlich gesehen wenig Grund, sich im Tourismus zu engagieren. Trotzdem versucht die Stadt, aktiv Hotels anzusiedeln. Der Tourismusverband gab eine Untersuchung zur Tourismuspolitik nach der Gebietsreform in Auftrag und gründete 2006 eine Organisation zur Förderung des Tourismus, bestehend aus den Tourismusverbänden der ehemaligen Gemeinden. Im Stadtkern schließlich zeigen sich zahlreiche neue Entwicklungen zum Thema Sake.

In einer Umfrage unter Bewohnern der Stadt (Asano et al. 2006) wurde auf die Frage nach der Attraktivität Higashihiroshimas für Tourismus und Freizeit von zwei Dritteln der 802 Befragten Sake und die damit verbundene Kultur genannt. Jeweils ein Drittel wählten Natur, rurale Landschaft (*den'en fūkei*) sowie historische Ortsbilder und Denkmäler. Sake wurde dabei in den eingemeindeten Ortschaften weniger häufig genannt als im alten Stadtgebiet. Auch als Thema und Symbol der Stadt nahm Sake den ersten Rang ein, gefolgt vom Thema Universitätsstadt. Hier zeigten sich ebenfalls Unterschiede zwischen den neu eingemeindeten und den alten Stadtteilen: Erstere wählten häufiger die Themen Grün, Wasser, landwirtschaftliche Produkte, rurale Landschaft und in der einzigen Küstengemeinde auch Meer als Symbole für die neue Stadt.

Im Jahr 2007 begann die Industrie- und Handelskammer im Rahmen des „Japan Brand"-Projektes der Small and Medium Enterprise Agency eine Strategie zur internationalen Vermarktung von *Saijō Sake* zu entwickeln (Small and Medium Enterprise Agency 2008, Internet). Als erster Schritt wird dabei angestrebt, das Image von *Saijō Sake* unter internationalen Touristen zu etablieren, einerseits durch Kooperation mit Hotels und Restaurants in Hiroshima und Miyajima, andererseits durch verstärkten

Ausbau des Tourismus in Higashihiroshima selbst. Diese Strategie ist vor dem Hintergrund landesweit ständig sinkender Umsätze bei Sake zu sehen. Andererseits stellt das wachsende Interesse an regionalen Produkten und ihrer Tradition eine zunehmend wichtige Motivation für japanische Touristen dar. Hier bietet sich eine Chance, das Produkt Sake und die produzierende Region gemeinsam zu vermarkten. Durch die Einführung eines Sake-Festivals mit inzwischen über 200.000 Besuchern, die Möglichkeit, Brauereien zu besichtigen und das zum Brauen verwendete Wasser an speziellen Brunnen zu probieren, sowie durch den Ausbau von Cafés, Restaurants und Souvenirläden in einigen Brauereien wurde in den letzten Jahren dieser Trend von den Brauerei-Besitzern erfolgreich aufgegriffen; dies soll nun auf den Inbound-Markt ausgeweitet werden. Allerdings ist es bisher nicht gelungen, Regeln zum Erhalt des Stadtbildes im alten Brauereiviertel aufzustellen. Der Bevölkerungszuwachs der Stadt manifestiert sich in zahlreichen Hochhäusern in der Umgebung des Viertels, deren tiefe Fundamente außerdem die Qualität und Menge des zum Brauen verwendeten Grundwassers bedrohen.

Hier zeigt sich die Gefahr, dass die Förderung des Tourismus und die Schaffung eines lokalen Images unter Gesichtspunkten der Produktvermarktung allein nicht ausreichen, um die erforderlichen Maßnahmen zum Schutz der touristischen Ressourcen auf Seiten der Stadt in Gang zu setzen. Das Thema Sake scheint zu eng mit dem alten Ortskern Saijō und den Interessen der Produzenten verbunden, als dass es sich zu einer städtischen Strategie entwickeln ließe, besonders da die wirtschaftliche Notwendigkeit, Tourismus als Wirtschaftsfaktor zu etablieren, relativ gering ist. Eine interessante neue Tendenz sind Bestrebungen der Universität Hiroshima, den Campus durch Einrichtung von Museen, einer Konzert- und Vortragshalle, Spazierwegen und Biotopen als Freizeitbereich für die Bewohner der Stadt zu öffnen.

4.4 Hatsukaichi

Die Stadt Hatsukaichi unterscheidet sich von den anderen Städten durch die geringe Bedeutung der Industrie. Erst 1988 von einer Gemeinde (*chō*) zur Stadt (*shi*) geworden, handelte es sich bis zu den jüngsten Eingemeindungen um eine Schlafstadt im Westen Hiroshimas. Die vier eingemeindeten Orte bestehen aus zwei Berggebieten, einem Küstenort und der Insel Miyajima, die mit dem Weltkulturerbe Itsukushima-Schrein das touristische Zentrum der Präfektur mitbrachte.

Im Fall Miyajima war der Eingemeindung ein einjähriger Kampf innerhalb des Ortes vorausgegangen. Der Bürgermeister hatte vorgeschlagen, mit der Stadt Hiroshima zusammenzugehen, um den hohen Bekanntheitsgrad und das doppelte Weltkulturerbe Itsukushima-Schrein und Atombomben-Dom touristisch in Wert zu setzen. Viele der Gemeinderäte befürworteten jedoch Hatsukaichi, wo viele auf der Insel Beschäftigte wohnen. Auch war die Stadt Hiroshima wegen ihrer hohen Schulden allgemein als Partner in der Gebietsreform unbeliebt. In einem Bürgerentscheid erhielt daher Hatsukaichi, dessen Bürgermeister schon zu Beginn der Reform Miyajima zur Eingemeindung eingeladen hatte, die Mehrheit der Stimmen. Eine Stadt, die vorher ausserhalb der Präfektur weitgehend unbekannt war, kann sich nun nicht nur damit brüsten, vom Meeresstrand bis zum Skigelände alles zu bieten, sondern auch die neben dem Atombomben-Dom international bedeutendste Touristen-Attraktion der Region zu besitzen. Vorrangiges Interesse der Stadt ist es daher, die Touristen von Miyajima auch in andere Gebiete der Stadt zu locken. Im Eingemeindungsplan wird dementsprechend die Rolle Miyajimas als Basis und Vorreiter für den regionalen Tourismus betont und die Erstellung eines Tourismuskonzeptes festgelegt (Hatsukaichi-shi 2005, Internet). Aufgrund dieses Plans richtete die Stadt von 2005 bis 2007 einen Ausschuss ein, der im ersten Jahr einen Aktionsplan für Miyajima und im zweiten für die anderen Stadtteile erstellte. Der Aktionsplan für Miyajima setzt neben konkreten Zielen – drei Millionen Besucher, 100.000 internationale Touristen, 400.000 Übernachtungen und eine durchschnittliche Aufenthaltsdauer von fünf Stunden bis zum Jahr 2008 – ein Bündel von 50 Maßnahmen fest, die teils von öffentlichen, teils von privaten Trägern durchgeführt werden sollen (HKMK 2007). Für das gesamte Stadtgebiet wurden allein schon mangels verlässlicher Tourismus-Statistiken keine detaillierten Besucherzahlen anvisiert. Hier spielt bei fast allen der diesmal 49 Maßnahmen die Stadtverwaltung eine wichtige Rolle. Die touristischen Ressourcen und Einrichtungen liegen jedoch von ihrer Qualität her auf einem völlig anderen Niveau als Miyajima und sind daher überwiegend für die Bewohner des anliegenden Metropolraumes Hiroshima attraktiv.

Die ersten beiden konkreten Ziele für Miyajima wurden bereits 2007 erreicht; über die Aufenthaltsdauer liegen keine Daten vor. Ein Großteil der Maßnahmen wurde bereits in Angriff genommen, oft durch Organisationen wie den Tourismusverband, die Industrie- und Handelskammer, den Hotelverband oder den Verband der Läden entlang der Einkaufsstraße, aber auch von Studentengruppen der umliegenden Universitäten, von NPOs oder anderen Bürgerinitiativen. Einige grundlegende Projekte, nämlich die Erstellung eines Gesamtkonzeptes für Miyajima, genaue Marktuntersuchungen, gemeinsame Tickets für die zwei Fährlinien und die einzelnen Attraktionen, die Erneuerung der Aussichtsplattform im

Nationalpark und regelmäßige Untersuchungen zum Erhalt des Kultur- und Naturerbes stehen dagegen noch aus. Auch Baubeschränkungen für die Küste gegenüber der Insel, die den Hintergrund für den berühmten Blick durch das im Meer stehende Schreintor bildet, sind noch nicht in Angriff genommen worden.

Seit dem Jahr 2002 steigen die Touristenzahlen in Miyajima nach einem längeren Tief kontinuierlich an, besonders die der internationalen Besucher. Als Kern des internationalen Tourismus in der Region Chūgoku, dem westlichsten Teil der Hauptinsel Honshū, ist Miyajima mit der landesweiten Kampagne zur Förderung des Inbound-Tourismus ins Zentrum des regionalen Interesses gerückt. Gleichzeitig haben die schlechte finanzielle Lage des Ortes vor der Gebietsreform, der Konflikt um die Eingemeindung und die Zusammenlegung mit Hatsukaichi zunächst zu einem politischen und administrativen Vakuum geführt, das möglicherweise eine Vielzahl von Initiativen sowohl in der Tourismusindustrie und ihren Verbänden als auch bei Bürgern der Insel und der Umgebung in Gang gesetzt hat; diese werden nun durch den Aktionsplan unterstützt, teilweise mit Nutzung staatlicher Projektgelder. Der Ausschuss zur Erstellung der Aktionspläne fordert in seinem Abschlussbericht die Einrichtung einer nur für Tourismus zuständigen Abteilung in der Stadtverwaltung und eines Koordinationsgremiums für die im Tourismus tätigen Verbände und Akteure. Ohne diese scheint es unwahrscheinlich, dass sich die Erfolge in Miyajima auf das gesamte Stadtgebiet auswirken oder zu einer Aufwertung des Images der Stadt Hatsukaichi beitragen können. Der Unterschied zwischen dem Weltkulturerbe Miyajima und der touristisch völlig unbekannten Stadt Hatsukaichi scheint zu groß, als dass die Strategie eines gemeinsamen Images erfolgreich sein könnte.

4.5 Onomichi

Von den fünf hier analysierten Städten ist Onomichi als einzige eine etablierte touristische Destination. Als ehemals blühende Hafenstadt besitzt die Stadt eine Reihe herausragender Tempel und Schreine. Die malerische Lage an einem Hang über einer Meerenge hat Literaten, Künstler und Filmregisseure angezogen. Spaziergänge entlang der Tempel am Hang, zu den Plätzen berühmter Filmszenen und entlang der Einkaufsstraße mit altmodischen Geschäften gehören ebenso zu den Attraktionen der Stadt wie die Fahrt mit der Seilbahn zum Aussichtspunkt über Meerenge und Inseln. Neben der für eine Hafenstadt typischen Werftindustrie sind auch Maschinenbau und Nahrungsmittelproduktion stark entwickelt; die drei Branchen stellen gemeinsam fast 60 Prozent der Beschäftigten im produzierenden Sektor. Der Tourismussektor dagegen besteht überwiegend aus Klein- und Mittelbetrieben, da es keine großen Übernachtungseinrichtungen gibt und die Hauptattraktionen nicht-kommerzielle Tempel und Schreine sind.

Onomichi hat fünf umliegende Kommunen eingemeindet und dadurch beide Identitäten, als Tourismusort und als Industriestandort, verstärkt. Eine der eingemeindeten Inseln zieht mit einem berühmten Tempel-Themapark und einem Museum fast eine Million Besucher jährlich an; zwei weitere Inseln haben mit großen Werften eine starke industrielle Basis.

Die Stadt erlebte 1999 einen Besucherboom, als das dritte Brückensystem zwischen Honshū und Shikoku eröffnet wurde. Die *Shimanami Kaidō* verbindet Onomichi mit Imabari über sechs Inseln und sieben Brücken. Allerdings erwies sich der Boom als kurzfristig, und auch der erhoffte Tagesverkehr von den Inseln richtet sich meistens auf das benachbarte Fukuyama, wo bessere Einkaufsmöglichkeiten und Dienstleistungen zur Verfügung stehen.

Der nächste Ansturm von Touristen kam 2005, als in einem ehemaligen Werftgelände ein Modell des Schlachtschiffs *Yamato* aufgebaut wurde, um den oben erwähnten Film „Die letzte Schlacht der *Yamato*" zu drehen. Der Regisseur Ōbayashi, der zahlreiche eher romantische und nostalgische Filme in Onomichi gedreht und so die Stadt berühmt gemacht hat, kritisierte, dass ein Kriegsfilm nicht zum Image der Stadt passen würde. Ebenso wie das *Yamato*-Museum in Kure erwies sich das Filmset jedoch als Hit, wurde daher länger als geplant erhalten und zählte im ersten Jahr seiner Existenz eine Million Besucher. Im selben Jahr bedrohte der geplante Bau eines elfstöckigen Hochhauses direkt neben dem Bahnhof den Blick auf den Hang, der mit seinen Tempeln, gewundenen Gassen und Treppen und alten, teils schon etwas verfallenen Häusern die wichtigste Attraktion Onomichis darstellt. Mangels Baubeschränkungen blieb der Stadt keine andere Möglichkeit, als den Bau durch Kauf des Geländes zu verhindern. Erst das im selben Jahr in Kraft getretene Landschafts-Gesetz (*Keikan-hō*) ermöglichte den Gemeinden, strengere Bauvorschriften festzulegen als landesweit gesetzlich vorgeschrieben.[2] Onomichi nutzte diese Möglichkeit 2007 zur Einführung von Bauhöhen und der Beschränkung von Werbetafeln.

Im Unterschied zu den anderen Städten, wo entweder wie in Kure die Stadt die Initiative in der Tourismuspolitik und auch in der Image-Konstruktion ergreift oder wie in Higashihiroshima und Hatsukaichi der private Sektor aktiver ist, herrscht in Onomichi eine gewisse Balance zwischen städtischen und privaten Initiativen. Geschäftsbesitzer unterstützen die Filmregisseure in ihrer Arbeit ebenso wie die städtische Film-Kommission.

---

[2] Vgl. hierzu ausführlicher auch den Beitrag von Brumann in diesem Band.

Studenten der Kunstabteilung der lokalen Universität erfinden und führen Events mit Hilfe der Stadt durch. Kleine, alternative Galerien und Cafés entstehen in den alten Häusern am Hang, während die Stadt unter Zuhilfenahme einer Datenbank leerstehende Häuser vermittelt. Im Jahr 2007 richtete die Tourismusabteilung der Stadtverwaltung einen Ausschuss für strategische touristische Stadtentwicklung (Kankō Machizukuri Senryaku Kaigi) ein. Neben den von der Stadt direkt angesprochenen Akteuren aus dem touristischen Sektor wurde auch allgemein für eine Beteiligung geworben. Mit 28 Mitgliedern, überwiegend Vertreter von Bürgerinitiativen oder Geschäftsbesitzer, wurde in mehreren Workshops über neue Informationsangebote, neue Rundwege und Aktivitäten besonders für junge Leute und neue Souvenir-Produkte beraten. Allerdings wurden teils aus praktischen Gründen die Treffen separat für das alte Stadtgebiet und die direkte Umgebung einerseits und die zwei entfernteren Inseln andererseits durchgeführt, so dass keine Gesamtstrategie entwickelt werden konnte.

Mit der Einrichtung einer eigenen Abteilung für den Schutz von Denkmalen und Kulturgütern (2004), die langfristig eine Registrierung der Stadt als Weltkulturerbe anstreben soll, und mit der Einführung von zwei Landschaftsplänen 1992 und 2007 versucht die Stadt aktiv, ihre touristischen Ressourcen zu erhalten. Der erste Landschaftsplan von 1992 war nicht bindend, sondern beruhte nur auf einem System von Anmeldung und Beratung bei größeren Bauvorhaben.

In einer Umfrage bei Besuchern der Stadt zeigte sich, dass das Image als Stadt am Hang besonders stark ist, gefolgt vom Eindruck einer Stadt mit Geschichte und Tradition und dem Image einer schönen Landschaft (Funck 2005). Eine weitere, von der Stadt durchgeführte Untersuchung machte 2006 deutlich, dass nur noch wenige Touristen Onomichi als Stadt der Literatur und der Filme von Regisseur Ōbayashi sehen und daher ein neues Image für die Stadt, inklusive der neu eingemeindeten Gebiete, nötig ist.

5 Strategien, Massnahmen und ihre Wirkungen

Die fünf Fallbeispiele aus der Präfektur Hiroshima haben gezeigt, dass Regionalstädte sehr unterschiedliche Strategien anwenden – oder auch nicht anwenden –, um ihr Image zu verbessern und die neu eingemeindeten Stadtteile zu integrieren.

Die Motivation zur Entwicklung von neuen Images und Tourismusstrategien liegt vor allem in dem Versuch, die nach der Gebietsreform neu entstandenen administrativen Gebilde zu integrieren. Dabei wird Tourismus als Mittel zur Belebung der eingemeindeten ländlichen Gebiete eingesetzt, aber auch zur Verbesserung des Images der Kernstadt oder zur Vermarktung regionaler Produkte. Eine bessere Lebensqualität durch attraktivere Freizeitmöglichkeiten wird dagegen in keinem der Pläne oder Strategien angesprochen. Die beiden Städte mit dem stärksten Rückgang an Bevölkerung und Beschäftigten in der Industrie sowie dem höchsten Seniorenanteil, also Kure und Onomichi, engagieren sich wesentlich stärker im Tourismus als Fukuyama und Higashihiroshima mit ihrer stabilen Bevölkerungs- und Wirtschaftsstruktur. Hier liegt folglich der Schwerpunkt der Strategie auf der wirtschaftlichen Belebung und Diversifizierung der Kernstadt selbst.

Im Gegensatz zu den Jahren der *bubble economy*, als sich nahezu jedes Dorf von berühmten Architekten ein neues Museum bauen ließ, liegt die Betonung – mit Ausnahme des *Yamato*-Museums der Stadt Kure – angesichts der knappen städtischen Haushalte und der Reduzierung öffentlicher Projekte auf „weichen" Strategien und Maßnahmen: Werbung, Information, Entwicklung neuer Angebote und Produkte, Vernetzung von Ressourcen. Gemeinsam mit den *bubble*-Projekten ist jedoch die Vernachlässigung von Marktforschung zu Gunsten von Strategien, die weitgehend auf die anbietende Region fixiert sind, eine nach Gilman (2001) unter Umständen fatale Tendenz. Unter den von Steinecke (2006: 137) erwähnten Strategien wird besonders Wert auf die Spezialisierung gelegt, die sich in einem einfachen und klar zu vermittelnden Image ausdrückt. Dies geschieht jedoch leicht auf Kosten der Integrierung der touristischen Ressourcen in den eingemeindeten Kommunen. Die Vernetzung erfolgt überwiegend durch gemeinsame Werbung und Internet-Auftritte.

Die Stadtverwaltung selbst spielt jeweils eine unterschiedlich starke Rolle. Die Bandbreite reicht von der Stadt Kure, die vom Konzept über Bau von Einrichtungen, Vernetzung und Information alle Bereiche in die Hand nimmt, bis zur Stadt Fukuyama, die aktiv die wenigen vorhandenen touristischen Ressourcen der Stadt zerstört und als Ersatz mit dem frei interpretierbaren Image der „Stadt der Rosen" arbeitet. Die eingemeindeten Kommunen haben dagegen jeden Spielraum verloren, ein eigenes Image aufzubauen, mit Ausnahme von Miyajima, welche als Weltkulturerbe bereits eine ausgeprägte Identität als Tourismus-Destination besaß.

Der private Sektor, also Tourismus- und andere Verbände, Geschäftsleute und Bürger, engagiert sich nur dort, wo Tourismus bereits etabliert und eine Vielzahl von Aktivitäten möglich ist. Unter den Fallbeispielen trifft diese Situation auf Miyajima und Onomichi zu; eine Ausnahme bilden außerdem der Sake-Brauereiverband und die Brauereien in Higashihiroshima, die das Potenzial des Tourismus für die Vermarktung regionaler Produkte erkannt haben. Wo der private Sektor aktiv wird, beteiligen sich zahlreiche Bürgerinitiativen und Gruppen an der Herstellung von Informationsmaterial, der Nutzung leerstehender Häuser, der Touristenführung und der Planung und Durchführung von Events. Dies ist eine neue Tendenz, die im Zuge des wachsenden Bürgerengagements in Japan insgesamt zu sehen ist, aber auch aktiv von den Stadtverwaltungen unterstützt, man könnte sogar sagen, ausgenutzt wird. Obwohl diese Aktivitäten viele Lücken im touristischen Angebot schließen können, verhindert ihre mangelnde Koordination andererseits die Bildung stringenter Konzepte oder Images.

Die Erfolge all dieser Strategien lassen sich nur schwer messen. Kurzfristige extreme Schwankungen der Besucherzahlen sind in Japan die Regel, wo Filme, Fernsehserien, neue Museen oder Schnellverkehrsverbindungen häufig einen Boom auslösen, getragen von den Tourbussen der Reiseagenturen, die jedes Jahr neue Ziele für ihre Angebote suchen. In Kure hat der Ausbau des Museums zu einer Aufwertung der gesamten Hafenanlage geführt; in Fukuyama verbesserte die Erweiterung des Rosenparks die innerstädtischen Grünanlagen. Eine Verbesserung der Lebensqualität insgesamt lässt sich jedoch aus den Tourismusstrategien nicht herleiten. Auch zieht eine touristische Nutzung im Konflikt mit öffentlichen Bauprojekten und stadtplanerischer Freiheit meistens den Kürzeren. So bleibt es fraglich, ob das neue Image nicht nur kurzfristige Besucher, sondern auch neue Bewohner anziehen kann.

Die Bandbreite der fünf Fallbeispiele lässt Schlüsse auf die Einordnung der Tourismusstrategien japanischer Regionalstädte in den internationalen Kontext zu, der zu Beginn des Beitrags erläutert wurde. Städte mit problematischer Wirtschafts- und Bevölkerungsstruktur engagieren sich aktiver für den Tourismus als diejenigen, deren sekundärer Sektor eine relativ stabile Entwicklung aufweist. Eine De-Differenzierung der Sphären Tourismus und urbane Lebens- und Freizeitqualität ist jedoch kaum zu beobachten. Nur im Fall von Onomichi hatte der für den Tourismus wichtige Erhalt des Stadtbildes direkten Einfluss auf die Stadtplanung. Vielmehr zielen die Strategien auf Besucher von außerhalb und die Konstruktion eines positiven Images nach außen. Mangelnde finanzielle Mittel und mangelnde Koordination verhindern eine Rekonstruktion des urbanen Raumes im neoliberalen Stil. Die Neugestaltung des Hafengebietes in Kure für touristische Zwecke stellt eine Ausnahme dar. Sie wurde aber weitgehend auf neuen Aufschüttungsflächen durchgeführt, so dass keine Verdrängung von Nutzungen und Bewohnern stattfand.

In der Diskussion um Tourismus und städtisches Image wurde bereits die Tendenz zur Simplifizierung und Reduzierung in der Konstruktion von Images angesprochen. Die Beispiele aus Hiroshima haben gezeigt, dass gerade im Kontext der Gebietsreform, wo nicht nur ein neues Image, sondern auch eine neue Identität angestrebt wird, derartige Strategien sogar kontraproduktiv sein können. Dagegen betonen Kavaratzis and Ashworth (2005), dass ein erfolgreiches City-Branding mit der Definition der lokalen Identität beginnt und, ähnlich einer Unternehmens-Marke, eine Vielzahl von „Waren", also Attributen, umfassen kann. Damit ermöglicht der Prozess des City-Branding die Integration sowohl von Akteuren und Gruppen innerhalb der Stadt als auch von verschiedenen Zielgruppen des Tourismusmarktes. Schritte in Richtung einer derartigen integrierten Strategie sind in den untersuchten Regionalstädten nur in wenigen Ansätzen zu erkennen.

LITERATURVERZEICHNIS

Asano, Tokuhisa, Hidenori Okahashi, Takahito Yamazaki und Carolin Funck (2006): *Gappeigo no Higashihiroshima ga mezasubeki kankō shinkō no arikata kentō ni muketa kisoteki chōsa to hōsaku* [Grundlegende Untersuchung und Maßnahmen für ein Konzept zur Tourismusförderung in Higashihiroshima nach der Gebietsreform]. Hiroshima: Hiroshima Daigaku Higashihiroshima Kōiki Kenkyū Gurūpu.

Bœrenholdt, Jørgen Ole, Michael Haldrup, Jonas Larsen und John Urry (2004): *Performing Tourist Places*. Aldershot/Burlingate: Ashgate.

Feldhoff, Thomas (2007): Japan's construction lobby and the privatization of highway-related public corporations. In: Andre Sorensen und Carolin Funck (Hg.): *Living Cities in Japan. Citizens' Movements, Machizukuri and Local Environments*. London und New York: Routledge, S. 91–112.

Fraser, Charles (2003): Change in the European Industrial City. In: Chris Crouch, Charles Fraser und Susan Percy (Hg.): *Urban Regeneration in Europe*. Oxford: Blackwell, S. 17–33.

Fujii, Sayaka, Junichiro Okata und Andre Sorensen (2007): Inner-City redevelopment in Tokyo: conflicts over urban places, planning governance, and neighbourhoods. In: Andre Sorensen und Carolin Funck (Hg.): *Living Cities in Japan. Citizens' Movements, Machizukuri and Local Environments*. London und New York: Routledge, S. 247–266.

Fukuyama-shi (2005): *Daiyonji Fukuyama-shi sōgō keikaku sakutei no tame no kihon chōsa hōkokusho* [Bericht über die Basisuntersuchung für die Erstellung des 4. Generalplans der Stadt Fukuyama]. Fukuyama: Fukuyama-shi.

Fukuyama-shi (2007a): *Sōgō keikaku* [Generalplan]. http://www.city. fukuyama.hiroshima.jp/life/detail.php?hdnKey=1139 (letzter Zugriff 16.01.2008).

Fukuyama-shi (2007b): *Fukuyama-shi kankō shinkō bijon* [Vision zur Tourismusförderung der Stadt Fukuyama]. Fukuyama: Fukuyama-shi. (Auch online unter: http://www.city.fukuyama.hiroshima.jp/life/detail.php? hdnKey=2177 (letzter Zugriff 16.01.2008)).

Funck, Carolin (1999a): *Tourismus und Peripherie in Japan. Über das Potential touristischer Entwicklung zum Ausgleich regionaler Disparitäten*. Bonn: Verlag Dieter Born.

Funck, Carolin (1999b): When the Bubble Burst: Planning and Reality in Japan's Resort Industry. In: *Current Issues in Tourism* 2 (4), S. 333–353.

Funck, Carolin (2005): Machinami, tenbō to engan kankō: kankō shigen toshite no shamen chiku [Stadtbild, Aussicht und Küstentourismus – Hanglagen als touristische Ressource]. In: *Nihon Kenkyū*, Sonderausgabe 3, S. 49–62.

Gilman, Theodore J. (2001): *No Miracles Here. Fighting Urban Decline in Japan and the United States*. Albany: State University of New York Press.

Hall, Michael C. (1994): *Tourism and Politics: Policy, Power, and Place*. Chichester und New York: Wiley.

Hall, Michael C. (2007): Tourism, governance and the (mis-)location of power. In: Tim Coles und Andrew Church (Hg.): *Tourism, Power and Space*. London und New York: Routledge, S. 247–268.

Hatsukaichi-shi (2005): *Hatsukaichi-shi Miyajima gappei kensetsu keikaku* [Aufbauplan für die Eingemeindung von Miyajima nach Hatsukaichi]. http://www.city.hatsukaichi.hiroshima.jp/sumai_machi/gappei/ miyajima/digest/index.html (letzter Zugriff 28.01.2008).

Hiroshima-ken (2007a): *Heisei 18-nen Hiroshima-ken kankōkyaku-sū no dōkō* [Tendenz der Besucherzahlen in der Präfektur Hiroshima 2006]. Hiroshima: Hiroshima-ken.

Hiroshima-ken (2007b): Tōkei kara mita Hiroshima kensei 2008 [Die Präfektur Hiroshima in der Statistik 2008]. http://db1.pref.hiroshima.lg.jp/ Folder18/Frame18.htm (letzter Zugriff 01.02.2008).

HKMK (= Hatsukaichi-shi Kankō Machizukuri Kondankai) (2007): *Heisei 18-nendo Hatsukaichi-shi kankō machizukuri kondankai hōkokusho* [Bericht der Konferenz zur Tourismusentwicklung in der Stadt Hatsukaichi, Fiskaljahr 2006]. Hatsukaichi: Hatsukaichi-shi Kankō Machizukuri Kondankai.

Kavaratzis, Mihalis and G. J. Ashworth (2005): City Branding: an effective assertion of identity or a transitory marketing trick? In: *Tijdschrift voor Economische en Sociale Geografie* 96 (5), S. 506–514.

Keizai Sangyōshō (1994, 2004, 2006): *Kōgyō tōkei chōsa* (Census of Manufactures). Tokyo: Keizai Sangyō Chōsakai [jährlich erscheinende Reihe].

Kokudo Kōtsūshō (2007): *Kankō rikkoku suishin kihon keikaku* [Plan zu den Grundlagen der Förderung einer Tourismusnation]. Tokyo: Kokudo Kōtsūshō.

Kure-shi (1998): *Kure-shi kankō shinkō keikaku* [Plan der Stadt Kure zur Förderung des Tourismus]. Kure: Kure-shi.
Kure-shi (2005): Yamato Museum. http://yamato.kure-city.jp/outline.htm (letzter Zugriff 16.01.2008).
McNeill, Donald (2004): *New Europe: Imagined Spaces*. London: Arnold.
Moon, Okpyo (2002): The countryside reinvented for urban tourists: rural transformation in the Japanese *muraokoshi* movement. In: Joy Hendry und Massimo Ravery (Hg.): *Japan at Play*. London und New York: Routledge, S. 228–244.
Murphy, Peter E. (1985): *Tourism: a Community Approach*. New York und London: Methuen.
Richards, Greg und Derek Hall (Hg.) (2000): *Tourism and Sustainable Community Development*. London und New York: Routledge.
Shaw, Gareth und Allan M. Williams (1994): *Critical Issues in Tourism*. Oxford und Cambridge: Blackwell.
Small and Medium Enterprise Agency (2008): Japan Brand. http://www.japanbrand.net/english/index.html (letzter Zugriff 28.01.2008).
Sōmushō Tōkeikyoku (2005): *Heisei 17-nen kokusei chōsa hōkoku* (2005 Population census of Japan). Tokyo: Nihon Tōkei Kyōkai [mehrbändige Publikation].
Steinecke, Albrecht (2006): *Tourismus. Eine geographische Einführung*. Braunschweig: Westermann.
Suzuki, Shigeru und Minato Kobuchi (1991): *Rizōto no sōgōteki kenkyū* [Integrierte Forschung über Tourismusgebiete]. Kyoto: Mineruva Shobō.
Tanno, Akihiko (2004): *Āban tsūrizumu* [Urbaner Tourismus]. Tokyo: Kokon Shoin.
Urry, John (2002): *The Tourist Gaze*. Second Edition. London, Thousand Oaks und New Delhi: Sage Publications.
Yano, Izumi, Carolin Funck, Hideki Tanaka und Mamoru Itabashi (2007): „Kure rashisa" to wa [Was ist „typisch Kure?"]. Hiroshima: Hiroshima Daigaku Kure Purojekuto.
Yoshida, Haruo (2006): *Kankō to chiiki shakai* [Tourismus und regionale Gesellschaft]. Kyoto: Mineruva Shobō.

Japanese Rural Revitalization: The Reality and Potential of Cultural Commodities as Local Brands

Anthony Rausch

Abstract: Against a background of the recent *Heisei dai-gappei* municipal mergers, this paper considers the reality of local revitalization in rural Japan through local branding; that is, the process through which local products are tied to the region from which they originate. While the importance of branding was formally recognized by the Japanese national government in 2006, this paper takes the position that the current mechanisms driving place-branding ultimately miss the potential of locally appropriate products. As part of the current rush to 'brand' anything local, the Tsugaru district of Aomori Prefecture has identified eight products for branding. However, considering the historical trajectory of Tsugaru *nuri* lacquerware and Tsugaru *shamisen* music, the two cultural commodities most associated with Tsugaru, it is clear that the potential of branding is complicated, if not countered – specifically in the case of cultural commodities – by the process of branding itself. The research concludes that in order to ensure that a brand image is appropriate and effective in revitalizing the place it is to be associated with, it is necessary to take a proper analytical approach: The historical trajectory of potentially brandable cultural commodities should be assessed, while recognizing that it is through such an approach that a commodity appropriate to local branding can be identified.

1 Introduction

Much of rural Japan is uncertain about the future, due in no small part to a dramatic change in the central government's relationship with these outlying areas. From the post-war period in the late 1940s and early 1950s, through to the period of high economic growth of the 1960s, and on through the bubble economy of the 1980s and 1990s, the central government directed much of the economic, political and societal functions of Japanese society, meaning that progress was, by and large, focused on the metropolitan areas of Kantō and Kansai, predominantly Tokyo and Osaka. This was, to a degree, justified, since Japan was focused on rebuilding after the war and, thereafter, centralized most political and economic activities with an aim toward competitive participation at an international level. This centralization has, however, brought about two unanticipated and interrelated realities: first, that progress in the center does not auto-

223

matically result in progress everywhere else; and second, that lack of progress elsewhere ultimately compromises the power of the center to generate progress anywhere. This dual reality forced the Japanese central government to initiate a policy of *bunken-ka* [decentralization], culminating in the *Heisei dai-gappei* [Great municipal mergers of the Heisei Period]. These two consecutive policy reforms, while compelling the outlying areas of Japan to recognize that their fates now rested less on the national government in Tokyo than on actions undertaken at the local governmental level, at the same time hampered the capability of these local governments to create and sustain the economic revitalization that is now clearly necessary for these areas.

This paper will examine how local brands can play a part in providing a positive future for these outlying areas, focusing on Aomori Prefecture, and on a highly peripheral area within the prefecture, the district of Tsugaru, in particular. The paper will first outline the reality and implications of decentralization policy and the *Heisei dai-gappei*, and then focus on the mechanism of branding as both policy and practice undertaken to address the independence thus forced upon those peripheral areas. This will include examining the background of branding and the recent policy initiatives undertaken at the national level, as well as in the highly specific responses that have emerged at the local level. The paper then continues to look specifically at the potential in branding for two traditional, place-designated cultural commodities of the Tsugaru district. The position of this paper is that the focus on both the specific character of idealized models for branding and the mechanisms behind the management of branding has overshadowed the importance of identifying products that constitute locally appropriate brands that not only have economic potential, but are also more representative of the historical and cultural characteristics of an area.

2 THE HEISEI MERGERS

Kohara (2007: 9) asserted that the Heisei mergers were instituted on the basis of the national government's view that the dissolution and merging of small municipalities into more effective administrative units was of primary importance in restoring Japan's national fiscal health. With deficits increasing across levels of governmental functions throughout Japan, the central government estimated that costs for administrative services by small municipalities could be cut drastically by bringing about their amalgamation with other, often larger municipalities. Assuming this proves true, the Heisei mergers could be viewed as a success numerically, since the number of municipalities in Japan nearly halved from 3,232 in 1999 to 1,820 by 2006. However, the reality of the mergers in terms of immediate implications for local revitalization, as well as the long-term post-merger fallout that will inevitably arrive, temper such a unilaterally positive assessment. The mergers – and with them the resulting reconfiguration of population and resources – were heavily concentrated in rural areas, while urban prefectures often underwent little change. In some rural areas the number of municipalities dropped to a quarter of what they had been. The most dramatic falls were seen in Hiroshima[1] (which went from 86 municipalities to just 23), followed by Ehime, Nagasaki, Ōita and Niigata. The five prefectures with the smallest change in the number of municipalities were Nara, Hokkaidō, Kanagawa, Tokyo and Osaka (Osaka lost only one out of an original 44 municipalities). The resulting reality for merged rural municipalities is that they have, in effect, disappeared. Places and place names were eliminated through national policy, despite an often powerful and lingering consciousness of the place on the part of local residents. In economic terms, such a loss of place-name designation, along with the loss of local identity that accompanies it, greatly limits the potential for such a place to effect its own local revitalization.

A further reality of the mergers has also had economic implications, but in a manner more connected with the fate of the nation at large. While consolidation of services in remote areas yields greater savings than the same measures in more densely populated areas – thereby justifying this unequal distribution – the financial incentives that were the default driving force for the mergers fail the test. They fail because savings in local administrative services, previously borne by the national government, were to be offset by the increase in tax allocations required for repayment of the special local bonds that were issued by newly merged municipalities to build new administrative units. Ultimately, the core areas of Japan will absorb these costs, but the long-term implications of this dramatic restructuring for outlying areas is, as Kanai (2007: 5) asserts, that the Heisei mergers will "debilitate functions and services essential to regional vitality and quality of life. The cessation of fiscal support from the national government would oblige Japan's local governments to fend for themselves". In contextualizing the case for mergers in Aomori Prefecture, Rausch (2006) found a similar cautionary tone for long-term implications in the literature of mergers undertaken for economic reasons in settings in Europe and North America. Thus, not only are the Heisei mergers not justified on the basis of their presumed financial objective, namely the res-

---

[1] For further detail on the mergers in Hiroshima Prefecture see the contribution by Funck in this volume.

toration of Japan's national fiscal health, but they also effectively contribute to further downward economic pressure on Japan's rural areas, while ultimately compromising the capability of these rural areas in their local revitalization efforts.

2.1 The Heisei Mergers in Aomori

Aomori Prefecture, the northernmost prefecture of Honshū, lags behind other prefectures of Japan in most economic and cultural standards. With a population of about one and a half million, Aomori has the seventh-lowest population density of Japan (YTK 2006). The prefecture has negative population growth (-2.6%) and a highly aged population (23.1% 65 years of age or older). Far from Tokyo and the major political and commercial centers to the south, the Shinkansen line to Hachinohe City, located on the Pacific Ocean side of the prefecture, was completed in 2002, with the line currently being extended to Aomori City. Aomori ranks low on virtually every common economic indicator – from employment and income to industrial production and small business sales. Annual per capita income for Aomori Prefecture ranks 45th nationally and half that of Tokyo, with monthly real income per working household ranked 37th nationally. 14 percent of the prefectural labor force works in the primary sector, with another 25 percent in the secondary and just under 60 percent in the service sector.

As Rausch (2006: 148) outlined, as of January 2005, the Heisei mergers in Aomori Prefecture yielded 16 new prefectural cities, towns and villages from 42 pre-merger, with an additional 23 having decided to remain independent. In truth, exclusion from merging was forced on numerous of these 23 due to their inability to attract merger partners – a consequence of their own dismal fiscal circumstances. Ten of the 16 mergers could be characterized as a joining of one or more less-populated partners with a more-populated municipality. In several cases, a smaller municipality that was fiscally sound and known for its high standard of local services was merged with a larger town or city with a less stellar reputation on both counts. Pre-merger concerns in Aomori focused primarily on identity and service, as the residents of smaller villages and towns of outlying areas anticipated a loss of both when merged with a larger municipality. As it turns out, an article in the *Tōō Nippō* newspaper reported in spring 2007 that consolidated real revenues and expenditures for the previous fiscal year were in the red in twelve of the 40 post-Heisei merger cities and towns of Aomori Prefecture.[2]

---

[2] The *Tōō Nippō* is the de facto prefectural newspaper for Aomori Prefecture.

Japanese Rural Revitalization

2.2 Post-Merger Aomori: the 2007 Prefectural Gubernatorial Election

The *Mutsu Shinpō* newspaper ran a ten-part series on the 2007 gubernatorial election, highlighting the issues facing the prefecture immediately following the Heisei mergers.[3] While most issues were universal – issues which can be expected in almost any election – the specific references to dissatisfaction with the mergers and concern about the future of the cities, towns and villages of the prefecture were telling. The themes portrayed local issues, referring to difficulties plaguing local hospitals in finding medical staff, the limited capability to improve local education, the ongoing controversies over an agricultural policy that stresses expanding production over product specialization, as well as the continuing depopulation of the prefecture. Economic themes were clearly reflected in titles that read "Urgent Demand for Local Jobs," "No Trump-Card Found in Municipal Mergers" and "A[n Economic] Tailwind from the Shinkansen Expansion?" Rounding out the series was a column citing the lingering dissatisfaction with the municipal mergers, specifically citing the loss of local individuality, along with another column outlining the need to correct the growing reality of *kakusa* [gap] – in this context, the socio-economic gap between urban and rural Japan – and halt the continued decline of prefectural municipalities. It is against this background of a peripheral prefecture undergoing adjustments – often unsettling and, sometimes, painful adjustments – to the new economic order of the day, that the question of rural revitalization and the potential of local product branding takes on importance.

3 BRANDING AS A REVITALIZATION STRATEGY FOR RURAL JAPAN

Branding as a business strategy is well established; as a strategy in local revitalization, less so. A brand is a symbolic embodiment of all the information connected to the product and serves to create associations and expectations around that product. A brand is often based on imagery, including a logo, specific symbols, fonts, and color schemes, all of which are designed and developed to represent implicit values, ideas, and even personality characteristics of the product or the users of the product. Brand recognition and the anticipated reactions are created not only through the influence of advertising and media commentary, but also by the use of the product or service.[4] Molotch (2003: 206) refers to

---

[3] The *Mutsu Shinpō* serves the western part of Aomori Prefecture.
[4] See http://en.wikipedia.org/wiki/Brand (found 1 October 2007).

the consistent look, feel and functional integration of a product line that, through branding, comes to signify a way of life, giving the example of how "the name 'Eddie Bauer,' once associated with camping gear, now marks a line of clothing, a chain of retail home furnishing shops, a separate line of Lane furniture, and a Ford sports utility vehicle." The specific mechanisms of branding as cultural production are summarized by Solomon (2003: 558–589) as consisting of a creative system that creates new products and the symbols that accompany them, a managerial system that selects and produces the new products and the associated symbols, and a communication system that disseminates the symbols and provides a connection to the consumers.

3.1 From Product-Branding to Place-Branding

The success realized in product-branding has led to efforts in branding places. However, as complicated as the notion and practice of branding is for any product or product line, the case for place-branding is equally, if not more, complex. Moreover, Parkerson and Saunders (2005: 262) noted that the promise and promotion of place-branding is supported by little evidence of efficacy, while Ikuta, Yukawa and Hamasaki (2006) assert that, since the notion of place-branding is relatively new, research on the practice and potential is limited, resulting in shallow theorization and haphazard policies. Place-branding is, by logical extension of the outline of product-branding above, a 'brand' developed for a place, be it a nation, a region or a city. Such place-branding is an important component of tourism marketing, but Papadopoulos (2004: 36–37) defined place-branding, whether global or with a nation state or at the level of sub-national region, as multi-dimensional in its objectives, objectives that include enhancing exports, protecting domestic or local businesses, attracting and retaining factors of development, and positioning the place in economic, political and social terms. This multi-dimensional nature can also be seen in the fact that in some instances place-branding is used to create distinctions between places that are by most measures fairly similar, while in others, it is used to create similarity between places that are in fact quite different. The product element of place-branding yields a 'product-country image' showing how a product of a specific place is viewed by its intended target market and the buyer's willingness to consider it for purchase. This, Allen (2007: 2) asserts, must be contextualized in terms of local economic development in the broader global economy, where "the perception of place has become an important factor in distinguishing between otherwise fairly similar products and services." What is interesting to note, and relevant to the aim of this paper, is how the literature reflects little on the factors of product selection in the 'product as a part of place-branding' dynamic. The research by Parkerson and Saunders (2005), for example, focused on the question of whether goods and services branding can be applied to cities. Their conclusions, however, relate exclusively to management issues and give no consideration as to what constitutes an appropriate product or service for place-branding, nor consideration of the process by which it could be identified.

3.2 Post-Heisei Merger Revitalization: Product-Branding as Place-Branding

The Japanese national government has emphasized the potential of place-branding as a means by which rural Japan can promote its tourism resources and local products. These two areas are increasingly seen as vital, because the cities, towns and villages of Japan struggle to identify ways to address their post-Heisei merger fiscal fate, whether merged or unmerged. As outlined by Ikuta, Yukawa and Hamasaki (2006, 2007), the Japanese government provided support for local efforts to identify and foster regional brands, through the Japan Brand Development Assistance Program (*Japan burando ikusei shien jigyō*), launched in 2004 by the Small and Medium Enterprise Agency of the Ministry of Economy, Trade and Industry – a program that aims at identifying internationally competitive regional brands. Specifically, the program supported development of products with brand strength through coordination of local industries that make use of regional characteristics, with 31 projects adopted in 2004 and another 30 in 2005. These efforts continued alongside the Promotion of Japan Brand Policy, which prioritizes the establishment of diverse and reliable brands through four specific proposals. These are: (1) approaching regional branding strategically through collaboration between producers, tourism operators, universities; (2) developing and disclosing standards for agricultural, forestry and fishery products, as well as creating regional brands that are trusted by consumers; (3) combining efforts of local governments and producing areas in relaying information to consumers; and (4) developing systems for the protection of regional brands (Ikuta, Yukawa and Hamasaki 2007: 132).

These proposals culminated in revisions to the Trademark Law (*Shōhyō-hō*) in April 2006, which made it possible for localities to apply place-designated brand names to local products and services, and allowed them to register trademarks that consist of the 'name of a local area' plus 'name of a product'. Under the pre-2006 revisions, just over ten products with nationwide recognition were registered as community brands, among these *Yubari Melon, Utsunomiya Gyoza* and *Nishijin Brocade* (*Daily Yomiuri* 19 March 2006: 2). According to a spring 2006 *Daily Yomiuri* newspaper article, about 320 applications were received by the National Patent Office in the first week of the 2006 application period (*Daily Yomiuri* 9 April 2006: 2); a spring 2007 *Tōō Nippō* article put the total number at over 680 as of the end of February 2007 (*Tōō Nippō* 22 March 2007: 4). According to the latter article, Kyoto Prefecture alone accounted for 131 of the 680 applications, the next highest figure being neighboring Hyōgo Prefecture with 42. Aomori Prefecture ranked 27th in numerical order, with eight local brand products: garlic, two varieties of eggs, tuna, wisteria, rice, corn and a local soup. As much as this branding movement may be understood as important in aiding outlying rural areas in their economic revitalization, it is clear that the advantage still goes to prefectures and municipalities that either benefit from a nationally predominant historical trajectory or have already established themselves and/or their goods on a national level. Ikuta (2006) noted that, immediately after the mergers, only about one-third of all municipalities nationwide followed regional policies that would lead to the development of a local brand, and furthermore, that many of the municipalities that did follow such policies reported difficulties in differentiating themselves from other areas on the basis of a regional image.

Analyzing twelve regions in Japan, Ikuta, Yukawa and Hamasaki (2006; 2007: 134) identified four types of branding, based on an idealized flow of targets of regional brand measures and expected results. The types are as follows:

- Type A is a "regional image – individual brand integration pattern," in which both regional image and individual brands are integrated in local government policy goals, and furthermore, a pattern in which a synergistic effect between measures to build a regional image and measures to build individual brands is sought.
- Type B is a "regional image – individual brand ripple pattern," in which local policy measures focus on creation of regional image, with the intention of positively influencing the success of individual brands through an indirect ripple effect.
- Type C is an "individual brand – regional image ripple pattern," in which local government focuses on promoting specific individual brands, with the expectation that such brand success will recursively contribute to the broader regional image.
- Finally, Type D is a "specialized individual brands pattern," in which local government focuses on measures to support individual brands without consideration of any resulting influence on regional image.

The researchers concluded that Types C and D, which focus on individual brands but do not address regional image as a primary goal, fail by definition to meet the standard of regional branding and should rather be considered local-government-supported local product-branding.

Ikuta, Yukawa and Hamasaki's conclusions emerging from these ideal branding types focused on 'gaps' that exist in regional or place branding efforts, and which can be identified as: (1) gaps between the mechanisms of policy measures and the identified goals of the measures – a planning gap; (2) gaps in the systems of implementation of branding at the local governmental level – a management gap; and (3) gaps that arise in the actual image of the region and the image to be (re)constructed through the regional branding measures – a reality gap. While the first and second of these gaps are amenable to administrative efforts that can be undertaken to address them, the third is more problematic and difficult to address. Moreover, I would contend that the designation of a reality gap simply as the tension that emerges when an authentic image is subject to efforts to create and establish a new image, oversimplifies the true potential branding for rural Japan, which is to effectively use the true characteristics of a place – including the products that have emerged over time on the basis of these characteristics – as the foundation of the construction and dissemination of a place-brand image that is meaningful and effective.

4 THE BRANDING OF AOMORI: CURRENT POLICY VERSUS UNREALIZED POTENTIAL

Ikuta, Yukawa and Hamasaki (2006, 2007) present Aomori Prefecture as a Type D pattern of regional branding; that is, a type in which no desired regional image was identified and the main goal of branding measures was assessed by the researchers to consist of increasing sales of local products to major urban spheres and boosting tourism from major cities. The specific process of branding for Aomori Prefecture was outlined as starting with the *Aomori-ken sōgō hanbai senryaku* [Aomori Prefecture comprehensive sales strategy] being enacted by the prefectural government in March 2005 (Ikuta, Yukawa and Hamasaki 2006: 55–57). The policy focus was on agricultural, fisheries and forestry products, complemented by efforts to initiate a shift from a *chisan-chishō* [local production/local consumption] market to a more national and international perspective, while also attempting to add lesser-known products with high-recognition potential to nationally-known Aomori products. Sales activities were concentrated on large-scale local product fairs, held both locally and in venues in major metropolitan areas throughout Japan, with items offered or abandoned solely on the basis of sales volume. Ikuta, Yukawa and Hamasaki (2006) thus summarized the Aomori products brand strategy as a sales strategy first, with venue management and provision of a stable supply system a priority, with minimal new product development or marketing.

However, a local media representation of branding as a local revitalization strategy in Aomori can be dated back several years. In 2005, for instance, a column in the Local Economy section of *Tōō Nippō* introduced the idea of branding local food products; that is, the idea of advocating apples, scallops, freshwater clams, sole, tuna, and garlic as the target products (along with the development of production systems that include traceability) as a means to capture and maintain consumer trust (*Tōō Nippō* 23 November 2005: 4). In the following year, the *Mutsu Shinpō* began a one-year-long, six-part newspaper series entitled "Support Tsugaru Brands" that introduced several 'local goods' for potential branding in each part (*Mutsu Shinpō* 1 January 2006–12 December 2006: 1). The first part was titled "Tradition" and introduced traditional Tsugaru crafts to readers. The second part, titled "Tsugaru Winters," outlined potential for winter tourism. The third part was titled "Tourism" and introduced the district's local cherry blossoms and Western-style architecture, along with green tourism and the abundant natural scenery of the area. The fourth part outlined local activities related to the fall Neputa/Nebuta festivals; the fifth part focused on agriculture, while the sixth and final part focused on local human resources, introducing advances in the local agricultural knowledge base, contributions of the local academic community, as well as several individuals who are working to keep local customs and traditions alive. However, the places of Aomori seem set on continuing to focus on agricultural and aqua-cultural resources, as reflected in a headline in *Tōō Nippō* in fall 2007, proclaiming that a non-profit organization in the Pacific coastal city of Hachinohe will "begin construction of a local mackerel brand" (*Tōō Nippō* 19 October 2007: 1), while another headline announced a trademark application for 'Onoe (village) soba' as part of its branding strategy (*Tōō Nippō* 22 October 2007: 1).

These local newspaper articles showed the potential of branding local 'products' following an approach of identifying 'products' that reflect the socio-cultural history of Tsugaru in broad, universal themes, and thus represent it in a meaningful sense, rather than resorting to a simple sales strategy or an approach that just focuses on what sells or, worse still, on a list of common agricultural and aqua-cultural products – products that can be found throughout Japan and yet are still used in branding efforts by some local groups and municipalities. Highlighted in this media representation were brands that reflect characteristics of Tsugaru, seen naturally in the festivals, but also in Tsugaru's winters, as well as in its tradition, in the form of local craft products, and the local human resource potential of the area.

5 Two Potentially Brandable 'Tsugaru Products'

In light of the aforementioned advantage to places with firmly established images and products (such as 'the advantage of being Kyoto'), and of the difficulties in differentiating one rural place from another on the basis of agricultural or aqua-cultural products (catch phrase: 'different varieties of rice are still rice'), as well as in light of local recognition, at some level, of the potential of exploiting an array of local *qualities* rather than just local *products*, it would seem apparent that the greatest brand potential for Japan's rural places can be detected in those 'products' that are both truly unique to a place and offer a broadly representative characteristic of the place at the same time, 'products' that will be termed cultural commodities henceforth in this paper. While most contemporary treatments of cultural commodities focus on innovative and highly technology-driven commodities (including broadcast media, film, publishing, recorded music, as well as design, architecture and new digital media), traditional and ritualized products and practices recast as commodities (including theater, music performance, literature, museums and galleries, as well as traditional arts, crafts and performances) also constitute cultural commodities (Lash and Urry 1994). This broad conceptual space was further expanded by, for example, Scott (1997) to include tourism, and Ray (1998) who includes traditional foods, regional languages, folklore, historical and prehistoric sites, and landscape systems.

The two cultural commodities that most directly capture the sense and character of the Tsugaru district are two historically important and highly visible, yet clearly distinct and unique cultural commodities: Tsugaru *nuri* lacquerware and Tsugaru *shamisen*. What makes Tsugaru lacquerware and Tsugaru *shamisen* appropriate as cultural commodities, aside from their place-name designation, is their historical depth and contemporary breadth; that is, their multi-dimensional character and reality that provides multiple meaningful empirical points of measure related to their production and consumption, on the one hand, and which can be assessed in terms of contributions to local revitalization in terms of both brand image and brand economics, on the other.

5.1 Tsugaru Nuri Lacquerware

While the forms and patterns possible in lacquerwork are virtually unlimited, contemporary Tsugaru lacquerware consists largely of chopsticks and bowls adorned with one of three or four prescribed patterns. The lacquerware is made in a process of applying multiple layers of variously colored lacquers over a form, in some cases using specialized application tools and specialized techniques, and then burnishing down through these layers to reveal an underlying pattern. Contemporary Tsugaru lacquerware, which most often consists of lacquer applied over wooden forms, although sometimes the lacquer is also used on pottery, metals and plastic, comes not only in the form of eating utensils, but also furniture such as low tables, and decorative objects such as vases and stationery items, as well as in the form of address books, business card cases, pens and pen stands, and, increasingly, jewelry items.

Like most regional Japanese lacquerware, Tsugaru lacquerware originated in the early Edo Period and was produced on the basis of local patronage to meet the demands of feudal elites for original and innovative designs for lacquered military items – hence the term *saya-nuri* [sword lacquer] – and later, for household goods. Numerous entries in the Tsugaru clan diaries show the practice of patronage for these lacquerware artisans (Mochizuki 2000). In meeting this demand for original lacquerware patterns, many varied and highly innovative lacquering techniques were developed – techniques that differed substantially from the lacquerware emerging in other regions. Throughout the Edo Period, what would come to be called Tsugaru lacquerware was referred to with the catch-all term *kawari-nuri* [literally: "changed lacquer"] in reference to the unlimited technical variations possible, as well as with a variety of other terms. These are: *shunkei-nuri*, a combination of 'spring' and 'rejoice'; *kara-nuri*, a word with reference to China or 'foreign'; *shimofuri-nuri*, meaning 'salt-and-pepper patterned'; *kan'yū-nuri*, written with the kanji characters for 'pierce'; and *mon mushikui-nuri*, the first part of which refers to 'family crest' or simply 'pattern on cloth', the second part meaning 'moth-eaten'. Or the lacquerware was simply referred to by the name of the maker or the town or village where it was made (Satō 2001). Evidence of this variety, unique character in technique, materials and design has been found in the recent discovery of over 500 *teita* hand-sized sample boards (used by lacquer artisans to show their skills) in the storehouse of a Tsugaru family, each of a unique design (see Rausch 2004).

When the abolition of the Edo feudal government brought to an end local clan control and its associated patronage, the Tsugaru lacquerware industry was forced to accommodate a market-oriented approach. The lacquerware, however, enjoyed a high reputation and was included in early government showcases of Japanese crafts on a global stage, with Tsugaru-produced lacquerware included as a Japanese product at the Vienna International Exhibition of 1873 and at similar venues thereafter (Satō 2001). The term 'Tsugaru *nuri*' was coined specifically for these events, in order to distinguish Tsugaru-produced lacquerware from other regional varieties of Japanese lacquerware. This represented the first reference to the lacquerware produced in the Tsugaru district using a regional reference, thereby 'branding' it, and signaled the start of a process of standardizing Tsugaru lacquerware, since representative patterns of what was to be referred to as Tsugaru lacquerware had to be maintained.

The transition from Edo to Meiji also saw the establishment of lacquerware enterprises as legal entities, along with the formation of various professional associations. The lacquerware was designated a Prefectural Small Business Promotion Product in 1949, and the post-war period from 1950 to 1980 saw a steady rise in the fortunes of Tsugaru lacquerware, with exhibitions increasing the visibility of the craft on a national level and investigations of the industry undertaken in the following years. With its designation as a Traditional Craft Product (*dentōteki kōgeihin*) by the Minister of Economy, Trade and Industry in 1975, Tsugaru lacquerware was established as a craft tradition in four representative techniques and patterns. In the period after its designation up to the present, Tsugaru lacquerware has been the focus of extensive subsidy and promotion support by national, prefectural and local government, while experiencing a continuing downturn in sales. From a peak of approximately 200 enterprises and over 700 workers in 1974, the Tsugaru lacquerware industry comprised fewer than 100 enterprises and somewhere around 150 workers in 2005. Likewise, from a peak production value of 2.124 billion yen in 1986, the industry had contracted to just over 600 million yen by 2005 (TCPIPA 2006: 10). Most recently, the Aomori prefectural and Hirosaki City municipal governments have joined forces in promoting the lacquerware as a Japan Brand product, which has provided it with a shared logo and promotional events held in several sites in Europe.[5]

5.2 *Tsugaru* Shamisen

Tsugaru *shamisen* is a musical performance both delicate and raucous, traditional and modern, performed in set pieces and open to innovation and ad-lib play. Emerging in the social margins of Tsugaru society in the late

---

[5] See http://www.japanbrand.net/english/index.html (found 12 July 2008).

19th century, Tsugaru *shamisen* is now played in the Tsugaru district in live houses and tourist venues and at special events on the one hand, while also constituting a national phenomenon, with *iemoto*-type schools based on some identifiable claim to lineage – either a particular instructor or placing high in a national competition – located throughout Japan and performances not uncommon in major cities throughout the country. The music is also being seen as a distinctly Japanese music on an international level, with global CD sales and numerous players routinely touring overseas. In an interview with the author, Daijō Kazuo, Tsugaru *shamisen* historian, recently estimated the number of hobby players as 100,000 throughout Japan with an unidentified number worldwide.

Like lacquerware, the birth of Tsugaru *shamisen* was very much a function of the socio-economic climate of the times – in the case of *shamisen*, however, a climate that pressed hard on the weakest members of society, the rural blind in particular. As of the 16th century, a centralized organization known as the *tōdō-za* [literally: "our way" or "proper way"] had emerged controlling the activities of blind performers who chanted historical narratives while performing the *biwa* [lute] in exchange for alms. By the late 17th century, the *tōdō-za* was less committed to the well-being of the blind than maintaining the economic welfare of its top-ranking members. Membership was based on fees, providing funds which were then redistributed among the higher echelons of the guild depending on rank. Further consolidating the power of the *tōdō-za*, a 1776 law forbade blind men outside the *tōdō-za* from earning a living by playing the *shamisen* or *koto*. While the Meiji Restoration brought the end of the *tōdō-za* in its drive to modernize and westernize, the Meiji government established laws restricting the activities of both the blind and beggars. Without the benefits of urban industrialization, such laws resulted in an even harsher reality for the blind in rural areas such as Tsugaru.

According to Groemer (1999), the blind in the Tsugaru area were placed under the official control of the *tōdō-za* in the late 17th century. As elsewhere, the blind of wealthy families benefited most, with the poor receiving little and the poorest excluded altogether. The poorest, referred to as *bosama*, were considered nothing more than simple beggars, yet some were highly skilled on the *shamisen*. Daijō (1995; see also: Suda, Daijō and Rausch 1998) proposed that the origin of what would come to be called Tsugaru *shamisen* lies with one *bosama* named Akimoto Nitarō (1857–1928) who came to be known as 'Nitabō'. Like the other *bosama* of his time and those who followed, Nitabō survived by what was called *kadotsuke*; that is, going from village to village, corner to corner and gate to gate, playing a bit and hoping to attract patrons who would pay for a performance in rice or money. The key to survival in this highly competitive world was innovation and creativity in play. While Daijō traces the lineage of *shamisen* players back to Nitabō, it is likely that there were numerous *shamisen* performers of the day who were improvising their own style. Still, cast as a skilled and innovative *shamisen* player and an entertaining performer, Nitabō provides a romantic story for the origins of this local music.

Important in the transition of Tsugaru *shamisen* from *kadotsuke* to its contemporary form is its association with *min'yō*, traditional Japanese folk songs. As Tsugaru slowly modernized, *kadotsuke* gradually gave way to local singing contests called *utakai*, bringing together popular *min'yō* pieces and the energy of *shamisen* competitions. The Second World War saw such frivolity frowned upon, but after the war, Tsugaru *shamisen* and the *utakai* became both a source of solace for the defeated nation and a basis for national and regional pride. By the time the *utakai* peaked in the 1950s, radio and record companies were bringing the music of rural Japan to urban residents, however often in the form of a standardized and representative repertoire of 'Tsugaru songs'. By the 1960s, live Tsugaru *shamisen* performance was booming in Tokyo, a function of Japan's high growth economy bringing rural laborers from the north, whose nostalgic longing for home brought Tsugaru *shamisen* players to the big city and provided the base by which the popularity of Tsugaru *min'yō* and *shamisen* expanded to include urbanites and those from other rural locations. Most famous among the players was Takahashi Chikuzan, a Tsugaru native for whom the term 'Tsugaru *shamisen*' was coined, thereby 'branding' the music as a 'Tsugaru product' and prompting the period to be referred to as the Chikuzan boom. The Chikuzan boom brought media focus, with Tsugaru *shamisen* being broadcast on national radio and the airing of several television documentaries. This in turn produced both an emergence of 'fake Tsugaru *shamisen*,' characterized by poor playing accompanying Japanese *enka* songs rather than *min'yō*, while also providing for a renewed local appreciation within Tsugaru, as the music was heralded as a Japanese ethnic jazz worthy of national and international recognition. From the 1970s on, LP records, which gave way to tapes and CDs, as well as books profiling players, appeared with increasing frequency. The 1980s saw the establishment of two national-level Tsugaru *shamisen* competitions, the *Tsugaru shamisen zenkoku taikai* and the *Tsugaru shamisen zen-Nihon taikai*, both held in the Tsugaru district. However, due to its popularity and accessibility, with hobby players taking up the instrument throughout Japan, such 'national' competitions have come to be held several times through the year and in numerous venues throughout Japan. Out of this period of widening exposure and popularity emerged highly proficient and popular players who were neither from Tsugaru nor had an allegiance to Tsugaru as the origin of the music as a cultural product.

What is significant to note, however, is that, unlike Tsugaru lacquerware, which has enjoyed the attention and support of both national and local government, Tsugaru *shamisen* has long received virtually no such support. Indeed, many leaders of the local Tsugaru *shamisen* community have accused the prefectural and local municipal governments of getting a 'free ride' on the popularity of the music without providing any support. The impact of such criticism is debatable, but in 2000, the Tsugaru district town of Kanagi opened a Tsugaru Shamisen Museum, and in 2001, Hirosaki City inaugurated a Tsugaru Festival that featured Tsugaru *shamisen* in a central role.[6]

6 Tsugaru Lacquerware and Tsugaru *Shamisen* as Tsugaru Brands

While it is clear that these two place name-designated Tsugaru cultural commodities have vastly different origins and historical trajectories – one originating in the patronage of elites yet now floundering with the other emerging in the margins of society only to enjoy contemporary success – it is also clear that they both draw more on the characteristics of Tsugaru as a place than such ubiquitous products as garlic and tuna, or rice and eggs. With this in mind, the focus of this paper shifts to how these historical trajectories and contemporary realities translate into potential in terms of regional branding for regional revitalization. At present, these two cultural commodities are either viewed somewhat negatively or not viewed at all, ignored in the very location where they originated. Tsugaru lacquerware is seen as depressing in its fixed coloration and patterns and limited in its use by virtue of its prescribed forms, both functions of its designation as a Traditional Craft. Sales are down and the Hirosaki Chamber of Commerce is participating in a project to develop international markets, giving up, it would seem, on the local Tsugaru market for its own namesake lacquerware. As for Tsugaru *shamisen*, while its popularity is rising, this is taking place nationally and internationally. Locally, Tsugaru *shamisen* is known, but either largely ignored by a generation that would prefer to hide a music which originated with blind beggars and was played in what were seen as downtrodden live houses or given only occasional attention at best by a contemporary generation with ample alternative entertainment choices.

Hence, to identify a contemporary potential in the branding of Tsugaru *nuri* or Tsugaru *shamisen* for the sake of the Tsugaru district and

---

[6] See http://www.goshogawara.net.pref.aomori.jp/16_kanko/syami/syamikaikan.html#1 (found 12 July 2008).

Aomori Prefecture, it is necessary to approach appraisal of these cultural commodities through a more informed examination and analysis of the history and contemporary circumstance based on the following criteria:

(1) the place of production and consumption of the commodity;
(2) the circumstances of production and consumption of the commodity;
(3) the character of the techniques and the forms and patterns of the commodity;
(4) the conception and consciousness of the commodity producer; and
(5) the conception and consciousness of the commodity consumer.

Examination of cultural commodities in this manner allows for consideration of how the past can contribute to a contemporary brand, both in terms that apply directly to the product as well as in terms that can be extended to the place. Examination of cultural commodities in this manner also allows for consideration of how the brand image that is developed will contribute to the future success of both the product and the place with which it comes to be associated.

Using these criteria, as shown in Table 1, the production and consumption of Tsugaru lacquerware exhibits high place connection, whereas, by virtue of its expansion nationally and internationally, the connection of Tsugaru *shamisen* to Tsugaru as a place has been diluted. Regarding the circumstances of production and consumption, as described above, Tsugaru lacquerware emerged in patronage systems, after which the industry was forced to adapt to market circumstances, with the industry now heavily supported by government in what can be termed 'modern patronage'. On the other hand, Tsugaru *shamisen* emerged in what can be viewed as severe market conditions, but which has succeeded in expanding its sphere of influence, primarily as performance, but as well as an educational service. Unlike the other criteria, the character of the techniques and forms of the two Tsugaru cultural commodities are surprisingly similar in origin and subsequent development, as both were based on creative innovation, which has given way to standardized and representative forms. The conception and consciousness of the producer and consumer can, in the case of Tsugaru lacquerware, be summarized as a transition from craftsman to worker and elite patron to purchases based on tourism, gift motives, and appreciation of high-priced Japanese crafts. In the case of Tsugaru *shamisen*, the transition for producer is from social outcast to a combination of professional musician, performer and teacher, and for consumer from a mix of nostalgia and pride to traditional music aficionado, new 'traditional-pop' fusion music fan hobby player and 'Japan' identity seeker.

	Tsugaru lacquerware	Tsugaru *shamisen*
Place of production/ consumption	Origin: Tsugaru district Transition: none Current: local, increasing national/ international promotion Analysis: high place connection Future: remain place-based	Origin: Tsugaru district Transition: Tokyo, media, national Current: local, national, international Analysis: low place connection Future: regain Tsugaru significance
Circumstance of production/ consumption	Origin: artisans with elite patronage (1600s to late 1800s) Transition: market competition (1870 to 1970) Current: modern patronage in subsidies; sales through specialty stores and tourist venues Analysis: from traditional patronage to modern patronage Future: independent crafters	Origin: social outcasts in social margins (late 1800s) Transition: competition and popularization (1910 to 1960s) Current: live house, concert, competition, CDs; education Analysis: from peripherality to professionalism Future: performance/competition/ education
Character of techniques and resulting forms	Origin: creative innovation, varied techniques and patterns Transition: mass production with techniques/patterns standardized Current: standardized, but reappraisal of traditional creativity Analysis: from creative innovation to standardization Future: traditional modernity	Origin: creative innovation; varied play styles and pieces Transition: development of a representative repertoire Current: representative repertoire; with innovation/fusion Analysis: from creative innovation to integrative creativity Future: multi-stranded creativity
Conception/ consciousness of producer	Origin: *nushi* [lacquer crafter] Transition: *shokunin* [worker] Current: tension between *shokunin*, *nushi*, lacquer artisan and lacquer artist Analysis: from craftsman to worker Future: craftsman and artisan	Origin: *hoido* [blind beggar] Transition: traditional musician Current: skilled musician and performer, teacher Analysis: from outcast to professional Future: multi-dimensional professional
Conception/ consciousness of consumer	Origin: elite patrons purchasing social prestige Transition: personal use, use for guests and as a gift Current: tourism, gift, high-priced Japanese-style items; non-traditional forms: jewelry/art Analysis: from elitism to functional utilitarianism Future: multi-dimensional social utilitarianism vs. epiphany	Origin: wealthy benefactor or business owner Transition: festival, competition, nostalgia in urban Japan Current: traditional music aficionado, 'traditional-pop' fusion fan, hobby player, Japan/Tsugaru identity seeker Analysis: from entertainment to social identity Future: participatory consumption

Tab. 1: Historical Trajectory: Tsugaru Lacquerware and Tsugaru *shamisen*
Source: Rausch (2007: 215).

Returning then, to the theme of rural revitalization and the potential of cultural commodities as local brands, what do Tsugaru lacquerware and Tsugaru *shamisen* offer Aomori Prefecture and the Tsugaru district in terms of, at minimum, a Type C branding (Ikuta, Yukawa and Hamasaki 2006, 2007), in which Tsugaru policymakers focus on the creation and dissemination of an individual brand, with the expectation that the brand success will contribute to regional image, if not at a higher level of connection, as in a Type A or B branding approach. In the case of Tsugaru lacquerware, the future success of the lacquerware can be imagined as being based on an independent craftsperson producing lacquerware that is relevant to contemporary lifestyles, but with a link to the creativity exhibited by the Tsugaru lacquerware craftsman of the Edo Period: what can be termed a 'local traditional modernity'. The image created for the lacquerware itself would be an object that 'connects': people to a place visited in the case of tourism; people to people in the case of gifts; people to their sense of 'Japaneseness' in the case of traditional craft items; and people to themselves in terms of Tsugaru lacquerware as jewelry, or even art. But in all cases, the connection of consumer to the socio-cultural history of Tsugaru as the place where the lacquerware originated should be stressed.

In the case of Tsugaru *shamisen*, the future success that is meaningful for Aomori and the Tsugaru district specifically would entail the music recapturing 'significance' in Tsugaru and Tsugaru recapturing 'ownership' of its namesake music. This would include a return to national championships being held only in Tsugaru (as opposed to the competitions which are held in various sites throughout Japan) and support of a Tsugaru-based music production industry and Tsugaru-based players. Prefectural and municipal promotional policy should assert the notion that the best Tsugaru *shamisen* music derives its essential character from the socio-cultural history of the music in Tsugaru – a quality only attainable in the place. Like Tsugaru lacquerware, a 'local traditional modernity' for Tsugaru *shamisen* that embraces the original innovation together with contemporary inspiration constitutes a meaningful brand for Tsugaru *shamisen*. The branded producer is a multi-dimensional professional Tsugaru *shamisen* player and the branded image of consumption is participation: in an exciting performance, a tension-filled competition or in picking up the instrument and participating in Tsugaru *shamisen* through hobby-play. The recursive potential of the product-branding of these two cultural commodities for Aomori Prefecture and the Tsugaru district also lies in this 'local traditional modernity,' a broad and powerfully universal image that stresses the innovative creativity in craft and performance combining the tradition of innovation that was born in Tsugaru lacquerware and Tsugaru *shamisen* with modern forms that are contemporarily meaningful.

A second place-brand that could be defined is 'connection': connection of the past to the present and people with the past and a connection of Tsugaru to the world along with the connection of person to person through the gift of Tsugaru lacquerware and the connection of teacher to learner in Tsugaru *shamisen*.

7 CONCLUSION

Branding is an increasingly important part of the economic fate of places at every geographic level, be it the nation-state in the global economy or a town or village in a multi-layered national, sub-national, or local economy. This paper has considered place-branding in revitalization efforts in rural Japan, contextualized by the recently-added pressure on rural places by decentralization and the *Heisei dai-gappei* mergers, looking at the specific case for the Tsugaru district of Aomori Prefecture. Assessment of the literature on place-branding, as well as the directives by the Japanese national government in promoting local branding and the prefectures and municipalities in forging local branding policy and practice, reveals a focus on idealized types and various management models, but little attention regarding the selection of the local product that is appropriate as the focus of the branding effort.

The position of this paper is that the cultural commodities of a place provide the ideal product in place-branding. Cultural commodities capture the character of a place in a way that other products, predominantly agricultural and aqua-cultural alone, cannot. It appears on the one hand, as if municipal administrative support for local branding has largely been undertaken without consideration of the contribution that cultural commodities can make, while, on the other, municipal administrative support for cultural commodities has avoided creating any clear expectations of a recursive place-branding effect being derived from such support. By virtue of the inherent and powerful place characteristics of cultural commodities, branding support for cultural commodities can be a clearly recursive contribution to a place-brand. As shown in the case of Tsugaru *nuri* lacquerware and Tsugaru *shamisen* musical performance, despite whatever contemporary circumstance the cultural commodities occupies, such local products offer multiple points of focus on which to base branding – for both the product itself and the place of the product. Moreover, and most importantly, the place-brands that emerge through a focus on cultural commodities are meaningful and attractive across a broad geographic scale and, as they are often based on historical trajectory and the inherent transitions of such processes, universal and timeless in their relevance.

Japanese Rural Revitalization

The conclusion to be stressed is that as valuable as place-branding is for rural villages, towns and cities, and outlying prefectures in general, the full potential of place-branding in post-*Heisei dai-gappei* Japan can best be realized in branding efforts that focus on place-based cultural commodities.

REFERENCES

Allen, Malcolm S. (2007): Place branding. In: *The Journal of the Medinge Group* 1 (1). http://medinge.org/journal/20070814/place-branding/ (found 17 July 2008).
Daijō, Kazuo (1995): *Tsugaru shamisen no tanjō – minzoku geinō no seisei to ryūsei* [The birth of Tsugaru *shamisen* music: the origin and development of a Japanese folk performing art]. Tokyo: Shin'yōsha.
Daily Yomiuri (19 March 2006): Localities seek to brand specialties: Changes in Trademark Law has communities in race to register local goods, p. 2.
Daily Yomiuri (9 April 2006): Law revision benefits local brands, p. 2.
Groemer, Gerald (1999): *The Spirit of Tsugaru: Blind Musicians, Tsugaru-jamisen, and the Folk Music of Northern Japan*. Michigan: Harmonie Park Press.
Ikuta, Takafumi (2006): *Jichitai gappei to chiiki burando seisaku – gappei shichōson no chiiki imēji ni kansuru kōsatsu* [Municipal merger and regional brand policy – thinking about regional image and cities, towns and villages] (= Kenkyū Repōto; 265). Tokyo: Fujitsū Sōken.
Ikuta, Takafumi, Kou Yukawa and Hiroshi Hamasaki (2006): *Chiiki burando kanren seisaku no genjō to kadai – todōfuken, seirei shitei toshi no torikumi* [The present state and issues concerning regional branding measures – efforts by the prefectures and ordinance-designated (major) cities] (= Kenkyū Repōto; 251). Tokyo: Fujitsū Sōken.
Ikuta, Takafumi, Kou Yukawa and Hiroshi Hamasaki (2007): Regional branding measures in Japan. Efforts in 12 major prefectural and city governments. In: *Place Branding and Public Diplomacy* 3 (2), pp. 131–143.
Kanai, Toshiyuki (2007): Vectors of change in Japan's political and fiscal decentralization. In: *Social Science Japan* 37, pp. 3–6.
Kohara, Takaharu (2007): The great Heisei consolidation: A critical review. In: *Social Science Japan* 37, pp. 7–11.
Lash, Stephen and James Urry (1994): *Economies of Signs & Space*. London: Sage.
Mochizuki, Yoshio (2000): *Tsugaru nuri* [Tsugaru lacquerware]. Tokyo: Rikōgaku-sha.

Molotch, Harvey (2003): *Where Stuff Comes From: How Toasters, Toilets, Cars, Computers, and Many Other Things Come to Be as They Are*. New York: Routledge.

Mutsu Shinpō (1 January 2006–12 December 2006): Tsugaru – mirai e [Tsugaru – to the future], p. 1, morning edition.

Mutsu Shinpō (19 May 2007–28 May 2007): '07 chiji-sen – kurashi no genba kara ['07 governor's election – the view of local life], p. 1, morning edition.

Papadopoulos, Nicolas (2004): Place branding: Evolution, meaning and implications. In: *Place Branding* 1 (1), pp. 36–49.

Parkerson, Brenda and John Saunders (2005): City branding: Can goods and services branding models be used to brand cities? In: *Place Branding* 1 (3), pp. 242–264.

Rausch, Anthony (2004): Te-ita shed light on Tsugaru lacquer. In: *Daruma* 44, pp. 46–52.

Rausch, Anthony (2006): The Heisei dai gappei: A case study for understanding the municipal mergers of the Heisei Era. In: *Japan Forum* 18 (1), pp. 133–156.

Rausch, Anthony (2007): *Cultural Commodities in Local Revitalization: A Case Study in Tsugaru, Japan*. PhD dissertation, Monash University.

Ray, Christopher (1998): Culture, intellectual property and territorial rural development. In: *Sociologia Ruralis* 38 (1), pp. 3–20.

Satō, Takeji (2001): Tsugaru urushi kōhin no koshō ni tsuite [Regarding the naming of Tsugaru lacquerware goods]. In: *Hirosaki-shi Shikenkyū* 10, pp. 123–133.

Scott, Allen (1997): The cultural economy of cities. In: *International Journal of Urban and Regional Research* 21 (2), pp. 323–339.

Solomon, Michael R. (2003): *Consumer Behavior: Buying, Having, and Being*. Saddleback, NJ: Prentice Hall.

Suda, Naoyuki, Kazuo Daijō and Anthony Rausch (1998): *The Birth of Tsugaru Shamisen Music: The Origin and Development of a Japanese Folk Performing Art*. Aomori: Aomori University Press.

TCPIPA (= Traditional Craft Products Industry Promotion Association [Dentōteki Kōgeihin Sangyō Shinkō Kyōkai]) (eds.) (2006): *Dentōteki kōgeihin sanchi chōsa shindan jigyō hōkokusho – Tsugaru nuri* [Business investigation report on production sites for traditional craft products: Tsugaru lacquerware]. Tokyo: Dentōteki Kōgeihin Sangyō Shinkō Kyōkai.

Tōō Nippō (23 November 2005): Kensan shokuzai no burando-ka – seisan rireki kanri ga atooshi [Branding prefectural food products – supporting production history management], p. 4, morning edition.

Tōō Nippō (22 March 2007): Chiiki burando to dantai shōhyō tōroku – kōsei, miryoku ikashi sabetsu-ka [Groups registering trademarks for re-

gional brands – uniqueness, attractiveness give birth to differentiation], p. 4, morning edition.
Tōō Nippō (24 March 2007): 12 shichō ga akaji kessan [12 cities and towns accounts in the red], p. 1, morning edition.
Tōō Nippō (19 October 2007): Burando kōchiku e shidō: Hachinohe-chū no saba [Starting construction of a brand: Hachinohe open sea mackerel], p. 1, morning edition.
Tōō Nippō (22 October 2007): 'Onoe soba' shōhyō tōroku shinsei: burando-ka, chikaku ninka ['Onoe soba' trademark registration application: branding, near approval], p. 1, morning edition.
YTK (= Yano Tsuneta Kinenkai) (2006): Dēta de miru kensei. 2007-nenban [State of the prefectures. 2007 edition]. Tokyo: Yano Tsuneta Kinenkai.

Recent Developments in the Representation of National Memory and Local Identities: The Politics of Memory in Tsushima, Matsuyama, and Maizuru

Tatsushi Hirano, Sven Saaler and Stefan Säbel

Abstract: The establishment of stringent and homogeneous national master narratives in modern nation states is often contested by deeply-rooted local identities based upon different local versions of history. Even today, many regions of Japan are cultivating a unique account of their local history, often based on premodern events and personalities. These historical identities are expressed in prefectural museums, memorials and tourist locations such as medieval castles. However, in the past two decades the building of museums or memorials commemorating Japan's modern history has become increasingly prominent. In this context, tensions have become evident between the demands made by the national interpretation of history – which local museums and memorials cannot or do not want to ignore – and the strong desire for the preservation of local color and content in treatments of Japanese history.

This article analyzes museums, memorials and memorial ceremonies in three Japanese prefectures which have received considerable attention in Japan in recent years. The background and origins of the memorial to the naval battle fought in the Tsushima Straits (1905) on Tsushima Island; the politics of memory pursued by the city of Matsuyama, which relates mainly to the Russo-Japanese War (1904/05) and its heroes; and the memorial and museum to Japanese repatriates from the Soviet Union and the Asian continent after the Second World War in Maizuru are examined in relation to official versions of national memory as expressed in declarations of the central government and memorials in the capital region. The article demonstrates that the politics of memory in the three prefectures in question is not an expression of a re-affirmation of a local narrative, but that it rather obviates tensions with the national master narrative and aims at embedding the local narrative within the framework of national history in a harmonious and complementary manner.

1 Introduction

As the studies of Maurice Halbwachs (1925), Pierre Nora (2002, Internet), Jan Assmann (1992) and Aleida Assmann (1999) have shown, collective identities, whether those of social groups, geographical regions or subregions, localities or nations, rest to a large degree on popularized versions of history and historical recollection, or "historical memory."

While academic interpretations of history mostly remain within a small circle of professional historians, the concrete shaping of historical memory (e.g., the carving of historical interpretations in stone or bronze as visual representations of history) is usually accompanied by intense discussions involving large sectors of society. As a result of the wide range of participants in these discussions, dominant interpretations are challenged in various ways by a diverse body of social actors. In many cases, national master narratives are challenged, or at least relativized, by previously suppressed regional and local versions of history. Such challenges need to be considered as reaffirmations of peripheral local identities (versus the national identity of the metropolitan center) in a situation where such local identities are threatened by a spreading and, to use Shmuel Eisenstadt's term (2000: 29–30), "homogenizing" national culture. Such discussions about the shaping of collective memory have become universal in recent decades and went hand in hand with a burgeoning "production" of historical memory in the form of historical museums, memorials and commemorative events since the 1980s, as well as with lively discussions in academia, the media and the political sphere.

In his celebrated work on the Realms of Memory (*Les lieux de mémoire*), Pierre Nora (1989: 13) emphasized that "modern memory is, above all, archival. It relies entirely on the materiality of the trace, the immediacy of the recording, the visibility of the image." And he continues: "The less memory is experienced from the inside the more it exists only through its exterior scaffolding and outward signs – hence the obsession with the archive that marks our age" (ibid.). According to Nora (cf. also Fujitani, White and Yoneyama 2001), it is the threatened loss of collective memory which has led to the growing desire for its preservation and, therefore, to what he calls an "acceleration of history" (Nora 1989: 7). In another essay, Nora (2002, Internet) claims that these trends are "so widespread, so deep-seated and all-powerful" that the last two or three decades should be named "the age of commemoration." Recent studies of Japanese attitudes to the nation's past suggest that Japan fits Nora's characterization of a worldwide "age of commemoration" (Seraphim 2006) – the sheer number of commemorative events, memorials and newly established historical museums since the 1980s is hard to overlook, and the escalation of debate about Japan's war responsibility and its "coming to terms with the past" since the mid-1990s (Saaler 2005; Seraphim 2006: chapter 10) speaks for itself.

Nora (2002, Internet) identifies the most important *reason* for the advent of "the age of commemoration" as the "democratization" of history; that is, "a marked emancipatory trend [...], the emergence [...] of all those forms of memory bound up with minority groups for whom rehabilitating their past is part and parcel of reaffirming their identity." For Nora, the most noteworthy *effects* of the "current upsurge in memory" are, first, "a dramatic increase in the uses made of the past for political, commercial and tourist purposes," and, second, the removal from "the historian of the monopoly he traditionally enjoyed in interpreting the past. [...] Today, the historian is far from alone in manufacturing the past; it is a role he shares with the judge, the witness, the media and the legislator." These phenomena, again, can also be witnessed in Japan, where a variety of social agents are involved in discussions about history and memory; where historical memory is a major drawcard for tourism (cf. Saaler 2005: chapter 3); and where subaltern memories are increasingly finding potent means of representation in the public sphere (cf. Fujitani, White and Yoneyama 2001; Saaler and Schwentker 2008), whether in the form of historical museums, commemorative sites and ceremonies, or tourist sites – or a mix of several of these. Particularly important in this context are memorial projects undertaken in the peripheral regions – projects which must, if we follow Nora and others, first of all, be seen as an expression and a reaffirmation of *local identity*.

Since the foundation of the Japanese nation state in the last three decades of the nineteenth century, local identities have constantly fought to reassert themselves in face of attempts by the metropolitan center to establish a homogeneous national identity based on a stringent national master narrative or "national memory." In previous research, the examples of Okinawa and Hiroshima/Nagasaki, tied to memories of "the only land battle on Japanese soil during the Asia-Pacific War" in Okinawa and the atomic bombings of Hiroshima and Nagasaki, all in 1945, have received some degree of attention in this context (Yoneyama 1999; Fujitani, White and Yoneyama 2001; Fujiwara 2001; Figal 2007; Schäfer 2008). In summer and fall 2007, the degree of emphasis placed on the preservation of such local narratives became clear, particularly in Okinawa, when the decision of the central government in Tokyo to erase passages concerning the Battle of Okinawa from national history textbooks – above all those passages describing the forced suicides of the civilian population of Okinawa by units of the Japanese Imperial Army – caused an outcry in the prefecture but also in other parts of Japan, culminating in a demonstration in Ginowan City, Okinawa, attended by more than 100,000 protesters (cf. *Asahi Shimbun* 30 September 2007: 1; *Ryūkyū Shinpō* 26 December 2007: 1). Apart from Okinawa and Hiroshima and Nagasaki, many other Japanese regions have also succeeded in cultivating a local identity based upon a unique account of local history, which often rests on *premodern* events and personalities. These historical identities are expressed in the large number of prefectural museums (*kenritsu hakubutsukan*), local museums (*kyōdo hakubutsukan*) and tourist locations such as (mostly reconstructed) medieval or early modern castles, and have been reaffirmed in recent decades through the official sponsoring of tourism and the founding of new local history museums (*rekishi hakubutsukan*) and memorial sites in many Japanese prefectures.[1]

This contribution to the debate analyzes recent memorial projects in three peripheral Japanese prefectures that relate to events in modern Japanese history. The authors ask whether these projects can be seen in the framework of a reassertion of *local* identities in face of the encroachment of a national master narrative. As we have seen above, in the cases of Hiroshima and Okinawa, tensions have become evident between the demands of the national master narrative – which local museums and memorials on the periphery of Japan cannot or do not want to ignore completely – and a strong desire for the preservation of local color and content in historical interpretation. Are these tensions representative of recent memorial projects in Japan's regions? Are the majority of memorialization projects in Japan really the result of a "democratization" of history and, to use Nora's terminology, to be considered "emancipatory" in character – a term surely appropriate in the cases of Hiroshima and Okinawa? Are the local memorial projects analyzed below the expression of "a popular protest movement" fighting for the "revenge of the underdog or injured party" (Nora 2002, Internet) – that is, the retribution of the locality against the dominance of the metropolitan (urban) center(s)? Are they proof of the assertion that professional historians are being deprived of their monopoly over interpreting the past? Or are such ventures merely the product of an economically depressed countryside aiming to increase its income from tourism and, to this end, having recourse to the utilization of history?

The three case studies presented here investigate the background and origins of local efforts to commemorate the naval battle of the Tsushima Straits (1905) on Tsushima Island (Nagasaki Prefecture); the politics of memory pursued by the city of Matsuyama City in Ehime Prefecture, which is also mainly concerned with the commemoration of the Russo-Japanese War (1904/05) and its heroes; and the memorial and museum to Japanese repatriates from the Soviet Union and the Asian continent after the Second World War in Maizuru City, Kyoto Prefecture. In what follows,

---

[1] For a comprehensive list, see the category "Museums and Memorials" on the *Yahoo! Japan* website at http://dir.yahoo.co.jp/Arts/Humanities/History/Japanese_History/Museums_and_Memorials (found 28 May 2008).

the "memory politics" of these three localities will be examined and related to the national memory as expressed in various government declarations and official memorials in the capital region.[2]

2 TSUSHIMA AND THE MEMORY OF THE RUSSO-JAPANESE WAR

As recent studies have demonstrated, the Russo-Japanese War has to be considered on a number of levels. On the *global* level, it signified the rise of Japan as a "first-rate power" (*ittōkoku*) and the realization by large parts of the Asian-African world that the European colonial powers were not invincible. On a *national* level, it resulted in the further stabilization of the Meiji state and the ruling oligarchy drawn from the Satsuma and Chōshū clans, but Japan's victory also marked the beginning of the spread of national pride to large parts of the population and, to consolidate this, a large number of commemorative projects were initiated throughout the country shortly after the war (Dickinson 2005). On the *local* level, Japanese localities often climbed on the bandwagon of national commemoration of the Russo-Japanese War, while connecting this national endeavor with *local* identity and memory (cf. Ichinose 2004).

At the beginning of the twenty-first century, commemorative events were again held on both the national and local levels – events that testified to a certain conflict between local interpretations of history and the national master narrative. The most important commemorative event on the *national* level, besides the issuing of a commemorative stamp by Japan Post,[3] was the 100-year anniversary commemorative ceremony (*Nihonkai kaisen 100-shūnen kinen taikai*) held in Yokosuka on 27 and 28 May 2005, the date of the decisive naval Battle of Tsushima (or the Battle of the Japan Sea). Here, in Yokosuka, 60 kilometers south of the capital Tokyo, the flagship of the Japanese fleet that defeated the Russians in the Battle of Tsushima in 1905, the *Mikasa*, has been exhibited as a "memorial ship" since 1926. After it was almost destroyed by bombing during the last war, it was restored and reopened in 1961,[4] but the number of visitors never reached prewar levels. While 200,000 to 320,000 visitors visited the Mikasa Memo-

---

[2] While this introduction and the conclusion have been co-authored by all three authors, the three case studies were carried out and written up independently: the study of Tsushima is by Sven Saaler, the study of Matsuyama is by Hirano Tatsushi, and the study of Maizuru is by Stefan Säbel.
[3] See http://www.yushu.or.jp/p_stamp/ship1.htm (found 7 April 2008).
[4] See MPS (2005) or the homepage of the Memorial Ship Mikasa at http://www.kinenkan-mikasa.or.jp (found 18 July 2008).

rial in the late 1920s and early 1930s, numbers peaked during the Second World War with more than 500,000 visitors annually in 1940 and 1941. In the 1970s and 1980s, numbers fluctuated between 150,000 and 200,000, showing a consistent downward trend. In 1994 the numbers fell below 100,000 for the first time, and remained there until 2005.[5]

Notwithstanding declining popular interest in the memorial ship, in 2005 the *Mikasa* became the set for a *national ceremony* attended by 2,000 guests including official representatives from the Japanese Defense Agency (since 2007, the Defense Ministry), the Maritime Self-Defense Forces (MSDF), the embassies of Russia, England (Japan's ally at the time of the Russo-Japanese War) and the United States (mediator of the Peace Treaty of Portsmouth which ended the war in 1905), as well as a number of Diet members and descendants of Admiral Tōgō Heihachirō, the commander of the Japanese fleet in the Battle of Tsushima, and descendants of sailors who had participated in the battle.[6] The Defense Agency in an official statement explained its reasons for supporting the celebrations: "The Defense Agency supports (*kōen*) this commemoration ceremony (*kinen taikai*), since it acknowledges that it is held with the objective of raising awareness among the people, and particularly among the younger generation who are the future of Japan, of the importance of loving and defending one's country, and that it is also making a contribution to the wider dissemination (*keimō*, literally: "enlightenment") of defense policy thinking (*bōei shisō*)" (JDA 2005, Internet). The Defense Agency, part of the national government of Japan, clearly considered the commemoration of the Russo-Japanese War in Japan's national interest and held in high regard this historical event of 1905 as a focal point of national identity and pride.

Yokosuka, however, was hardly an *authentic* place in which to commemorate the Russo-Japanese War. The Memorial Ship *Mikasa* has been exhibited here since 1926, as the result of the decision by the Imperial Navy to turn it into a memorial and select a major naval base near the capital as the site for the commemoration of the war as a national event. Here the *Mikasa* has remained until the present day. However, the battle commemorated in the ceremony described above took place on the other side of Japan, in the Japan Sea near the islands of Tsushima. It therefore comes as no surprise that here, in a remote region of Japan, a commemo-

---

[5] I acknowledge the kind cooperation of the Mikasa Preservation Society (Mikasa Hozon-kai) which provided figures for visitor numbers.

[6] See the homepage of the city of Yokosuka at http://www.city.yokosuka.kanagawa. jp (found 18 July 2008). A video of the ceremony, including speeches, is available on the *YouTube* website at http://www.youtube.com/watch?v=V7DQ hlvB_ R8 (found 28 May 2008).

rative project was initiated in 2003. Under the double motto "The 100th Anniversary – Peace of World from Tsushima" and "The Final Chapter of Shiba Ryōtarō's *Saka no ue no kumo*" ["The clouds above the hill", a reference to a well-known novel about the war], the Tsushima Committee for the Promotion of Activities Relating to Historical Commemorations (Tsushima – Rekishi Kenshō Jigyō Suishin Iinkai, hereafter "the committee") organized a number of events which can be seen as an expression of memory or identity politics – but at the same time, as an attempt to promote local industry and tourism and to generate income for these remote and underdeveloped islands.[7]

While the naval battle of May 1905 is usually referred to in Japanese as *Nihonkai kaisen* [the naval battle in the Japan Sea], for a promotional pamphlet (see Fig. 1 in the appendix) produced to solicit donations the committee chose the English term "The Battle of Tsushima," rephrasing it as "The Tsushima War" [sic] and using it throughout the pamphlet (TRKJSI 2004). The Japanese title of the pamphlet also emphasized the local character of the battle, calling it *Nichi-Ro Tsushima-oki (Nihonkai) kaisen* [the Russo-Japanese naval battle off the coast of Tsushima], only adding "Japan Sea" to qualify "naval battle" in a little box, presumably to avoid misunderstanding (in Japanese, *Tsushima kaisen* [the battle of Tsushima] is a rather uncommon term). By referring to the historical novel *Saka no ue no kumo* by Shiba Ryōtarō,[8] which deals with the Battle of Tsushima, the committee aimed to exploit the popularity of Shiba, whose historical novels are among the bestselling in postwar Japan and, at the same time, have had an "unprecedented influence on the historical consciousness of the Japanese" (Nakamura 1998). The references to Shiba were part of a strategy aimed at generating broad national interest for the memorial projects envisioned by the local committee.

While the pamphlet showed that no war could be commemorated in contemporary Japan without taking into account the strong currents of pacifism in Japanese society, overall it was characterized by a strong nationalistic tone emphasizing the importance of Tsushima as an authentic site of Japanese *national* pride and a place where Japan "traditionally" had suffered from foreign attacks.

The "pacifist" aspect of the pamphlet is seen in the motto "Friendly Links," which refers to the role of Tsushima in ameliorating national en-

---

[7] The discussion that follows is based on newspaper articles, correspondence with the Tsushima Committee for the Promotion of Activities Relating to Historical Commemorations and field research in Tsushima in June 2004 and September 2007.
[8] On Shiba cf. Saaler (2005: chapter 3) and below.

mities when 143 sailors who had drifted ashore on Tsushima after their ship, the cruiser *Vladimir Monomakh*, had been sunk, were saved by local people. According to the pamphlet, the people of Tsushima showed humanitarian feelings notwithstanding wartime nationalist fervor and anti-Russian emotions, and had thus made an advance contribution to the restoration of "friendly links" with the Russian Empire after the war. This emphasis on the correct treatment of Russian prisoners of war by Japan was further emphasized by reproducing a famous painting of Admiral Tōgō Heihachirō on the front of the pamphlet, showing Tōgō's visit to the injured commander of the enemy fleet, Admiral Zinovy Rozhestvensky, in a Japanese naval hospital in Sasebo after his capture in the Battle of Tsushima. In addition, the publication included a message from the mayor of Tsushima, Matsumura Yoshiyuki, emphasizing the global dimension of the Russo-Japanese War ("Let's change the world from Tsushima") and the importance of commemorating the battle in the context of peace education (*heiwa kyōiku*) and the politics of regional revitalization (*chiiki kasseika*). "Given the historical background of the friendship (*yūjō*) between the Russian sailors [who had drifted ashore in 1905] and the local people (*jimoto jūmin*) [who saved them], Tsushima is the best place on earth to talk about humanitarianism (*ningen-ai*)" (TRKJSI 2004).

However, when it comes to the question of donating funds for "activities relating to historical commemorations," the pamphlet's tone becomes more nationalistic, with local pride playing only a minor role. Clearly, the committee expected that subscriptions from the Tsushima community would be insufficient for the planned projects and therefore aimed at a wider national constituency for financial support. In this context, nationalist messages referring to Japan's military victory over Russia in 1905 seemed to promise greater success. The message from the chairman of the committee, Takematsu Yasuo, is particularly outspoken in this respect. While Meiji Japan, Takematsu writes, achieved a glorious victory that astonished the whole world, "present-day Japan has lost its self-confidence," and thus the committee proposes to foster national pride by "handing on the inheritance of 27 May [i.e., the date of the Battle of Tsushima] and engraving it in the hearts of the Japanese people. Only then will our country, NIPPON [written in katakana], be able to recover its great hopes and dreams. Our committee continues to plead for a return to [the old] Japan (*Nihon kaiki*) and considers this [i.e. the 100th anniversary of the battle] an opportunity to reassert [the values of] 'Bushidō JAPAN', 'genuine nationalism', and the creation of a proud Japan as objectives for future generations" (TRKJSI 2004).

The committee had three major ideas for commemorating the anniversary of the Battle of Tsushima. First, in the months leading up to the anniversary, a lecture series would provide the islanders with some historical background to the upcoming events. Second, "the largest relief in Japan" was to be created in Tsushima to commemorate the dead of the battle, planned for unveiling no later than 27 May 2007. The relief (see Fig. 1 in the appendix for an imaginative sketch) would depict Admiral Tōgō visiting his wounded Russian opponent in hospital and the names of all naval personnel (Japanese and Russian alike) killed in the Battle of Tsushima would be engraved on the front of the monument, with all donors to the project listed on the back. This would demonstrate that the Japanese, symbolized by their national hero Tōgō, harbored friendly feelings – even a chivalric respect – for their former enemies, rather than an attitude of hatred or superiority – just like the Tsushima islanders who saved the Russian sailors. The proposed name of the planned relief strengthened this notion: it was to be called the Monument to Peace and Friendship (*Heiwa to yūkō no hi*). The third idea was that on the anniversary day itself a memorial ceremony was to be held, including the unveiling of the relief and a maritime pageant of ships to commemorate the – Japanese and Russian – victims of the Battle of Tsushima.

While the lecture series went off without problems, funding efforts fared less well, despite calls for donations being sent to a large number of public figures including politicians, academics, media representatives and entrepreneurs. The donations received proved insufficient to build the "largest relief in Japan." Eventually, the Russian government was approached and agreed to cover the costs of creating the relief. The committee had emphasized that the relief was to be erected to cement Japanese-Russian friendship and that the elevated site proposed for it was to be named the Hill of Japanese-Russian Friendship (*Nichi-Ro yūkō no oka*). Thus, it was made easy for the Russian government to agree to participate in the project. Russia has a strong interest in fostering ties with Japan, but on the national diplomatic level, this desire is still impeded by the territorial dispute over the southern Kuril Islands, or Northern Territories (*hoppō ryōdo*), as they are called in Japan. Strengthening ties with a group of islands in western Japan therefore was a welcome opportunity to demonstrate the possibility of Russo-Japanese rapprochement.

Like the relief, the other main event proposed, the maritime pageant was confirmed only at the last minute. Almost 100 fishing boats were assembled for the parade and, notwithstanding growing criticism of the use of public funds to commemorate an imperialist war (cf. *Asahi Shimbun* 26 May 2005: 31), the Maritime Self-Defense Forces also provided two warships, the *Makishima* and the *Ieshima*, following their declaration of support for commemorative events relating to the Russo-Japanese War quoted above. However, despite its spectacular character, the local Tsushima ceremony was not widely reported in the national media and only a little over 300 guests – compared to more than 2,000 in Yokosuka – attended the ceremony. In contrast to the Yokosuka ceremony, no representative of the national government attended, the highest-ranking guest being the governor of Nagasaki Prefecture, to which Tsushima belongs (Saitō 2005: 7).

Despite the limited impact of the event at the national level (or perhaps because of the low national publicity the Tsushima project was receiving), the national significance of commemorating the Battle of Tsushima was emphasized with growing intensity in the publicity put out by the Tsushima committee in the months leading up to the ceremonies in May 2005. While its early announcements appealed both to pacifist notions of postwar Japan's national identity as well as to a strong nationalism with an emphasis on restoring pride in the nation and Japan's national history, expressions of *local* identity were pushed into the background in later publicity. The slogan "Let's change the world from Tsushima," with its appeal to humanitarian and pacifist ideals, gave way to *nationalistic* notions emphasizing a military victory in an imperialist war which had once made Japan a powerful nation. However, contrary to the expectations of the committee, this strategy also failed to elicit substantial funding from the public. Rather, it led to a conspicuous indifference to the proceedings in the media, or even critical coverage in some newspapers.

Thus, the Tsushima memorial project did not lead to a reaffirmation of the *local* identity of Tsushima on the national stage, but instead contributed to a "nationalization" of local memory, emphasizing, above all, the importance of the battle in the framework of national history. In a similar vein, local economic development, including tourism, were only temporarily and insignificantly stimulated by the commemorative events of 2005. Even though it is still possible to find signs of the commercialization of the memory of the Russo-Japanese War on the Internet (although most of the products on offer are not local Tsushima initiatives),[9] commemoration of the war is mentioned neither in the "Plan for Promoting Tourism in Tsushima" drafted by Nagasaki Prefecture,[10] nor on the official homepage of the Tsushima Tourism and Merchandising Association (Tsushima

---

[9] See "Anniversary Sake for the Commemoration of the Battle of the Sea of Japan" online at http://www.gensui.jp/~kuratsu/html/index.html (found 28 May 2008), "Tōgō Heihachirō Commemorative Wine" at http://www.kurecci.or.jp/topics/wine.html (found 28 May 2008), and "Commemorative Sake for the Centenary of the Naval Battle in the Japan Sea" at http://sake.taihaku.biz/ (found 28 May 2008).

[10] See http://www.mlit.go.jp/kokudokeikaku/chiikiplan/nagasaki10.html (found 28 May 2008).

Kankō Bussan Kyōkai).[11] A noticeable increase in tourists visiting Tsushima from *abroad* in recent years is very unlikely to be the result of commemorative efforts involving the Russo-Japanese War as, over the last ten years, the islands have experienced a huge increase in tourists from South Korea,[12] a country engaged in a territorial dispute with Japan over another island group, the Takeshima or Dokto Islands, and firmly opposed to any affirmative interpretations of the Russo-Japanese War, which had been the starting point for the colonization of Korea.[13] Not only is the memorialization of the Russo-Japanese War unlikely to encourage Koreans to visit Tsushima but, as we have seen, it has also failed to stimulate mainland Japanese interest in the islands and therefore will be of limited long-term effect.

3 MATSUYAMA AND COMMEMORATION OF THE NOVEL "CLOUDS ABOVE THE HILL"

Matsuyama is known for its hot springs and historic castle, as well as for being the birthplace of many leading Meiji Era haiku poets such as Masaoka Shiki, Takahama Kyoshi, and Kawahigashi Hekigotō. The largest city on the island of Shikoku, Matsuyama, has attracted renewed attention in recent years in connection with the novel "Clouds above the Hill" (*Saka no ue no kumo*) by Shiba Ryōtarō (1923–1996).

Matsuyama is strongly associated with the Russo-Japanese War of 1904/05 and therefore claims a special relationship to Shiba's novel. The three main characters in the novel, journalist and writer Masaoka Shiki (1867–1902), General Akiyama Yoshifuru (1859–1930) and his brother Admiral Akiyama Saneyuki (1868–1918), were all real historical figures born in the city. The recent efforts to commemorate the two officers – regarded as heroes of the war – constitute the most important part of the "city planning of 'clouds above the hill'" (*'saka no ue no kumo' no machizukuri*) initiated by present mayor, Nakamura Tokihiro, who was born in 1960. Further, dur-

---

[11] See http://www.tsushima-net.org/tourism/history.php (found 28 May 2008).
[12] While visitor numbers from Korea were only 1,600 in 1999, they grew to 42,000 in 2006 and exceeded 100,000 for the first time in 2007 (not least due to a weakening yen and a strong Korean won). I appreciate the kindness of the Tsushima Tourism and Merchandising Association in providing these figures.
[13] For the Takeshima issue, see Min (2005) and the homepages of the Ministry of Foreign Affairs of Japan at http://www.mofa.go.jp/region/asia-paci/takeshima/index.html and the homepage of the Ministry of Foreign Affairs and Trade of South Korea at http://www.mofat.go.kr/english/political/hotissues/eastsea/index.jsp (both found 28 May 2008).

ing the war, the first prison camp for Russian prisoners of war (POWs) was established in Matsuyama, and about 4,000 captive soldiers were placed to 21 facilities including temples, public plants and private buildings. During their imprisonment, 98 captives died and were buried in the Russian Cemetery located in the northern part of Matsuyama's urban district.[14]

But why does Matsuyama pursue the politics of historical memory with an emphasis on the historical novels of Shiba Ryōtarō? Shiba is one of the most popular novelists in the latter half of the twentieth century and author of numerous extremely popular historical novels dealing with the Sengoku/Azuchi-Momoyama Era (15th to 16th century) as well as the Bakumatsu Era (the last years of Tokugawa Shogunate during the middle of the 19th century) and the early Meiji Era (1868–1912). Being one of his main works, "Clouds above the Hill" was originally serialized in the newspaper *Sankei Shinbun* between 1968 and 1972, but has become one of Shiba's most popular works. In the novel, Shiba represented the European Powers as "clouds above the hill" in the sense that European civilization was for the characters in the novel a conspicuous danger, while at the same time being a lofty goal that was difficult to attain.

The novel is today recognized as a typical expression of *Shiba shikan* [the Shiba view of history]. This view is based on a clearly positive evaluation of the Meiji Era before the Russo-Japanese War and a negative estimation of the following period (Nakamura 1997). From this point of view, people of the Meiji Era were energetic, ambitious and encouraged to pursue the great purpose of overtaking Europe. Winning the war against Russia symbolized the realization of the spirit of Meiji. This brilliant era, according to the *Shiba shikan*, fell into ruin after the Portsmouth Treaty of 1905: Japan became self-centered, turned towards imperialism and militarism, and finally plunged into the disaster of the Asian-Pacific War.

The Shiba view of history is widespread in Japan today,[15] but there are two different influential alternatives of historical memory: the liberalist view (*jiyūshugi shikan*) and the progressive view (*shinposhugi shikan*). The

---

[14] Accounts of the actual number of POWs transported to Matsuyama vary anywhere from 3,000 to 10,000 (Matsuyama Daigaku 2004). Saikami (1969) calculates 6,019 as the total number in his standard work and is the number that appears on a plaque in the Russian Cemetery.

[15] A typical example can be seen in the list of the original authors of the annual NHK large-scale historical drama series, *Taiga dorama*. From 1953 to 2008, Shiba was the single most prolific author of *Taiga dorama* scenarios having written six out of 47, out of which four dealt with Bakumatsu/Meiji Era. See the homepage of NHK at http://www.nhk.or.jp/pr/marukaji/m-taiga.htm (found 4 May 2008).

former is propagated mainly by conservative circles such as the Japanese Society for History Textbook Reform[16] (Atarashii Rekishi Kyōkasho o Tsukuru Kai) and tries to justify Japanese history before the Second World War (Saaler 2005: chapter 1). Understanding of the Russo-Japanese War according to this perspective is similar to that of Shiba, but its view of history after 1905 is completely different – it is consistently affirmative. On the other side, the "progressive view" is broadly shared not only in progressivist and leftist circles in Japan but also in Korea (e.g., Choi 2004). They insist that Japanese history both before and after the Russo-Japanese War was characterized by imperialist aggression, and that the Russo-Japanese War was a typical conflict between imperialistic powers and nothing more than an expression of greed for influence over the entire Korean Peninsula. The difference from the *Shiba shikan* lies in the interpretation of the period before the war between Russia and Japan, which was positively represented by Shiba. These two alternatives are, however, much less broadly shared in Japanese society than Shiba's view, which is not only supported by ardent readers of Shiba, but also popularized by mass media such as TV programs, newspapers, historical novels and travel guidebooks.

"City planning of 'clouds above the hill,'" which is considered next, was introduced by Mayor Nakamura Tokihiro, who, inspired by the *Shiba shikan*, carried it through with a fierce initiative. Nakamura is, according to his own remarks, an enthusiastic reader of the novel. As soon as he was elected mayor in 1999, he advocated his "city planning of 'clouds above the hill,'" and was re-elected in 2003 and 2007 with the wide support of Matsuyama citizens for his "clouds above the hill" policy. On his website, he explains that "Clouds above the Hill" is not a story of the Russo-Japanese War, emphasizing that the novel begins with the story of haiku poet Shiki. In this way he avoids supporting the war of 1904/05, while at the same time is repeating the positive evaluation of the Akiyama brothers. Another comment also reflects the influence of the *Shiba shikan*: "The soundness of the spirit of the Japanese," he laments, "was lost after the Russo-Japanese War."[17]

Nakamura's "clouds above the hill" politics are based on four main ideas which are related to the characters of the heroes in the novel: (1) "youthfulness" and "brightness" as an attitude to effort towards a high aim; (2) "collection" and "comparison" of information and knowledge,

---

[16] See the homepage of the Japanese Society for History Textbook Reform at http://www.tsukurukai.com (found 9 April 2008).

[17] See the homepage of Nakamura Tokihiro at http://www.tokihiro.jp/diary/01_1127/03.html (found 28 May 2008).

which creates unique values; (3) "realism" and "reason" which can settle problems rationally; and (4) "effort" and "encouragement" to learn new ways of behavior and to promote relations with others.[18]

The central point of Mayor Nakamura's city planning is the conception of a "field museum" (i.e., a "museum without a roof") to be created with the cooperation of the whole population. He criticizes traditional local politics that spend a large amount of tax money on public projects, most of which are a waste of money. "Clouds above the hill" planning, however, does not exclude construction projects. Examples include the construction of the Museum of Clouds above the Hill (Saka no Ue no Kumo Myūjiamu; see Fig. 3), redevelopment of the Ropeway Street, and maintenance of the house in which the Akiyama brothers were born.[19]

There were already many commemorative sites in Matsuyama which relate to the novel and the Russo-Japanese War even before Nakamura became mayor, such as the Russian Cemetery, the old bronze statues of the Akiyama brothers[20] and the Shiki Memorial Museum (Shiki Kinen Hakubutsukan).[21] However, before Nakamura's election as mayor, these monuments were administered, as in most Japanese cities, by the city's board of education (*kyōiku iinkai*). Yet in 1999, the new 39-year-old mayor founded the Team of the City Planning of "Clouds above the Hill" ("Saka no Ue no Kumo" Machizukuri Chīmu) in the Department of Industry and Economy of the Matsuyama City Municipal Office.

Although this project was initiated by a *local* actor (i.e., the city of Matsuyama), it does not mean that *national* actors are excluded – rather, the relationship between locality and nationality is remarkably cooperative. Between 2001 and 2006, the government under Prime Minister Koizumi Jun'ichirō, for example, strongly promoted Nakamura's policy. Two years after the project was launched, the Koizumi Cabinet adopted the city plan-

---

[18] See the homepage of the Team of the City Planning of "Clouds above the Hill," the Municipal Office of Matsuyama at http://www.city.matsuyama.ehime.jp/sakakumo/1177934_912.html (found 28 May 2008).

[19] See the homepage of the birthplace of the Akiyama brothers at http://www.akiyama-kyodai.gr.jp (found 28 May 2008).

[20] The old statues of Akiyama Yoshifuru and Saneyuki were rebuilt in 1970 and 1963 respectively, which were earlier than the rebuilding of statues of other military officers. In 2005, these new statues of the brothers were erected on the site of their house.

[21] Being different from the Museum of Clouds above the Hill, there is no independent homepage run by the Shiki Memorial Museum. Information is available on a website of the Municipal Office at http://www.city.matsuyama.ehime.jp/sikihaku (found 28 May 2008).

ning of "clouds above the hill" as a case study for the National Model of City Revitalization (*Zenkoku toshi saisei moderu*).[22] Matsuyama's project was subsidized in 2003 within the framework of the Regional Revival Plan (*Chiiki saisei keikaku*).[23] With the financial assistance of the central government, the Museum of Clouds above the Hill was opened on 28 April 2007. The total construction cost was approximately 1,900 million yen, 700 million yen of which was subsidized by the national government.[24]

Another case of cooperation between local and central actors is the dramatization project of the novel. NHK, the public broadcaster of Japan, is preparing for a large-scale series of dramas (*supesharu dorama*) based on the novel, which will be broadcast between 2009 and 2011.[25]

The most important project of the "clouds above the hill" city planning policy is the construction of the Museum of Clouds above the Hill. A large proportion of the exhibits in the museum, which was designed by the well-known architect Andō Tadao, is related to Masaoka Shiki and the Akiyama brothers: for example, pictures and calligraphy works by these three figures, many explanation boards, and other first-hand materials such as school reports of Shiki and Saneyuki. The objects connected with the actual Russo-Japanese War, however, are small in number; the few exceptions, explanations in moving images, pictures and maps are exhibited in such a way as to avoid the dark side of warfare.

This method of exhibition is in stark contrast to that of the museum of Ehime Prefectural Lifelong Learning Center (Ehime-ken Shōgai Gakushū Sentā), which is located outside of the Matsuyama city center. The exhibits on display at this museum include uniforms and weapons owned by the Akiyama brothers. This exhibition does not avoid showing the role of the brothers in the war and is for the purpose of educating the prefecture's

---

[22] See the homepage of the Head Office of City Revitalization (Toshi Saisei Honbu), the Cabinet Secretariat (Naikaku Kanbō) at http://www.toshisaisei.go.jp/05suisin/chugoku/04suisin/h15/17.html (found 28 May 2008).
[23] See the homepage of the Head Office of Regional Revitalization (Chiiki Saisei Honbu), the Cabinet Secretariat at http://www.kantei.go.jp/jp/singi/tiikisaisei/osirase/040722/08.pdf (found 28 May 2008).
[24] See the homepage of the city of Matsuyama at http://www.koucho.city.matsuyama.ehime.jp/wakuwaku/detail.php?from=t&no=888 (found 4 May 2008).
[25] The official homepage of this program is not yet set up by NHK's central broadcasting center. Instead, NHK Matsuyama Station has its own official homepage, which offers limited information at http://www.nhk.or.jp/matsuyama/sakanoue/index.htm (found 18 July 2008). This page does not mention the NHK *Taiga dorama*, though the drama "Clouds above the Hill" was originally produced in this framework (see UKZK and NKTS 2006).

inhabitants, rather than for the sake of attracting tourism from outside of Ehime Prefecture.[26]

Matsuyama's case shows that "the popularization of history," which was pointed out by Nora (2002, Internet), is on the move not only at the national but also at the local level in Japan. The spread of the *Shiba shikan* in Matsuyama strongly contributes to its citizens' support for Nakamura's "clouds above the hill" policy.

Alongside the *Shiba shikan*, this policy is also connected with an important trait of Japanese society: pacifism. According to a member of the Team of the City Planning of "Clouds above the Hill," who responded to our interview in August 2007, there were no strong objections against this city planning, but some citizens have complained about its affirmation of aspects of war in general. At the same time, the member of the city planning team explained that the point of these complaints was to object to war in general. The *Shiba shikan* and the policy of "clouds above the hill" close their eyes to Meiji Japan's ambition in and aggression against Korea and China, and mentioning the aggressive aspect of the Russo-Japanese War is avoided, consciously or unconsciously. However, this aspect attracts no substantial attention. The *Shiba shikan* and Japanese pacifism can coexist and do in fact: That is why Nakamura and the Museum of Clouds above the Hill have to concern themselves with avoiding the connection between the novel and the actual historical fact of the Russo-Japanese War.

However, if we question whether relations between local and national commemoration politics possibly have an antagonistic character, as Nora (2002, Internet) argued, it must be answered in the negative after examining the case of Matsuyama. Although the city of Matsuyama is cooperating in NHK's dramatization of the novel "Clouds above the Hill," the drama clearly reflects the historical view entertained at the national level in Japan, rather than the local view of the events. And, from the side of the central government, there is support – materially and ideologically – for Matsuyama's city planning.

For a Japanese local government to pursue the goal of city planning effectively, cooperation with the national/central actors can be more profitable than confrontation with them. Through this cooperation, the local government can expect financial aid from the national government and attract more tourists from many parts of Japan through the central media. In the case of Matsuyama, *Shiba shikan* is an important parameter in the

---

[26] The mid-term administration plan of Ehime Prefectural Lifelong Learning Center concentrates the contribution to the learning and education of Ehime inhabitants and does not mention tourism. See the homepage at http://joho.ehime-iinet.or.jp/museum/index.html (found 4 May 2008).

Recent Developments in the Representation of National Memory and Local Identities

harmonious relations between national and local actors: the city of Matsuyama strengthens its local identity, utilizing the story of *Saka no ue no kumo* as a local variant of the national level of the *Shiba shikan*.

4 MAIZURU AND THE COMMEMORATION OF REPATRIATION

Unlike the two case studies presented above, in Maizuru in the northern part of Kyoto Prefecture, the memory of the Russo-Japanese War does not feature much in local memorial projects. This is despite the fact that in the Meiji Period the hero of the Russo-Japanese War, Tōgō Heihachirō, was appointed the first commander of the newly established Maizuru naval base in 1901. This past as a military base is still evident today in the form of redbrick storehouses of the former Imperial Navy and the fact that Maizuru has continued to play a role in national security by hosting major facilities of the Maritime Self-Defense Forces in the postwar era. While Maizuru's military role is an important part of local history, it is the role Maizuru played as a repatriation port in the post-World War II era that has been at the center of local memorial projects and forms an important part of local identity.

At the end of the Second World War, six million Japanese awaited repatriation to the Japanese islands from former colonial or quasi-colonial territories, about half of them military personnel, half of them civilians (Narita 2005). The Japanese term *hikiage* generally refers to civilian repatriates, while the term used for the repatriation of demobilized soldiers of the Japanese Imperial army is *fukuin*. However the more general term *hikiage* is also often used for those Japanese soldiers who returned to Japan from the Soviet Union where they had been taken for forced labor in 1945. According to Marukawa Tetsushi (2004), there has been a tendency in postwar Japan to reduce the vastly differing experiences of repatriation into a small number of dominant narratives. They were geographically diverse in the sense that Japanese faced different circumstances in the overseas areas they had occupied (in areas under Soviet, Chinese, U.S. jurisdiction, etc.) and diverse in the sense that experiences changed with time (if one compares for example early repatriations from Korea until 1946, to the repatriations from the Soviet Union starting in 1947).

The often-gruesome experiences of repatriates before their arrival in Japan found their way into Japan's public memory and have been amalgamated into a general image of victimhood.[27] With regard to civilian repatri-

---

[27] Wakatsuki (1995) has a comprehensive account of repatriation and the hardships that went with it.

ates, the experiences of mostly women and children in Manchuria and North Korea after the Soviet invasion in 1945, which are told in Fujiwara Tei's novel *Nagareru hoshi wa ikite iru* [The drifting stars are alive], have become a symbol for the sufferings of repatriates as a whole (Fujiwara 1978). For Siberian returnees, the popular song *Ganpeki no haha* [Mother at the quay] describes the feelings of the wives and mothers of the Japanese internees, while the song *Ikoku no oka* [Hills of a foreign country] has become a symbol for the sufferings of the internees in the Soviet Union (Marukawa 2004).

These two narratives – victimization of civilians in the postwar chaos in Manchuria and the northern part of Korea on the one hand, and the suffering of the internees at the hands of the Soviet Union (and the suffering of the relatives waiting for their return) on the other – are also evident in a museum in the center of Tokyo – the Heiwa Kinen Tenji Shiryōkan [Exhibition Center and Reference Library for Peace and Consolation].[28] This museum is run by the Heiwa Kinen Jigyō Tokubetsu Kikin [Public Foundation for Peace and Consolation], an organization approved as an administrative agency by the Ministry of Internal Affairs and Communications (Sōmushō). The museum's mission is to pass down knowledge about the suffering of repatriates and internees (along with a third group of non-pensioned veterans) and to convey the value of peace to future generations. However, the exhibition does not mention war victims of other Asian countries (Asano 2004; Saaler 2005: 107–110).

While the national memory of repatriation focuses on the hardships repatriates had to endure, the local memory of repatriation in Maizuru is influenced by the role it played as a repatriation port. Maizuru was one of ten ports designated by the government to receive the repatriates. The reason why Maizuru has entered the national memory as the major repatriation port cannot be found in the number of repatriates that landed there. Many more Japanese landed in Hakata or Sasebo than in Maizuru. However, Maizuru continued its role as a repatriation port until 1958, long after the last of the other repatriation ports had been closed in 1950, and during this period repatriations to Maizuru were often covered in the national media. The other characteristic that sets Maizuru apart is that nearly 70 percent of the 664,000 repatriates were returnees from the Soviet Union, while most of the rest were civilians from China and the Korean Peninsula. As a result Maizuru holds a special place in the memory of the returnees. Being designated a repatriation port had a considerable impact on city life. Although repatriates were to be transported back to their home re-

---

[28] Refer to the museum's homepage at http://www.heiwa.go.jp/tenji/ (found 18 July 2008).

gions after a short stay at the repatriation facilities at Maizuru, supplying the repatriates caused great strains on the city's resources, especially in the early postwar years. Furthermore, many local citizens were mobilized to care for the repatriates. Through the mass media national attention was focused on Maizuru whenever a repatriation vessel entered the city's port. As a result repatriation has been remembered as a communal effort and also as a part of the greater national endeavor to welcome and bring the repatriates safely back to their home country (Maizuru-shi 2000).

After the repatriation facilities were shut down in 1958, at first not much local effort went into the commemoration of the role Maizuru had played as a repatriation port. The repatriation offices were demolished, and the land taken over by a timber company the city had attracted to Maizuru. The initiative for commemoration came from Siberian returnees themselves and local citizens who first erected a memorial near the landing site of the repatriates in the early 1960s. However, it was not until 1970 that the Repatriation Memorial Park (Maizuru Kinen Kōen) was inaugurated – again as a result of the lobbying of local citizens and repatriates. In 1988 the Maizuru Repatriation Memorial Museum (Maizuru Hikiage Kinenkan; see Fig. 4) opened, after repatriates and Maizuru citizens had decided on the establishment of a museum commemorating the history of repatriation during the 40th anniversary celebrations of the start of repatriations in 1985.

Since its opening, the museum has been supported by the city of Maizuru and by the Maizuru and Nationwide Association of Friends Commemorating Repatriation (Hikiage o Kinen suru Maizuru Zenkoku Tomo no Kai) founded in 1989. The association also started a fundraising campaign to reconstruct one of the landing bridges (*hikiage sanbashi*), which was accomplished in time for the 50th anniversary celebrations in 1995.[29] The landing bridge and the *kataribe no kane* [bell of the narrator] erected next to the bridge were intended as sites of commemoration and consolation for those internees who had died in the Soviet Union. In 2007, the association was given the Award for Regional Development of the Minister of Internal Affairs and Communications,[30] honoring its commitment in passing on the knowledge of repatriation and thus contributing to the re-

---

[29] This information is based on the exhibition catalogue (MHK 2000) and the homepage of the Maizuru Repatriation Memorial Museum at http://www.maizuru-bunkajigyoudan.or.jp/hikiage_homepage/next.html (found 18 July 2008), and on communication with the head of the Repatriation Museum.

[30] See article in the online version of the magazine *Chiiki-zukuri* [Regional Development] published by the Japan Center for Regional Development at http://www.chiiki-dukuri-hyakka.or.jp/book/monthly/0706/html/t08.html (found 18 July 2008).

vitalization (*kasseika*) of Maizuru, and in sending out a message of peace from regional Japan to the rest of the nation.[31]

The museum, the memorial park and the landing bridge have become the most important places for the commemoration of repatriation in Maizuru. The museum exhibition focuses mainly on the hardships Japanese internees had to endure in Soviet labor camps, and the role Maizuru and its citizens played in welcoming and hosting the repatriates. The basic tone of the exhibition can be said to be in line with the national narrative described above, and very similar to that of the exhibition in the Heiwa Kinen Tenji Shiryōkan with the added mention of the role Maizuru played as a repatriation port. Mostly absent from the permanent exhibition however are exhibits of repatriates other than the returnees from the Soviet Union, reflecting the fact that the main force behind the establishment of the museum had been those particular returnees.[32]

The exhibition avoids any critical judgments on Japan's war responsibility, but its tone is also not overtly anti-communist or nationalistic, allowing visitors to interpret the exhibits themselves. Given this neutral tone, guides at the museum have taken on a crucial role in communicating the history of repatriation. While, during the first years, guided tours of the museum were mainly given by returnees themselves, since 2004 this role has been taken on by the Association for the Narration of Repatriation in Maizuru (Maizuru Hikiage Katari no Kai), a registered non-profit organization. The association has been training guides for the exhibitions and recently even started a distance learning course. Participants are expected to learn general facts about repatriation and read personal accounts of repatriates, but there are also visits to the Kyoto Museum for World Peace at Ritsumeikan University in Kyoto,[33] which is cooperating with the Repatriation Museum, and to other peace museums in Japan. Participants have to prepare scenarios of their guided tours which allow them to include their own interpretations of history. After the end of their training, guides exchange "recipes" for tours via the association's newsletter. As a result, depending on the individual interpretations of the guides, different versions of history are passed on to visitors. However, all the scenarios maintain the basic tone of the exhibition, which stresses the sufferings of repatriates

---

[31] For the exact wording, see the homepage of the Ministry of Internal Affairs and Communications at http://www.soumu.go.jp/c-gyousei/2007/pdf/070314_1_1g.pdf (found 18 July 2008).

[32] For an outline of the exhibition refer to the catalogue of the Maizuru Repatriation Memorial Museum or see the homepage at http://www.maizurubunkaji gyoudan.or.jp/hikiage_homepage/next.html (found 18 July 2008).

[33] See the museum's homepage at http://www.ritsumei.ac.jp/mng/er/wpmuseum/english/index.html (found 18 July 2008).

Recent Developments in the Representation of National Memory and Local Identities

and the importance of peace.³⁴ The activities of the guides in the Repatriation Memorial Museum may thus serve as an example of Nora's democratization of history mentioned in the introduction to this article, as individuals are given the freedom to disseminate their own interpretations of history.

Increasingly, members of the association have become involved in peace and human rights education in schools and other institutions in the region, and have been invited to hold lectures on repatriation in other prefectures as well. With the museum becoming increasingly well-known, the association has also started to broaden the focus of the museum's exhibition by holding special exhibitions at the end of 2007 and in 2008 on civilian repatriates from Manchuria. The museum is thus becoming a national center for the commemoration of repatriation, and an important institution for disseminating the memory of repatriation throughout Japan.

As has been outlined above, the initiative for the commemoration of repatriation in Maizuru has come mainly from local citizens and repatriates rather than from the city government. The city government, however, has been supportive by offering funding and by taking over the running of the museum in 2005. Support for the museum reflects the city government's attempt to use the city's history as a repatriation port to portray postwar Maizuru as a city promoting peace throughout the postwar era. In 1995, the city passed a peace proclamation (*heiwa sengen*) which stressed Maizuru's obligation as a repatriation port to pass down the experiences of repatriates to future generations and disseminate the preciousness (*tōtosa*) of peace.³⁵

In a tourism pamphlet titled "Romantic Road of Maizuru" that details the attractions of Maizuru, the memorials related to repatriation are grouped together on one double page with the Navy Memorial Museum (Kaigun Kinenkan) and the Maritime Self-Defense Forces pier (*jieitai sanbashi*; see Fig. 5). The pamphlet states that Maizuru had been an Imperial Navy town (*kaigun no machi*) until the end of the war, but through the experience of welcoming repatriates from the Soviet Union and China the city had been reborn as a "city of peace" (*heiwa no machi*).³⁶ One cannot help but see a certain tension between the role Maizuru plays in Japan's

---

[34] This and the following paragraph are based on the newsletter of the Association for the Narration of Repatriation in Maizuru and the materials of the distance learning course. I would like to thank the association for providing me with these materials.
[35] The text of the proclamation can be accessed on the following homepage at http://www.city.maizuru.kyoto.jp/contents/7d34180d1c171d0/7d34180d1c171d010.html (found 18 July 2008).
[36] The tourism pamphlet can be accessed on http://www.maizuru-kanko.net/panf/index.html (found 18 July 2008).

267

national security as major military port – with ships from Maizuru having participated in the controversial refueling of American military vessels in the Indian Ocean since 2001 and Aegis destroyers being stationed here – and its self-promotion as a peace port.

The 60th anniversary celebrations of the start of repatriations, co-sponsored by the Heiwa Kinen Jigyō Tokubetsu Kikin, contained a similar ambivalence and reinforced the impression that institutions at the national and local level involved in the commemoration of repatriation were not in conflict with each other. The celebrations focused mainly on the important role Maizuru had played as a repatriation port and stressed the importance of passing on the experience of repatriation for future generations and of promoting peace. In contrast, the memorial lecture by right-wing commentator Takubo Tadae tried to justify Japan's war in Asia, stressed the criminal character of the Soviet regime, and concluded that peace could "not be had for free," implying the necessity of Japan's postwar security policy. The lecturer at the time was an adviser to the Heiwa Kinen Jigyō Tokubetsu Kikin, showing a direct connection between the state-sponsored foundation and events at the local level.[37]

The city government's support for the commemoration of repatriation presumably also has an economic motivation. Annual visitor numbers of the repatriation museum have been increasing steadily, with average annual visitors numbering around 150,000 people. By March 2007 a total of more than 3,000,000 people had visited the museum since its opening. In addition, annual commemoration events that also attract visitors to Maizuru include musicals, theatre plays, etc. However, while there is some commercialization of repatriation (with souvenirs such as *ganpeki no haha* sweets, etc.), the sites related to repatriation only form a part of the tourist attractions the city tries to promote, the others being the "redbrick" buildings of Maizuru, pre-modern historical sites and the natural scenery surrounding Maizuru.

The tourist development of the redbrick buildings in particular has been a major concern for the city in recent years. Emphasis is put on the fact that these buildings form one of the largest surviving collections of redbrick buildings in Japan and thus represent an important "legacy of Japan's modernization" (*kindaika no isan*). Associations are made not with Maizuru's history as a military port, but with the "modernization" of Japan. The buildings are already in use for the Redbrick Museum (Akarenga Hakubutsukan) and a recently opened museum showing local culture, and there are further plans to renovate the area for tourism purposes.[38]

---

[37] This account is based on the author's visit to the celebrations on 7 October 2005.
[38] See the homepage of the Akarenga Kurabu Maizuru [Redbrick Club Maizuru] at http://www.redbrick.jp/ (found 18 July 2008).

Here again the military prewar legacy of Maizuru has been played down by emphasizing the positive term "modernization" and staging events such as jazz festivals that are totally unrelated to the original purpose of the buildings.

The decision of the Maizuru municipal government to promote the memory of repatriation and use it as a rationale for the promotion of peace rather than deriving a commitment to peace from Japan's past as an imperialist power can also be seen in the way the sinking of the repatriation ship, the *Ukishimamaru*, has been commemorated at the local level. At the end of the war the repatriation (*sōkan*) to their homeland of Koreans and Chinese who had emigrated to Japan during the colonial era or had been forcibly taken there for forced labor in Japan's war economy occurred at the same time as the repatriation of Japanese to Japan (Mun 1995). The *Ukishimamaru* left Aomori with several thousand Koreans on board, many of whom had been forced laborers in an Aomori coal mine. The ship was on its way back to Korea when, after a short stay at the port of Maizuru, an explosion caused it to sink in the bay of Maizuru causing the death of at least five hundred people, making it one of the biggest maritime disasters in Japan's postwar era. Throughout the postwar era there were persistent rumors that the explosion had not been caused by an American sea mine, as the official explanation went, but by the Japanese authorities themselves (Kim 1994). A memorial for the victims was not unveiled until 1978 at a site in the outskirts of Maizuru. Memorial services continued, with citizens from Maizuru and the Japan Communist Party being the most involved. In recent years, the mayor of Maizuru has also paid annual visits to the memorial. However, there is no sign that this "perilous" piece of memory of Japanese colonial guilt will be integrated into the broader image Maizuru seeks to project to the rest of the nation.[39]

In conclusion it can be said that the way repatriation is commemorated in Maizuru does not attempt to disassociate itself from the way repatriation is remembered at the national level and at institutions sanctioned by the central government. Instead, there seems to be a tendency to stress the uncontroversial aspects of repatriation and the importance the local efforts by Maizuru citizens had for the national endeavor of repatriation and how the experiences of the repatriates (civilians as well as Siberian internees) serve as a lesson against war, a message concurrent with Japan's postwar pacifism.

---

[39] See Fujitani, White and Yoneyama (2001) and Yoneyama (1999) for the ways in which the war experiences of non-Japanese and minorities have been commemorated in postwar Japan.

5 Conclusion

Previous research has generally emphasized the tensions between national and regional versions of historical memory. The construction of historical memory on the periphery of Japan is often considered in terms of resistance or opposition to national or central metropolitan narratives, i.e. national history. However, the kind of historical memory found in the memorial projects discussed in this paper is not at variance with the national narrative, but rather accommodates it and sets local and regional history harmoniously within a national framework. Although many of the activists described in this chapter have strong local roots, they are, above all, concerned with *harmonizing* local and national narratives.

While in the cases of Okinawa and Hiroshima, the memory of war is often used to challenge the national narrative, in Tsushima, Matsuyama and Maizuru, the memory of modern wars – the Russo-Japanese War and the Second World War – are presented as *not* in opposition to the national narrative, but are rather embedded in national history in a harmonious and complementary manner. Above all, regional achievements are emphasized within the framework of national endeavour.

Why do the three regions in question pursue this kind of strategy? Unlike in Okinawa and Hiroshima (and other regions), the events commemorated in these cases did not bring (significant) destruction to the regions involved and thus encourage an attitude of skepticism toward "the nation," its wars, and its history – let alone some kind of collective trauma. The historical experiences of Tsushima, Matsuyama and Maizuru are presented as exemplary cases of honorable and laudable contribution to the nation, and thus can be used to help write "bright chapters" of national history in a manner that is affirmative and uplifting. These affirmative or positive views are intended to evoke nostalgia – something that would be difficult to achieve with depictions of unrelieved disaster. While in other regions the memory of *premodern* history (i.e., the history of the premodern feudal domains) is referred to in order to evoke nostalgia, in Tsushima, Matsuyama and Maizuru the history of *modern* Japan is presented to evoke a similar response – a strategy enforced through references to historical fiction, as in the cases of Tsushima and Matsuyama with the historical fiction of bestselling author Shiba Ryōtarō.

The nostalgia underlying historical exhibitions and memorials is, of course, strongly related to the desire to stimulate tourism and economic development and contribute to the "revitalization" of these depressed peripheral regions. In this context, the emphasis on a positive and inspiring local narrative set in the framework of a broader national history is expected to generate support from central government. It seems that in the context of the politics of memory in Tsushima, Matsuyama and Maizuru (and probably other regions, too) the "age of localism" (*chihō no jidai*), which the national government advocated during the 1970s (Yoneyama 1999: 44), has been superseded by the wave of re-nationalization that marked the 1980s and 1990s. Although localization or decentralization (*chihō bunken*) has come onto the political agenda once again in the first decade of the twenty-first century, this process is being led by the central government and strongly reflects its own interests.

In sum, the politics of memory in the regions discussed here cannot be seen simply as a reaffirmation of local narratives, but rather should be considered instances of the nationalization of local history or – at least from the viewpoint of the periphery itself – as a boost for local history in the larger framework of national history, a history which is, however, not fundamentally challenged or even seriously questioned. This tendency can be seen in other prefectures, too, and is obviously a manifestation of the general tendency toward re-nationalization that has appeared in recent years. However, as some of the memorialization projects described here have received very little attention at the national level, it is doubtful whether the nationalization of local history is really appreciated among the wider population and whether it is not in fact in strong contradiction to the realities of accelerating globalization.

REFERENCES

Asahi Shimbun (26 May 2005): Nihonkai kaisen 100-shūnen gyōji. Sansei "irei-sai ya moyōshi", hantai "sensō bika da" [Events commemorating the 100th anniversary of the Battle in the Japan Sea. Supporters say it is "commemoration and social gathering", opponents say it is "glorification of war"], p. 31, Nagasaki morning edition.

Asahi Shimbun (30 September 2007): Okinawa de 11-mannin kōgi. "Shūdan jiketsu kyōsei" sakujo, kyōkasho kentei tekkai o [110.000 demonstrate in Okinawa and demand the withdrawal of the deletion of "forced mass suicides" in textbook approval procedure], p. 1, morning edition.

Asano, Toyomi (2004): Oritatamareta teikoku – sengo Nihon ni okeru 'hikiage no kioku to sengoteki kachikan' [The folded-up empire – 'The memory of repatriation and postwar values' in postwar Japan]. In: Chihiro Hosoya, Akira Irie and Ryō Ōshiba (eds.): *Kioku toshite no Pāru Hābā* [Pearl Harbor as memory]. Kyoto: Mineruva Shobō, pp. 273–315.

Assmann, Aleida (1999): *Erinnerungsräume: Formen und Wandlungen des kulturellen Gedächtnisses*. Munich: C. H. Beck.

Assmann, Jan (1992): *Das kulturelle Gedächtnis. Schrift, Erinnerung und politische Identität in frühen Hochkulturen*. Munich: C. H. Beck.

Choi, Moon-hyeong (2004): *Nichi-Ro sensō no sekai-shi* [World history of the Russo-Japanese War]. Tokyo: Fujiwara Shoten.

Dickinson, Fred (2005): Commemorating the War in Post-Versailles Japan. In: John W. Steinberg, Bruce W. Menning, David Schimmelpenninck van der Oye, David Wolff and Shinji Yokote (eds.): *The Russo-Japanese War in Global Perspective: World War Zero*. Leiden: Brill, pp. 523–543.

Eisenstadt, Shmuel N. (2000): *Die Vielfalt der Moderne*. Weilerswist: Velbrück Wissenschaft.

Figal, Gerald (2007): Bones of Contention: The Geopolitics of "Sacred Ground" in Postwar Okinawa. In: *Diplomatic History* 31 (1), pp. 81–109.

Fujitani, Takashi, Geoffrey M. White and Lisa Yoneyama (eds.) (2001): *Perilous Memories: The Asia-Pacific War(s)*. Durham: Duke University Press.

Fujiwara, Kiichi (2001): *Sensō o kioku suru. Hiroshima, horokōsuto to genzai* [Remembering the war. Hiroshima, the Holocaust and the present]. Tokyo: Kōdansha.

Fujiwara, Tei (1978): *Nagareru hoshi wa ikite iru* [The drifting stars are alive]. Tokyo: Chūō Bunko.

Halbwachs, Maurice (1925): *Les cadres sociaux de la mémoire*. Paris: Librairie Félix Alcan.

Ichinose, Shun'ya (2004): Nichi-Ro sengo – Taiheiyō sensō-ki ni okeru senshisha kenshō to chiiki. "Kyōdo no gunshin" Ōgoshi Kenkichi rikugun hohei chūsa no jirei kara [Commemoration of war dead between the Russo-Japanese War and the Pacific War and the region. The example of the "War God of the Home Village" Lt. Colonel Ōgoshi Kenkichi]. In: *Nihonshi Kenkyū* 501, pp. 149–175.

JDA (= Japan Defense Agency) (2005): Nihonkai kaisen 100-shūnen kinen taikai ni taisuru Bōeichō no kyōryoku-tō ni tsuite [The cooperation of the Japan Defense Agency over ceremonies to commemorate the 100th anniversary of the naval battle in the Japan Sea]. http://www.mod.go.jp/j/news/2005/03/0310.htm (found 13 July 2008).

Kim, Chang-chong (1994): *Ukishimamaru wa Pusan e mukawazu* [The Ukishimamaru does not head for Busan]. Tokyo: Kamogawa Shuppan.

Maizuru-shi (ed.) (2000): *Hikiagekō Maizuru no kiroku* [Record of the repatriation port Maizuru]. Maizuru: Maizuru-shi.

Marukawa, Tetsushi (2004): *Teikoku no shibō* [Death of the empire]. Tokyo: Seishisha.

Matsuyama Daigaku (ed.) (2004): *Matsuyama no kioku: Nichi-Ro sensō 100-nen to Roshia hei horyo* [Memory of Matsuyama: 100 years after the Russo-Japanese War and the Russian captives]. Tokyo: Seibunsha.

MHK (= Maizuru Hikiage Kinenkan) (2000): *Haha naru minato Maizuru* [Maizuru, a port like a mother]. Maizuru: Maizuru Hikiage Kinenkan.

Min, Gyo Koo (2005): Economic Dependence and the Dokdo/Takeshima Dispute Between South Korea and Japan. In: *Harvard Asia Quarterly* IX (4), pp. 24–35. Also accessible online at http://www.asiaquarterly.com/content/view/26/40/ (found 13 July 2008).

MPS (= Mikasa Preservation Society) (2005): *Memorial Ship Mikasa*. Yokosuka: The Mikasa Preservation Society.

Mun, Gyon-su (1995): Zainichi chōsenjin ni totte no 'sengo' [The 'postwar' for Korean residents in Japan]. In: Masanori Nakamura, Akira Amakawa, Koon-cha Yun and Takeshi Igarashi (eds.): *Sengo Nihon. Senryō to sengo kaikaku 5: Kako no seisan* [Postwar Japan. Occupation and postwar reforms. Vol. 5: Settlement of the past]. Tokyo: Iwanami Shoten, pp. 159–196.

Nakamura, Masanori (1997): *Kingendai-shi o dō miru ka: Shiba shikan o tou* [How to understand modern history: Questioning *Shiba shikan*]. Tokyo: Iwanami Shoten.

Nakamura, Masanori (1998): The History Textbook Controversy and Nationalism. In: *Bulletin of Concerned Asian Scholars* 30 (2), pp. 24–29.

Narita, Ryūichi (2005): 'Hikiage' to 'yokuryū' [Repatriation and internment]. In: Aiko Kurasawa, Tōru Sugihara, Ryūichi Narita, Tessa Morris-Suzuki, Daizaburō Yui and Yutaka Yoshida (eds.): *Teikoku no sensō keiken* [War experiences of the empire] (= Iwanami kōza: Ajia-Taiheiyō sensō [Iwanami lectures: The Asia-Pacific War]; 4). Tokyo: Iwanami Shoten, pp. 179–208.

Nora, Pierre (1989): Between Memory and History. Les Lieux de Mémoire. In: *Representations* 26, pp. 7–24.

Nora, Pierre (2002): The Reasons for the Current Upsurge in Memory. In: *Tr@nsit online* 22, http://www.iwm.at/index.php?option=com_content&task=view&id=285&Itemid=463 (found 1 July 2007).

Ryūkyū Shinpō (26 December 2007): "Gun kyōsei" mitomezu ["Army coercion" not approved], p. 1, special edition.

Saaler, Sven (2005): *Politics, Memory and Public Opinion. The History Textbook Controversy and Japanese Society* (= DIJ Monograph Series; 39). Munich: Iudicium.

Saaler, Sven and Wolfgang Schwentker (eds.) (2008): *The Power of Memory in Modern Japan*. Folkestone: Global Oriental.

Saikami, Tokio (1969): *Matsuyama shūyōjo: Horyo to Nihon-jin* [Camp Matsuyama: The captives and the Japanese]. Tokyo: Chūō Kōronsha.

Saitō, Shinji (2005): Sekai-shi o kaeta Nihon no shōri. Tsushima-oki (Nihonkai) kaisen 100-shūnen kinen shikiten [The Japanese victory that changed world history. The ceremony to commemorate the 100th anniversary of the Naval Battle of Tsushima (Japan Sea)]. In: *Isaribi Shinbun* (July), pp. 6–7. Also accessible online at http://www2.odn.ne.jp/~aab28300/backnumber/05_07/tokusyu2.htm (found 13 July 2008).

Schäfer, Stephanie (2008): The Hiroshima Peace Memorial Museum and its Exhibition. In: Sven Saaler and Wolfgang Schwentker (eds.): *The Power of Memory in Modern Japan*. Folkestone: Global Oriental, pp. 155–170.

Seraphim, Franziska (2006): *War Memory and Social Politics in Japan, 1945–2005*. Cambridge (Mass.) and London: Harvard University Asia Center.

Shiba, Ryōtarō (1999): *Saka no ue no kumo* [Clouds above the hill]. Tokyo: Bungei Shunjū.

TRKJSI (= Tsushima – Rekishi Kenshō Jigyō Suishin Iinkai) (2004): *Nichi-Ro – Tsushima-oki (Nihonkai) kaisen. 100th Anniversary – Peace of World from Tsushima*. Tsushima: TRKJSI.

UKZK (= Umashi Kuni-Zukuri Kyōkai) and NKTS (= Nikkan Kensetsu Tsūshin Shinbunsha) (eds.) (2006): *Watashi no umashi kuni-zukuri: Chiiki kara* [My ideas of a beautiful country: From the region]. Tokyo: Nikkan Kensetsu Tsūshin Shinbunsha.

Wakatsuki, Yasuo (1995): *Sengo hikiage no kiroku* [Record of postwar repatriations]. Tokyo: Jiji Tsūshinsha.

Yoneyama, Lisa (1999): *Hiroshima Traces: Time, Space, and the Dialectics of Memory*. Berkeley and Los Angeles: University of California Press.

Appendix

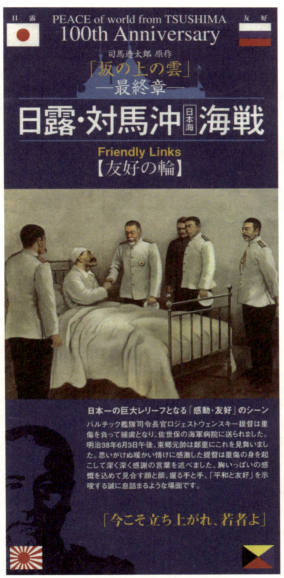

Fig. 1: Front page of a pamphlet produced by the Tsushima Committee for the Promotion of Activities Relating to Historical Commemorations

Source: TRKJSI (2004).

Fig. 2: **Imaginative sketch of the Monument to Peace and Friendship**

Fig. 3: **The Museum of Clouds above the Hill**

Fig. 4: **The Maizuru Repatriation Memorial Museum**

Fig. 5: **The Maritime Self-Defense Forces pier in Maizuru**

VARIA

THE LOCAL DIMENSION OF ENERGY AND ENVIRONMENTAL POLICY IN JAPAN

Andrew DeWit[1] and Tatsuhiko Tani

Abstract: This paper examines the political economy of Japan's surprisingly restricted energy and environmental performance. Japan is generally depicted as a front-runner in addressing energy and environmental challenges. Certainly, the country responded adroitly to the oil shocks of the 1970s. And note Japan's energy-efficient infrastructure: its public transport ranks among the world's best. Indeed, one would expect Japan to lead on environmental and climate issues, especially in developing renewable energy. Japan is rich, has a history of public-sector activism, has virtually no domestic conventional energy reserves, needs an effective regional development policy, and faces daunting threats through the steadily rising wall of spillover effects from the oil age and climate change. But Japan is not leading on energy and climate change, and notably not in the race to develop sustainable energy. The major reason for this is the poor use of the public sector. This paper argues that Japan risks forfeiting an opportunity to revitalize its local economies and its global role with smarter energy and environmental policies.

1 INTRODUCTION

Conventional wisdom holds that Japan is a leader in addressing energy and environmental challenges,[2] a reputation that is neither inexplicable nor entirely undeserved. For one thing, Japan responded adroitly to the oil shocks of the 1970s (Lesbirel 1988). And fortuitous for Japan, the world's first formal agreement to cut greenhouse gases – the Kyoto Treaty – is named after one of Japan's iconic cities. The public relations value of this "Kyoto" eponym is simply inestimable. In addition, note Japan's abstemious infrastructure: its public transport systems rank among the world's best for their efficiency as well as their diffusion and ease of use.

---

[1] Andrew DeWit wishes to thank the Asia Research Fund for supporting research that led to this paper.
[2] In late March of 2007, for example, the *Boston Globe* newspaper ran a special series of articles on "Japan's Energy Wisdom," and exclaimed that "Japan has confronted the reality of limited oil, especially in its energy conservation efforts." http://www.boston.com/news/globe/editorial_opinion/editorials/articles/2007/03/26/green_and_growing/ (found 12 June 2008).

Moreover, one would expect Japan to lead in tackling energy and climate risks. Among a host of other advantages, Japan is rich, its industry is highly innovative, and it has a history of using the state to accelerate industrial transformation. Japan also has virtually no domestic fossil fuel energy reserves, and thus does not have entrenched domestic fossil fuel extraction industries keen to protect their interests. In addition, Japan is highly vulnerable to the geopolitical and other risks of fossil fuel dependence as well as the physical, political and other effects of climate change.

Yet as we shall show in detail below, Japan is among the laggards in confronting energy and climate risks. This lack of positive activism was especially evident during the December 3-14, 2007 United Nations Framework Convention on Climate Change, held in Bali Indonesia. Japan allied itself with Canada and the United States in blocking binding reductions in greenhouse gas emissions (Dyer 2007).[3] Japan has also been remarkably slow in fostering sustainable energy.[4] Comparative examples show that Japan could be enhancing its security, revamping its international role, and revitalizing its local economies with smarter energy and environmental policies.[5] However, in this paper we argue that the signal reason for Japan's subpar performance is its recent emphasis on voluntaristic, market-centred mechanisms rather than the fiscal, regulatory and other levers of the state, especially the central state. Furthermore, the paper examines the political economy of Japan's surprisingly poor use of the public sector to confront energy and environmental risks.

---

[3] Japan has in fact a fairly long record of seeking to conciliate the US on climate-change negotiations, both to maintain US-Japan ties as well as avoid potential costs to its own economy (see Miyaoka 2004).

[4] This paper adopts the InterAcademy Council's definition of "sustainable energy" as "energy systems, technologies, and resources that are not only capable of supporting long-term economic and human development needs, but that do so in a manner compatible with (1) preserving the underlying integrity of essential natural systems, including averting catastrophic climate change; (2) extending basic energy services to the more than two billion people worldwide who currently lack access to modern forms of energy; and (3) reducing the security risks and potential for geopolitical conflict that could otherwise arise from an escalating competition for unevenly distributed oil and natural gas resources" (IAC 2007: 1).

[5] Germany's feed-in tariffs for fostering sustainable energy have become the global standard (Mitchell 2008: 181–189) and its renewables policies have fostered a near-doubling in green jobs, from 160,500 positions in 2004 to 249,300 in 2007 (Burgermeister 2008).

2 Is Japan Getting Out of Oil?

It is important to note at the outset that, among the big OECD countries, Japan is quite vulnerable to the mounting risks of our oil-dependent era. Table 1 shows that among the major OECD economies, Japan has the second highest level – 48 percent – of dependence on oil in its primary energy mix.[6] Like many of the other large economies portrayed in the table, Japan relies on imports for virtually all of its oil supply. But Japan's 89 percent reliance on the increasingly unstable Middle Eastern oil producers simply has no parallel among the major OECD countries.

	Japan	US	UK	Germany	France	Italy
Oil Dependence (%)	48	40	35	37	34	53
Import Dependence (%)	100	64	-34	97	103	93
Dependence on ME (%)	89	21	4	7	27	34

Tab. 1: **Dependence on Oil, Imported Oil, and Imports from the Middle East, 2004**

Source: METI, 2007 enerugī hakusho [Energy white paper], Section 4. http://www.enecho.meti.go.jp/topics/hakusho/2007energyhtml/html/3-4-1-1.html (found 12 June 2008).

We also see from table 2 that Japan's energy efficiency and greenhouse gas (GHG) emissions (measured per-capita and per unit of GDP) are at best on par with the big EU countries. No matter what political rhetoric and conventional wisdom suggest, Japan is not the globe's "top-runner" in the energy and environmental fields.[7]

---

[6] Primary energy includes fossil-fuels, nuclear and renewable energy sources. Not included among them is, for example, electricity. This is because electricity is generated by these primary energy sources.

[7] A recent edited volume from The Japan Research Institute (Nihon Sōken) concedes that Japan is losing out in the race to develop renewable energy, but asserts that the country has a commanding lead in energy efficiency. However, the basis of the latter claim is a chart that summarizes IEA data using market exchange rates (MER) to compare efficiencies between Japan, the EU, the US and several other entities (see Ikuma 2007: 180). This particular chart is a favorite among Japan's business bureaucracies and lobbies, but has two glaring faults. One is that the EU is a region that groups several very quite energy efficient and several less-efficient economies. The other fault is that – as the IEA itself recognizes (IEA 2007c: 35–36) – PPP comparisons are the international standard. The IEA also notes that "it would be misleading to rank energy-efficiency performance according to a country's energy consumption per GDP measured

283

	Japan	US	UK	Germany	France	Italy
Energy Intensity	6535	9336	6205	7175	7209	6044
Ton Oil Equiv/Capita	4.18	7.91	3.91	4.22	4.43	3.17
TPES/GDP (PPP)	0.16	0.22	0.14	0.16	0.19	0.17
Tonnes CO2/TPES	2.28	2.49	2.30	2.44	1.42	2.51
Tonnes CO2/Capita	9.52	19.73	8.98	10.29	6.22	7.95
CO2/GDP (PPP)	0.35	0.54	0.32	0.39	0.23	0.31

Tab. 2: **Energy Intensity, Consumption, CO2 Emissions Indicators, 2004**

Note: All data relate to 2004; PPP = Purchasing Power Parity; TPES = Total Primary Energy Supply.

Source: International Energy Agency (IEA Statistics).

3 WHAT IS JAPAN DOING?

Japan is doing less on the environmental and energy fronts than its politico-economic incentives and reputation would indicate. But the data in table 2 suggest that Japan still has respectable levels of energy efficiency and comparatively low per-capita GHG emissions. Japan may not be the world's front-runner, but it is getting some things right. We shall look at those advantages first, and then turn to consider why they have not been developed further as the foundation for global leadership.

Japan boasts significant population density advantages that foster energy efficiency. Japan is, of course, renowned for its world-beating automobile manufacturers, and especially for the hybrid cars produced by Toyota. But Japan's car fleet is not especially fuel-efficient. It is instead in mass transit that Japan has managed to gain significant energy efficiencies relative to its counterparts in the developed world.

In contrast to the European countries, Japan does not rely on high fuel taxes to curb fuel consumption.[8] Japan's highly concentrated population –

---

using either PPP or MER. The ratio is affected by many non-energy factors such as climate, geography, travel distance, home size and manufacturing structure (IEA 2007c: 32). That is why table 2 in this paper incorporates several measures to get a clearer picture of Japan's comparative CO2 emissions and energy intensity.

[8] In 2006, the percentage of taxes in Japan's automotive fuel prices ranged from 32.8 percent for diesel to 43.9 percent for regular gasoline. Levels among the big EU economies ranged from just over 55 percent to over 60 percent for diesel and over 60 percent for gasoline (OECD 2007: 306–310).

particularly in the major conurbations – has led to massive economies of scale as well as reduced usage of personal automotive transport. The International Energy Association observes that "despite a lower average fuel price than countries in Europe, Japan has the second-lowest energy use per capita. This can be attributed to the high availability and extent of mass transit, and to low travel per capita (Japan is densely populated and travel distances are shorter than in many other countries)" (IEA 2007a: 107). Furthermore, "Japan's low car fuel use per capita relative to fuel price results from modest car use, not from low fuel intensity" (IEA 2007a: 109). In short, Japan's current fleet of motor vehicles is not the most fuel-efficient.[9] But there are attractive substitutes to driving in the reliable and very well-diffused network of trains, subways, buses and other mass transit. And the density of urban areas also reduces the distance that car owners are inclined to drive.

Japan also benefits from a customary practice of relying on single-room heaters rather than central heating in the household. Moreover, though claims of Japan's being the global top-runner in energy efficiency are politicized and thus suspect, it is clear that the country boasts many comparatively efficient industrial processes as well as products (IAC 2007: 37). These factors help curb energy consumption, as does the fact that Japan's population is shrinking.

4 JAPAN AND LOCAL SUSTAINABLE ENERGY

As we have seen, Japan has geographically and demographically given advantages that promote comparatively low energy consumption. These advantages are of course important, but energy conservation and efficiency are only part of the answer to the global challenge of increasingly costly fossil fuels and the mounting scale of anthropogenic climate change caused by greenhouse gases (especially carbon dioxide emissions). New, cleaner, and sustainable forms of energy production are essential to cope with global economic and population growth. Estimates suggest that 40 percent of the current global population lacks access even to conventional fuels for cooking and heating and that about 1.6 billion people in Asia, Africa and other regions do not yet have access to electrical power (Litovsky 2007). Several billion people live in rapidly developing countries – China and India are two striking examples – where energy consumption

---

[9] Indeed, the Worldwatch Institute (2007: 66) notes that in 2004 European-made cars emitted 161 grams of carbon whereas their Japanese counterparts emitted an average of 170 grams.

has been escalating. Energy consumption by these people is almost certain to increase as development continues, and hence the IEA's most recent forecasts project a 55 percent growth in global energy demand between 2005 and 2030 (IEA 2007b).

In Japan, as elsewhere, sustainable energy production has a long history of local initiatives. One obvious example is the use of geothermal bathing pools, for which Japan is renowned. Sustainable energy now seeks to harness a growing range of natural forces, including the energy in sunlight, wind, tides and waves, temperature gradients at sea and beneath the earth, and so on. Variations in such resource endowments such as average wind velocities, wave heights, and magma reservoirs exist everywhere, of course, yet their exploitation is feasible almost everywhere. The key issue is that the industries and infrastructure to exploit them have to be built. This means that harnessing sustainable power resources is in large measure a local matter. The installations for producing the energy are, after all, constructed in specific communities. These developmental incentives can be added to the incentives posed by the fact that fossil-fuel costs are increasing.

Japan does have some outstanding community-scale applications of sustainable energy technology. Perhaps the most striking of these cases is seen in the town of Kuzumaki in Iwate Prefecture. Kuzumaki is a 435-square-kilometre community in the northeast of Japan's main island of Honshū, and has attracted international and domestic attention.[10] The town's population as of January 1, 2008 was just under 7,554 people, and the major industries are raising dairy cows, growing grapes and – increasingly – tourism. In the mid-1990s, Kuzumaki found itself confronting the bleak prospect of becoming a dumping ground for industrial waste, clearly not an ideal venture for an agriculture-based community. This prospect, together with the ideas and incentives that emerged through the Kyoto climate change discussions of 1997, saw the town's leadership move in a radically different direction.[11]

Kuzumaki's officials worked with the central government's New Energy Foundation and the New Energy and Industrial Technology Development Organization (both agencies were set up in 1980) and drafted a "New Energy Vision" in March 1999. This was remarkably fast movement for a local authority enmeshed in Japan's dense thicket of intergovern-

---

[10] Kuzumaki has in fact been enjoying a tourist boom as a positive spillover from its environmental efforts. Its annual tourism reached 500,000 visitors in 2007, with 20 percent annual increases (Nakamura 2008).

[11] The former mayor of Kuzumaki, Nakamura Tetsuo, provides a detailed description of Kuzumaki's incentives and efforts in Nakamura (2004).

mental institutions. Implementation of the energy vision began in June of the same year, 1999, when Kuzumaki installed its first wind turbines (each 400 kilowatt). This progress has been followed by a succession of projects that included solar energy installations, waste and wood biomass operations, and more wind generation. The town is now one of Japan's most energy self-sufficient local communities, as it generates about 233 percent of its energy requirements via renewables (Nakamura 2008).

Kuzumaki is also able to sell its excess power to the regional electricity grid. This is because Japan implemented such sales to electrical power producers in 1999, as part of ongoing deregulation. A further background feature that enabled the Kuzumaki effort was the existence of the "surplus electricity purchase menu" (*yojō denryoku kōnyū menyū*). The electrical utilities first introduced this system in 1992 as a voluntary effort to foster solar power. The menu was amended in 1996 to also include wind power. The system paid producers a higher rate for renewably-generated electricity (e.g., via solar panels installed on a home).[12]

There are several other examples of local areas in Japan with notable levels of renewable power generation. These include several small towns with large geothermal plants, wind installations, and the like, and represent the creaming of the concentrated renewable resources with low political cost, because the sites generally do not have alternative uses (e.g., as tourist sites). One such case is the town of Yanaizu in Fukushima Prefecture, which hosts the Nishiyama Geothermal Power Plant. This geothermal plant is Japan's largest, a 65-megawatt facility put into operation in May 1995. This scale is quite small, of course, compared to the "The Geysers" facility in California. The latter is the world's largest geothermal plant with a capacity of about 1000 megawatts.[13] The Nishiyama plant and other examples do indicate, however, that considerable potential exists in Japan for exploiting a variety of renewable resources.[14]

---

[12] The utilities were a regulated monopoly at the time, and thus appear to have felt obligated to play a "public policy role" via subsidizing renewable production (Kai 2003: 36).

[13] This generating capacity is roughly equivalent to that of a large nuclear power plant. For further information on "The Geysers," see: http://www.geysers.com/ (found 1 August 2008).

[14] On Japan's large potential, see ISEP (2003). Note also that a review of several studies shows that current global energy consumption is about 425 exajoules per year, and today's technology is capable of delivering over 1,600 exajoules of solar power, 600 exajoules of wind power, 500 exajoules of geothermal power, etc. The review notes that "resource availability will not be a limiting factor as the world seeks to replace fossil fuels" (Flavin 2008: 82).

5 THE OIL AGE AND EXTERNALITIES

As noted earlier, Japan has a host of incentives and opportunities to act on energy and climate change risks. This is especially true concerning incentives to foster sustainable energy in order to further reduce the reliance on oil and other fossil fuels, as well as to promote local development. Sustainable resources exist in abundance, and so do the technologies for exploiting them. What is missing from the mix is sufficiently aggressive fiscal and regulatory action from the central government. The main reason why central state intervention is essential relates to externalities. Simply put, the scale of the externalities involved in climate change and sustainable energy is too large to leave action to subnational governments alone.

A brief definition is in order. In economics an externality exists whenever the condition of one or more actors (generally meaning an individual or a firm) is significantly affected by the consumption or production activity of one or more other actors (Pearce and Turner 1990: 61–67).

There are also two types of externalities: positive and negative. Positive externalities arise when the actions of an individual bring unintended and financially uncompensated benefits to others. One simple example is seen when an individual acquires education. An individual's attainment of basic literacy, and even more so of advanced education, benefits the larger community as well. The positive externalities of fostering sustainable energy are thought to be very large, and include such benefits as the domestic production of power itself (reducing reliance on potentially unstable and costly imports) as well as fostering regional employment and business opportunities.[15]

On the other hand, negative externalities arise when the unintended consequences of what actors do are detrimental to others. Pollution is the classic example in this case. Pollution is deemed a negative externality because one actor's consumption – for example, operating an incinerator – imposes on other actors and the larger community the costs of noxious gases and their health effects. The oil age has a profusion of such negative

---

[15] Few detailed studies of employment gains in Japan exist, but NEDO projected that a 2010 to 2030 tripling of the domestic renewables market from about 1 trillion to 3 trillion yen would bring a sixfold increase in employment; that is, from 50,000 jobs to 310,000 (METI 2004). These figures seem very conservative. By contrast, Germany's Federal Minstry for the Environment, Nature Conservatory and Nuclear Safety reports that employment in renewables increased 50 percent between 2004 and 2006, going from about 160,000 jobs to 235,000 jobs; see http://www.bmu.de/english/current_press_releases/pm/40029.php (found 12 June 2008).

externalities, and they are rapidly worsening. Climate change is the most salient of all, of course, being a negative externality of global and potentially catastrophic scale.

The crucial point for our purposes here is that significant externalities call for some form of public-sector intervention in order to internalize them, since market mechanisms and voluntary efforts will not suffice. Without state action via smartly targeted taxes, subsidies and regulations (among other policy options), there will be too little of the production or consumption that give rise to positive externalities and too much of the production or consumption activities that bring on negative externalities. Indeed, it is because of the existence of significant externalities that public sectors finance all or some amount of primary education and vaccination, impose penalties for pollution, and the like.

Moreover, the geographical scale on which an externality renders its most salient effects, also points to the level at which the state needs to intervene. An externality whose ambit is primarily local can be dealt with at the local government level, such as through a subsidy (for a positive externality) or an ordinance or fine (for a negative externality). Yet the broader the geographical scale of an externality's impact, the higher is the level of government that is called upon to act. Thus, higher education and basic research are heavily financed by the central or federal government. This is because their benefits spill over the borders of local governments and accrue to the national community as a whole.

The link between externalities and public sector action remains at the core of common sense in economics, particularly environmental economics. The link is also shaping the broader policy-oriented discourse on realistic strategies to deal with climate change. This fact was evident in the October 30, 2006 Stern Review on the economics of climate change.[16] The Stern Review argued that climate change is history's largest market failure, because emitting greenhouse gases into the atmosphere (a global negative externality) is in pecuniary terms "cost-free," whereas it exacerbates the unparalleled problem of climate change.

By definition, then, the environmental problem cannot be left to the market to resolve. Rather, alleviating it to a degree consistent with the threat it poses requires a global solution via an international framework of binding rules.[17] For one thing, the damages from global warming are

---

[16] See page 1 of the Stern Review, which is available at: http://www.hm-treasury.gov.uk./independent_reviews/stern_review_economics_climate_change/stern_review_report.cfm (found 28 July 2008).

[17] The most recent expression of this argument is seen in the Australian Government's "Garnaut Climate Change Review." The Review's February 21, 2008 in-

visited on the global community as a whole, even though there are local variations in severity. Compulsory and large-scale intervention is also necessary because a non-binding and non-global framework of rules would leave too many opportunities for "free-riding." Free-riding in this case would be evident where some countries or regions leave it to others to deal with the challenges. This is in fact precisely the problem we witness at present. The supranational governance of the European Union has coordinated regional (EU 15) compliance with its Kyoto target of 8 percent reductions as well as launching a new mechanism for 20 percent reductions (compared to 1990 emissions) by 2020. Yet most other countries, including Japan,[18] seem unable to meet their Kyoto targets let alone forge a political consensus on doing more through more stringent emissions targets as well as via fostering sustainable energy.

At present, then, we see a weak regime of rules in the Kyoto Treaty, and the absence of anything to take its place after 2012. Yet we also have increasingly strong and credible warnings that the negative externalities are enormous, and that emissions-reduction targets far surpassing those of the Kyoto Treaty are required. The most recent of these warnings has come from Australia's Garnaut Climate Change Review's mid-term report of February 21, 2008. The report suggests that emissions cuts in excess of 60 percent by 2050 (versus 1990 levels) will be required, and that very strong measures will have to be in place before 2020.[19]

At the same time, the positive externalities of sustainable energy are also enormous. But most sustainable energy sources are at present hindered by cost disadvantages compared to fossil fuels, notably coal. With the exception of some wind-power facilities, sustainable energy is generally more costly than conventional fossil fuel-derived energy, especially when the negative externalities of the latter are not priced in (such as through a carbon emissions tax or carbon trading regime). Most forms of sustainable energy remain infant industries that require market guarantees. These guarantees help to attract investment for further technological

---

terim report is available at: http://www.garnautreview.org.au/CA25734E0016 A131/pages/news (found 12 June 2008).

[18] Japan's obligation under the Kyoto Treaty is to achieve a reduction of 6 percent of its 1990 level of emissions.

[19] As the Review's lead author, Ross Garnaut, argued at a February 21 press conference that "[w]ithout strong action by both developed and major developing countries alike between now and 2020 it will be impossible to avoid high risks of dangerous climate change. The show will be over." See http://www.theage. com.au/articles/2008/02/20/1203467189745.html (found 12 June 2008).

advance as well as for scaling up and thus bringing down unit costs while raising energy-output efficiencies (Mitchell 2008: 178–197).

It is also clear that fostering these positive externalities requires public sector intervention in order to augment investment incentives and accelerate the steps leading to commercialisation of technologies. One can perhaps imagine an international regime wherein such organizations as the United Nations and the World Bank foster sustainable energy research and development as well as investment globally. But aside from a smattering of international projects, and the regional activities of the EU, the core of publicly supported sustainable energy development and installation takes place within countries and by their local, regional and national governments.

The benefits of these projects accrue heavily to local communities, as was seen above with the case of Kuzumaki Town. To some, that heavy local incidence of benefits might suggest that such projects can be left to the local community. Yet, even in the case of Kuzumaki, one major incentive for its investment in sustainable energy is the ability to sell excess power to the local grid. That fact indicates that the externalities spill over local borders and into the regional and national levels. Indeed, it is the national level where the externalities figure most prominently. Escalating fossil fuel prices and geopolitical risks are at the core of any consuming country's national security. Hence, reducing dependence on these fuels is part of the nation's business. The national market also offers the economies of scale to bring ample incentives for research and development as well as investment in installations. This means big business domestically as well as the potential for large export markets.

National rules for subsidies and sustainable energy output targets also provide, at present, the strongest incentives. It is thus clear that the scale of externalities associated with sustainable energy requires a framework of national action to accelerate developments at the local level.

6 POLITICS AND PERVERSE INCENTIVES AT THE CENTRE

In light of the above, it is ironic that the Japanese central government had a comparatively robust national regime of sustainable energy incentives until the 2000s. In 1974, Japan introduced the "Sunshine Project" (*Sanshain keikaku*), followed later by the subsidiary "Moonlight Project" (*Mūnraito keikaku*) in 1978.[20] The former sought to promote research and develop-

---

[20] On the "Moonlight Project," see http://www.atomin.gr.jp/atomica/01/010502 06_1.html (found 31 May 2008).

291

ment in energy alternatives, especially solar power, while the latter focused on energy saving. In 1980, the project was designated as the responsibility of a new agency, the "New Energy and Industrial Technology Development Organization" (NEDO). The creation of NEDO also saw the institution of project subsidies, national targets, and the development of a legal framework for fostering sustainables (Usami 2004).

The Sunshine Project was given a further boost in 1993, with the launch of the "New Sunshine Project" and the consolidation of various sustainable energy projects into a co-ordinated effort. This reorganization was accompanied by the introduction of various subsidy programmes to encourage public institutions, households and commercial facilities to install solar and other sustainable technologies. The overarching goal of these projects was to use the public sector to spark innovation as well as foster the markets needed to scale up technology and thus bring down the price of sustainable energy supplies.

Moreover, on April 1, 2003, the menu of sustainable energy subsidies – which assisted the efforts of Kuzumaki Town – was further amended with the introduction of a Renewable Portfolio Standard (RPS) Law. RPS Laws are regulatory mechanisms that generally require electrical producers to produce and otherwise acquire (such as by purchase from independent installations) a specified fraction of their electricity from sustainable energy by a specified year. These laws have been adopted by Belgium, Italy and the UK, as well as 27 US states plus the District of Columbia. In most cases, the RPS target is expressed as a fraction of electrical power as a whole, though in some cases it is expressed as a volume of power.

However, Japan's RPS law has a very low target of merely 1.63 percent of electricity output by 2014. This barely visible target contrasts sharply with the obligations imposed in most other advanced countries. Germany, for example, has already exceeded 10 percent and aims to have 45 percent of its electricity produced via renewables by 2030. Nearly half of US states have RPS systems, with California's targets to be accelerated to 33 percent by 2020.[21] Japan's RPS target is so low that it is actually less than its extant renewable generating capacity. Hence, the electrical utilities simply "bank" the excess of sustainable energy production and apply it to their

---

[21] A list of US state-level targets is available at: http://gov.ca.gov/issue/energy-environment/ (found 1 August 2008). The US Energy Bill of 2007 was initially slated to install a national RPS of 15 percent by 2020, but opposition by the Bush Administration led to the elimination of the RPS target. Many observers expect that the US will adopt an RPS of at least that scale, once the Bush Administration is out of office in late January 2009 (Lacey 2007).

obligations. The net effect is to further erode incentives for expanding renewables generation.[22]

Japan's low RPS figure was adopted after a protracted and politicised fight in 2001 and 2002. This fight saw market fundamentalists square off against advocates of public-sector action in the face of externalities. The former antagonists included the electrical industries and the METI mainstream, while the latter centred on METI New Energy bureaucrats and a caucus of Diet members (led by former Prime Minister Hashimoto Ryūtarō). The latter lost, and participants describe the episode as a political "trauma" that made it difficult to put sustainable energy back on the policy agenda (Iida 2007).

One fault with Japan's meagre RPS target is easily understood. Whether it is negligible RPS targets or inadequate fuel-efficiency rules, lax public sector goals can bring perverse results. Rather than foster positive externalities, the rules can actually risk blunting incentives by setting a dangerously low ceiling. In this respect, America's low fuel efficiency rules and its domestic auto industry's eroding competitive position seems a useful comparative case for Japan's RPS goals (Carson and Vaitheeswaran 2007).

Additional problems with Japan's RPS have recently become evident through comparative studies of how best to foster sustainable energy. The mechanism that Japan has opted to use – the RPS – differs in kind from what appears to be the most successful incentive system: the feed-in tariff (FIT) with a target. The latter system is seen in Germany and about 46 other countries. The difference between the RPS (or, in the UK, the Renewable Obligation) and the FIT style is not in terms of setting targets. Both systems do this, as we saw with Germany's target of 45 percent by 2030. The difference is in how the market is shaped in order to achieve the targets. The RPS is a quota style arrangement. It sees electrical utilities seeking to achieve the mandated targets by purchasing green electricity certificates (*gurīn denryoku shōsho*)[23] from wind farms and other sources of electricity generated by renewable means.

A further hindrance from the generalised RPS system is that it ostensibly relies on market forces as much as possible in order to achieve its targets. The result is often minimal discrimination among renewable technologies (in terms of their level of support), even though, for example, solar is in need of greater support than windpower, a more established

---

[22] See http://www.kikonet.org/iken/kokunai/archive/release20070308.pdf (found 12 June 2008).
[23] A description of Japan's certificates is available at: http://www.natural-e.co.jp/green/how_about.html (found 12 June 2008).

technology. In addition, RPS provides no clear and long-term commitment to supporting the development of the renewables industry (Mitchell 2008: 6–14). In Japan, the RPS system is even more acutely hobbled by the ten regional utility monopolies' virtual control of the certificate market. They dominate 99.5 percent of the certificates and apparently coordinate their purchases of renewable power.

The FIT, on the other hand, represents a long-term commitment to the renewables industry because it guarantees the long-term price of the power delivered by renewables producers. At the same time, the FIT incorporates a sliding scale of price guarantees to encourage technological innovation.[24] Moreover, the FIT does this with remarkably little state intervention compared to the often cumbersome and bureaucratic procedures involved in Japan's green certificates as well as those of the UK (Mitchell 2008: 128–129). The FIT also costs the German state itself little, as the subsidising is done through adding the cost of supporting renewables to the utility customers' electricity bill. Spreading the costs so broadly means that the levy for individual consumers is quite small.[25] Germany's FIT is becoming the world's best known, as it has had the most conspicuous success in fostering technological innovation, regional development and other positive externalities (Mitchell 2008: 180–184).[26]

Adding to the problems, Japan scaled down and then eliminated its solar subsidy in 2005 just when the market was taking off globally. This elimination of the subsidy greatly eroded the incentives in Japan's national regime. In financial terms, the amount of the subsidy was not great, but it appears to have played a key role in signalling opportunities to the markets. Japan's growth in solar energy installation and production capacity led the world until the mid-2000s, after which it began being left far behind by Germany's spectacular performance. In 2006, the generating capacity of new solar installations in Germany was 750 megawatts compared to only 300 megawatts in Japan. At least partly due to poor public-

---

[24] In Germany, installed solar equipment, for example, has the purchase price of its power guaranteed for 20 years. However, the guaranteed purchase price declines 5 percent per annum. This means that new installations will have a guaranteed price that is 5 percent lower than the previous year's price. The ratcheting down of support promotes technological development and efficiency (EPIA no date).

[25] The cost of the feed-in tariff is about 1.50 euro per month (Seager 2007).

[26] No less than 18 of the 25 EU countries use FIT (Mitchell 2008: 181). As of February 14, 2008, California's Public Utilities Commission has turned to FIT for 480 MW of renewable power for small generating facilities; see http://www.cpuc.ca.gov/PUC/energy/electric/RenewableEnergy/feedintariffs.htm (found 13 June 2008).

sector support, Japan's world-beating Sharp Corporation lost its global lead in manufacturing market share in 2007 (*Nikkei Bijinesu* 18 February 2008: 46).

Sustainable energy is now clearly a rapidly growing field in the global economy. It may in fact be the case that renewable energy is at the centre of an energy and environmental revolution comparable to the industrial revolutions of the past.[27] But this is one area where Japan is lagging. The most recent comparative data indicate that Japan's use of renewable energy in its primary energy mix was only 1.9 percent in 2005, versus 4.4 percent for Germany, 3.7 percent for the US, 16.3 percent for Denmark and 17.7 percent for Sweden.[28] The gap has likely grown considerably in the past few years; and barring a major policy shift in Japan, seems set to widen further. As we have seen, Japan's public-sector incentives to expand renewables have become comparatively meagre just as the sector is taking off elsewhere.

This fact has begun to be recognized in international investment and other circles. For example, Japan is ranked low in the "All Renewables Index" compiled by Ernst and Young in their Renewable Energy Country Attractiveness Indices. In the third quarter of 2007, Japan was 20th overall, whereas the US was number one and Germany number two (followed, in this order, by India, Spain, the UK and China). The index is a comprehensive measure of the attractiveness of the subsidies, targets, feed-in tariffs and other supports for renewable energy.[29]

Japan is also not apparently fostering the most notable innovators in these key sectors. The January 2008 edition of the *CNBC/European Business* journal compiled a list of "The Top 100 Low-Carbon Pioneers," meaning firms that are at the cutting-edge of reducing emissions. Only one Japanese firm, Honda, made it to the list, and only in 30th place.[30] Further-

---

[27] The EU certainly believes this. In a January 10, 2007 press release on a new Energy Policy for Europe, the EU Commissioner for Energy Policy was quoted as declaring that "[i]f we take the right decisions now, Europe can lead the world to a new industrial revolution: the development of a low carbon economy" (Commission of the European Communities 2007).

[28] Note that these figures exclude large-scale hydro, and include wind, solar, marine, small-scale hydro, biomass and other renewables. The figures were compiled from the individual country energy profiles in IEA (2007c).

[29] The index can be accessed via Ernst and Young homepage at: http://www.ey.com/GLOBAL/content.nsf/International/Oil_Gas_Renewable_Energy_Attractiveness_Indices (found 29 July 2008).

[30] The "Top 100 Low Carbon Pioneers" report can be accessed at: http://www.cnbceb.com/Articles/2008/June/38/the-top-100-low-carbon-pioneers.aspx (found 29 July 2008).

more, Japan's daily business newspaper, the *Nihon Keizai Shinbun*, noted on its February 14, 2008 front page that many of Japan's small and medium-sized enterprises have competitive energy and environmental technologies. But they are compelled to seek venture capital and tie-ups overseas due to insufficient opportunities at home.

7 Emissions Reduction Agreements

As to activism on climate change per se, we have already noted Japan's retrograde performance at the 2007 COP conference in Bali. Japan's support for the Bush Administration's efforts to prevent a binding and robust agreement was not out of step with the country's overall policy. This policy has also attracted mounting critical attention. A quantitative approach to assessing individual country's performance in dealing with climate change is offered by the NGO German Watch's Climate Change Performance Index. The index is a "comparison of emissions trends and climate protection policies of the top 56 CO2 emitting nations," and ranks Japan in 42nd place for 2008. The index weights emissions trends at 50 percent of the overall score, followed by emissions levels per se (30 percent weighting) and climate policy (20 percent weighting).[31] Japan's performance actually dropped from 39th place in 2007, whereas China moved up from 44th place in 2007 to 40th place in the 2008 index.

8 Japan: Betting on Efficiency and Nuclear Energy

In the absence of a serious sustainable energy and climate strategy rooted in its own local interests, the Japanese central government appears caught in a vice of free-market and pork-barrel interests that leaves it little leverage to lead. Energy and climate risks spilled into the international debate in the mid-2000s. But Japan seemed unable to move decisively. It appears instead largely inclined to move incrementally along remaining policy patterns from the past, betting heavily on efficiency and nuclear energy.

As to the former, on January 26, 2008, the then Japanese Prime Minister Fukuda Yasuo addressed the World Economic Forum in Davos, Switzerland, and offered to lead the global community towards a target of 30 per-

---

[31] The top five countries for 2008 were Sweden, Germany, Iceland, Mexico, and India. The index is viewable online (in English) at: http://www.germanwatch.org/klima/ccpi2008.pdf (found 13 June 2008).

cent improved energy efficiency by 2020.[32] This is a slight hastening of Japan's 2006 "New Energy Policy" target of 30 percent efficiency gains by 2030. We saw in table 2 that Japan's energy efficiency is indeed among the first-rank, especially when compared to the relatively low average efficiency in the United States. Japan's "energy intensity" (which measures how much energy is consumed in producing a given unit of economic output) is comparatively low, as is its consumption of "oil equivalent" (energy measured in units of oil) per capita. Japan's $CO2$ emissions per capita and per unit of economic output are also quite good.

One significant problem with stressing energy efficiency is that this approach risks worsening the GHG and climate change problem in the absence of a robust regime for pricing carbon emissions. Energy efficiency can actually encourage greater energy consumption, through what is known as "Jevons' Paradox" or the "rebound effect" (Polimeni et al. 2008). That is, more efficient use of the fuel for powering a device (such as a car) leads to lower operating costs. This cheapening of operating the device can lead to greater overall consumption of fuel by encouraging individual users to consume more (as in driving much greater distances) or in making the purchase and use of the device more economical for many more people. Most tests of the rebound effect have been conducted in countries or regions, and have led to a variety of results. Sometimes there is only a limited rebound effect, as a circumscribed population often has a limit in its excess consumption. Put another way, most people might not be inclined to drive increasingly long distances just because their vehicles get better mileage.

But it is clear that the rebound effect has to be thought of, potentially, in terms of several billions of consumers, and not just the consumers in the industrialized societies. In short, here again our current challenges are global in scale. We confront rapidly escalating demands for fuel in a regime of rising prices as well as very high growth in countries with enormous populations. Stressing efficiencies only risks encouraging even higher rates of fossil fuel consumption by reducing operating costs (per kilometre for a car, per kilowatt for a coal-fired power plant), while neglecting to address the problem of GHG emissions.

Japan is betting heavily on expanding nuclear power as the answer to the problem of power supply as well as GHG emissions cuts.[33] The above-

---

[32] An English translation of Prime Minister Fukuda's speech can be accessed at: http://www.kantei.go.jp/foreign/hukudaspeech/2008/01/26speech_e.html (found 13 June 2008).

[33] One astute observer of the Japanese political economy has even declared Japan "nuclear obsessed", because it puts plutonium at the centre of its energy economy (see McCormack 2007).

noted New Energy Policy aims at making nuclear power the key driver in Japan's electricity supply by raising its role to 30 to 40 percent of electricity supply by 2030. The nuclear lobby appears to have much of the R&D budget locked up[34] and to have the attention of the political and bureaucratic elite in the central government. They appear to see nuclear power as the only realistic option for reducing dependence on fossil fuels and cutting emissions, and are also keen on making nuclear power a major export business.

There is considerable literature on the dangers posed by Japan's nuclear programme and the political legacy left by its seemingly routine mishaps. The politics of getting a large number of new nuclear plants off the drawing board and into local sites seems difficult indeed (McCormack 2007). Moreover, even the IPCC sees at best a small role for nuclear energy at the global level, increasing from the current 16 percent of world electrical generation to about 18 percent by 2030. For the IPCC, this limited role stems in large part from the fact that "safety, weapons proliferation and waste remain as constraints" (IPCC 2007: 13). An April 2007 study published by the US Council on Foreign Relations concurs with the IPCC. The study concludes that "[n]uclear energy is unlikely to play a major role in the coming decades in countering the harmful effects of climate change or in strengthening energy security" (Ferguson 2007: v). The reasoning behind this conclusion is that the only way for nuclear power to play a significant role would be to opt for very rapid deployment of reactors. But such a rapid deployment policy would present unacceptable risks: "[the] nuclear industry would have to expand at such a rapid rate as to pose serious concerns for how the industry would ensure an adequate supply of reasonably inexpensive reactor-grade construction materials, well-trained technicians, and rigorous safety and security measures" (Ferguson 2007: 3).[35]

---

[34] According to the International Energy Association's 2006 publication "Energy Policies of IEA Countries 2004 Review," fully 64 percent of Japan's budget for energy R&D went to nuclear energy (IEA 2006: 33).

[35] Note that the Oxford Research Group's March 2007 report "Secure Energy? Civil Nuclear Power, Security and Global Warming" also declares that nuclear power is both very dangerous and will not reduce GHG emissions by much in any reasonable time horizon; see http://www.oxfordresearchgroup.org.uk/publications/briefing_papers/secureenergy.php (found 13 June 2008).

9 WHAT IS MISSING?

Faced with the central government's political immobility over energy and climate risks, there is new movement at the local level in Japan. Some of the activism includes proposals for prefectural and urban carbon and environmental taxes (in Kanagawa and Kyoto, respectively). There has even been an "environmental tax" imposed inside Kyoto University on electricity consumed across the campus.[36] In addition, the biggest local government in Japan, the mega-city of Tokyo, is seeking to move decisively on energy projects. Tokyo's package of incentives is a work in progress as of writing (February 2008), but one thing is clear: Tokyo will aim to achieve a target of 20 percent renewables in its power generation by 2020 (versus the central government's target of 1.63 percent by 2014). Whether this moves the central government to match or exceed the target is unclear.

Most of these new efforts certainly have the potential to have a stronger national impact than Kuzumaki Town's efforts. Even so, there is a risk that their spillovers will be inadequate in the absence of national leadership and rules. Without strong decentralised governance (even after several years of decentralisation), the national government's leadership remains critical in Japan.

Indeed, national and supranational leadership is critical in all cases, because the scale of the challenge is global. But some countries are more advantaged in this respect than others. If we think of the EU as a political and economic region, we can see that the activism of Germany is generating a host of positive political and economic externalities. Among other things, Germany presents a visible model of success that is pulling the EU along and enhancing the incentives of the latter to adopt region-wide rules. The existence of the EU, and the relative lack of vested oil-age interests in the EU political economy, is opening the door to regional diffusion of targets, technology and all the opportunities that go with them.

In the United States too, the lack of activism at the federal level during the Bush Administration has seen at least 24 states (as well as the District of Columbia) turn to RPS laws. The bulk of these state rules incorporate double-digit targets over the next 15 years, and there is a recent trend to adopt FIT rules as well in order to achieve the targets.[37] What is of partic-

---

[36] See http://sankei.jp.msn.com/life/environment/080121/env0801212218003-n1.htm (found 13 June 2008).

[37] The US Department of Energy has an online map (current to June 2007) that displays the individual states' targets; see http://www.eere.energy.gov/states/maps/renewable_portfolio_states.cfm (found 13 June 2008).

ular note is the geography of the rules in America. The most activist US states are in the West and Northeast, such as California and New York. These are America's most advanced technopolises, with the richest networks of research centres, venture capital and other advantages. These regions set the trends and develop the technologies that are later diffused throughout the US and the rest of the world. This process is almost certain to go nationwide in the US with the end of the Bush Administration in January 2009, as well as the further decline of its ideological allies in the US federal Congress.[38]

In spite of this movement and success elsewhere, we have seen that at the national level Japan remains stuck with a very light regime of targets. Outside of the plentiful subsidies, and other support flowing to nuclear power, Japan's emphasis is on free-market or voluntary mechanisms to foster energy alternatives and efficiency.

There is no single, overarching reason for Japan's political immobility at present. But several can be elucidated. It would appear that one of the most salient roadblocks in the Japanese case is the turn towards free-market mechanisms since the mid-1990s, at the expense of concerns for coping with externalities through the agency of the public sector. This approach was clearly bolstered by the rush of enthusiasm for free-market mechanisms under the 2001–2006 prime ministership of Koizumi Jun'ichirō. The failed challenge to the electrical industry and its allies in METI has seen a preservation of monopoly political and economic markets under the banner of market fundamentalism. This approach has in turn been bolstered by support from Nippon Keidanren (the industry's peak association), with its emphasis on voluntary GHG emission-reduction agreements and staunch opposition to carbon taxes and cap-and-trade mechanisms.[39]

A second problem is the continued concentration of decision-making in the central state and its diffusion among several agencies. For one thing, centralisation inhibits initiative at the local level in favour of policy preferences determined at the centre. Japan is still largely a centre-led polity, a heritage of institutional centralisation for war-fighting and postwar reconstruction (Andō 2007: 319). Recent moves to decentralise Japan's inter-

---

[38] The original draft of the US Energy Bill for 2007 included a 15 percent (by 2020) nationwide RPS rule and other measures to foster renewables, but these were removed after the Bush White House threatened a veto. Most observers expect similar, and probably tougher, rules to come back on the agenda in 2009.

[39] Some measure of the stridency of Nippon Keidanren's emphasis on voluntary mechanisms can be gleaned from the English translations of its policy announcements; see http://www.keidanren.or.jp/english/policy/index07.html (found 13 June 2008).

governmental relations have succeeded mostly in passing costs (especially those related to ageing) down to lower levels of government. This shifting of fiscal risks likely detracts from local government incentives to move out in front of the central government; that is, in addition to the previous blunting of incentives through the strong perception that renewables are a "boutique" area and limited in their potential. All of this reduces the "pressure from below" (i.e., from local governments) to act on the externalities reviewed earlier.

Moreover, environmental and energy issues are a vast area of policymaking, with multiple agencies in charge of different aspects of it. This diffusion of responsibility helps perpetuate the lock-down on funding and other policy levers enjoyed by fossil-fuel and nuclear interests.

Exacerbating this problem is the return to a lack of leadership at the centre. In spite of its commitment to market mechanisms and to staying politically close to the Republican Administration in America, were the Koizumi Administration still in power, it might have realised by now that Japan's national interests were at risk by leaving externalities to the market and voluntary efforts. Koizumi and his allies at least possessed the political skills and credibility to give them a chance to make changes to institutions as well as to fiscal flows. But in the wake of Koizumi, there have been only weak Prime Ministers. The Abe regime (2006–2007) lacked both the interest and the authority to act strategically on sustainable energy environment and climate. And while the Fukuda regime (2007–2008) seemed more interested in energy and the environment than was the hapless Abe, it lacked the authority to make serious changes. This appears evident in the concentration on nuclear energy and efficiency as well as the bizarre prospect of Japan's adopting a ten-year, 59 trillion yen road-building programme in advance of hosting the G7 summit on the environment in July of 2008. It is the dominance of special interests in spite of an increasingly precarious national interest.

Japan's central government is certainly hard-pressed to act on any issues outside of those immediately concerned with ageing, public debt and economic recovery, but the past several years of internecine politics in the LDP have evidently sapped the centre's capacity to deal with other pressing matters. There remains, surprisingly, little recognition that sustainable energy offers a growth machine that could alleviate growing inter-regional and inter-personal inequality. The Japanese policy elite is caught in an outmoded policy paradigm that ignores the critical role of the public sector in shaping efficient and effective markets. Japan therefore risks being marginalised as well as losing the local development benefits that are accruing in particular to Germany as well as to the US.

It is unclear how long Japan will continue spinning its wheels while an already sobering energy and environmental crisis increasingly spills over into a host of policy areas, including food costs. As head of the G7 in 2008, Japan risks appearing irrelevant. Yet Japan also seems committed to its bet on nuclear power as virtually the only energy alternative, supplemented with increased efficiency, when much of the rest of the developed and developing world is seeking to foster renewable technologies. It may be the case that nuclear power and efficiency turn out to be the wedge technologies that shape the future. But as we have seen both are fraught with risks. Nuclear power is clearly dangerous, not to mention highly capital intensive with minimal, if any, benefits for local areas.[40] Efficiency seems a smarter bet as a wedge, but not without simultaneously costing carbon emissions (through carbon taxes or cap-and-trade) in order to contain the potential for a massive, global rebound effect.

Moreover, there is a practical limit to how much energy consumption can be cut. It seems likely that all reductions from conservation in the developed countries will be more than made up for by energy demand growth in the rest of the world. Efficiency and conservation are touted as virtues, and they are to an extent, but we should not be misled about their limits. The key to our collective energy and climate crises is plenty of clean power, and fast.

References

Andō, Seiichi (2007): Nihon no chiiki seisaku [Japan's local policy]. In: Kōjirō Nakamura (ed.): *Kihon kēsu de manabu chiiki keizaigaku* [Learning local economics via basic case studies]. Tokyo: Yūhikaku, pp. 317–339.

Burgermeister, Jane (2008): Renewable Energy Jobs Soar in Germany. In: *Renewable Energy World.Com Online*, April 8. http://www.renewable energyworld.com/rea/news/story?id=52089 (found 17 May 2008).

Carson, Ian and Vijay V. Vaitheeswaran (2007): *Zoom: The Global Race to Fuel the Car of the Future.* New York: Twelve.

Commission of the European Communities (2007): Green Paper on Market-based Instruments for Environment and Related Policy Purposes. http://ec.europa.eu/taxation_customs/resources/documents/common/whats_new/com2007_0140en01.pdf (found 17 May 2008).

---

[40] Indeed, in Japan the local subsidies that come attached with accepting nuclear energy plants are often less than the erosion of the local economic base as businesses and residents decamp.

Dyer, Gwynne (2007): First Steps Towards a Global Agreement. In: *The New Zealand Herald*, December 19. http://www.nzherald.co.nz/author/ story.cfm?a_id=153&objectid=10483110 (found 28 July 2008).

EPIA (= European Photovoltaic Industry Association) (no date): Supporting Solar Photovoltaic Electricity: An Argument for Feed-in Tariffs. http://www.epia.org/fileadmin/EPIA_docs/documents/An_Argument _for_Feed-in_Tariffs.pdf (found 17 May 2008).

Ferguson, Charles (2007): Nuclear Energy: Balancing Benefits and Risks (= Council on Foreign Relations Special Report; April). http://www.cfr. org/publication/13104/ (found 17 May 2008).

Flavin, Christopher (2008): Building a Low-Carbon Economy. In: Linda Starke (ed.): *State of the World 2008: Innovations for a Sustainable Economy*. New York and London: W. W. Norton, pp. 75–90.

IAC (= InterAcademy Council) (2007): *Lighting the Way: Toward a Sustainable Energy Future*. Amsterdam: IAC Secretariat. Also available online at: http://www.interacademycouncil.net/?id=12161 (found 17 May 2008).

IEA (= International Energy Agency) (2006): *Energy Policies of IEA Countries 2004 Review*. Paris: International Energy Agency/OECD.

IEA (2007a): *Energy Use in the New Millenium: Trends in IEA Countries*. Paris: International Energy Agency/OECD.

IEA (2007b): *World Energy Outlook 2007: Factsheet – Global Energy Demand*. Paris: International Energy Agency/OECD. Also available online at: http:/ /www.iea.org//textbase/papers/2007/fs_global.pdf (found 17 May 2008).

IEA (2007c): *IEA Oil Supply Security: Emergency Response of IEA Countries 2007*. Paris: International Energy Agency/OECD.

Iida, Tetsuya (2007): Shizen enerugī no kanōsei: Rosutowarudo-ka suru Nihon [The potential for renewable energy: Japan in a lost world]. In: *Sekai* 9/07, pp. 159–169.

Ikuma, Hitoshi (2007): *Posuto Kyōto jidai no enerugī shisutemu* [The energy system for a post-Kyoto era]. Tokyo: Hokuseidō.

IPCC (= Intergovernmental Panel on Climate Change) (2007): IPCC Fourth Assessment Report, Working Group III Report "Mitigation of Climate Change". http://www.ipcc.ch/ipccreports/ar4-wg3.htm (found July 29 2008).

ISEP (= Institute for Sustainable Energy Policies [Japan]) (2003): Nihon de no 2010-nen shizen enerugī 10% no kanōsei ni tsuite [Concerning Japan's potential to realize a 10% renewable energy target by 2010]. http:// www.isep.or.jp/library/kako/library/wwf_re10%25.pdf (found 17 May 2008).

Kai, Yumiko (2003): Shin enerugī no kitai to kadai [Expectations and tasks concerning new energy] (= Keiei Jōhō Sāchi; Winter 2003). http://www. dir.co.jp/research/report/nano/031201nano-1.pdf (found 17 May 2008).

Lacey, Stephen (2007): U.S. Energy Bill – Early Christmas Present or Lump of Coal? In: *Renewable Energy World.Com Online*, November 12. http://www.renewableenergyworld.com/rea/news/story?id=50527 (found 28 July 2008).

Lesbirel, Hayden (1988): The Political Economy of Japan's Substitution Policy: Japan's Response to Lower Oil Prices. In: *Pacific Affairs* 61 (2), pp. 285–302.

Litovsky, Alejandro (2007): Energy Poverty and Political Vision. In: *openDemocracy*, September 4. http://www.opendemocracy.net/article/globalisation/institutions_government/sustainable_power (found 17 May 2008).

McCormack, Gavan (2007): Japan as a Plutonium Superpower. In: *Japan Focus – an Asia Pacific e-journal*, December 9. http://japanfocus.org/products/details/2602 (found 17 May 2008).

METI (=Ministry of Economy, Trade and Industry) (2004): Shin enerugī sangyō bijon [A vision of new energy industries]. http://www.meti.go.jp/press/0005361/index.html (found 17 May 2008).

Mitchell, Catherine (2008): *The Political Economy of Sustainable Energy*. Houndmills, Basingstoke: Palgrave Macmillan.

Miyaoka, Isao (2004): Japan's Conciliation with the United States in Climate Change Negotiations. In: *International Relations of the Asia Pacific* 4 (1), pp. 73–96.

Nakamura, Tetsuo (2004): Miruku to wain to gurīn enerugī no machi [The town of milk, wine and green energy]. Keynote Speech to February 21, 2004 Conference of the 20 % Club. http://www.gef.or.jp/20club/J/kuzumaki.htm (found 13 June 2008).

Nakamura, Tetsuo (2008): 21-seiki no kadai: Shokuryō, kankyō, enerugī [Issues of the 21st century: Food, environment and energy]. Paper presented to (Japan) Institute for Sustainable Energy Policies Forum, January 29. http://www.isep.or.jp/event/080129sympo/080129kuzumaki.pdf (found 17 May 2008).

Nihon Keizai Shinbun (14 February 2008): Chūshō no gijutsu iza sekai e [Small and medium-sized firms' technology goes overseas], p. 1, morning edition.

Nikkei Bijinesu (18 February 2008): Taiyō denchi no tsūkon: Shāpu ga sekai shui kanraku [The solar tragedy: Sharp loses its world lead], pp. 46–49.

OECD (2007): *Energy Prices and Taxes, Quarterly Statistics: Fourth Quarter 2007*. Paris: OECD.

Pearce, David and R. Kerry Turner (1990): *Economics of Natural Resources and the Environment*. Baltimore: Johns Hopkins University Press.

Polimeni, John M., Kozo Mayumi, Mario Giampietro and Blake Alcott (2008): *The Jevon's Paradox and the Myth of Resource Efficiency Improvements*. London: Earthscan Research Editions.

Seager, Ashley (2007): Germany Sets Shining Example in Providing a Harvest for the World. In: *The Guardian*, July 23. http://www.guardian.co.uk/business/2007/jul/23/germany.greenbusiness (found 28 July 2008).

Usami, Toru (2004): Economy Specific Research and Introduction of Successful Results of New/Renewable Energy Technology Development and Demonstration. Paper presented to the 23rd Meeting of the Expert Group on New and Renewable Energy Technologies, Christchurch, New Zealand, November 10–13.

Worldwatch Institute (2007): *Vital Signs 2007–2008. The Trends that Are Shaping Our Future.* New York: W. W. Norton.

FROM ENVIRONMENTAL ACCOUNTABILITY TO CORPORATE SOCIAL RESPONSIBILITY? REFLECTIONS ON THE CSR BOOM IN JAPAN FROM THE PERSPECTIVE OF BUSINESS MANAGEMENT AND CIVIL SOCIETY GROUPS

Susanne Brucksch and Carolina Grünschloß

Abstract: The paper discusses how corporate social responsibility in Japan has grown from environmental concerns to encompass broader social responsibilities. Special consideration is given to how CSR has emerged, been accepted and implemented in large corporations in today's Japan. Based on the example of environmental stakeholder groups, the paper discusses the expectations that society has regarding corporations and elaborates the role of interplay between environmental civil society groups and corporations within the corporate responsibility debate. The current trend towards corporate social responsibility (CSR) is assessed after reconstructing the development of environmental accountability of corporations and public awareness of it. In particular, the characteristics of CSR as a business and risk management tool concerning the relationship to external stakeholders are highlighted. The article is closed with an analysis of the increased attention towards the concept of CSR in context of the development of eco-collaborations as an example of changing business and stakeholder interaction patterns. It becomes clear that the situation generates chances for environmental groups to realize their own projects with the support of the companies and increase their chances of bringing forth their interests as stakeholders of the companies. The new CSR boom opens up new ways for the companies to manage emerging risks as well as to improve their reputation.

1 INTRODUCTION

The concept of Corporate Social Responsibility (CSR) has been widely discussed in recent years in Japan as an innovative business dimension. However, despite this ongoing discussion, it remains a term that is understood differently by various actors and experts. For the purpose of this paper, the following definition is proposed in accordance with Tanimoto (2004: 5):

> CSR is the consideration of social fairness and environmental care etc. within the corporate processes as well as accountability towards its stakeholders (shareholders, employees, customers, the environment and local communities, etc.). Consequently, the focus is laid on the improvement of the economic, social and environmental performance.

This paper will explain how CSR has emerged, how it has been accepted and implemented in large corporations and society in Japan today, and will elaborate upon the role of the interplay between companies and environmental civil society groups within the corporate responsibility debate. The paper will also discuss what expectations of society are brought forward towards corporations, using the example of environmental stakeholder groups. Special consideration will be given to the development of corporate environmental and social responsibility in Japan. Subsequently, the drivers for corporations increasingly taking into account such aspects of CSR into their management shall be outlined. Highlighted, in particular, will be the characteristics of CSR in Japan as a business and risk management tool concerning the relationship to external stakeholders. The paper closes with an analysis of the increased attention being paid to CSR in the context of development of eco-collaborations as an example of changing business and stakeholder interaction patterns.

2 Developments of the Environmental Movement and of Company Accountability in Japan

The term 'corporate social responsibility' already implies interconnectedness between economy and society. Thus, when analyzing CSR and its characteristics in Japan, the expectations of the society towards corporations have to be examined first. Yamada (2006: 341) points out that the Japanese understanding of CSR is linked with the country's history of industrial pollution and, resulting thereof, the emergence of the Japanese environmental movement and the formation of environmental civil society organizations (CSOs).[1]

Environmental NGOs interact with companies not only via the national political system, but also directly as social citizens. In this sense, they are direct stakeholders of corporations. According to Figge and Schaltegger (2000: 11), stakeholders are individuals or groups that "have a material or immaterial 'stake' in the business. As 'stakeholders' they have a share in, or influence on, the success or failure of a company." Examples of such groups or individuals include – but are not limited to – suppliers, customers, employees, NGOs, local communities and governmental bodies.

---

[1] The terms 'environmental CSO' (civil society organization), 'environmental NGO' (non-governmental organization), 'environmental NPO' (non-profit organization) and/or 'environmental group' will be used synonymously in this paper.

Corporations use the natural environment to obtain resources for their production processes as well as to release waste, sewage and emissions into the environment. This is why environmental interest groups, which advocate treating the environment as a common good, have a viable stake in corporations affecting the environment. As stakeholders, they will "make resources available to the company as long as there is a profitable relationship between what they put into the company and what they get out" (Figge and Schaltegger 2000: 11). If this relationship between using the environment for industrial production and generating prosperity on the one hand, and polluting the environment and causing health problems on the other is out of equilibrium, protest against the corporations and sanctioning by stakeholders can be the result.

Social movements usually emerge when unprecedented issues start posing a threat to common goods. Accordingly, environmental NGOs are generally established to help solve those problems that are not taken into account by other actors, such as political parties or governmental institutions in charge of preserving common goods. The emergence of the environmental movement and civil society organizations in Japan too follows this pattern (Vosse 1998: 237). High economic growth – one of the main political goals in postwar Japan – resulted in massive environmental pollution during the 1960s and 1970s, the so-called *kōgai* incidents (Kerkmann 1998b: 9–11; Yamada 2004: 298–300). Sites of industrial production were no longer only generating prosperity, but also external effects through the output of emissions and waste, which resulted in degradation of the environment. The cases of Yokkaichi asthma, and Minamata or Itai-Itai disease are infamous examples of those processes (Imura 2005a: 23–26; Vosse 1998: 236; Yamada 2006: 236). In short, the relationship between economic and social interests was out of balance during this time.

Interest groups of pollution victims therefore started a considerable grass roots movement (Schreurs 2002: 68) with the primary objective of making companies environmentally accountable for both the ecological damage they had caused, and the consequences this had for the Japanese economy. The main targets of claims were, on one side, heavy industry (Imura 2005b: 74). On the other side, politicians, local governments and the central state were pressured into securing people's health and the natural environment more effectively, because they had abdicated their responsibility during this problem-solving process.

One characteristic of Japanese politics during the 1950s and early 1960s had been a penchant for favoring industrial development over supporting environmental conservation – a policy that manifested itself in low environmental protection standards. Hence, the environmental movement was now turning more confrontational in demanding higher levels of environmental conservation and a guarantee of physical inviolability from the governmental and corporate side (Kawashima 2000: 158; Yamanaka 2004: 221). For the victims' interest groups, the only way to enforce their claims was to sue the companies responsible (Imura 2005a: 27–29; Vosse 2000: 61). The example of the Minamata movement shows that successful court cases enabled the victims and their advocacy groups to demand compensation from the companies responsible (Osiander 1998: 220). It also shows that the compensation payments and the environmental cleanups cost these corporations much more than the appropriate anti-pollution measures would have been in the first place. Nevertheless, proper preventive measures were often taken too late, due in part to the delays caused by restrictive administrational recognition of pollution victims (Maruyama 1996: 218, 226; Osiander 1998: 221).

Through the experience of losing court actions, corporations realized that proactive measures would be more cost effective than high compensation payments (Yamada 2006: 348–350). Furthermore, "the mass media played an important role in conveying this information to citizens, because the court actions had great and sensational impacts" (Yamada 2006: 348). Due to the growing sense of urgency and increasing public protest, the central government was forced to change environmental regulations and requirements for industrial sites. Thus, during the late 1960s and the early 1970s, 14 anti-pollution laws concerning air and water conservation were revised or newly adopted by the central government, and many local regulations were passed (Kerkmann 1998a: 11–12; Yamada 2006: 348).

Put differently, during this time, the relationship between environmental groups and industry was characterized by resistance on the side of companies and their defensive behavior due to a lack of sensitivity over environmental issues. The conflict could only be resolved by pushing central government to increase its efforts towards more legal and executive action in order to protect people's individual rights as well as to conserve natural resources. The environmental movement in Japan has to be understood as the main driving force for sensitizing companies to the needs of social stakeholders beyond their employees and shareholders, and made companies realize the interconnectedness of their actions with society. As a result, the responsibility of companies began to shift from pure profit creation and concentration on core competencies towards the integration of social interests. The movement additionally initiated progress in environmental legislation, which too forced companies to increasingly internalize the costs of their ecological impact. Yet, even though there were some companies during the 1960s and 1970s that took a more proactive role towards their stakeholders' needs, industry as a whole remained largely defensive (Kerkmann 1998a: 8). Yamada (2006: 349) calls this condition the "passive responsibility" of Japanese corporations.

The late 1970s and 1980s can be called a period of stagnation for the environmental movement and environmental politics in Japan (Funabashi 1992: 4; Kerkmann 1998b: 13–14), because Japanese corporations were integrating environmental accountability primarily due to the impact of court actions and changing environmental regulations. Reactive, technical environmental measures and strategies prevailed (e.g., in the context of appropriate technology, staff, offices, energy and material control methods), and most corporations demonstrated hardly more than an *end-of-pipe* responsibility (Yamada 2006: 349). However, it can also be said that during this time the relationship between the interests of industry and environmental stakeholders came back into equilibrium. One factor for this change was the implementation of environmental conservation standards, which were a first step towards solving the main environmental problems. A second factor was strict legal requirements, which fostered a predominant focus of corporate responsibility on ecological accountability and environmental communication aimed at the public (Fukukawa and Moon 2004: 51). Although this forced companies to take certain actions, it can also be seen as a further indication for the rather slow progress in the corporate responsibility debate at that time.

Finally, the calming of disputes between corporations and environmental groups created an atmosphere of greater cooperation. As a result, environmental groups lost public relevance, not least because they failed to institutionalize on a national level (Schreurs 2002: 69–71). To this day, they often lack organizational strength, know-how, staff and members, public recognition, as well as financial resources through donations from either members or other supporters. Additionally, the tendency to concentrate on local issues, the so-called NIMBY (Not In My BackYard) phenomenon, failed to provide new stimuli in the debate on corporate accountability. For many years it seemed as if companies were no longer the main target for environmental groups. Follow-up groups were focusing predominantly on topics like the living environment and quality of life with emphasis on urban areas (Yamamura 1998: 55–56; Broadbent 2005: 120; Foljanty-Jost 2005: 106–109; Imura 2005b: 80–82). Restrictive political structures (Kerkmann 1998b: 14–15) caused additional restraints for them to bring forth and execute their specific interests. To conclude, due to a lack of new input, the discussion on corporate responsibility was stagnating also in the context of environmental accountability.

However, interestingly, organizational change concerning environmental accountability towards corporate social responsibility has taken place in Japan since the 1990s with enormous speed and impact. This trend has influenced the relationship between companies and their environmental stakeholders in Japan, which can be seen in a growing number of eco-collaborations today. At the beginning of the 1990s, the vast majority of corporations and environmental NPOs were still far from a proactive communication and collaboration style. Against this background it is necessary to mention the two main characteristics of today's situation.

First, since the 1990s, the development of Japanese environmental policy has not been primarily a result of environmental groups' activities, but rather the product of changes on the international stage. Both environmental groups and multinational companies have shifted their attention to global environmental problems and sustainability. At the same time, environmental conservation policies have shifted from *end-of-pipe* approaches towards more preventive measures. This trend towards sustainability and a stronger awareness of global environmental issues was accompanied not only by an increase of direct claims targeting companies for more environmental protection, but also a critique of mass production methods (Vosse 2000: 66–68). As a result, the equilibrium between economic and ecological interests in Japan was brought out of balance again.

Second, many organizations that were established during the 1990s participated in the UN Conference of Environment and Development (UNCED) in Rio de Janeiro in 1992, as well as in the Kyoto Conference on Climate Change in 1997. Although a number of Japanese environmental NGOs were able to participate in drafting the Basic Environmental Law (*Kankyō kihon-hō*) enacted in 1993, what remained largely unchanged was the lack of resources of those groups as well as the public and political indifference they faced on a national level (Vosse 2000: 66–68). The role of these NGOs in drafting the law was only a supportive or participative one and, unlike during the first environmental movement in the 1960s, their influence was insufficient to create a sense of urgency and pressure within industry. More recently, some improvements concerning the legal and institutional situation of civil society organizations have taken place. Noteworthy are the adoption of the NPO Law (*NPO-hō*) in 1998, the Information Disclosure Law (*Jōhō kōkai-hō*) in 1999, the revision of the tax law for nonprofit organizations in 1999, as well as the partial integration of environmental NGOs in administrative bodies such as the Central Environmental Council (Chūō Kankyō Shingikai) of the national Ministry of the Environment (MOE, Kankyō-shō). Despite these changes, however, it can hardly be concluded that the influence of environmental NGOs has increased substantially (Brucksch 2004: 103–107). The continuing small scale of environmental CSOs is one of the core reasons for the failure of NGOs to be the driver for major changes in the social responsibility of Japanese corporations today. Therefore, an increase in eco-collaborations as a consequence of public protest seems quite unlikely.

This leads to the conclusion that the organizational change from environmental accountability towards corporate social responsibility seems to be strongly connected to a discussion on the international stage, a discussion that has a strong effect on the relationship between corporations and their environmental stakeholders in Japan.

3 THE CURRENT CSR BOOM IN JAPAN

The active implementation of CSR policies in Japan is a rather recent phenomenon, as is the perception of CSR as a business tool and an innovative approach for corporate and social relationships (Anjō 2004: 44). As pointed out earlier, Japanese companies have become sensitive to pollution and its risks, resulting in the implementation of environmental corporate management tools for daily business conduct. In this sense, environmental issues have become a new dimension for corporate management. Even the Nippon Keidanren has put the environment high on its agenda, proposing that one of the core goals of Japanese business and society for the next two decades should be to put efforts into promoting environmental awareness and ecologically sound corporate management, and to create a recycling society (Nippon Keidanren 2003: 5, 10).

In recent years, companies have started to realize that environmentally benign management can also improve their competitiveness (Tanabe 2005: 115) and a growing share of firms have begun to regard investing in environmentally friendly products and processes as a strategic move rather than as a cost (Nakao *et al.* 2006: 107). Today, by international standards, the number of companies that have implemented the environmental management standard ISO 14001 – a standard that was introduced internationally in the late 1990s – is remarkably high in Japan (Hanada 2004: 24). While it can be argued that the adoption of the ISO standard is only a cosmetic strategy to satisfy customers – cosmetic, because it does not require absolute environmental performance (Witt 2008: 3) – the rapidly growing numbers, nevertheless, underline a paradigm shift towards the increased importance of environmental issues. This is also supported by the fact that many large Japanese companies have reported on their environmental performance for years, publishing information concerning their environmental policies mainly out of accountability considerations, but to a lesser extent also as part of their risk management (Goo Research 2002, Internet).

However, a new trend apparent since the turn of the century is the greater focus on environmental management from the perspective of CSR. The astonishing speed with which CSR has become a mainstream business notion in Japan can be readily observed in the Ministry of the Environment's annual survey on environmentally friendly corporate activities in Japan. While in the 2001 survey (MOE 2002) CSR is not even mentioned in any part of the questions, the 2004 survey (MOE 2005: 77) reports that 49.7 percent of the surveyed companies have already implemented CSR as one aspect in connection to their environmental policies. This number has risen to 62.2 percent in the 2005 survey (MOE 2006: 82), with a mere 8.6 percent of companies that are not considering implementing CSR in the future. Interestingly, among publicly quoted companies this number is even lower at just under 4 percent. These figures are an indication that, even among shareholders and on the stock exchange, CSR has been gaining a high level of acceptance.

4 Drivers for CSR in Japan

The drivers for the rapid introduction of CSR in Japan are manifold. On an international level, one of the triggers for this development was the increased screening of Japanese companies by eco-fund managers from U.S. and European financial institutions (Kawamura 2003: 2) who paid more attention to social aspects than Japanese management usually does. Tanimoto and Suzuki (2005: 7) found that a Japanese company, depending on whether it has contact with foreign stakeholders, may be more likely to adopt CSR guidelines – a finding that underlines the potential influence of international actors. Another trigger was the fact that a very prosperous company like Enron in the U.S. would literally disappear as a consequence of ethical misconduct shocked the Japanese business world and created a favorable perception for the CSR concept (Sutō and Sugiura 2005: 3). Last but not least, the growing expansion of the Internet and the resulting availability of information, which has made society internationally more sensitive to aspects such as legitimacy and unfair practices (Tanabe 2005: 114), have also impacted on Japan.

On a domestic level, Japan has experienced a large number of corporate scandals within the last fifty years. Until the time of the first oil shock, most of them related to industrial pollution and/or environmental destruction and thus were the side effects of originally well-intended business activities. However, one striking difference between such corporate scandals and those happening after the oil shock – ranging from bribery, unfair financing and illegal payoffs to mass food poisoning, concealed damage to nuclear reactors and false records of annual reports – is the fact that they clearly stemmed from unethical intentions and can be denounced on moral grounds (Hirata 2004: 76). The issue of corporate responsibility had appeared regularly in the 1980s in Japan and gained momentum during the 1990s, when cases like the failures of financial institutions, such as the Yamaichi Securities and Hokkaido Takushoku Bank, stirred up the business world (Kawamura 2003: 1). Consequently, distrust in corporate activities in Japan has grown over the last few decades, creating a base for a new consciousness towards corporate social responsibility. Besides, the economic downturn during the 1990s damaged the positive image of the traditional Japanese business system, which no longer created growth, and resulted in a general questioning of the pros and cons of the Japanese model (Tanimoto and Suzuki 2005: 14).

Kim (2004: 5) identifies as further domestic motivations for the introduction of CSR policies the growing interest in Socially Responsible Investment (SRI) and governmental reforms that forced the private sector to take on more responsibilities. In August 1999, the first national ecological fund was established in Japan (Hanada 2004: 26). While the volume of SRI in Japan is not yet large, it is undeniable that non-financial factors are increasingly being considered (Kawamura 2003: 3). Overall, in Japan, developments within the industrial world, such as the introduction of the ISO standard, were larger drivers for the implementation of CSR policies than the comparatively low pressures from society (Anjō 2004: 38), whereas in Europe and the U.S. pressure from consumers and the financial markets played a more important role (Ikuta and Minetaki 2006: 79). The result of all these influences was a veritable CSR boom, which some even refer to as a "CSR bubble" (Elkington 2005: 115), in particular in the context of well-known larger enterprises (Yamada 2006: 341).

5 THE CHARACTERISTICS OF JAPANESE STYLE CSR

CSR being a term that originated in the Western world (Tanabe 2005: 114), it is clear that the Japanese interpretation of what CSR embraces varies due to historic, cultural and political reasons in comparison to approaches to the concept in Europe and North America (Welford 2005). First of all, as indicated earlier, interest in CSR itself is very high in Japan. In fact, according to KPMG's 2005 study of reporting on CSR issues, internationally Japan ranked highest, with 80 percent of its top 100 companies publishing CSR reports, followed by the UK with 71 percent, Canada with 41 percent, and France with 40 percent (KMPG 2005: 10). Besides, in Japan, the association of CSR with compliance on the one hand and philanthropic activities on the other hand is very strong (Anjō 2004: 33), a fact that is also reflected by the in-depth consideration that those issues are given in most CSR reports. Although the majority of companies in Japan focus on compliance and risk management aspects when it comes to CSR, many miss exploring the innovative business chances that this concept can offer (Ikuta and Minetaki 2006: 95). However, recent developments increasingly emphasize the business case of CSR; in other words, the win-win situation which can be generated for both the company undertaking social or environmental measures and the stakeholders.

Japanese companies are generally less likely to discuss issues that were of no importance in the traditional corporate system (Tanimoto and Suzuki 2005: 15). Consequently, CSR in Japan has focused more on environmental aspects than on employment and human rights issues (Hanada 2004: 22). The notion that corporate social engagement in developing countries, as for example the provision of AIDS medication or the building of schools for employees' children, should be an instrumental part of CSR activities is not widely accepted in Japan yet (Anjō 2004: 37). Furthermore, the integration of CSR into international supply chains has hardly begun (Ikuta 2007: 70). Many companies are lagging behind in areas such as the effective promotion of female and foreign employees and the establishment of family-friendly working structures (Anjō 2004: 38). When compared to their Western counterparts, very few companies report on gender issues and they are less likely to collect the opinions of their employees. On the other hand, they are more likely than Western companies to report on public opinion towards their CSR approach (Tanimoto and Suzuki 2005: 13).

It is still uncommon for Japanese corporations to cooperate with NGOs to work towards mutual objectives. According to a study undertaken by Tanimoto (2004: 71), 64.8 percent of the polled firms had not yet considered collaboration with NGOs in the context of their CSR program's realization. The Economic and Social Research Institute (2003, Internet) found that the economic activities of NGOs accounted only for 1.9 percent of Japan's Gross Domestic Product in 2001, thus those organizations even collectively amounting to only minor players in the national economic system.

Nevertheless, there are indications that the trend of CSR in Japan is shifting towards social aspects. In Japan, as well as in most parts of the Western world, there has been a trend among companies to change the name of their "Environmental Report" to "Sustainability Report" or "CSR Report," thereby suggesting a wider focus which, under the name of "Triple Bottom Line," includes economic and social dimensions besides the environmental one (Hanada 2004: 25). This trend is also confirmed by survey results from MOE (2006: 105), which found that the number of companies naming their environmental report "CSR Report" almost tripled between 2004 and 2005.

It is noteworthy that there seems to have been a noticeable – albeit small – change in perception of the role of corporations in society. In 2005 there was an 8.0 percent year-on-year increase in the number of corporations reporting that their CSR activities were driven by their sense of "responsibility for society," whereas the numbers for other drivers, such as communication, PR and educational measures, remained almost unchanged (MOE 2006: 95).

Informative results can also be gained from the analysis of a 2006 CSR ranking by the *Weekly Tōyō Keizai* magazine. The three companies, Matsushita Electrics Industrial, Sony and Ricoh, were ranked as the best performers concerning their CSR policies (see table 1 below).

No	Company	Personnel	Environment	Corporate Governance	Social Contribution	Sum
1	Matsushita Electric Industrial	32	39	18.5	15.0	104.5
2	Sony	32	40	16.5	15.0	103.5
3	Ricoh	34	37	16.5	15.0	102.5
4	Tokyo Gas	31	38	18.0	15.0	102.0
5	Seiko Epson	31	38	16.5	15.0	100.5
6	Matsushita Electric Works	33	36	18.0	13.5	100.5
7	Sharp	30	38	17.0	15.0	100.0
8	Teijin	30	36	18.5	15.0	99.5
9	Sanyo	34	35	15.5	14.0	98.5
10	Toray	30	39	13.5	15.0	97.5
	Highest points obtainable	45	40	20.0	15.0	120.0

Tab. 1: **Japan's 10 Top CSR Companies**
Source: Yamada (2006: 104).

This ranking is noteworthy insofar as it gives an indication of how some Japanese experts rate the performance of Japanese corporations and in what areas they still see room for improvement. The areas which were rated most satisfactory among the 10 top-performing companies were 'social contribution' at 98.3 percent and 'environmental policy' at 94.0 percent (see table 2 below). However, two areas in which certain deficiencies could be observed were 'personal management' and 'corporate governance' (with satisfactory rates of 70.4% and 84.3%). While the high satisfaction with environmental policies would have been predictable also for the Western observer, the remarkably high rating of social contribution is somewhat surprising. As pointed out earlier, the CSR policy focus of most Japanese companies is in the environmental area, with social contribution policies playing usually only a minor role. Personnel policies (including factors such as the percentage of women in management positions, average overtime hours, flextime work systems and the support of employees' volunteer activities) scored lowest. This result can be seen as an indication that the surveyed corporations still have room for improvement concerning aspects of diversity and innovative working arrangements.

	Personnel	Environment	Corporate Governance	Social Contribution
Ratio of attained points / possible points	317/450 = 70.44%	376/400 = 94.00%	168.5/200 = 84.25%	147.5/150 = 98.33%

Tab. 2: Satisfaction Rate with Japanese CSR Top-Performing Companies
Source: Own chart based on calculations using numbers from Tab. 1.

It can thus be concluded that companies in Japan are currently experiencing a CSR boom – a boom that has been driven by a number of mainly industrial and economic developments. While the social focus is still smaller than the environmental one, more and more companies have started to become interested in social contribution and cooperation with stakeholders.

6 TACKLING OF ENVIRONMENTAL DEMANDS BY STAKEHOLDER DIALOGUE

In management literature, the classical Japanese corporate governance model is often referred to as the 'stakeholder governance model', because traditionally, Japanese firms would take into account the concerns of various interest groups (Plender 1998: 211) much more than corporations engaging in shareholder-model dominated economies, such as the U.S., with the major goal of share price maximization (Jackson and Moerke 2005: 351). In many ways, the stakeholder approach is well-fitted to the Japanese economy, where many business relationships are characterized by implicit contracts (Plender 1998: 215).

However, Japanese corporate understanding of how much attention should be paid to stakeholders differs in several respects from the Western one. According to research undertaken by Lewin *et al.* (1995: 88), the most crucial (corporate citizenship)[2] issues for Japanese companies are, in order of their importance: first, employees; followed by shareholders and suppliers/customers; and finally community and environmental affairs. Yet, recently, some stakeholder groups have gained influence. For example, talented employees can now pick the company they find most attractive and consumers have gained many opportunities to express their dismay about flawed products through information technology (Sutō and Sugiura 2005: 3). Furthermore, the perception of which stakeholders environmental reports are targeted at has changed in recent years: In the years between 2002 and 2004, the most important stakeholder groups for listed companies were reported as being environmental NGOs, the local community, and their own employees (MOE 2006: 106). Interestingly, a remarkable increase of the consideration given to the above-mentioned stakeholder groups could also be observed with non-listed enterprises, which indicates a shift of attitude in the whole economy.

As a result of these changes, a growing number of Japanese companies today seek cooperation with NGOs, in particular in the area of environmental projects. In doing so, companies are moving from seeing CSR only as a PR tool more towards using it strategically (Elkington 2005: 115) and thus changing the way they interact with groups that have not enjoyed priority in their corporate management until now.

7 Recent Trends towards Eco-collaboration between Japanese Industry and NGOs

The growing number of eco-collaboration cases between civil society organizations and large companies can be understood against the background of an organizational corporate change in Japan; precisely, a change from environmental accountability to the broader approach of corporate social responsibility. As outlined above, this understanding of CSR is strongly associated with environmental conservation, compliance and philanthropy. Today the main drivers for eco-collaborations in Japan are international organizations and foreign stakeholders, as well as the public distrust that grew out of several corporate scandals during the 1990s.

In June 2005, Nikkei Ecology (pp. 23–35) described four examples of transsectoral eco-collaborations. The first example was an automotive

---

[2] In the above-mentioned study, companies were asked for the ranking of their corporate citizenship issues. It can be assumed, though, that the level of concern for their most crucial stakeholder groups is close to identical.

manufacturer that was cooperating with a national organization that specialized in environmental education to establish a "nature school" in Gifu Prefecture. The second one was a manufacturer of information and communication technology that had started a partnership with a regional NPO focusing on the revitalization of a polluted lake in Ibaraki Prefecture. As a third example, the article described the case of a semiconductor manufacturer that was cooperating with a regional civil society organization to improve the groundwater cycle and quality around an industrial site in Kyūshū. And, as the fourth example, the article presented a distribution company that was working together with an international nature conservation NGO to implement sustainable $CO2$ reduction standards. These examples show the wide variety of eco-collaborations that exist in Japan today.

Hiß (2007: 8–9) proposes a differentiation of CSR into three areas of responsibility: (1) The core area of activities involving earning profits and compliance with national and international laws; (2) a second layer of activities focusing on voluntary measures along the value chain; and (3) a third layer of responsibility embracing engagement of a voluntary nature, but without a major connection to the corporate value chain. Applied to environmental collaboration, this means that NGOs can, for example, cooperate with enterprises in projects concerning the manufacturing process (core area), the supply chain (second layer), or in connection with the NGOs' nature conservation projects (third layer). While the core area of responsibility is mostly defined by the legal framework of a country, the second and third layers include engagement that can demonstrate a corporation's responsible behavior exceeding regulations. From the perspective of environmental NGOs, of course, ecological protection activities along the corporate value chain, including the core and/or second layer, are of greatest interest.

To gain a deeper understanding of the nature of eco-collaborations in Japan today, important findings of an empirical survey among large-scale enterprises and environmental NGOs in collaboration partnerships in Japan in 2006 deserves closer attention.[3] The survey focused exclusively on corporations and NPOs having experience of transsectoral eco-collaboration. The survey shows that the most frequent types of eco-collaboration are activities such as "public environmental education programs," "na-

---

[3] The survey was undertaken by Susanne Brucksch from July to September 2006 in Japan among large-scale companies (N=209) and environmental civil society organizations (N=117). The choice of surveyed institutions was based on the *CSR kigyō sōkan 2006* of *Shūkan Tōyō Keizai* and the *Kigyō shakai dēta bēsu* of the Global Environmental Information Center (GEIC) in Tokyo.

ture conservation or environmental protection projects," "educational programs for the company's employees," "cooperation with the employees concerning environmental activities outside of the company" and "participation in environmental programs under administration of an environmental NGO." Less frequent are collaborations such as "joint life-cycle assessment," "joint selection of eco-friendly sub-contractors," "joint adoption of eco-friendly manufacturing processes" and "joint implementation of an eco-friendly distribution network." Consequently, voluntary engagement within the third layer of responsibility is more common than eco-collaboration along the value chain of a company. These results confirm that Japanese corporations focus strongly on social contribution activities.

The strategic value of CSR is often associated with the improvement of the corporations' competitiveness and brand image, the generation of innovative business chances, the management of social and environmental risks, as well as the increase of corporate legitimacy and trust of society on the one hand and the positive impacts for the stakeholders on the other. One aspect worth mentioning is that the overwhelming majority of NGOs, with which companies maintain an ecological partnership, were founded after 1990 (Brucksch 2007: 252) and seem to have a more cooperative attitude towards companies than those NGOs and environmental civil society organizations that were founded before 1990. Almost all of the surveyed environmental NGOs reported that requests for partnership were coming from the side of companies (81.4%). Other incentives for NGOs to get involved in eco-collaboration include financial support (75.4%), as well as the need for recognition (57.9%) and public acceptance (62.3%). These findings imply that companies are the drivers for the rising number of eco-collaborations, whereas the environmental NPOs' high dependence on financial support indicates that they play a more or less reactive role. The positive effects of eco-collaborations for NGOs are the acquisition of new resources for their own projects and opportunities to gain public recognition.

The vast majority of companies, however, explain their interest in cooperating with NGOs by factors such as demonstrating social responsibility (100.0%), earning the trust of society (93.8%) and local communities (96.9%), as well as improving or maintaining their reputation (89.9%). Other possible motivations, such as requesting know-how from environmental groups (46.2%) were only minor drivers for companies to get involved with environmental groups. These findings underline the predominant focus on social contribution as the main motivating force for partnerships, rather than a general interest concerning environmental issues. Furthermore, the findings confirm that Japanese companies emphasize communication and public relation performance and their sense of responsibility towards social stakeholders. Thus, the rise in eco-collaborations has to be understood more as the outcome of a growing corporate awareness for social contribution than as a result of increased corporate environmental consciousness. This leads to the conclusion that it was only when companies started to consider social contributions and their role as corporate citizens within society that they began to be interested in partnerships with environmental groups on today's comparatively large scale.

When comparing the type of cooperation with their underlying motives, it is noteworthy that the majority of cooperating companies are obviously only marginally interested in the ecological know-how and expertise of their cooperation partners. One reason for this could be that most NPOs are still not considered as being very professional. Overall, environmental organizations seem to be one potential collaboration partner among many other social stakeholders concerning corporate social contribution activities. Hence, the findings beg the question of whether this kind of engagement is suitable to fulfill the expectations of society and whether it creates perspectives for NGOs to bring forth their concerns sufficiently.

Altogether, the majority of collaboration cases have been driven by companies and not by a growing public pressure of environmental stakeholders. Corporate motives referring to social trust, social contribution among environmental conservation activities, legitimacy, corporate image and responsibility dominate. However, Japanese corporations are generally not interested in eco-cooperation as a strategic instrument of profit generation or of creating innovative business chances. The main strategic value for environmental groups consists of acquiring new material and immaterial resources for their conservation activities and gaining more public attention. Due to their restricted influence and therefore limited opportunities to realize environmental goals, the majority of NGOs show more a reactive than a strategic and proactive attitude.

8 THE JAPANESE CSR APPROACH AND THE RISKS AND OPPORTUNITIES RESULTING THEREOF FOR ENVIRONMENTAL NGOS AND CORPORATIONS

The current situation creates both opportunities and risks for NGOs and for companies. As companies become increasingly sensitive to the needs of social stakeholders, more opportunities arise for environmental NGOs to communicate their interests better to businesses. This could facilitate dialogue between both sides and result in a more proactive problem-solving attitude. Admittedly, the limits of this communication are mainly defined by the companies, because they appear to be the driving forces behind the growing number of eco-collaborations.

Moreover, the increased interest of companies in eco-collaborations opens up chances to acquire different kinds of support for NGO activities. However, in most cases, growing support from companies also implies a growing dependence on those sources. While the arrangement of project leadership does not give indications for one-sided control by any of the partners (Brucksch 2007: 260–262), growing dependence could lead to lower social legitimization and public appreciation of NGOs.

Furthermore, current eco-collaborations mainly cover areas such as environmental conservation, communication and education. In this sense, they constitute an additional contribution to existing efforts towards better environmental protection and conservation, as well as a higher public awareness. At the same time, eco-cooperation provides incentives for companies to initiate additional measures concerning their environmental performance (e.g., evaluation of current measures or joint establishment of life cycle assessments). In contrast, activities in the core and second layer area of CSR (i.e., the more relevant one in terms of industrial pollution) are less popular for eco-collaborations. Apart from that, eco-collaboration programs could be a useful self-regulation tool as long as companies pursue them efficiently and with the necessary support of their partners.

Another opportunity for companies within the recent CSR boom could be an improvement of their competitive positioning. If a corporation is able to implement CSR programs earlier than its competitors, it might be able to gain a first mover advantage and thus create innovative resources and relationships, which other companies do not yet possess. A large part of this competitive advantage can undoubtedly be found in the area of reputation and public image. Apart from that, effective CSR programs allow companies to deal better with a number of environmental and social risks, risks that have been emerging in today's increasingly interconnected and global economy and markets. Social contributions through partnerships can also help them to deal with their external stakeholder relationships better, as well as to plan and manage them more strategically. Certainly, very few Japanese corporations are at the point of having a very strategic and planned approach to CSR yet – most of them have hardly even begun such innovative collaborations. However, at least as a perspective for future development, a more organized and structured approach to CSR management as part of risk management, sustainability programs, as well as PR and marketing activities should be expected.

9 SUMMARY AND FUTURE PERSPECTIVE

This paper has pointed out the expansion of environmental responsibility towards broader social responsibility in Japan. Having reconstructed the development of environmental accountability of companies and public awareness in Japan, the current trend towards CSR was discussed. A growing interest of companies to collaborate with environmental interest groups as well as an accelerating trend of CSR reporting could be detected. Internationally, Japanese companies are quite advanced in some areas – such as environmental protection, environmental standard adoption and compliance – yet they are still lagging behind in others, such as career support for their female employees.

This change in attitude came about mainly due to an increase in pressure from the outside to integrate social risks into their business management, besides the classical dimensions of economic and environmental risks. A number of international and domestic drivers have been pointed out, which have fostered the adoption of CSR measures within Japanese industry. Even though pressure from NGOs is not the main driving force for companies, those companies are nevertheless increasingly open to and interested in cooperation with such interest groups as a preventive risk management measure.

Companies themselves are the driving force in initiating collaboration with environmental groups. In such cooperation projects, companies stress most the acquisition of public confidence and legitimacy and not the improvement of their own environmental know-how and production processes. As a result, the great majority of eco-collaborations are happening outside of the companies' value chain, targeting external projects that do not affect the core competencies, procurement and production processes of the companies. This situation not only generates chances for environmental groups to realize their own projects with the support of companies, but also increases their chances of bringing forth their interests as stakeholders in the companies. However, the drivers for such collaborations are the companies, who thus also define the limits of the partnerships. Hence, for companies, the new CSR boom opens up new ways for managing emerging risks as well as improving their reputation. While proactive social collaborations with external stakeholders are a rather recent phenomenon in Japan, this trend is expected to stay and even gain momentum in the future.

REFERENCES

Anjō, Tetsu (2004): CSR keiei to koyō rōdō [CSR management, employment and labor]. In: *The Japanese Journal of Labour Studies* 46 (9), pp. 33–44.
Broadbent, Jeffrey (2005): Japan's Environmental Policy: Recognition and Response Processes. In: Hidefumi Imura and Miranda A. Schreurs (eds.): *Environmental Policy in Japan*. Cheltenham (UK) and Northampton, MA (USA): Edward Elgar Publishing, pp. 102–134.
Brucksch, Susanne (2004): Japanische Umwelt-NGOs als Adressaten staatlichen Handelns. Unpublished Master Thesis at the Martin-Luther-University Halle-Wittenberg.
Brucksch, Susanne (2007): Paradigmenwechsel? Eine empirische Betrachtung transsektoraler Zusammenarbeit zwischen zivilen Umweltorganisationen und Großunternehmen in Japan. In: Manfred Pohl and Iris Wieczorek (eds.): *Japan 2007: Politik, Wirtschaft und Gesellschaft*. Berlin: VSJF, pp. 243–264.
Economic and Social Research Institute (2003): Annual Report on National Accounts 2003 – Gross Domestic Product Classified by Economic Activities. http://www.esri.cao.go.jp/en/sna/h15-nenpou/3main/3gdp/1nominl/1nominl.html (found 12 September 2007).
Elkington, John (2005): CSR baburu no ato ni nani ga kuru no ka [What will come after the CSR bubble?]. In: *Economic Review of the Fujitsu Research Institute* 9 (3), pp. 115–118.
Figge, Frank and Stefan Schaltegger (2000): *What is "Stakeholder Value"? Developing a Catchphrase into a Benchmarking Tool*. Luneburg: Universität Lüneburg.
Foljanty-Jost, Gesine (2005): NGOs in Environmental Networks in Germany and Japan: The Question of Power and Influence. In: *Social Science Japan Journal* 8 (1), pp. 103–117.
Fukukawa, Kyoko and Jeremy Moon (2004): A Japanese Model of Corporate Social Responsibility? A Study of Website Reporting. In: *The Journal of Corporate Citizenship* 16 (Winter), pp. 45–59.
Funabashi, Harutoshi (1992): Environmental Problems in Postwar Japanese Society. In: *International Journal of Japanese Sociology – The Japan Sociological Society* 1 (October), pp. 3–18.
Goo Research (2002): Kankyō hōkokusho hakkō kigyō no ishiki chōsa [Awareness survey of companies issuing environmental reports]. Online poll undertaken in November 2001. http://research.goo.ne.jp/database/data/000046/ (found 7 December 2007).
Hanada, Mariko (2004): The Trend of Environmental Reports in Japan: A Consideration from the Viewpoint of Corporate Social Responsibility.

In: *Osaka Sangyo University Journal of Human Environmental Studies* 3, pp. 21–44.

Hirata, Mitsuhiro (2004): The Fostering of Socially Trustworthy Companies and the Role of Top Executives – A Pathway from Unstable to Stable Companies in Japan. In: *ZfB-Special Issue* 1/2006, pp. 73–79.

Hiß, Stefanie (2007): Corporate Social Responsibility: Über die Durchsetzung von Stakeholder-Interessen im Shareholder-Kapitalismus. In: *Berliner Debatte Initial* 18 (4–5/2007), pp. 6–15.

Ikuta, Takafumi (2007): Sapuraichēn no CSR senryaku [The CSR strategy of supply chains]. In: *Economic Review of the Fujitsu Research Institute* 11 (3), pp. 70–87.

Ikuta, Takafumi and Kazunori Minetaki (2006): Wagakuni no jizokuteki seichō to kigyō no CSR senryaku [Sustainable growth in our nation and the CSR strategy of corporations]. In: *Economic Review of the Fujitsu Research Institute* 10 (1), pp. 78–97.

Imura, Hidefumi (2005a): Japan's Environmental Policy: Past and Future. In: Hidefumi Imura and Miranda A. Schreurs (eds.): *Environmental Policy in Japan*. Cheltenham (UK) and Northampton, MA (USA): Edward Elgar Publishing, pp. 15–48.

Imura, Hidefumi (2005b): Japan's Environmental Policy: Institutions and the Interplay of Actors. In: Hidefumi Imura and Miranda A. Schreurs (eds.): *Environmental Policy in Japan*. Cheltenham (UK) and Northampton, MA (USA): Edward Elgar Publishing, pp. 49–85.

Jackson, Gregory and Andreas Moerke (2005): Continuity and Change in Corporate Governance: Comparing Germany and Japan. In: *Corporate Governance: An International Review* 13 (3), pp. 351–361.

Kawamura, Masahiko (2003): Japanese Companies Launch New Era of CSR Management in 2003. In: *NLI Research* (6 August 2003), pp. 1–12.

Kawashima, Mio (2000): Keidanren shizen hogo kikin to kigyō no NGO shien [Keidanren Nature Conservation Fund support and corporate givings to NGO]. In: Tadashi Yamamoto (ed.): *Kigyō to NPO no pātonāshippu* [Partnerships of corporations and NPOs]. Tokyo: Alc, pp. 158–168.

Kerkmann, Uwe (1998a): *Strukturanalyse des japanischen Umweltsektors. Kurzfassung der Projektergebnisse aus dem Teilprojekt 1*. Marburg: Japan-Zentrum der Philipps-Universität Marburg (Arbeitsgemeinschaft für Umweltfragen Japans).

Kerkmann, Uwe (1998b): *Strukturanalyse des japanischen Umweltsektors. Teilprojekt 1. Organisation der japanischen Umweltpolitik*. Marburg: Japan-Zentrum der Philipps-Universität Marburg (Arbeitsgemeinschaft für Umweltfragen Japans).

Kim, Kee B. (2004): Finding an Entry Point for the Promotion of Corporate Social Responsibility in Small and Medium-sized Enterprises in Japan. Preliminary report of the Japan Institute for Labour Policy and Training. http://www.jil.go.jp/profile/documents/Kim.pdf (found 16 June 2008).

KPMG (2005): KMPG International Survey of Corporate Responsibility Reporting 2005. http://www.kpmg.ca/en/industries/enr/energy/documents/KPMGCRSurvey.pdf (found July 2007).

Lewin, Arie Y., Bart Victor, Carroll Stephens and Tomoaki Sakano (1995): Corporate Citizenship in Japan: Survey Results from Japanese Firms. In: *Journal of Business Ethics* 14 (2), pp. 83–101.

Maruyama, Sadami (1996): Die Reaktion von Wirtschaft, Staat und lokaler Gemeinschaft auf die Minamata-Krankheit. In: Gesine Foljanty-Jost (ed.): *Ökologische Strategien Deutschland/Japan. Umweltverträgliches Wirtschaften im Vergleich*. Opladen: Leske+Budrich, pp. 199–228.

MOE (= Ministry of the Environment) (2002): Kankyō ni yasashii kigyō kōdō chōsa kekka [Results of the survey on environmentally friendly corporate activities]. http://www.env.go.jp/policy/j-hiroba/kigyo/h13/gaiyo.pdf (found 16 June 2008).

MOE (2005): Kankyō ni yasashii kigyō kōdō chōsa. Chōsa kekka [Survey on environmentally friendly corporate activities. Survey results]. http:// www.env.go.jp/policy/j-hiroba/kigyo/h16/full.pdf (found 16 June 2008).

MOE (2006): Kankyō ni yasashii kigyō kōdō chōsa kekka [Results of the survey on environmentally friendly corporate activities]. http://www.env.go.jp/policy/j-hiroba/kigyo/h17/full.pdf (found 16 June 2008).

Nakao, Yuriko, Akihiro Amano, Kan'ichiro Matsumura, Kiminori Genba and Makiko Nakano (2006): Relationship between Environmental Performance and Financial Performance: an Empirical Analysis of Japanese Corporations. In: *Business Strategy and the Environment* 16 (2), pp. 106–118.

Nikkei Ecology (2005): NPO o ikase! Dai-ichi tokushū Toyota, NEC, Sonī no kyōgyō no chie ni manabu [Let the NPOs live! Feature Nr. 1: Learning from the eco-collaboration experiences of Toyota, NEC and Sony]. In: *Nikkei Ecology* 6 (June), pp. 22–35.

Nippon Keidanren (2003): *Japan 2025: Envisioning a Vibrant, Attractive Nation in the Twenty-first Century*. Tokyo: Nippon Keidanren.

Osiander, Anja (1998): Sein und Nichtsein einer sozialen Bewegung – Der Fall Minamata. In: Claudia Derichs and Anja Osiander (eds.): *Soziale Bewegungen in Japan*. Hamburg: OAG, pp. 199–230.

Phillips, Robert (2004): Some Key Questions about Stakeholder Theory. In: *Ivey Business Journal* (March/April), pp. 1–4.

Plender, John (1998): Giving People a Stake in the Future. In: *Long Range Planning* 31 (2), pp. 211–217.
Schreurs, Miranda A. (2002): *Environmental Politics in Japan, Germany, and the United States.* Cambridge: Cambridge University Press.
Sutō, Megumi and Tetsutarō Sugiura (2005): Ima tōwareru kigyō no shakai sekinin no arikata: CSR wa kigyō senryaku sono mono [The state of corporate social responsibility in current discourse: CSR as corporate strategy]. In: *Mizuho Research* (April 2005), pp. 1–5.
Tanabe, Toshinori (2005): Kankyō CSR-ron ni arata-na shiten o [A new perspective for environmental CSR theory]. In: *Economic Review of the Fujitsu Research Institute* 9 (1), pp. 114–115.
Tanimoto, Kanji (2004): *CSR keiei: Kigyō no shakai sekinin to suteikuhorudā* [CSR management: The social responsibility and stakeholders of companies]. Tokyo: Chūō Keizaisha.
Tanimoto, Kanji and Kenji Suzuki (2005): *Corporate Social Responsibility in Japan: Analyzing the Participating Companies in Global Reporting Initiative* (= European Institute of Japanese Studies Working Paper; 208). Stockholm: European Institute of Japanese Studies.
Vosse, Wilhelm (1998): Umweltbewegungen im gegenwärtigen Japan: Strukturen, Probleme, Wirkungen. In: Claudia Derichs and Anja Osiander (eds.): *Soziale Bewegungen in Japan.* Hamburg: OAG, pp. 231–297.
Vosse, Wilhelm (2000): *The Domestic Environmental Movement in Contemporary Japan: Structures, Activities, Problems, and its Significances for the Broadening of Political Participation.* Dissertation, Gemeinsame Fakultät für Geistes- und Sozialwissenschaften der Universität Hannover.
Welford, Richard (2005): Corporate Social Responsibility in Europe, North America and Asia. In: *Journal of Corporate Citizenship* (Spring 2005), pp. 33–52.
Witt, Clyde E. (2008): Giving Green Some Numbers. In: *Material Handling Management* 63 (2), p. 3.
Yamada, Masahiko (2006): CSR: Jugyōin jūshi no keiei [CSR: The management of labor relations]. In: *Weekly Tōyō Keizai* 1 (28, Fall 2006), pp. 100–117.
Yamada, Shuji (2004): Environmental Measures in Japaneses Enterprises: A Study from an Aspect of Socialisation for Employees. In: György Széll and Kenichi Tominaga (eds.): *The Environmental Challenges for Japan and Germany: Intercultural and Interdisciplinary Perspectives.* Frankfurt/Main: Peter Lang, pp. 297–322.
Yamada, Shuji (2006): Corporate Social Responsibility in Japan. Focused on Environmental Communication. In: György Széll (ed.): *Corporate Social Responsibility in the EU & Japan.* Frankfurt/Main: Peter Lang, pp. 341–358.

Yamamura, Tsunetoshi (ed.) (1998): *Kankyō NGO: Sono katsudō, rinen to kadai* [Environmental NGOs. Its activities, philosophy and problems]. Tokyo: Shinzansha.

Yamanaka, Chika (2004): NPO to kigyō no pātonāshippu [Partnership between NPOs and companies]. In: Ichirō Tsukamoto, Shun'ichi Furukawa and Takako Amemiya (eds.): *NPO to atarashii shakai dezain* [NPOs and new social design]. Tokyo: Dōbunkan, pp. 220–237.

Rezensionen

RECENSIONES

NPO 西山夘三記念すまい・まちづくり文庫『昭和の日本の
すまい ― 西山夘三写真アーカイブズから』創元社
NPO Nishiyama Uzō Kinen Sumai, Machizukuri Bunko
(Hg.): *Shōwa no Nihon no sumai. Nishiyama Uzō shashin
ākaibuzu kara* [Wohnen in der Shōwa-Zeit. Aus dem Fotoarchiv von Nishiyama Uzō]. Osaka: Sōgensha, 2007, 187
Seiten, ¥ 4.935.

Besprochen von Maren Godzik

Es ist aus heutiger Sicht nicht mehr leicht nachzuvollziehen, warum die
Wohnsiedlungen des öffentlichen Wohnungsbaus, die nach dem Zweiten
Weltkrieg aus dem Boden gestampft wurden, bis in die 1970er Jahre hinein durchaus als wohnenswert betrachtet wurden und die Bewerberzahl
die Anzahl der Wohnungen bei Weitem überstieg.
    Sicher ist diese Einstellung nicht zuletzt auf den akuten Wohnungsmangel nach den Zerstörungen des Krieges und der starken Binnenmigration in die Metropolen zurückzuführen. Man konnte sich schon glücklich schätzen, überhaupt ein Dach über dem Kopf zu haben. Japan unterscheidet sich in dieser Hinsicht nicht wesentlich von anderen Ländern mit
starker Kriegszerstörung, vielleicht jedoch im Ausmaß: Noch 1965 ermittelte die Volkszählung eine durchschnittliche Wohnfläche von unter 8 qm
pro Person. Offiziell als gelöst galt der Wohnungsmangel mit dem Fünfjahres-Wohnungsbauplan des Bauministeriums von 1976 bis 1980, der
sich nicht mehr die Schaffung, sondern die qualitative Verbesserung von
Wohnraum zum Ziel setzte. Solche Art Zahlen vermitteln jedoch ein nur
wenig konkretes Bild der tatsächlichen Wohnsituation.
    Nishiyama Uzō (1911–1994), Architekt an der Universität Kyoto, befasste sich bereits vor dem Zweiten Weltkrieg ausführlich mit der Erforschung des Wohnens. Anders als die meisten Architekten lag sein Hauptinteresse nicht in der Schaffung origineller Einzelbauten. Vielmehr sah er
es als seine Aufgabe an, die Wohnsituation von weniger privilegierten Bevölkerungsteilen zu verbessern. Eines seiner größten Anliegen, das er zu
Beginn der 1940er Jahre vertrat, war die Trennung von Schlaf- und Essraum (*shokushin bunri*) und das Schlafen der Familienmitglieder in verschiedenen Räumen (*shūshin bunri, kakuri shūshin*), und zwar gerade bei
den Wohnungen der Masse der Bevölkerung, die aufgrund ihrer Größe
kaum eine funktionsgetrennte Lebensweise zuließen, aber durch die fortschreitende Urbanisierung, das Kantō-Erdbeben und Kriegsschäden für
einen großen Teil der Bevölkerung Lebenswirklichkeit waren (Nishiyama

333

1968: 16–17). Die Vorstellungen Nishiyamas wurden nach 1945 architektonisch im öffentlichen Wohnungsbau fortentwickelt und setzten sich allmählich – und sehr nachhaltig – in der Wohn- und Lebensweise durch (Suzuki 2006: 95–96).

Als Grundlage für seine Reformbestrebungen dienten Nishiyama ausführliche Untersuchungen der Wohnungen und der Lebensweise, die er mit unzähligen Fotografien dokumentierte. Ein Teil seiner 300.000 (!) erhaltenen Fotografien ist nun von der Uzo Nishiyama Memorial Library unter dem Titel „Wohnen in der Shōwa-Zeit. Aus dem Fotoarchiv von Nishiyama Uzō" veröffentlicht worden. Die ersten Fotografien reichen bis 1935 zurück, die neuesten stammen aus den 1970er Jahren. Schwarzweiß-Fotografien nehmen den größten Teil ein, mit den 1950er Jahren kommen Farbfotos hinzu.

Das Buch ist chronologisch-thematisch in vier größere Abschnitte unterteilt: 1. Vorkriegszeit (1935–1944; *Senzen hen*[1]), 2. Nachkriegszeit – absoluter Wohnraummangel (1945–1955; *Sengo no zettaiteki jūtakunan hen*), 3. Wiederaufbau und Modernisierung (1950–1959; *Fukkō, kindaika hen*) und 4. Licht- und Schattenseiten des starken Wirtschaftswachstums (ab 1960; *Kōdo seichō no hikari to kage hen*). Die Abschnitte untergliedern sich in thematisch-geographisch geordnete Kapitel, die neben den Angaben zum Ort und Aufnahmejahr der Fotografien aus wenigen Zeilen bestehende Einleitungstexte enthalten.

Das Buch wird ergänzt durch Nishiyamas Lebenslauf, ein Verzeichnis seiner wichtigsten Schriften und einen Bericht über die Entstehung seiner Fotografien. Hier findet sich auch die Bemerkung, dass Nishiyama seine Fotografien nur im Ausnahmefall für seine Publikationen verwendete und diese lieber mit zahlreichen Zeichnungen versah (von denen einige den Fotos in diesem Band beigefügt sind). Seine Fotografien sind daher bislang weitgehend unbekannt.

Fotos aus der Vogelperspektive und Panoramaaufnahmen, Straßenzüge, einzelne Häuser, seltener ein Innenraum: die Blicke auf Wohnhäuser und Städte sind vielfältig. Menschen werden in den meisten Fällen eher zufällig und wie nebenbei zum Motiv. Nur selten illustrieren sie die Lebensweise der Bewohner, die Nishiyama in seinen Büchern detailliert untersuchte. Geographisch reicht die Fotoauswahl von Asahikawa auf Hokkaidō bis nach Okinoerabujima, einer Insel der zur Präfektur Kagoshima

---

[1] Die Bezeichnung *senzen hen* für dieses Kapitel erscheint in Anbetracht der Jahresangaben unpassend (das letzte Foto stammt aus dem Jahr 1941). Die Herausgeber bezeichnen diese Zeit wahrscheinlich als Vorkriegszeit, weil die Städte und ihre Bevölkerung noch nicht direkt vom Kriegsgeschehen betroffen waren.

gehörenden subtropischen Inselgruppe Amami. Der Schwerpunkt liegt auf dem Kansai-Raum, gefolgt von Tokyo.

Der erste Teil zeigt die *nagaya* [„Reihenhäuser"] der sich durch Industrialisierung ausweitenden und enger werdenden Stadt Osaka in unterschiedlicher Größe und Bauweise, Stadthäuser (*machiya*) in Kyoto und anderen Orten, ebenso Wohnviertel Tokyos, wie sie auch in Publikationen zur traditionellen Architektur Japans zu finden sind. Die nach dem Kantō-Erdbeben sowie mit zunehmender Industrialisierung schnell entstandenen Neubaugebiete ohne vollständige infrastrukturelle Erschließung nehmen weitere Seiten ein. Dem gegenüber stehen die Einfamilien- und Apartmenthäuser der Dōjunkai, die zwar als Musterbauten ihrer Zeit gelten, deren Mietpreise aber weit über dem lagen, was die Masse bezahlen konnte. So ist es auch Nishiyama selbst, der (wohl mit Selbstauslöser) in seiner Wohnung des Daikan'yama-Apartmenthauses abgebildet ist. Die slumartigen Siedlungen der Koreaner in Osaka bilden dazu wiederum einen starken Kontrast. Über die Planungs- und Experimentierphase, an der Nishiyama aktiv beteiligt war und die er auch fotografisch dokumentierte, kamen sowohl das „Volkshaus" (*kokumin jūtaku*) – das „ideale japanische Haus" der Kriegszeit – als auch der staatliche Wohnungsbau (*jūtaku eidan*) für Arbeiter in ländlichen Gebieten, der, wie der Erläuterungstext (S. 34) besagt, aufgrund der dort angesiedelten Rüstungsindustrie nötig geworden war, nicht hinaus.

Der zweite Teil widmet sich der großen Wohnungsnot nach dem Krieg. Verbrannte Städte, primitive, aus vorhandenem Material zusammengebaute Ersatzhütten, Kasernen und Fabriken, aber auch Brücken, Boote, Eisenbahnwaggons, Busse – alles, was sich in eine Behausung umwandeln ließ (*ten'yō jūtaku*), wurde, wie Nishiyama zeigt, zur Wohnung. Die dauerhafte Nutzung solcher Behelfswohnungen, wenn auch sicher nur in Ausnahmefällen, zeigt ein in das Buch aufgenommenes Foto eines anderen Fotografen aus dem Jahr 2001. Die extrem beengten Wohnverhältnisse auch in städtischen Ersatzbauten werden weniger durch die Fotos als durch Nishiyamas Zeichnungen vermittelt, wie das Beispiel einer elfköpfigen Familie (acht Erwachsene, drei Kinder) auf der Fläche von neun Tatami-Matten (15 bis 16 qm) zeigt. Nishiyama wiederum, beteiligt an der Planung von neuem Wohnraum, zeigt auch die Entstehung von Betonbauten durch den kommunalen Wohnungsbau, die, wie auch die Häuser für die Angehörigen der amerikanischen Besatzungsarmee, in einem großen Kontrast zu ihrer primitiv bebauten und noch von Zerstörungen des Krieges oder neuen Zerstörungen durch Erdbeben und Taifune gekennzeichneten Umgebung stehen.

Den mit Abstand meisten Raum nimmt der dritte Teil ein, der die Wiederaufbauphase nach Ende des Krieges zum Thema hat. Die bestehende

Wohnungsnot führte, wie die massiven Bautätigkeiten zeigen, zuerst zum Bau von Häusern überwiegend aus Holz, dann zunehmend aus Beton, auch um durch mehrgeschossigen Bau den Flächenverbrauch zu reduzieren. Im Jahr 1951 entstand die 35 qm große Standardwohnung 51C, in der eine Familie Platz fand, zusätzlich beengt durch Möbel und andere Einrichtungsgegenstände, die nun als notwendig empfunden wurden. Nishiyama fotografierte auch Firmenwohnungen, die parallel zum beginnenden Wirtschaftswachstum seit Beginn der 1950er Jahre gebaut wurden, z. B. in den Bergbaustädten Hokkaidōs und in Kitakyūshū; selbst die seit 1974 zur Geisterstadt gewordene Insel Gunkanjima bei Nagasaki dokumentierte Nishiyama. Aber auch in diesem Kapitel finden sich Fotografien von den Slums in Tokyo und Kyoto sowie von Fischer- und Bergdörfern, die zwar nicht den Zerstörungen des Krieges zum Opfer gefallen waren, aber aufgrund ihrer Abgelegenheit noch Mitte der 1950er Jahre wie aus der Vormoderne stammend aussehen: teils armselig, teils mit Überresten regionaler traditioneller Architektur. Daneben werden Projekte des öffentlichen Wohnungsbaus und Ansichten von Städten und Straßenzügen wiedergegeben. Vereinzelt und besonders bei kleineren Orten sind bis heute Strukturen erhalten geblieben, aber auch diese werden voraussichtlich in den nächsten Jahren verschwinden.

Der vierte Teil zeigt die „Errungenschaften" des Wirtschaftswachstums, aber auch Wohnungen, die nur als „Zwischenstationen" zu einer Wohnung besseren Standards betrachtet wurden: Wohnhäuser des privaten Wohnungsmarkts, die, eng und hellhörig, möglichst bald zugunsten einer Wohnung des öffentlichen Wohnungsbaus oder mit Hilfe der staatlichen Finanzierungshilfen zugunsten von Hauseigentum in den Vororten der Metropolen verlassen wurden (S. 147–148). Weitere Fotografien dokumentieren Großwohnsiedlungen (*danchi*) und sogenannte New Towns (*nyūtaun*); der Modernisierungsprozess ist deutlich erkennbar. Fertighäuser, deren Massenherstellung mit den 1960er Jahren beginnt, verweisen auf den Bedarf an schnell nutzbarem Wohnraum, der durch die hohe Geburtenrate Ende der 1940er Jahre zusätzlich verstärkt worden war. Auch in dieser Zeit zeigt sich Nishiyamas Interesse am Wohnen weniger privilegierter Schichten, das trotz und gerade auch wegen des Wirtschaftswachstums kaum an Qualität gewonnen hat, wie die Fotografien der (Massen-)Unterkünfte (*doya*) und Schlafstellen für Saisonarbeiter (*ban'ya*) beweisen. Die Verbesserung der Wohnbedingungen in ländlichen Gegenden während dieser Phase findet ebenfalls Eingang in Nishiyamas Fotoarchiv.

Über die Möglichkeiten von Bildern als historische Quelle ist inzwischen häufig geschrieben worden (z. B. Knieper und Müller 2001; Sachs-Hombach 2005). Demnach wird ihnen mehr als nur illustrative Funktion zugebilligt; vielmehr lassen sich auf ihrer Grundlage eigenständige Aussagen treffen. Fotografien werden, wie andere Quellen auch, nicht verstanden als objektive Dokumentation der Wirklichkeit, sondern als eine in einem spezifischen sozialen und kulturellen Kontext entstandene Abbildung. Nishiyamas Fotografien – die prekären Wohnlagen, die sich durch die gesamte Sammlung ziehen, einerseits und die Dokumentation der zum Teil durch den Architekten Nishiyama mitentwickelten Neubauten andererseits – weisen deutlich auf sein Anliegen hin, die Wohnsituation zu verbessern. Die Arbeitsweise Nishiyamas, die – wie aus seinen Schriften hervorgeht – aus der Erforschung der bisherigen Lebensweise breiter Schichten und der Umsetzung seiner Ideale bestand, wird auch bei den abgebildeten Fotografien sichtbar.

Der kurze Anhang „Bilder, die die Zeit widerspiegeln" wirkt zwar dadurch, dass Menschen oft eine zentrale Rolle auf den Fotografien spielen, lebendiger, und spezielle Ereignisse lassen sich einfach datieren, aber die Fotos der anderen Teile sagen nicht weniger über ihre Zeit aus. Zwar geben die kurzen Texte Orientierungshilfe, und das Hintergrundwissen zu Nishiyamas Studien und Anliegen sowie Kenntnisse der japanischen Geschichte des Wohnungsbaus und des Wohnens erleichtern die Einordnung und erlauben Details wahrzunehmen, die möglicherweise ohne Vorwissen übersehen werden könnten. Jedoch ist es gerade eine der Stärken der Auswahl, die Geschichte des Wohnungsbaus und des Wohnens über einen Zeitraum von 40 Jahren fast ausschließlich visuell zu erzählen.

Einige Fotografien fallen aus dem Rahmen, wie die Kinderaufnahmen in den Kapiteln 1 und 4, obwohl sie durchaus interessant sind und die Kontinuitäten trotz aller Veränderungen ins Auge fallen: Eine Gruppe von faszinierten Kindern vor einem Schaukastentheater (1935; S. 33) und eine andere Gruppe von faszinierten Kindern vor einem „mobilen" Fernseher (ca. 20 Jahre später; S. 170). Aufschlussreich wäre zu erfahren, inwieweit die Auswahl der Fotografien den Gesamtbestand wiedergibt oder inwieweit die Herausgeber bestimmte Themen bevorzugt haben. Der Leser wird hier über die Absicht der Herausgeber nicht deutlich informiert.

Ein großes Verdienst der Sammlung ist es, dass eine beträchtliche Anzahl der Fotografien die Situation in ländlichen oder kleinstädtischen Gebieten darstellt. Zum einen ist die städtische Situation bereits weit besser dokumentiert, nicht zuletzt durch das große Interesse an den Wohnsiedlungen der späten 1920er bis 1960er Jahre, deren allmähliches Verschwinden aus dem Stadtbild der Großstädte zahlreiche Publikationen hervorgebracht hat (z. B. Hashimoto, Ōtsuki und Uchida 2003; Ueda 2004; Ōtsuki 2006), zum anderen bilden die ländlichen Gebiete die Herkunftsorte der städtischen Zuwanderer. Wohnbiographien bestimmter Altersgruppen werden mit Hilfe der Fotografien des ländlichen Raums leichter vorstellbar. Studiert man Nishiyamas Aufnahmen, wird dann umso verständlicher, warum die heute meist als wenig attraktiv wahrgenommenen Wohnsiedlungen der Nachkriegszeit damals als bevorzugte Wohnorte galten.

LITERATURVERZEICHNIS

Hashimoto, Fumitaka, Toshio Ōtsuki und Seizō Uchida (Hg.) (2003): *Kieyuku Dōjunkai apāto: Dōjunkai ga egaita toshi no sumai, Edogawa apātomento* [Die verschwindenden Dōjunkai-Apartmenthäuser: Das von der Dōjunkai entworfene städtische Wohnen und die Edogawa-Apartmenthäuser]. Tokyo: Kawade Shobō Shinsha.

Knieper, Thomas und Marion G. Müller (Hg.) (2001): *Kommunikation visuell. Das Bild als Forschungsgegenstand – Grundlagen und Perspektiven*. Köln: Halem.

Nishiyama, Uzō (1968): *Jūkyoron* [Wohntheorie]. Tokyo: Keisō Shobo.

Ōtsuki, Toshio (2006): *Shūgō jūtaku no jikan* [Die Zeit der Mehrfamilienhäuser]. Matsudo: Ōkokusha.

Sachs-Hombach, Klaus (Hg.) (2005): *Bildwissenschaft. Disziplinen, Themen, Methoden*. Frankfurt a. M.: Suhrkamp.

Suzuki, Shigebumi (2006): *GojūichiC hakusho. Watakushi no kenchiku keikakugaku sengoshi* [51C-Weißbuch. Meine Architekturplanungsgeschichte der Nachkriegszeit] (= Sumaigaku taikei; 101). Tokyo: Sumai no Toshokan Shuppankyoku.

Ueda, Makoto (2004): *Shūgō jūtaku no monogatari* [Geschichten von Mehrfamilienhäusern]. Tokyo: Misuzu Shobō.

Long, Daniel: *English in the Bonin (Ogasawara) Islands*. Durham: Duke University Press, 2007, 255 Seiten, € 20.

Besprochen von Patrick Heinrich

Die Bonin-Inseln, japanisch Ogasawara-*shotō*, knapp 1.000 Kilometer südöstlich der japanischen Hauptstadt gelegen, gehören zur Präfektur Tokyo. Ihre Besiedlung begann im Jahr 1830. Die ersten Einwohner, deren Nachfahren noch heute auf den Bonin-Inseln leben, stammten aus Europa und Polynesien. Deren Sprachen und hier insbesondere Englisch und die aus dem Englischen hervorgegangenen Varietäten bilden den Untersuchungsgegenstand dieses Buches. Es ist in fünf chronologisch geordnete Kapitel gegliedert.

Die Bezeichnung „Bonin" leitet sich von „unbewohnt" (*mujin*) ab. Die Reduzierung des Beobachtungsgegenstandes auf eine so eng begrenzte zeitliche und räumliche Entität wie die der Bonin-Inseln zwischen 1830 und heute ermöglicht Forschungsperspektiven, die bei komplexeren Untersuchungsgegenständen so nicht möglich wären. Am wichtigsten dabei ist sicherlich die von Long vollzogene Schwerpunktsetzung auf sprachliche Ökologie. Er untersucht also keine Einzelsprache, und der Titel des Buches ist daher womöglich ein wenig irreführend. Longs Studie beschäftigt sich vor allem mit den wechselseitigen Wirkungen der Sprachen Bonins in ihren sozialen Kontexten. Dass diese Arbeit im japanischen Zusammenhang angesiedelt ist, mag Aufsehen erregen, hat Japan doch traditionell ein homogenes linguistisches Selbstbild. Wenngleich die Vorstellung einer linguistischen Homogenität Japans in der öffentlichen Meinung nach wie vor virulent ist, so wurde diese in der japanischen Sprachwissenschaft der letzten zehn bis zwanzig Jahre doch erheblich erschüttert (für Deskriptionen anderer autochthoner japanischer Sprachen siehe z. B. Bugaeva 2004; Uemura 2003; Zenkoku Shuwa Kenshū Sentā 2004–2006). Longs Studie ist ein weiterer Beitrag zum multilingualen Erbe Japans.

Die lokalen Sprachvarietäten, deren Korpus und wandelnden Status Long in diesem Buch beschreibt, umfassen Bonin-Pidgin-Englisch, Bonin-Kreoloid-Englisch, Bonin-Standard-Englisch, Hachijōjima-Dialekt, Ogasawara-Koiné-Japanisch (ein auf den Bonin neu entstandener japanischer Dialekt), Standard-Japanisch und *Ogasawara Mixed Language* (eine Mischsprache aus Versatzstücken japanischer und englischer Sprachvarietäten). Das Beispiel der Bonin-Inseln zeigt somit auf eindrucksvolle Weise, dass es sich bei Sprachen nicht um monolithische, strikt voneinander abgegrenzte Entitäten handelt, sondern zunächst einmal um potenziell unbegrenzte, produktive Phänomene. Das bedeutet natürlich nicht, dass der Sprachkontakt und die Vermischung der Sprachvarietäten völlig willkürlich vonstatten gehen. Vielmehr geschieht dies nach bestimmten Mustern und Regeln, die Long für den Fall der Bonin-Inseln in seiner Studie aufdeckt.

Ab 1830 entstanden immer wieder neue Sprachvarietäten, welche die Geschichte des Sprachkontakts, die kommunikativen Bedürfnisse ihrer Bewohner, die Migrationsbewegungen sowie die wandelnden Reglementierungen reflektieren. Es bildete sich rasch eine auf dem Englischen basierende Pidginsprache heraus, weil schon die erste Siedlergemeinschaft mehrsprachig war und Englischsprecher großen Einfluss innerhalb dieser Gemeinschaft ausübten. Wichtige Einschnitte in der soziolinguistischen Sprachgeschichte der Bonin-Inseln sind der Beginn der japanischen Besiedlung 1876, als sich erste Siedler aus Hachijōjima niederließen, die Evakuierung der Inseln während des Pazifischen Krieges 1944, der Zeitabschnitt unter US-amerikanischer Besatzung bis 1968, als nur die sogenannten „Yankees", d. h. die nicht ethnisch japanischen Einwohner und ihre Familienangehörige auf die Inseln zurückkehren durften, und die erneute Zuwanderung von japanischen Siedlern nach 1968. Long rekonstruiert diese wechselvolle Sprachgeschichte vom Zeitraum der ersten Besiedlung bis hinein in die Gegenwart. Dies tut er auf Grundlage philologischer und linguistischer Studien, die das Ergebnis von fast einem Jahrzehnt Forschungsarbeit sind.

English in the Bonin Islands ist ein spannendes Buch. Long stützt sich bei seiner Forschung unter anderem auf eine beachtliche Fülle von Besuchsberichten, Zeitungsartikeln, alten Tonbandaufnahmen, Schulaufsätzen und Interviews. So gelingt es ihm, gleich einem Puzzle, weite Teile der Geschichte der lokalen Sprachvarietäten und ihrer Sprecher über philologische Studien zu erschließen. Die verbliebenen, zum Teil immer noch erheblichen Lücken schließt er durch linguistische Analysen, die ihm Aufschluss über Entstehung und Verbreitung neuer Sprachvarietäten geben. Long verbindet also philologische Befunde mit der Untersuchung sprachlicher Daten. Die wichtigsten methodischen Ansätze seiner sprachwissenschaftlichen Analysen sind dabei die Sprachkontaktforschung, insbesondere die Forschung zu Pidgin- und Kreolsprachen, die Dialektologie und die Spracherwerbsforschung. Long findet folglich von seinem Untersuchungsgegenstand ausgehend zu seinen Methoden. Dabei ist ihm im Wesentlichen an einer Rekonstruktion der Sprachgeschichte gelegen. Anderen Aspekten wie die der Sprachplanung, Sprachideologie, Sprachsoziologie oder theoretischen Aspekten der Sprachökologie wendet er sich hingegen nur dann zu, wenn sie der Rekonstruierung seiner Sprachgeschichte dienen.

Eine soziolinguistische Sprachgeschichte befasst sich zentral mit Sprechern, ihren Interessen, kommunikativen Bedürfnissen und Beeinflussung durch sprachplanerische Reglementierung. Im Folgenden die wichtigsten Ergebnisse der vorliegenden Studie: Englisch gelangte mit der ersten Besiedlung auf die Bonin-Inseln und war dort sogleich an der Entstehung einer Pidginsprache beteiligt. Die tertiäre Hybridisierung dieser Sprache, d.h. die Benutzung der Pidginsprache zwischen zwei oder mehreren Nicht-Muttersprachlern des Englischen untereinander, trug einerseits zur Stabilisierung der Pidginsprache bei, während sie gleichzeitig durch die fortwährenden Zuwanderungen und den damit verbundenen Kontakt zu neuen Sprachen und Englischvarietäten immer wieder destabilisiert wurde. Es ist während dieser sprachlich unstabilen Situation, in der die ersten auf Bonin geborenen Kinder das Pidgin ihrer Eltern als Muttersprache erlernen, d.h. sich diese Sprachvarietäten zu Kreolsprachen entwickeln. Die von dieser ersten Generation gesprochene Varietät bezeichnet Long daher als eine Kreolidsprache, d.h. eine Sprache, die durch ihren abrupten Wandel von einer Lingua franca auf beschränkten Domänen zur vollen Nutzung als Muttersprache geprägt ist. Bonin-Kreolid-Englisch war daher sprachlich nah an den US-Varietäten, nahm aber auch Einflüsse des Englischen von Nicht-Muttersprachlern und von pazifischen Englischvarietäten auf. Mit Beginn der japanischen Besiedlung der Inseln erhielt dieses Kreolid die neue Funktion als Index, welcher die bewusste Abgrenzung zu den ethnisch japanischen Bewohnern symbolisierte. Japanisch wurde nunmehr in den neuen Domänen der Verwaltung, der Schule, zur schriftlichen Fixierung und in weiten Teilen des öffentlichen Lebens benutzt, während Bonin-Kreolid-Englisch und andere englische Sprachvarietäten sich auf die private Domäne beschränkten. Dies ist also ein klassischer Fall von Diglossie. Japanisch fungierte dabei als die prestigereiche (*high*) Varietät, während alle anderen sprachlichen Varietäten niedrig (*low*) angesehene Funktionen innehatten. Dieses Verhältnis wurde nach 1945 auf den Kopf gestellt, indem nunmehr Englisch als prestigereiche Varietät fungierte; nach 1968 wurde die ursprüngliche funktionale Differenzierung wiederhergestellt. Was eine solch wechselhafte Sprachreglementierung für die Bewohner der Bonin-Inseln bedeutete, lässt sich leicht erahnen. Long berichtet zum Beispiel von Personen, die im Laufe ihres Lebens viermal ihren Personennamen änderten.

Neben den hier skizzierten Statusänderungen führte die wechselhafte Sprachgeschichte der Bonin-Inseln auch fortwährend zu Korpusänderungen. So sorgte die Verwendung von US-amerikanischen Englischvarietäten zwischen 1945 und 1968 für Dekreolisierungsprozesse im Bonin-

Kreolid, ein durchaus zu erwartender Effekt. Etwas unerwarteter hingegen mag die Entstehung und Verbreitung einer Mischsprache durch die junge Generation erscheinen, wobei sich jene aus englischen und japanischen Sprachvarietäten zusammensetzt und einen frühen Vorläufer bereits vor 1945 hatte. Dieser Mischsprache kam nunmehr die zentrale Funktion zu, sich von den amerikanischen Bewohnern abzugrenzen. Da es durch den Wegzug der ethnischen Japaner und den Zuzug amerikanischen Militärpersonals nicht länger möglich war, sich über englische Sprachvarietäten abzugrenzen, wurde einfach eine neue (gemischte) Sprachvarietät kreiert, die Long als *Ogasawara Mixed Language* bezeichnet. Deren Benutzung durch die Nachkriegsgeneration bis in die Gegenwart hinein zeugt von deren Wunsch, sich eine eigenständige Identität zu bewahren, die weder US-amerikanisch noch japanisch ist. *Ogasawara Mixed Language* wurde nie als Kontaktsprache zwischen den Nachkommen der ersten Siedler und US-Amerikanern oder Japanern benutzt, sondern immer nur zwischen diesen Nachfahren selbst. Die Kreierung und Nutzung dieser Mischsprache war also eine vorsätzliche Wahl und nicht etwa das Ergebnis mangelnder Sprachkompetenz. Schließlich benutzten die Sprecher von *Ogasawara Mixed Language* andere Sprachvarietäten (z. B. Ogasawara-Koiné-Japanisch, Standardjapanisch oder amerikanische Varietäten des Englischen) für die Kommunikation nach außen. Der Wunsch nach einer solchen Differenzierung hat sich in den folgenden Generationen abgeschwächt, und sowohl englische Sprachvarietäten als auch *Ogasawara Mixed Language* gehören mittlerweile nicht mehr zum Repertoire der jüngsten Nachkommen der ersten Siedler.

Longs Bonin-Studie ist für Sprachwissenschaftler von großem theoretischen Interesse. Sprache offenbart sich auf den Bonin-Inseln als Ressource, die zum Zweck der Kommunikation und der Identitätsstiftung aktiv gestaltet wird. Sie trägt somit zur Unterminierung der Ansicht bei, wonach Sprachen monolithische, klar definierte Entitäten seien. Das Buch wirft also die Frage nach der Ontologie von Sprache auf (siehe z. B. auch Nettle 1999) und bereichert die Diskussion um Mischsprachen (z. B. Bakker und Mous 1994) um eine weitere wichtige Fallstudie. Longs Buch unterhöhlt auch die moderne Gleichsetzung von Sprache, Nation (Ethnie) und Kultur, sind es doch beispielsweise ausgerechnet die Nachfahren der ersten Siedler, die den Hachijōjima-Dialekt beibehalten, und nicht die ethnischen Japaner auf den Bonin-Inseln. Der Grund hierfür liegt schlicht und ergreifend in der Tatsache, dass ethnische Japaner zwischen 1944 und 1968 nicht auf Bonin leben durften und sich in ihrer neuen Umgebung auf den japanischen Hauptinseln sprachlich assimilierten. So einfach ist das und so fragil zuweilen der Nexus zwischen Sprache, Genealogie und Identität. Dass Long aus seinen Befunden keine theoretischen Schlussfolgerungen zieht, ist die wohl einzige Schwäche dieses Buches. Für Japan-Spezialisten, die dieses Buch vermutlich als (weitere) Fallstudie über die „Erfindung Japans" (Shimada 2000), als Beleg für das multilinguale und multikulturelle Erbe Japans oder der japanischen Modernisierung im Allgemeinen lesen dürften, fällt dies jedoch weniger ins Gewicht, als dies für eine strikt sprachwissenschaftlich orientierte Leserschaft der Fall wäre.

Longs Buch zeigt in beeindruckender Weise und an einem bislang unbekannten Beispiel auf, wie die Verbreitung, Bewertung, Reglementierung und Entstehung von Sprachvarietäten stets die kommunikativen und identitätsstiftenden Bedürfnisse ihrer Benutzer reflektieren, auf welche die wechselnden Sprachpolitiken durchaus Einfluss nehmen, wenngleich zuweilen in unerwartete Richtung. Gegenwärtig lässt sich bei der mittleren und jungen Generation ein Wunsch nach sprachlicher Abgrenzung durch bestimmte lokale Sprachvarietäten wie Ogasawara Mixed Language oder Bonin-Kreolid-Englisch kaum mehr feststellen. Diese Sprachvarietäten sind, in anderen Worten, in ihrer weiteren Existenz bedroht. Dies ist aus wissenschaftlicher Sicht fraglos bedauerlich. Ob dies auch für die Benutzer auf den Bonin-Inseln selbst gilt, bleibt unklar. Wir wissen nicht, welche Funktionen diese Sprachvarietäten erfüllen könnten. Auch fehlen detaillierte Informationen, ob sich Spracheinstellungen auf den Bonin-Inseln wandeln. Long zumindest lässt im Laufe seiner hervorragenden Studie nie Zweifel daran, dass er den lokalen Sprachvarietäten auf den Bonin-Inseln großen kulturellen und symbolischen Wert beimisst. Dass sie nun ausgerechnet in einer Zeit bedroht sind, in der lokale Varietäten in Japan eine Renaissance erleben (Hara 2005) und Forderungen erhoben werden, dem Englischen in Japan mehr Status einzuräumen (Suzuki 2002), mag manchen tragisch oder widersprüchlich vorkommen. Allerdings lehrt uns Longs soziolinguistische Sprachgeschichte auch, dass Veränderungen unvermeidbar sind und bislang noch jede sprachliche Assimilierung auf den Bonin-Inseln gescheitert ist. Wie man sich auf den Bonin-Inseln in Zukunft sprachlicher Ressourcen bedienen wird und welche Ressourcen dies genau sein werden, ist daher alles andere als klar. Das gilt selbstverständlich nicht nur für Bonin, sondern auch für den Rest Japans und jeden anderen Ort der Welt.

LITERATURVERZEICHNIS

Bakker, Peter und Maarten Mous (Hg.) (1994): *Mixed Languages. 15 Case Studies in Language Intertwining*. Amsterdam: IFOTT.

Bugaeva, Anna (2004): *Grammar and Folklore Texts of the Chitose Dialects of Ainu*. Kyoto: Endangered Languages of the Pacific Rim Project.

Hara, Kiyoshi (2005): Regional Dialect and Cultural Development in Japan and Europe. In: *International Journal of the Sociology of Language* 175/176, S. 193–211.
Nettle, Daniel (1999): *Linguistic Diversity*. Oxford: Oxford University Press.
Shimada, Shingo (2000): *Die Erfindung Japans*. Frankfurt: Campus.
Suzuki, Yoshisato (Hg.) (2002): *Ronsō. Eigo ga kōyōgo ni naru hi* [Diskussion. Der Tag, an dem Englisch zur Amtssprache wird]. Tokyo: Chūō Kōron Shinsho.
Uemura, Yukio (2003): *The Ryukyuan Language*. Kyoto: Endangered Languages of the Pacific Rim Project.
Zenkoku Shuwa Kenshū Sentā (2004–2006): *Shin-shuwa kyōshitsu – nyūmon* [Ein neuer Kurs in Zeichensprache – Einführung]. Tokyo: Zenkoku Shuwa Kenshū Sentā.

小島毅『靖国史観 — 幕末維新という深淵』筑摩書房
Kojima, Tsuyoshi: *Yasukuni shikan. Bakumatsu ishin to iu shin'en* [Das Yasukuni-Geschichtsbild. Aus den Tiefen der Bakumatsu-Restauration] (= Chikuma Shinsho; 652). Tokyo: Chikuma Shobō, 2007, 206 Seiten, ¥ 714.

Besprochen von Matthias Koch

Kojima Tsuyoshi hat *Yasukuni shikan* [Das Yasukuni-Geschichtsbild] auf dem vorläufigen historischen Höhepunkt des Yasukuni-Diskurses während der Ära von Premierminister Koizumi Jun'ichirō (Amtszeit April 2001 bis September 2006) geschrieben. Über den Yasukuni-Schrein[1] sind in den letzten zweieinhalb Jahrzehnten nicht weniger als einhundert Bücher auf Japanisch erschienen, davon auffallend viele in den letzten Jahren. Zum Zeitpunkt der Veröffentlichung von *Yasukuni shikan* war Kojima Assistenzprofessor für chinesische Ideengeschichte an der Universität Tokyo und ist dort zwischenzeitlich zum außerordentlichen Professor aufgestiegen. Darüber hinaus ist Kojima eines von zehn japanischen Mitgliedern einer japanisch-chinesischen Historikerkommission. Diese Kommis-

---

[1] Der Yasukuni Jinja [Schrein des in Frieden lebenden Landes] wurde 1869 als Tōkyō Shōkonsha [Tokyoter Schrein zum Willkommenheißen und Besänftigen der Totengeister] kurz nach dem Boshin-Krieg zwischen den Shogunats-Truppen und den kaiserlichen Truppen auf Vorschlag des Vizeministers für Militärangelegenheiten Ōmura Masujirō gegründet. Der Tōkyō Shōkonsha wurde 1879 von Meiji-Tennō in Yasukuni Jinja umbenannt und zu einem Reichsschrein der Sonderklasse (*bekkaku kanpeisha*) unter der Zuständigkeit des Innen-, des Heeres- und des Marineministeriums bestimmt. Sein Rang entsprach dem eines kleinen Reichsschreins (*kanpei shōsha*). Nach dem Zweiten Weltkrieg wurde der Yasukuni-Schrein in eine vom Staat finanziell unabhängige religiöse juristische Person (*dokuritsu shūkyō hōjin*) umgewandelt. Führte der Yasukuni-Schrein bis zum Krieg rituelle Dienstleistungen für rund 300.000 eingeschreinte „Heldenseelen" (*eirei*) durch, so stieg die Zahl der potenziellen „Gottheiten" (*kami*) – ein mit Vorsicht zu genießender Begriff mit einer gewissen Bedeutungsbreite – durch den für Japan ungünstigen Verlauf seines ersten „totalen Krieges" auf fast 2,5 Millionen an. Mit der großen Zahl neuer Einschreinungen ging eine wachsende religiöse, politische und ökonomische Bedeutung als nationale Gedenkstätte in privater Trägerschaft einher. Auch wenn der Tennō dem Yasukuni-Schrein seit 1975 persönlich keinen Besuch mehr abgestattet hat, besitzt der Schrein das Recht, zweimal pro Jahr einen Emissär des Tennō (*chokushi*) zu empfangen, der im April und im Oktober an rituellen Handlungen teilnimmt.

sion ist ein Resultat eines Treffens zwischen dem Nachfolger von Koizumi, Abe Shinzō, und dem chinesischen Staatsoberhaupt Hu Jintao nach dem Vorbild deutsch-französischer, deutsch-polnischer und deutschtschechischer Historikerkommissionen und hat sich Ende Dezember 2006 zum ersten Mal in Beijing getroffen. Da bei der ersten Zusammenkunft niemand aus der chinesischen Delegation den „Yasukuni-Schrein" oder andere neuralgische Punkte angesprochen hatte, tat Kojima das von sich aus, wie er im Vorwort von *Yasukuni shikan* exklusiv enthüllt.

Gemäß Kojimas wissenschaftlicher Grundthese liegen die „geistigen Grundlagen des Yasukuni-Schreins (weniger im Shintō denn) im Konfuzianismus" (S. 9), d. h. weitgehend im Historischen Forschungsinstitut (Shōkōkan) der späteren Mito-Schule (*Mito-gaku*). Kojimas persönliche Motivation ist eine große Unzufriedenheit mit der oberflächlichen, historisch ignoranten Behandlung des Themas Yasukuni in Japan im Allgemeinen sowie mit der internationalen Kritik und Einmischung in die inneren Angelegenheiten Japans im Besonderen. Kojima interessiert sich für die ideengeschichtliche Vorgeschichte des Yasukuni-Schreins und will das heutige kollektive Gedächtnis und Geschichtsverständnis vom „Sieg vor 140 Jahren", d. h. vom Sieg der „Meiji-Restauration" (*Meiji ishin*), und von der „Niederlage vor 60 Jahren", d. h. von der Niederlage Japans im letzten großen Krieg „relativieren" (S. 198–199). Kojima erhebt Einspruch dagegen, dass die militärischen Sieger, d.h. die Feudaldomänen Chōshū und Satsuma 1868 und die USA 1945, zugleich als die moralischen Sieger dastehen und ein geschichtliches Deutungsmonopol beanspruchen. In diesem Zusammenhang hält Kojima Premierminister Tōjō Hideki (Amtszeit Oktober 1941 bis Juli 1944) und Kondō Isami, Hauptmann der in Kyoto stationierten Polizei-Spezialeinheit Shinsengumi und bis zum letzten Atemzug Verteidiger der letzten beiden Tokugawa-Shōgune, für noble Charaktere im Vergleich zu den „Terroristen", „Revolutionären" und „Systemgegnern" aus den Feudaldomänen Chōshū und Satsuma, die den „Kaiserpalast in Kyoto beschossen, in Edo [Tokyo] Brände gelegt und sich nie dafür entschuldigt haben" (S. 196–197).

Yasukuni-Literatur wird von den Produzenten und Konsumenten je nach der affirmativen oder kritischen Stellung des Autors zum Yasukuni-Schrein gern mit den Etiketten Pro-Yasukuni (*Yasukuni-ha*) oder Anti-Yasukuni (*han-Yasukuni-ha* oder auch *Yasukuni hihan-ha*) versehen. Das kann eine sehr grobe Klassifikation sein, da ein Gegner offizieller Besuche des Yasukuni-Schreins durch Politiker nicht notwendigerweise ablehnend gegenüber dem Yasukuni-Schrein oder nationalen Heldengedenkstätten an sich eingestellt sein muss. Ganz zu schweigen vom Geschichtsverständnis des Yasukuni-Schreins und des zugehörigen Yūshūkan-Kriegsmuseums. *Yasukuni shikan* kann nach der Lektüre des Impressums, des Inhaltsverzeichnisses, der Einleitung (S. 7–16), der Schlussbetrachtung (S. 195–199) und des Nachwortes (S. 200–201) ohne Zweifel unter die Pro-Yasukuni-Gruppe subsumiert werden, weil Kojima die durch den früheren Korvettenkapitän, Oberst und sechsten Oberpriester Matsudaira Nagayoshi am 17. Oktober 1978 heimlich vorgenommene Einschreinung und Verehrung der völkerrechtlich verurteilten 14 Kriegsverbrecher der Kategorie A als „Heldenseelen" (*eirei*) und „Shōwa-Märtyrer" (*Shōwa junnansha*) wie selbstverständlich befürwortet, was wiederum nicht verwundert, da er sich auch sonst freizügig als Anhänger von Mishima Yukio (S. 12–13), Kita Ikki (S. 71) und Tōjō Hideki (S. 197) bekennt. Nach der Lektüre des Hauptteils, der aus den drei Hauptkapiteln „Kokutai" [Staatskörper, Staatsform, Nationalwesen(heit)] (S. 18–88), „Eirei" [Heldenseelen] (S. 89–137) und „Ishin" [Restauration] (S. 139–193) besteht, denen 19 Unterkapitel und 75 Unterunterkapitel zugeordnet sind, kann das vorliegende Buch nicht als Einführung in den Themenkreis „Yasukuni" empfohlen werden. Kojima setzt im Grunde genommen mindestens eine grobe Kenntnis der Werke von Mitsuchi Shūhei (2005, 2007), Takahashi Tetsuya (2005), Tokoro Isai (2000), Hosaka Masayasu (2007), Yamanaka Hisashi (2003) und Ōhara Yasuo (2003) voraus. Während das Gros der obengenannten Autoren und Werke wie Kojima eher der Pro-Yasukuni-Gruppe zuzurechnen ist, so ist Takahashi Tetsuya, Professor für Philosophie an der Universität Tokyo, davon auszunehmen, weil er die Yasukuni-Besuche von Premierminister Koizumi kritisiert (hat), da sie seiner Ansicht nach der Demokratie in Japan und Japans Ansehen in der Welt schweren Schaden zugefügt hätten.

Kojima erwähnt im Vorwort von *Yasukuni shikan* den populärwissenschaftlichen Bestseller *Yasukuni mondai* [Das Yasukuni-Problem] von Takahashi Tetsuya, von dem bislang mehr als 200.000 Exemplare verkauft wurden. Kojima und Takahashi können als Antipoden und „Das Yasukuni-Geschichtsbild" implizit als eine Replik auf „Das Yasukuni-Problem" betrachtet werden. Kojima kreidet Takahashi und dessen Werk einen entscheidenden Mangel an: fehlende historische, d. h. ideengeschichtliche Tiefe (S. 9). Wer dieses Urteil nun als Ankündigung einer historisch-kritischen Untersuchung und seriösen intellektuellen Auseinandersetzung mit Takahashis Werk verstehen sollte, wird im Folgenden anders belehrt. Eine Revision von Sichtweisen durch neue Erkenntnisse, wissenschaftliche Erklärungen und Widerlegungen mit logisch nachvollziehbarer und intersubjektiv überprüfbarer Beweisführung finden auf den folgenden Seiten weniger statt. Kojima geht es nicht um eine ergebnisoffene Bemühung um einschlägiges historisches Wissen und seine Weiterentwicklung. Kojima referiert auch nicht einfach nur den begriffsgeschichtlich gesicherten Stand enzyklopädischen Wissens zu den Termini *kokutai* [Staatskörper], *eirei/eikon* [Heldenseelen], *ishin/kakumei* [Restauration/Revolution] und *shinkoku/shinshū/kami no kuni* [Götterland/Land der Götter] oder fasst diesen für seine Leserschaft neu zusammen. Kojima präsentiert sich mit seiner Art der selektiven Wahrnehmung und fehlenden intellektuellen Distanz zu den obengenannten Ideologemen und Euphemismen ostentativ als ein Anhänger des harten nationalistischen Kerns des Yasukuni-Geschichtsbildes. Erfinder historischer Mythen werden von ihm in der Regel nicht einfach als solche identifiziert und kritisiert und religionsphilosophische Konstruktionen nicht auf ihren Wirklichkeits- und Wahrheitsgehalt und ihre ideologischen Zwecke hin untersucht. Kojima erklärt und kritisiert das Yasukuni-Geschichtsbild nicht, er wirbt eher um Verständnis dafür. Er zitiert wichtige Werke der japanischen Geistesgeschichte vom Altertum bis zur Frühmoderne, ohne die das „Yasukuni-Geschichtsbild" nicht denkbar wäre: *Kojiki* (712), *Nihon shoki* (720), *Jinnō shōtō ki* (1343), *Honchō tsugan* (1670), *Tokushi yoron* (1712–1724), *Shinron* (1825), *Dai Nihon shi* (1657–1906) und andere mehr. Zum Teil gesellt sich zu einem aufklärerischen Unterton auch aufklärerischer Inhalt: So sollen die Mito-Schule und die Nationale Schule in der zweiten Hälfte der Tokugawa-Zeit laut Kojima doch tatsächlich historische Mythen in Tatsachen umgeschrieben haben! Dazu hätte man gern mehr erfahren.

Zur Begriffsgeschichte ist festzuhalten, dass es durchaus qualitative und quantitative Unterschiede in den Darstellungen Kojimas gibt. Die reine Begriffsgeschichte des auch für heute lebende Japaner blassen Terminus bzw. Zeichenkompositums *ishin* [Restauration][2] ist informativ aufgearbeitet, was man allerdings nicht von anderen Termini sagen kann. So wird beispielsweise die für das Yasukuni-Geschichtsbild sehr relevante Götterlandideologie (*shinkoku shisō*) – von der Kenmu-Restauration des Go-Daigo-Tennō (1333–1336) über das *Jinnō shōtō ki* (1343) von Kitabatake Chikafusa bis zur „Japan, wahrlich das Land der Götter mit dem Tennō im Zentrum"-Bemerkung (*kami no kuni hatsugen*) des damaligen Premierministers Mori Yoshirō (15. Mai 2000) samt der monotheistisch verbildeten, unangemessenen Reaktion des westlichen Auslandes darauf (*isshinkyōteki gokai*) – auf kaum einem Dutzend Zeilen abgehandelt (S. 164–165). Das Ganze kommt ohne eine einzige distanzierte oder kritische Bemerkung, was davon zu halten sein könnte, daher.

---

[2] Mit dem rund dreitausend Jahre alten Zeichenkompositum *ishin* wollte sich die Meiji-Regierung explizit vom altchinesischen Begriff und Konzept des „Mandats des Himmels" (*tenmei*) distanzieren und für Japan einen „Dynastiewechsel" (*ōchō kōtai*), d. h. eine „Revolution" (*kakumei*) ausschließen. Der Begriff *ōsei fukko* [Restauration der königlichen/kaiserlichen Herrschaft] ist daher heute in japanischen Nachschlagewerken eher für englische (1660), französische (1814) und spanische Geschichte (1874, 1975) reserviert.

Kojima benutzt den Schlüsselbegriff „Yasukuni-Problem" (*Yasukuni mondai*)[3] im Vorwort und im Nachwort mehr als ein Dutzend Mal – und damit entschieden häufiger als im ganzen Hauptteil –, ohne dem Leser mitzuteilen, was darunter zu verstehen ist oder wie er den Terminus verstanden wissen will. Nun könnte man meinen, dass Kojima bei seiner japanischen Zielgruppe selbstverständlich die Bedeutung von „Yasukuni-Problem" als bekannt voraussetzen darf. Weit gefehlt: Kojima erwähnt den Inhalt des „Yasukuni-Problems" nicht, weil er demonstrieren möchte, dass ein „Yasukuni-Problem" aus der Sicht des „Yasukuni-Geschichtsbildes" recht eigentlich betrachtet gar nicht existiert. Da das „Yasukuni-Problem" nun aber tatsächlich in weiten Teilen der Gesellschaft vom Parlament über die Massenmedien bis zum letzten Stammtisch breit diskutiert wurde und wird, kommt Kojima nicht umhin, es als existent anzuerkennen, um es sogleich neu zu definieren, zu relativieren, zu minimalisieren und schließlich zu negieren. Denn für Kojima ist das „Yasukuni-Problem" explizit ein „innerjapanisches Problem". Kojima leidet darunter, dass sich das „Yasukuni-Problem in den letzten Jahren zu einem internationalen Problem entwickelt" (S. 15) hat. Folgerichtig ist vom „Yasukuni-Problem" im Hauptteil weniger die Rede, bis es dann in der Schlussbetrachtung „aus den Tiefen der Bakumatsu-Restauration" wieder auftaucht. Kojima betont dort noch einmal, dass das „Yasukuni-Problem" erstens ein „innerjapanisches Problem" und zweitens ein „seit dem Boshin-Krieg ungelöstes historisches Problem" (S. 197) sei.

Kojima ist der Gründungszweck des Yasukuni-Schreins ein wichtiges Anliegen. Er weist an mehreren Stellen seines Buches darauf hin und widerspricht damit unter anderem dem früheren Premierminister Koizumi. Dieser hatte anlässlich seines sechsten und letzten Yasukuni-Schrein-Besuchs als Premierminister am 15. August 2006 in einem Interview gesagt, dass er den „Opfern" von Krieg – damit sind im Dienst verstorbene Angehörige des japanischen Heeres- und des Marineministeriums gemeint, nach dem „Yasukuni-Geschichtsbild" japanische Männer und Frauen, darunter auch zwangsrekrutierte Koreaner und Chinesen, die zum Zeit-

---

[3] Das „Yasukuni-Problem" betrifft im Großen und Ganzen offizielle Besuche des Yasukuni-Schreins durch Politiker (*Yasukuni Jinja kōshiki sanpai mondai*), die Einschreinung von Seelen ohne die Zustimmung der Angehörigen (*kyōseitekina gōshi*), die Einschreinung von Seelen völkerrechtlich verurteilter Kriegsverbrecher (*ē-kyū senpan gōshi mondai*) sowie das Geschichtsverständnis des Yūshūkan-Kriegsmuseums auf dem Gelände des Yasukuni-Schreins (*Yūshūkan shikan mondai*). Kritiker sehen durch die obengenannten Punkte das in Art. 20 der japanischen Verfassung festgeschriebene Prinzip der Trennung von Staat und Religion (*seikyō bunri gensoku*) sowie die darin garantierte Religions- und Glaubensfreiheit (*shinkō no jiyū*) verletzt.

punkt ihres Todes *de jure* die japanische Staatsangehörigkeit besaßen –, die „ihr Leben für das Vaterland und für die Familie" gelassen haben, „Respekt und Dank" zollen will.[4] Das mag subjektiv der Fall sein, objektiv verhält es sich laut Kojima jedoch anders. Die Behauptung, dass im Yasukuni-Schrein Seelen von Soldaten als „Gottheiten" (*kami*) verehrt werden, die in Kriegen mit japanischer Beteiligung für das Vaterland gefallen seien, ist für Kojima eine „freche Lüge" (S. 95). Kojima weist hier – zu Recht – auf die Tatsache hin, dass Japan in der Übergangsphase von der Tokugawa-Zeit (1603–1867) zur Meiji-Zeit (1868–1912) nach außen keine souveräne Staatsmacht darstellte. Größere militärische Auseinandersetzungen Japans mit äußeren Mächten folgten in der Meiji-Zeit erst nach dem Ende der sogenannten Restaurationswirren: Taiwan-Expedition (1874), Erster Chinesisch-Japanischer Krieg (1894/95), Boxeraufstand (1900/01) und Russisch-Japanischer Krieg (1904/05). Als „Heldenseelen" und „Gottheiten" werden nach dem Yasukuni-Geschichtsbild also ausschließlich Gefallene besänftigt und verehrt, die sich für die „ab aeterno ununterbrochene Blutlinie des japanischen Kaiserhauses" (*bansei ikkei*) und die Bewahrung oder Wiederherstellung des japanischen „Staatskörpers" (*kokutai*) geopfert haben (S. 158–160). Anders formuliert: „All jene, die sich unter der Kaiserlichen Reichskriegsflagge versammeln, sind Japaner. Auf der anderen Seite können Leute wie jene, die sich der monumentalen Leistung der ‚Restauration' widersetzt haben und gegen den Tennō opponieren, keine vergöttlichten Heldenseelen werden" (S. 193).

Kommen wir nun zur vielleicht Yasukuni-kritischsten Bemerkung aus *Yasukuni shikan*. Zwar läßt Kojima nichts auf das Yasukuni-Geschichtsbild kommen, aber er sieht in der kollektiven Einschreinung (*gōshi*) einen „grundlegenden Widerspruch im Yasukuni-Schrein" (*Yasukuni no konponteki mujun*) angelegt. Damit meint er nicht die Einschreinung von völkerrechtlich verurteilten „Kriegsverbrechern" (*senpan*), denn diese seien laut Kojima von allen Kandidaten sowieso am unproblematischsten einzuschreinen. So wie die „Vertreibung der Barbaren" (*jōi*) aus Japan zur Bewahrung und/oder Wiederherstellung des *kokutai* im Namen des Tennō *per definitionem* nur gute und gerechte und somit auch „heilige Kriege" (*seisen*) in der Meiji-Zeit wert waren, so war auch und gerade danach beispielsweise der Großostasiatische Krieg ein solcher, nämlich ein Krieg zur Befreiung Asiens (*Ajia kaihō sensō*). Jedoch, so fragt Kojima sich und den Leser mit dem gebotenen Ernst, ob sich die „Heldenseele" eines echten Überzeugungstäters und *kokutai*-Bewahrers wie Yoshida Shōin (1830–1859) mit den „Heldenseelen" von Wendehälsen und unsicheren Kanto-

---

[4] http://www.kantei.go.jp/jp/koizumispeech/2006/08/15interview.html (letzter Zugriff 10.07.2008).

nisten wie Sakamoto Ryōma (1836–1867) und Hashimoto Keigaku (auch Hashimoto Sanai, 1834–1859) im Yasukuni-Schrein wirklich wohlfühlen und vertragen könn(t)en (S. 119–120)!? In Bezug auf die Bakumatsu-Zeit (1853–1867) und die frühe Meiji-Zeit könnte sich Kojima also durchaus eine Diskussion über Heldenseelen-Wackelkandidaten vorstellen, wohingegen die Einschreinung von völkerrechtlich durch den Internationalen Militärgerichtshof des Fernen Ostens (Kyokutō Kokusai Gunji Saiban, kurz Tōkyō Saiban) verurteilten Kriegsverbrechern der Kategorien A, B und C für das Yasukuni-Geschichtsbild – also das Geschichtsverständnis Kojimas, des Yasukuni-Schreins und des Kriegsmuseums Yūshūkan – vollkommen unproblematisch ist, weil sie gemeinsam sowohl das völkerrechtliche Verfahren zwischen Mai 1946 und November 1948 als auch die ergangenen Urteile als Siegerjustiz verurteilen und nicht anerkennen, wie es der japanische Staat formell und offiziell *nolens volens* tun musste, weil er den Krieg verloren hatte und seine staatliche Souveränität so bald wie möglich wieder zurückerlangen wollte.

Was ist nun die „wahre Identität ‚Japans'" (‚*Nihon' no seitai to wa?*), fragt Kojima, was macht Japans Wesen aus, was hält Japan im Innersten zusammen, was macht Japan zu Japan? Nach Kojima und dem Yasukuni-Geschichtsbild definiert sich die wahre Identität „Japans" auf jeden Fall nicht territorial als konkret fassbarer und begrenzter physischer Raum, auf dem eine Bevölkerung mit einer wie auch immer gearteten arbeitsteiligen Weise der Produktion, der Verteilung und des Konsums lebt. In diesem Zusammenhang verweist Kojima auf das historiographische Monumentalwerk *Dai Nihon shi* (1657–1906) der Mito-Schule, für die „Japan" in erster Linie mit den politischen Zentren des Kaiserstaates, d. h. den Hauptstädten Nara, Heiankyō und höchstens noch Kamakura, gleichzusetzen war. Die späte Mito-Schule behandelte nicht einmal die gewaltsam geeinten Hauptinseln von Nord-Honshū bis Süd-Kyūshū. Auch erinnert Kojima daran, dass sich „Japan" räumlich betrachtet im Laufe der Zeit expansiv verändert hat. Ezochi (Hokkaidō) und das Königreich Liuqiu (Ryūkyū) gehörten in der zweiten Hälfte der Tokugawa-Zeit ebenso wenig zu Japan wie die Inseln, über die derzeit Territorialkonflikte mit Russland, Südkorea, Taiwan und der VR China ausgetragen werden. Kojima erwähnt hier den Kurilenkonflikt um die Nördlichen Territorien (Hoppō Ryōdo) und den Streit um Takeshima (Dokdo) und Uotsurijima (Diaoyutai) explizit aus Sicht des japanischen Außenministeriums als offene Rechnungen. Zusammengefasst: „Japan" ist von seinem Wesen her kein geographischer Raum, der einfach „von irgendwo im Norden bis irgendwo im Süden reicht", nein, Japan gehört einer Kaiserfamilie (*ōke*) und definiert seine Identität nur über und durch diese. Das *Dai Nihon shi* beschreibt die Geschichte Japans nicht in (s)einer räumlichen Bedeutung, sondern als „Geschichte des Tennō-Hauses" (*Tennō-ke no rekishi*) (S. 191) – Ende der Beweisführung Kojimas.

Abschließend kurz noch einmal mit Kojima zum logischen Zusammenhang zwischen *kokutai*, *eirei* und *ishin*: „Der Staatskörper (*kokutai*) Japans war seit alters unverändert, d. h. der Tennō regierte als Monarch. [...] Dass der Tennō keine direkte Herrschaft ausübte, bedeutet auf keinen Fall, dass er nicht da war" (S. 157). Denn die Tokugawa herrschten ja nur von 1603 bis 1867, aber die Herrschaft des Tennō bestand und besteht formell seit alters kontinuierlich und ungebrochen (*bansei ikkei*). Die Wiederherstellung des ursprünglichen und wahren „Staatskörpers" war das Projekt der Meiji-„Restauration" (*Meiji ishin*). In diesem Prozess verloren die Seelen der Kriegshelden ihr Leben. Und um die Leistung des restaurierten *kokutai* zu bewahren, wurde der Verlust weiterer „heldenhafter Seelen" erforderlich. Kurz: „Der Verteidigung des *kokutai* wohnt die Logik der Invasion inne" (S. 55). Das ist doch mal ein klares Wort. Wahrscheinlich damit der Humor auch in dem populärwissenschaftlichen Werk *Yasukuni shikan* zu seinem Recht kommt, datiert Kojima sein Nachwort – das Buch ist laut Verlagsimpressum „Anno Domini Nostri Iesu Christi 2007" erschienen – auf das „Jahr 2667 der sogenannten Reichsgründung" (S. 201). *Honi soit qui mal y pense?*

LITERATURVERZEICHNIS

Hosaka, Masayasu (2007): *„Yasukuni" to iu nayami* [Ein Kummer namens „Yasukuni"]. Tokyo: Mainichi Shinbunsha.

Mitsuchi, Shūhei (2005): *Yasukuni mondai no genten* [Der Ursprung des Yasukuni-Problems]. Tokyo: Nihon Hyōronsha.

Mitsuchi, Shūhei (2007): *Atama o hiyasu tame no Yasukuni-ron* [Gedanken über Yasukuni zum Abkühlen] (= Chikuma Shinsho; 640). Tokyo: Chikuma Shobō.

Ōhara, Yasuo (Hg.) (2003): *Yasukuni Jinja Yūshūkan no sekai. Kindai Nihon no rekishi tanbō gaido* [Die Welt des Yūshūkan-Kriegsmuseums im Yasukuni-Schrein. Eine Geschichtsführung zum modernen Japan aus erster Hand]. Tokyo: Sankei Shinbunsha.

Takahashi, Tetsuya (2005): *Yasukuni mondai* [Das Yasukuni-Problem] (= Chikuma Shinsho; 532). Tokyo: Chikuma Shobō.

Tokoro, Isai (Hg.) (2000): *Yōkoso Yasukuni Jinja e. Ofisharu gaidobukku* [Willkommen im Yasukuni-Schrein. Der offizielle Führer]. Tokyo: Kindai Shuppansha.

Yamanaka, Hisashi (2003): *Sukkiri wakaru „Yasukuni Jinja" mondai* [Das „Yasukuni-Schrein"-Problem klar und verständlich]. Tokyo: Shōgakukan.

石井素介『国土保全の思想 ― 日本の国土利用はこれでよいのか ―』古今書院
Ishii, Motosuke: *Kokudo hozen no shisō – Nihon no kokudo riyō wa kore de yoi no ka* [Gedanken zur Landeskonservierung: Ist die gegenwärtige Form der Landnutzung Japans akzeptabel?]. Tokyo: Kokon Shoin, 2007, 342 Seiten, ¥ 3.990.

Besprochen von Ralph Lützeler

Sicher nicht wenige Europäer werden bei ihrem ersten Zusammentreffen mit japanischer Kulturlandschaft so geurteilt haben wie der Rezensent: Zwar mag es vor allem in abgelegenen Teilen des Landes etliche pittoreske Szenerien zu bewundern geben, und auch in den Städten lassen sich vereinzelt ansprechende Burganlagen oder Tempel finden, den Hauptcharakterzug der Landnutzung scheint aber Chaos zu bilden, und viele der seit Kriegsende errichteten Bauten verschandeln die umgebende Landschaft: zehn- oder mehrstöckige Mehrfamilien- und Bürohäuser neben gedrungenen Holzbauten oder ein abenteuerliches Oberleitungs- und Reklametafelgewirr in den Städten, radikale Einbetonierungen erosionsgefährdeter Hänge oder auch größere Siedlungen ohne die geringsten Spuren älterer, identifikationsstiftender Architekturelemente im ländlichen Raum – die Liste ließe sich fortsetzen. Dass eine solche Einschätzung nicht nur einem „typisch deutschen Ordnungsdenken" geschuldet ist, sondern von vielen Japanern geteilt wird, zeigt sich beispielsweise an der insgesamt positiven Aufnahme der 2007 vom Stadtrat in Kyoto beschlossenen *keikan jōrei* [Stadtbild-Verordnung/en] (vgl. hierzu näher den Beitrag von Brumann in diesem Band), aber auch an den Ausführungen in dem im Folgenden besprochenen Buch von Ishii Motosuke, einem der führenden japanischen Geographen der vergangenen Jahrzehnte.

> Ich möchte mit diesem Buch an den Leser appellieren, d. h. ich möchte, dass er zunächst über den Zustand des Territoriums dieses Landes nachdenkt, die Hässlichkeit der Landnutzung wahrnimmt und darüber klagt, zornig wird, den Mund aufmacht. Und dann möchte ich, dass er über Fragen der Umwelt, der Landschaft und der Naturkastastrophengefährdung in seinem Wohnumfeld und in dem seiner Familie und Freunde nachdenkt und dass er mit Gleichgesinnten selbst den Dingen nachgeht und gegenüber der Gefahr einer

Umweltverschlechterung in seinem Lebensumfeld von seiner Kommune Vorkehrungen fordert und Gleichgesinnte zur Mitwirkung an diesen Vorkehrungen aufruft (S. iv).

Mit diesen Worten macht Ishii bereits im Vorwort unmissverständlich klar, worum es ihm geht. Es soll nicht nur die Problematik der derzeitigen Landnutzung und der ihr zugrunde liegenden Prinzipien herausgestellt werden, sondern sein Anliegen ist auch und vor allem, den Leser zu aktivem Handeln zu bewegen, um die beklagten Missstände selbst zu korrigieren, denn, so Ishii eine Seite zuvor, die Verantwortung für den „ungeordneten Zustand der Landnutzung" liege weniger bei einzelnen Bürokraten und ihrer elitären Sichtweise, sondern bei allen Japanern, „[...] d. h. bei der Art und Weise des Verhaltens der Menschen, die in diesem Land leben, ihrem Denken, ihrer Auswahl politischer Repräsentanten von lokalen Gebietskörperschaften und der nationalen Regierung, denen Entscheidungen anvertraut werden [...]" (S. iii).

Der 1924 geborene Autor gibt an, dass sich seine kritischen Auffassungen zur japanischen Landnutzung erst allmählich herausgebildet haben, während er sich mehr als ein halbes Jahrhundert mit den Auswirkungen und der Bewältigung von Naturkatastrophen, der Ressourcennutzung und der räumlichen Agrarstruktur beschäftigte. Die Gliederung des Buches ist so angelegt, dass es den Leser diesen Entwicklungsprozess genau nachverfolgen lässt. In dem für die vorliegende Publikation neu geschriebenen Teil 1 (S. 15–42) legt Ishii ausführlich die Stationen seines Wissenschaftlerlebens dar, die ihn am stärksten prägen, während fast alle folgenden Abschnitte eine Zusammenstellung von meist bereits an anderer Stelle publizierten Einzelaufsätzen darstellen, die die verschiedenen Phasen seines Schaffens illustrieren sollen. Leider fehlt dem Buch ein Index, über den man die Querbezüge zwischen den Aufsätzen noch besser hätte aufspüren können. Sind die Aufsätze auch alle einer streng kritisch-rationalistischen Methodik verpflichtet, so lässt sich das Werk als Ganzes aufgrund seines Appellcharakters eher der in Japan stark verbreiteten Wissenschaftsessayistik zuordnen. Bewusst hat Ishii daher auch den Begriff *kokudo* [Land, Staatsterritorium, Hoheitsgebiet] für den Titel seines Buches gewählt, obwohl er in Japan auch eine nationalistische Konnotation besitzt, wie er einräumt, denn verglichen mit alternativen Begriffen wie *chiiki* [Region], *kūkan* [Raum], *kyōdo* [Heimat] oder *kankyō* [Umwelt] vermittele er den japanischen Lesern am ehesten das Gefühl, dass die angesprochenen Missstände kein Problem anderer Leute sind, sondern auch sie selbst angehen (S. 337).

Ishii studierte von 1943 bis 1946 Geographie an der Universität Tokyo und begann seine wissenschaftlichen Aktivitäten mit der Teilnahme an einer Exkursion in die damalige Mandschurei im Jahr 1944. Danach arbeitete er in der Ministerialbürokratie, von 1948 bis 1956 in der Forschungsgruppe für Ressourcen (Shigen Chōsakai) des Premierministeramtes. Während dieser Zeit kam er mit in den 1930er Jahren in den USA entwickelten Gedanken zur Naturressoucenerhaltung in Kontakt. Seine Arbeiten aus dieser Zeit, die in Teil 2 (S. 43–113) zusammengefasst sind, beschäftigen sich vorwiegend mit den Auswirkungen der in den 1950er Jahren in Japan sehr häufigen Überschwemmungskatastrophen wie dem Ise-Bucht-Taifun des Jahres 1959. Bereits hier betrachtet Ishii auch historische und soziale Aspekte und stellt fest, dass das Ausmaß von Naturkatastrophen entscheidend von der Landnutzungsweise des Menschen abhängt. Im Jahr 1956 wechselte der Autor an die Abteilung für Geographie der Meiji-Universität in Tokyo, wo er bis zu seiner Emeritierung im Jahr 1994 verblieb. Seine Arbeiten während der 1960er Jahre (Teil 3, S. 115–182) sind vor allem stärker theoretischen Erörterungen über Naturkatastrophen und Ressourcenmanagement gewidmet, aber auch den verschiedenen Konflikten, die sich zwischen unterschiedlichen Ressourcennutzern auf der lokalen Ebene ergeben. Ishii musste hier unter anderem feststellen, dass die Interessen der vor Ort lebenden Bevölkerung in Japan etwa bei Staudammprojekten oft weit auseinandergehen oder oft auch völliges Desinteresse herrscht, was es Erschließungsgesellschaften leicht macht, auch umweltzerstörende Projekte durchzusetzen.

Seit 1969 hielt sich der Autor unter anderem als Humboldt-Stipendiat zu zahlreichen Forschungsaufenthalten in Deutschland auf. Waren es zunächst vor allem persönliche Verbindungen, die Ishii gerade nach Deutschland brachten, so ergaben sich schon bald für ihn Einblicke (Teil 4, S. 183–261), die sich auf seine Gedanken zur Landnutzung in Japan befruchtend auswirken sollten. Äußerst interessiert registrierte er beispielsweise anlässlich des erfolgreichen Wirkens einer Bürgerinitiative gegen den Bau eines Staudamms im hochsauerländischen Brunskappel, dass es in Deutschland ein starkes Regionalbewusstsein gibt, über das es möglich ist, die gesamte Bevölkerung gegen stark in die Landschaftsnutzung eingreifende Projekte zu mobilisieren (S. 185–198). Ishii zeichnet – illustriert an Beispielen aus eigener Feldforschung – die Prinzipien der deutschen Raumordnung mit ihrer Höherbewertung angemessener Landnutzung gegenüber bloßen Eigentumsrechten nach (S. 214–233) und skizziert anschließend die Wechselwirkungen zwischen der Herausbildung des bürgerlichen Vereinswesens, der Heimatbewegung und der geographischen Landeskunde im Deutschland des 19. Jahrhunderts, was nach Meinung des Autors alles entscheidend zu einer besonderen Sensibilisierung in Fragen der Landschaftskonservierung beigetragen habe (S. 234–261). Wieder stärker über Japan forschend (Teil 5, S. 263–332), stellte das große

Hanshin-Erdbeben des Jahres 1995 für den Autor das letzte entscheidende Erlebnis dar, das ihn schließlich dazu brachte, dieses Buch zu schreiben, denn das hohe Schadensausmaß dieser Katastrophe führt er klar auf die ungeordnete Landnutzung in den japanischen Städten zurück (S. 305–313).

Was sind nach Ansicht des Autors nun die hauptsächlichen Ursachen für die nach seiner Meinung verfehlte Landnutzung in Japan? Bereits im einleitenden Teil (S. 1–14) gibt er hierauf eine klare Antwort. Zum einen sei es eine Überschätzung der seit der Meiji-Zeit aus dem Westen importierten modernen technischen Möglichkeiten zur Eindämmung von Naturkatastrophen bzw. bei landschaftsgestalterischen Maßnahmen generell, verbunden mit mangelndem historischen und ökologischen Wissen der planenden Ministerialtechnokraten. Zum anderen aber – und hierin liegt für Ishii der wichtigere Grund, wie auch das oben angeführte Zitat belegt, – gebe es einen Mangel an regionalem Zugehörigkeitsbewusstsein bei den meisten Japanern, der in Zusammenhang mit einer geringen Ausprägung von politischer Autonomie in den lokalen Gebietskörperschaften stehe. Der Autor räumt ein, dass dies in vielen Dörfern der Vorkriegszeit durchaus anders gewesen sei. Unter Anleitung erfahrener und engagierter Schlüsselpersonen – oft aus der Schicht der Grundbesitzer (*jinushi*) stammend – sei etwa die Nutzung von Wasser- und Bodenressourcen im Sinne von Nachhaltigkeit und Katastrophenvermeidung reguliert worden. Allerdings tauge dieses Beispiel nicht unbedingt zum Vorbild, da die damaligen Dorfgemeinschaften gegenüber der Außenwelt abgeschottet agiert hätten. Nach dem Krieg hätten dann die Auswirkungen der Landreform und die Massenabwanderung in die Städte diese gewachsenen Strukturen, vor allem aber die Solidarität unter der ansässigen Bevölkerung weitgehend zerstört. Heute genössen daher Eigentumsrechte eine klare Priorität gegenüber einer angemessenen Bodennutzung.

Die Frage, was sich in Japan folglich ändern müsste, ist damit schon vorskizziert. Ishii fordert ein Denken, bei dem der Eigenwert der landschaftlichen Umwelt ein stärkeres Gewicht neben einer rein pragmatischen bzw. marktwirtschaftlichen Bewertung erhält. Konkreter gesprochen wünscht er sich, dass erst in jüngerer Zeit entdeckte potenzielle Nutzfunktionen (z. B. die Befriedigung ästhetischer oder anderer ökonomisch nicht exakt quantifizierbarer Bedürfnisse), die den natürlichen Ressourcen innewohnen, ebenso positiv bewertet werden wie die vorbeugenden Maßnahmen zur Eindämmung möglicher Naturkatastrophen, an denen sich die negativen, schädlichen Seiten natürlicher Ressourcen zeigten. Als ein denkbares Beurteilungskriterium zur Feststellung, welche Landschaftsnutzung angemessen ist, schlägt Ishii das in den 1960er Jahren in der deutschsprachigen Sozialgeographie entwickelte Konzept der sogenannten Daseinsgrundfunktionen vor (S. 301–303). Diesem zufolge können raumwirksame Daseinsäußerungen des Menschen in die Teilfunktionen „Wohnen", „Arbeiten", „Sich-Versorgen", „Sich-Bilden", „Sich-Erholen", „Verkehrsteilnahme" und „Gemeinschaftsleben" aufgegliedert werden. Zwar gilt dieser theoretische Ansatz in der neueren sozialgeographischen Forschung als obsolet, und zwar vor allem, weil die Auswahl der Teilfunktionen theoretisch nicht hinreichend fundiert sei und ihre soziale Differenziertheit nicht thematisiert worden sei (Werlen 2000: 197–199). Als normatives Konzept, um auch auf nichtökonomische Bedürfnisse lokaler Bevölkerungen hinzuweisen, erschiene seine Verbreitung in Japan dem Rezensenten dennoch als echter Fortschritt gegenüber der bisherigen Situation.

Leider wird Ishii wenig konkret, wenn es darum geht, Wege aufzuzeigen, wie ein solches neues Denken auf die aktuellen Raumprobleme Japans angewendet werden könnte. Die Frage, wie der städtische Boden in Zukunft besser genutzt werden kann, wird gar nicht angeschnitten; Ishii ist allerdings auch kein Experte für stadtgeographische Fragen. Doch auch für den abgelegenen ländlichen Raum, dem derzeit in Teilen eine vollständige Entvölkerung droht, werden Entwicklungsperspektiven nur sehr knapp skizziert (S. 325–328). Der Autor stellt hier vor allem dessen Erholungsfunktion in den Vordergrund, was aber angesichts der weiten räumlichen Verbreitung der Untervölkerungsproblematik in Japan allenfalls für einige wenige Regionen ein Lösungsansatz sein kann. Zu fragen ist auch, ob die starke Fokussierung auf fehlendes oder falsches Bewusstsein in der japanischen Bevölkerung eine nicht zu einfache Sicht auf die Ursachen der unkoordinierten und ungeregelten Landnutzung darstellt. So müssten zumindest noch die Auswirkungen des japanischen politischen Systems auf die Raumgestaltung Berücksichtigung finden, z. B. die bis in die Gegenwart übliche Praxis der Durchführung von überdimensionierten Bauprojekten in wirtschaftlich schwachen Räumen zur Sicherung von Arbeitsplätzen und vor allem Wählerstimmen, was Japan mittlerweile auch die Charakterisierung „Baustaat" (*doken kokka*) eingetragen hat (Feldhoff 2005; vgl. auch die Beiträge von Feldhoff und Flüchter in diesem Band).

Die zuletzt genannten Schwächen sollen aber nicht darüber hinwegtäuschen, dass es sich bei dem vorliegenden Werk insgesamt um ein sehr informatives, in Teilen aufgrund vieler persönlicher Schilderungen auch berührendes Buch handelt, das mit seinem Plädoyer für eine Landschaftsnutzung, die den vielfältigen Bedürfnissen der Menschen besser entspricht, in bester aufklärerischer Tradition steht. Über die von Ishii explizit angesprochenen Planungsexperten und Lehrenden in den Sozialwissenschaften hinaus ist dem Buch, auch im Sinne der in Japan lebenden Menschen, ein breiter Leserkreis zu wünschen.

LITERATURVERZEICHNIS

Feldhoff, Thomas (2005): *Baulobbyismus in Japan. Institutionelle Grundlagen – Akteursnetzwerke – Raumwirksamkeit.* Dortmund: Dortmunder Vertrieb für Bau- und Planungsliteratur.
Werlen, Benno (2000): *Sozialgeographie. Eine Einführung* (= utb; 1911). Bern: Haupt.

Wörterbücher zur juristischen Fachsprache
Deutsch-Japanisch und Japanisch-Deutsch, 3. Teil:

I. 田沢五郎『独・日・英ビジネス経済法制辞典』郁文堂
Tazawa, Gorō: *Doku, Nichi, Ei bijinesu keizai hōsei jiten* [Deutsch-Japanisch-Englisches Wörterbuch für Handel, Wirtschaft und Recht]. Tokyo: Ikubundō, 1999, xviii und 1.298 Seiten, ¥ 19.950.

II. ゲッツェ・ベルンド『和独法律用語辞典』成文堂
Götze, Bernd: *Wa-Doku hōritsu yōgo jiten* [Japanisch-Deutsches Rechtswörterbuch]. Tokyo: Seibundō, 2007, 702 Seiten, ¥ 8.400.

Besprochen von Heinrich Menkhaus

Der Rezensent hat in den *Japanstudien* schon zweimal Sammelbesprechungen Deutsch-Japanischer und Japanisch-Deutscher juristischer Fachwörterbücher veröffentlicht (Menkhaus 1993, 1994). Zwei Neuerscheinungen werden hier zum Anlass genommen, die Reihe fortzusetzen.

Das Werk von Tazawa Gorō hat einen Vorgänger unter dem Titel *Doitsu seiji keizai hōsei jiten* [Deutsch-Japanisches Wörterbuch für Politik, Wirtschaft und Recht], erschienen im selben Verlag im Jahre 1992. Es findet sich unter den in den genannten Sammelbesprechungen vorgestellten Wörterbüchern. Trotzdem bezeichnet der Autor in seinem Vorwort die Überarbeitung nicht als zweite Auflage, sondern angesichts der vorgenommenen Änderungen und Erweiterungen als „Schwesterband" (*shimai-hen*). Die Erweiterungen und Änderungen erfassen insbesondere dreierlei: Angesichts der fortschreitenden Globalisierung und Europäisierung wird, wann immer möglich und nötig, auch der englische Fachbegriff genannt, wobei in der Regel säuberlich zwischen dem britischen und dem US-amerikanischen Englisch getrennt wird. Die Übersetzung des Fachbegriffs ist mit Beispielen aus dem deutschen Sprachgebrauch angereichert, die zwar zunächst auf Japanisch geboten, dann aber, was für den deutschsprachigen Leser angenehm ist, in Deutsch wiederholt werden. Schließlich wird der Fachbegriff, sofern er als ein Grundbegriff eingeordnet ist, selbst noch näher beleuchtet, in dem z. B. seine Herkunft, seine Zusammensetzung usw. auf Deutsch und Japanisch erläutert werden.

Letzteres rechtfertigt den Untertitel des Werkes „mit Kommentaren von Grundbegriffen" (*juyō kihon yōgo chūkai-tsuki*). Der Autor ist ein Praktiker, der nicht Rechtswissenschaften, sondern an der Universität Tokyo westliche Geschichte studiert hat. Die Erfahrungen mit Deutschland hat er in seiner Zeit als Journalist der verbreiteten japanischen Tageszeitung *Yomiuri Shinbun* von 1966 bis 1970 im Bonner Büro gewonnen. Er hat diese nach Eintritt in den Ruhestand als Professor für Europäische Wirtschaftsgeschichte an der Fakultät für Fremdsprachen der Reitaku-Universität, wo er mittlerweile allerdings auch emeritiert ist, weiter einsetzen können.

Insgesamt werden wesentlich mehr Begriffe als in der Vorgängerauflage behandelt. Offenbar hat der Autor selbst keine genaue Vorstellung davon, wieviele Fachbegriffe er übersetzt und erklärt, denn ein Hinweis auf die absolute Zahl der Fachbegriffe fehlt. Allein der Buchstabe A verzeichnet 1227 Eintragungen. Im Anhang sind die japanischen und englischen Übersetzungsvorschläge noch einmal mit Seitenzahl genannt, so dass man sich dem gesuchten Begriff auch über die japanische und englische Sprache nähern kann. Natürlich ist das Werk mit einem Alter von jetzt fast zehn Jahren nicht mehr ganz auf dem neuesten Stand, weil die Rechtsordnungen sich nun einmal recht dynamisch entwickeln. Die Ausführungen sind aber immer noch brauchbar und in aller Regel sehr solide. Dazu sei ein Beispiel vorgetragen:

Der Rezensent hat in einem jüngst veröffentlichten Aufsatz nachgewiesen, dass es für den deutschen Begriff „Gesellschaftsrecht" im Japanischen keine Entsprechung gibt (Menkhaus 2006a). Tazawa weiß das, oder er ahnt es jedenfalls, weil er immer, wenn es um den juristischen Begriff „Gesellschaft" geht, keine japanische Übersetzung gibt, sondern das deutsche Wort „Gesellschaft" lediglich in *katakana* anbietet, also in die japanische Schriftzeichengruppe überträgt, mit der ausländische Begriffe, die im Japanischen benutzt werden sollen, geschrieben werden. Allenfalls als Beispiel für Gesellschaften gibt es in *kanji* geschriebene Begriffe, die einzelne japanische Gesellschaftsformen kennzeichnen, wie *shadan*, *kaisha* und *kumiai*.

Eine Schwäche des Werkes liegt darin, dass bei den deutschsprachigen Beispielen sprachliche Fehler gemacht worden sind. Das ist umso erstaunlicher, als es sich bei diesen Beispielen offenbar ganz überwiegend um Zitate aus Gesetzen oder anderen offiziellen schriftlichen Zeugnissen handelt. Insoweit wäre sicher die Hilfe eines deutschen Muttersprachlers sinnvoll gewesen. Das weitere Problem besteht darin, dass das Werk für Japaner geschrieben wurde, d. h. mittels der vielfältigen Erklärungen wird die deutsche Struktur erkennbar, während die japanische verborgen bleibt.

Eigentlich sollte ein Wörterbuch erst dann besprochen werden, wenn der Rezensent mit der Benutzung langjährige Erfahrung hat. Das ist bei dem zuerst vorgestellten Werk der Fall, bei der zweiten Publikation von Bernd Götze angesichts seiner Veröffentlichung erst im Herbst 2007 aber nicht. Andererseits hatte die Fachwelt lange Zeit auf ein aktuelles Japanisch-Deutsches Fachwörterbuch der Rechtswissenschaften gewartet.

Der Verfasser ist in Singapur als deutscher Rechtsanwalt tätig, der – was insbesondere im von Nakamura Hideo, einem der bedeutendsten Zivilprozessrechtler Japans und Deutschlandkenner, beigesteuerten Vorwort deutlich wird – sowohl während seiner Ausbildung als auch in seinem späteren Berufsleben mannigfaltigen Kontakt zu Japan hatte. Er hat neben dem Studium der Rechtswissenschaften an der Universität Freiburg am dortigen – inzwischen geschlossenen – Japanologischen Seminar Japanisch gelernt. Im juristischen Vorbereitungsdienst hat er die Chance genutzt, die sogenannte Wahlstation in Japan zu verbringen. Er war so der erste von mittlerweile etwa 100 deutschen Rechtsreferendaren, die der Zivilprozessrechtler und Deutschlandkenner Kigawa Tōichirō in seinem Rechtsanwaltsbüro in Tokyo ausgebildet hat. Nach dem zweiten deutschen juristischen Staatsexamen arbeitete Götze wieder in Tokyo, wo der Rezensent die Ehre hatte, ihn 1984 kennenzulernen. Dann verbrachte er einige Jahre u. a. als Japan-Referent am Max-Planck-Institut für ausländisches und internationales Strafrecht in Freiburg, an dessen Universität er auch seine Doktorarbeit, die sich zum japanischen Zivilprozessrecht verhält, vorlegte.

Die erste Frucht seiner unablässigen Bemühungen um die japanische juristische Fachsprache war ein im Jahre 1993 erschienenes Deutsch-Japanisches Wörterbuch (*Doku-Wa hōritsu yōgo jiten*), das in den oben erwähnten Sammelbesprechungen schon erfasst ist. Hier nun ist das Werk für die Gegenrichtung Japanisch-Deutsch anzuzeigen. Es hat im Vergleich zum schon vorliegenden Wörterbuch im Umfang erheblich zugenommen und ist beileibe keine „Umkehrfassung" des ersten Bandes, sondern eine sehr sorgfältige Auswahl aus dem Katalog des umfänglichen japanischen juristischen Fachsprachwortschatzes.

Leider ist die Gesamtzahl der Stichwörter auch hier nicht genannt, aber allein beim Buchstaben A sind es 220. Allerdings ist diese Zahl nicht sehr aussagekräftig, weil sich eine Vielzahl weiterer Stichwörter als mit dem Hauptbegriff zusammengesetzte Komponenten findet. Dem Wörterbuchteil ist eine Auswahl von Titeln japanischer Gesetze mit deutschem Übersetzungsvorschlag sowie internationalen Organisationen und Abkommen angefügt. Insgesamt ist die glossarische Form der Darstellung aus dem deutsch-japanischen Band beibehalten worden. Erklärungen finden sich zwar nur selten; durchgehend ist aber deutlich gemacht, dass der

Fachbegriff je nach dem Kontext seiner Verwendung ganz unterschiedliche Bedeutungsgehalte aufweisen kann.
Wieder sollen Begriffe aus dem Gesellschaftsrecht hier zur Stichprobe dienen. Dabei fällt zunächst auf, dass sich tatsächlich beim Stichwort *kaisha-hō* als Bezeichnung für ein Rechtsgebiet die Übersetzung „Gesellschaftsrecht" findet, obwohl das Gesellschaftsrecht deutscher Prägung eben nicht nur die *kaisha* genannten Rechtsformen erfasst. Entsprechend wird konsequent das im Jahre 2006 in Kraft getretene gleichnamige Gesetz mit „Gesellschaftsgesetz" übersetzt. Es wird dann aber bei der personalistisch gefärbten gesellschaftsrechtlichen Grundform *kumiai* konzediert, dass auch diese eine Gesellschaft ist. Neben dem Begriff „Gesellschaft" werden gleichzeitig noch die Übersetzungen „Assoziation" und „Genossenschaft" angeboten. Der Begriff „Gesellschaft" fehlt indes bei den Übersetzungen der körperschaftlich strukturierten gesellschaftsrechtlichen Grundform *shadan*, wo als Übersetzungen nur die Begriffe „Assoziation", „Körperschaft", „Korporation", „Vereinigung", „Personenvereinigung" und „Verein" angeboten werden. Erleichtert nimmt der Rezensent zur Kenntnis, dass dem Verfasser bei der neuen japanischen Gesellschaftsform *gōdō gaisha* auch kein passender deutscher Begriff eingefallen ist (vgl. Menkhaus 2006b) und entsprechend nur erklärt, welche Gesellschaftsform des US-amerikanischen Rechts bei der Schaffung dieser neuen Form Pate gestanden hat.

Schon mit diesen wenigen Beispielen wird deutlich, dass ein glossarisches Rechtswörterbuch ein wichtiger Einstieg ist. Diesen Einstieg leistet das Wörterbuch gerade durch die Verwendung vieler synonymischer Begriffe in vorbildlicher Weise, weil diese den Leser geradezu zwingen, sich mit der Frage auseinanderzusetzen, was der Begriff denn nun wirklich im konkreten Fall bedeutet.

Zusammenfassend ist festzustellen, dass das Erstellen eines bilingualen Wörterbuches eine umfassende Beherrschung der benutzten Sprachen voraussetzt. Offenbar ist die Zahl der deutschen Juristen, die diese Fähigkeit mitbringen, so klein, dass Bernd Götze seit langer Zeit der einzige Deutsche ist, der sich auf dem Markt unter den sonst ausschließlich japanischen Kompilatoren behauptet. Noch interessanter wird das Bild, wenn man berücksichtigt, dass er gar nicht im deutschsprachigen Raum tätig ist. Entsprechend ist offenbar das Interesse auf dem deutschen Markt so begrenzt, dass nur japanische Verlage bereit sind, solche Wörterbücher in ihr Programm aufzunehmen. Eine Zusammenarbeit mit einem deutschsprachigen juristischen Verlag ist offenbar nicht einmal erwogen worden.

Es ist weiter auffällig, dass beide Verfasser Praktiker sind. Offenbar ist der Bedarf an Übersetzungen in der Praxis so groß, dass die Sisyphos-

Arbeit der Kompilation eines Fachwörterbuches jetzt in Angriff genommen wurde. Dass die japanbezogene Rechtswissenschaft jedenfalls auf deutscher Seite hier kaum einen Beitrag leistet, dürfte daran liegen, dass ihr in Deutschland nur ein sehr begrenztes Wirkungsfeld eingeräumt wird.

Gerade der Vergleich der Arbeiten von Tazawa und Götze offenbart, dass für die deutschsprachige juristische Welt ein Rechtswörterbuch, das neben den glossarischen Übersetzungsmöglichkeiten auch Erklärungen zur japanischen Struktur gibt, immer noch fehlt.

LITERATURVERZEICHNIS

Menkhaus, Heinrich (1993): Zweisprachige Wörterbücher zur juristischen Fachsprache Deutsch-Japanisch und Japanisch-Deutsch. In: *Japanstudien – Jahrbuch des Deutschen Instituts für Japanstudien* 4 (1992), S. 279–291.

Menkhaus, Heinrich (1994): Deutsch-japanische Wörterbücher zur juristischen Fachsprache – Neuerscheinungen. In: *Japanstudien – Jahrbuch des Deutschen Instituts für Japanstudien* 5 (1993), S. 524–534.

Menkhaus, Heinrich (2006a): Allgemeines Gesellschaftsrecht in Japan. In: Heinrich Menkhaus und Fumihiko Sato (Hg.): *Japanischer Brückenbauer zum deutschen Rechtskreis. Festschrift für Koresuke Yamauchi zum 60. Geburtstag*. Berlin: Duncker & Humblot, S. 229–252.

Menkhaus, Heinrich (2006b): Japan. In: Rembert Süß und Thomas Wachter (Hg.): Handbuch des internationalen GmbH-Rechts. Angelbachtal: Zerb, S. 923–934.

Köhn, Stephan und Martina Schönbein (Hg.): *Facetten der japanischen Populär- und Medienkultur 2*. Wiesbaden: Harrassowitz, 2007, 204 Seiten, € 48.

Besprochen von Michael Prieler

Mit qualitativ hochstehenden Beiträgen zur japanischen Populär- und Medienkultur ist den Herausgebern Stephan Köhn und Martina Schönbein ein thematisch sehr weit gefächerter Sammelband gelungen.

Das Buch beginnt mit einem Beitrag von Miriam Rohde, in dem sie sich mit der Struktur und der Rezeption des Films *Audition* von Miike Takashi beschäftigt. Rohde fasst zunächst Inhalt und Struktur des Films zusammen und geht auf die ästhetischen Mittel, die Darstellung von Gewalt und die intertextuellen Bezüge im Werk ein. Sie untersucht in erster Linie folgende Bezüge: Horrorgenre, Erotikgenre, Buchvorlage, Regisseur und Hauptdarsteller. Im zweiten Teil ihres Aufsatzes geht Rohde der Frage nach, wie der Film *Audition* in Deutschland und Japan rezipiert wurde. Als Grundlage der Analyse dienen ihr Kommentare aus dem Internet. Rohde untersucht, welche unterschiedlichen Bilder und Themen bei der Rezeption in Deutschland und Japan verwendet werden. Bei Deutschen fand sie vor allem zwei Gruppen von Rezipienten: Die eine wollte einen Gewaltfilm aus Japan sehen und war enttäuscht; die andere wollte einen gesellschaftskritischen Film sehen und war überwiegend begeistert. Interessanterweise sei der gesellschaftskritische Aspekt von japanischer Seite fast nie erwähnt worden. Ein Grund für diesen Gegensatz könne der Einfluss des Film-Trailers sein, der nur in der im Westen gezeigten Fassung den gesellschaftskritischen Aspekt hervorhebe, so Rohde. Die Autorin identifiziert allerdings auch einige übereinstimmende Themenbereiche zwischen den Rezipienten der beiden Länder, wie z. B. die Gewaltdarstellungen im Film. Dieser Aspekt werde in Deutschland jedoch häufig generell mit Vorstellungen von Gewalt in japanischen Filmen verknüpft. In Japan dagegen fand sie zahlreiche Kommentare zu den Schauspielern, welche in Deutschland nicht erwähnt werden. Zusammenfassend ist zu sagen, dass Rohde ein sehr interessanter Beitrag gelungen ist, der als Anstoß für weitere tiefere Analysen dienen kann (etwa Zuschauerbefragungen, was sie selbst erwähnt). Dabei wäre auch eine genauere Herausarbeitung der Bilder, die Deutsche von Japan haben, von Interesse, was nur ansatzweise in diesem Artikel geschehen ist. Diese Darstellung von Fremdbildern ist dafür aber im nächsten Beitrag des Buches in hervorragender Weise gelungen.

Griseldis Kirsch widmet sich in diesem der Darstellung von China im japanischen Kino und TV-Drama und zeigt, welche Bilder Chinas in Japan in der Darstellung genutzt werden. Anhand von zwei Filmen und einem Drama stellt Kirsch exemplarisch ihre Forschungsergebnisse dar. Was der Darstellung Chinas sowohl in Filmen als auch in Dramen gemeinsam sei, sei die Darstellung von Japan als modernes, urbanes Land, und die von China als ländlich und traditionell. Es gebe in den Filmen und Dramen immer wieder den Hinweis auf in Japan verlorene Traditionen, die in China noch vorhanden seien, ein Aspekt, der oft in Zusammenhang mit Chinas spirituellem Reichtum gesehen werde. Es sei daher auch kein Zufall, dass in einigen der Beispiele Japaner in China wieder zu sich selbst fänden. Kirsch vergleicht die Darstellung Chinas in Japan entlang der Dimensionen „modern-traditionell" mit dem Orientalismus im Westen, in dem auf eine ähnliche Weise der Westen auf weniger entwickelte Länder blicke. Trotz der Bewunderung Chinas durch Japaner, so betont Kirsch, werde Japan in den Filmen und Dramen China gegenüber als überlegen dargestellt, und es werde weiter die Botschaft vermittelt, dass nur Japan China dabei helfen könne, die Moderne zu erreichen. China werde als Land präsentiert, das modernisiert werden müsse. Alle Filme verwiesen darauf, dass China noch nicht so weit sei, dies aus eigener Kraft zu schaffen, und noch Hilfe von Japan benötige. China scheine hier eine Projektion von Japans eigener Vergangenheit darzustellen. Kirsch stellt infrage, ob eine solche nostalgische Verklärung Chinas zu mehr Asieninteresse und vor allem Wissen bei Japanern führe. Kirsch ist es in diesem Aufsatz sehr gut gelungen darzulegen, wie Ausländer und das Ausland (hier China) in Japan dargestellt werden und wie diese Darstellung mehr mit der japanischen denn mit der chinesischen Realität zu tun hat.

Toyomi Iwawaki-Riebel beschäftigt sich in ihrem Aufsatz mit der Karriere von Nakajima Miyuki, die während ihrer mehr als dreißigjährigen Karriere als „Singer-Songwriter" ein wesentlicher Bestandteil der Musikszene Japans war und ist. Sie gibt einen Überblick über das Schaffen Nakajimas und zeigt durchgehende Themen und Motive auf, die ihrem Werk zugrunde liegen. Dieses beinhalte das Ideal der Liebe sowie die Verarbeitung von Gefühlen der Vergänglichkeit und des Schmerzes. Nakajima setzte sich auch für sozial benachteiligte Gruppen wie Prostituierte oder Vergewaltigungsopfer ein. Iwawaki-Riebel bezieht sich in ihrer Interpretation der Lieder auf westliche Philosophen, was etwas problematisch erscheint. Sie räumt auch selbst ein, dass eine Beschäftigung Nakajimas mit diesen nicht bekannt sei. Der Untertitel des Aufsatzes („Nakajima Miyukis musikalische Antwort auf Japans wechselvolle Gegenwart") scheint etwas unglücklich gewählt, da diese Thematik im Aufsatz nicht aufgegriffen wird. In der Zusammenfassung resümiert die Autorin, dass sich nicht unbedingt die Themen und Motive im Werk Nakajimas geändert hätten, sondern vielmehr die Rezeption dieser Themen durch die Gesellschaft. Trotz des etwas unglücklichen Untertitels handelt es sich im Großen und Ganzen um einen gelungenen Artikel, der das Werk Nakajimas beleuchtet.

Stephan Köhn beschäftigt sich in seinem Aufsatz mit dem Manga „Barfuß durch Hiroshima" (*Hadashi no Gen*) von Nakazawa Keiji, der die Geschichte eines Jungen vor und nach dem Atombombenabwurf beschreibt. Nach einer Darstellung der Publikations- und Rezeptionsgeschichte sowie einer Einführung in die Geschichte geht Köhn der Frage nach, inwieweit Realität im Medium Manga dargestellt werden kann. Da Nakazawa selbst ein Überlebender des Atombombenabwurfes sei und es in der Geschichte zahlreiche Bezüge zu seinem Leben gäbe, würde meist davon ausgegangen, dass es sich um eine Autobiographie handle. Köhn zeigt allerdings, dass dies nur bedingt der Fall ist, was sich etwa an der Verwendung von mehreren Erzählperspektiven (ein auktorialer Erzähler, aber auch Gen selbst erzählt) zeige, die im Laufe des Werkes immer mehr zu verschwimmen begännen. Nakazawa verwende auch typische Regeln des Jungen-Manga, was ebenfalls gegen eine Autobiographie im engeren Sinne spräche. Köhn schließt mit der Bemerkung, die Untersuchung habe gezeigt, dass der Manga „zwar ein beeindruckend detailreiches, jedoch kein realistisches Medium im Sinne der Geschichtswissenschaft sein" könne. Dieses Ergebnis ist sicherlich nicht überraschend und trifft auf fast alle Literaturformen zu, aber auch auf andere Medienformen. Es stellt sich allerdings die Frage, inwieweit das von Literatur erwünscht sein kann und ob die genaue Wiedergabe der Realität, soweit das überhaupt möglich ist, wirklich die beste Art und Weise ist, zum Nachdenken anzuregen. Vielleicht ist es geradezu unmöglich, ein unbegreifliches Ereignis wie den Atombombenabwurf und seine Auswirkungen auf realistische Weise verständlich zu machen und bedarf eines weniger „realistischen" Zuganges. Ein Zugang, der sich in „Hadashi no Gen" als Erfolg herausstellte, da es Zielgruppen (wie etwa Schüler) ansprechen konnte, die mit einem realitätsnäheren bzw. geschichtswissenschaftlichen Buch schwerlich hätten erreicht werden können.

Mit dem Aufsatz von Nadja Brinker begibt sich der Sammelband in eine andere Epoche. Brinker widmet sich der kommerziellen Gestaltung des *Seken musume katagi* von Ejima Kiseki aus dem Jahr 1717, einer Zeit, in der Bildungsexpansion und wirtschaftlicher Wohlstand zu einer wachsenden Leserschaft geführt hatten. Sowohl das Werk als auch der Autor selbst würden in der westlichen Literaturgeschichte häufig negativ beurteilt, betont Brinker, was vor allem mit einem modernen, westlichen Literaturansatz zu tun habe, der jegliche Verwendung und Verarbeitung anderer

Werke ablehne. Die Gunst der Leser habe Ejima aber dennoch gefunden. Anhand des *Seken musume katagi*, das zu einer Zeit verfasst wurde, in der Ejima besonders auf ein Einkommen angewiesen gewesen sei, zeigt Brinker, welche Stilmittel Ejima bewusst verwendete, um Erfolg zu erzielen. Ejimas Werk bestehe aus karikierenden und stark übertriebenen Typenschilderungen von Frauencharakteren, die oft im Widerspruch mit den konfuzianischen Idealen der Zeit gestanden hätten. Er habe sich vor allem auf unmoralische Frauen konzentriert, vor denen in Moralbüchern gewarnt worden sei, um diese humoristisch darzustellen. Neben dem Humor verwende Ejima auch andere Stilmittel, um beim Publikum Gefallen zu finden. Er beschreibe etwa genau die Kleidung der Zeit (ein Thema, das bei Frauen auf Resonanz gestoßen sei) und erwähne andere damals populäre Vergnügungen in seinem Werk, wie etwa Sumo oder das Freudenviertel in Gion. Auch stilistische Merkmale wie die häufige Verwendung von Dialogen und Zitaten sollten dem Leser Vergnügen bereiten.

Martina Schönbein gibt in ihrem Aufsatz einen Überblick über die Produktion und Vermarktung von Graphikdrucken im 19. Jahrhundert. Sie bespricht in erster Linie Drucke, die Schauspieler entlang der Tōkaidō-Überlandstraße zeigen. Sie stellt einzelne ausgewählte Bildserien vor und diskutiert anhand von diesen, wie einzelne Bildelemente und Bildinhalte zitiert und verknüpft werden, etwa bekannte Schauspieler mit bekannten Landschaftsbildern. Dabei geht sie detailliert auf die Vermarktung der Graphiken ein und stellt verschiedene Techniken der Käuferbindung dar. Dies sei den Künstlern etwa durch die Kombination beliebter Themen gelungen, den Einbau von Bildzitaten, Bezügen zu gerade aufgeführten Theaterstücken oder auch durch die Verwendung von Stars aus der Vergangenheit. Aus einer ähnlichen Überlegung heraus scheine die Tōkaidō-Straße als Motiv gewählt worden zu sein. Aufgrund ihrer 53 Stationen sei so bereits eine hohe Anzahl an Blättern gewährleistet, was zu einer Käuferbindung führe. Schönbein verweist auch auf die Parallelen in den Bereichen Graphikdruck (*nishiki-e*), Literatur (*gesaku*) und Kabuki-Theater im 19. Jahrhundert, die nicht nur interagiert, sondern teilweise auch auf ähnliche Weise den Käufer/Konsumenten an sich gebunden hätten.

Yuman Lee beschäftigt sich in ihrem Beitrag mit dem Puppentheater Budaixi in Taiwan während der japanischen Kolonialzeit, womit der Sammelband den Bereich der „japanischen Populärkultur" verlässt. Lee gibt einen sehr schönen historischen Überblick und erklärt die Aufführungspraxis dieser Theaterform, welche im Gegensatz zur Peking-Oper als Form des Volkstheaters angesehen werden könne und auch heute noch Eingang in die Populärkultur (etwa in die Werbung) fände. Wie auch andere Formen der Populärkultur sei das Budaixi in Taiwan lange Zeit nicht als wertvolles Kulturgut anerkannt worden, was sich erst durch seine internationale Bekanntheit und Anerkennung geändert habe. Der Schwerpunkt des Aufsatzes liegt auf der Darstellung des Einflusses der japanischen Kolonialherrschaft auf diese Theaterform. Es werden zwar einige Änderungen dieser Form während der Kolonialzeit dargelegt – traditionelle Live-Musik wurde durch Schallplatten mit westlich inspirierter Musik ersetzt; die Kostüme der Puppen wurden zu einer Mischung aus chinesischer und japanischer Kleidung; Alltagsfloskeln waren oft dem Japanischen entnommen; perspektivische Bühnenbilder wurden eingeführt –, aber leider ist nicht immer klar, inwieweit diese Änderungen nur während der Kolonialzeit kurzfristig angenommen oder auch langfristig beibehalten wurden, bzw. ob diese Änderungen wirklich in direktem Zusammenhang mit den Auswirkungen der Kolonialzeit und der Zensur selbst stehen oder ob es sich lediglich um Bestimmungen einiger wichtiger Theatertheoretiker dieser Zeit handelte. Eine klare Auswirkung der Zensur war sicherlich die Festlegung von Texten, da Texte zur Genehmigung eingereicht werden mussten, während zuvor meist nur Handlungsstrukturen gegeben waren. Lees Aufsatz ist leider teilweise etwas unstrukturiert, und in der Zusammenfassung erscheinen einige neue Fakten, die besser in den Hauptteil Eingang gefunden hätten. Insgesamt handelt es sich aber trotzdem um einen gelungenen Beitrag, der einen guten Einblick in das Budaixi in Taiwan gibt, auch wenn es sich hierbei eigentlich nicht um japanische Populärkultur handelt.

Dieser Sammelband ist sowohl zeitlich (fast 300 Jahre werden abgedeckt) als auch methodisch und thematisch sehr weit gefächert. Eine solche Zusammenstellung hat sicherlich ihren Reiz, allerdings birgt sie (noch dazu bei nur sieben Beiträgen) die Gefahr eines etwas unzusammenhängend wirkenden Ganzen. Leider versäumten es die Herausgeber, eine Einleitung beizufügen. Auch Kurzbiographien der Autoren wären für den Leser von Interesse gewesen. Eine Einschränkung des zeitlichen Rahmens, etwa auf die Nachkriegszeit, hätte dem Buch möglicherweise ein kompakteres Erscheinungsbild gegeben. Trotzdem handelt es sich um eine sehr schöne Zusammenstellung von Beiträgen zur japanischen Populärkultur, die sicherlich für Leser mit einem sowohl zeitlich als auch thematisch breit gefächerten Interesse empfehlenswert ist.

Maltarich, Bill: *Samurai and Supermen. National Socialist Views of Japan*. Oxford, Bern und Berlin: Peter Lang, 2005, 406 Seiten, € 64,10.

Besprochen von Christian W. Spang

ZUSAMMENFASSUNG

Bei dem Buch handelt es sich um eine amerikanische Dissertation im Bereich Germanistik. Ausführlich wird in den ersten beiden Kapiteln, die etwa ein Drittel des Buches ausmachen, die Geschichte der deutsch-japanischen Beziehungen von der Meiji-Zeit bis 1945 nachgezeichnet und das traditionelle deutsche Japanbild vorgestellt. Im Mittelteil widmet sich der Autor der Rezeption Japans in der populärwissenschaftlichen deutschen Literatur, bevor er sich in den letzten drei Kapiteln der Frage zuwendet, welche Japanvorstellungen in der Zeit von 1933 bis 1945 in der deutschen Belletristik zu finden waren.

DISKREPANZ ZWISCHEN TITEL UND TATSÄCHLICHEM INHALT

Der Titel des Buches ist gelungen und weckt zweifellos das Interesse potenzieller Leser. Allerdings geht es in der Darstellung nur zu einem kleinen Teil um die (deutschen Vorstellungen bezüglich der) Samurai, und das Wort „Supermen" ist hier als englische Übersetzung von Friedrich Nietzsches Begriff des „Übermenschen" zu verstehen.[1] Auch der Untertitel „National Socialist Views of Japan" weckt Erwartungen, die der Inhalt kaum halten kann. Es geht hier nämlich bestenfalls am Rande um die Japan-Vorstellungen der NSDAP bzw. deren wichtigsten Vertreter wie Hitler, Heß oder Rosenberg.

---

[1] Im Englischen finden sich verschiedene Übersetzungen von Nietzsches „Übermensch". Zunächst war von „overman" oder auch „beyond-man" die Rede, später von „superhuman", bevor schließlich „superman" zur Standardübertragung wurde. Eine entscheidende Rolle kam hierbei George Bernhard Shaws Theaterstück *Man and Superman* (1903) zu, das auf Deutsch als „Mensch und Übermensch" erschien und so den Zusammenhang zwischen „superman" und „Übermensch" herstellte.

Ostasien zwischen Angst und Bewunderung

Bereits zu Beginn wird das Hauptproblem der Arbeit deutlich: Dem Germanisten Maltarich fehlt anscheinend der nötige Überblick sowohl über die zeitgenössische Japan-Literatur als auch über die internationale Forschung zu den deutsch-japanischen Beziehungen. Wie sonst ließe sich z. B. erklären, dass Maltarich die Arbeit von Chun-Shik Kim aus dem Jahr 2001 übersehen konnte. Gerade hier hätte er einige wertvolle Anregungen finden können. Während Kim nämlich z. B. die von ihm im Text behandelten Autoren – wenn auch sehr knapp – in einem eigenen Kapitel einzeln vorstellt, sind derartige Hinweise bei Maltarich nicht für alle Autoren vorhanden, grundsätzlich in die Fußnoten verbannt und deshalb schwer zu finden. Entsprechende Hintergrundinformationen sind jedoch unumgänglich, um die Relevanz der einzelnen Werke bzw. Verfasser beurteilen und deren Aussagen in den historischen Gesamtzusammenhang stellen zu können. Kims Abhandlung ist auch aus einem anderen Grund leichter zugänglich, behandelt Kim doch die von ihm untersuchten Werke zusammenfassend unter einer Reihe von Gesichtspunkten, die sich anhand der Unterüberschrift des jeweiligen Kapitels eindeutig nachvollziehen lassen. Maltarichs Darstellung ist dagegen weniger klar strukturiert.

Inhalt

Samurai and Supermen beginnt mit einer immerhin ca. 60-seitigen Einführung in die deutsch-japanischen Beziehungen, dem längsten Kapitel der ganzen Arbeit. Darin sind nicht nur einige fragwürdige Interpretationen zu finden,[2] es fehlen auch wichtige Informationen wie z. B. der Hinweis auf die von Katsura Tarō (1848–1913) betriebene Einführung eines japanischen Generalstabs nach preußisch-deutschem Vorbild (1878). Zwar geht Maltarich auf den Russisch-Japanischen Krieg ein, unterschlägt je-

---

[2] Auf S. 31 betont Maltarich, neben Ärzten und Zahnärzten seien in der Edo-Zeit auch viele deutsche Friseure (*barber*) nach Japan gekommen. Auf S. 38 behauptet Maltarich, alle japanischen Regierungsbeamten („each and every official in the Japanese government") seien Mitglied der Doitsu-gaku Kyōkai gewesen, als deren Gründungsjahr er zudem 1882 statt richtigerweise 1881 angibt. Auf S. 55 ist die falsche Aussage zu lesen, Leipzig sei die älteste Japanologie Deutschlands. Tatsächlich waren die entsprechenden Zentren in Berlin (als Teil des SOS der Universität) und in Hamburg älter. Auf S. 65 wird Joachim von Ribbentrop eine Parteikarriere innerhalb der NSDAP zugeschrieben, die jedoch bestenfalls auf dem Papier stand. In Wirklichkeit verfügte Ribbentrop über wenig Rückhalt in der Partei.

doch die russisch-französisch-deutsche Tripel-Intervention, obwohl es gerade diese Kooperation Berlins mit St. Petersburg und Paris war, die das Ende des sogenannten „goldenen Zeitalters" der deutsch-japanischen Beziehungen einläutete. Bezeichnend für Maltarichs Problem, zwischen Forschungsergebnissen und der zeitgenössischen (japanischen) Selbstdarstellung zu trennen, ist ein Satz, in dem er behauptet, Japan sei in den 1930er Jahren zu einer „have not"-Nation geworden.[3] Dass er mit dieser Aussage die damalige japanische Propaganda als historische Tatsache darstellt, war dem Autor offensichtlich ebenso wenig klar wie den ihn betreuenden Germanisten der University of Wisconsin-Madison. An einigen Stellen gewinnt man zudem den Eindruck, Maltarichs Deutsch sei eventuell nicht so gut gewesen, wie man annehmen sollte.[4]

Im zweiten Kapitel stellt Maltarich das traditionelle deutsche Japan-Bild vor, wobei er auf Seite 92 – wie im ersten Kapitel (S. 29) – deutlich macht, dass seine Darstellung auf den Veröffentlichungen anderer beruhe. Auch hier finden sich wieder einige Aussagen, die einer genauen Überprüfung kaum standhalten. Zum Beispiel bezeichnet er Max Dauthendey (1867–1918) als „perhaps Germany's best known interpreter of the nation [Japan]" (S. 110) bzw. als „the most famous German interpreter of Japan" (S. 120), was nicht zuletzt angesichts der vielfältigen Veröffentlichungen des in der Zwischenkriegszeit sehr bekannten deutschen Geopolitikers und Japankenners Karl Haushofer[5] (1869–1946) übertrieben ist.

Im Folgenden setzt sich Maltarich mit den populärwissenschaftlichen (Maltarich: „rationalistic") Arbeiten zu Japan auseinander, wobei der Titel seines vierten Kapitels einen umfassenden Überblick über die entspre-

---

[3] Maltarich, S. 50: „After Versailles she [Japan] stood among the victorious allies [...], but economic difficulties, inner political turmoil, and the military move into China would gradually relegate her to the realm of the 'have not' nations."

[4] Auf S. 36 erwähnt Maltarich, mit Hinweis auf Meissner (1961: 32), deutsche Firmen hätten Munition und Soldatenstiefel produziert („manufactured"), während bei Meissner lediglich davon die Rede ist, eine Firma habe Munition verkauft und es seien zwei „Fachleute für die Herstellung von Soldatenstiefeln" nach Japan gekommen. Auf S. 53 schreibt Maltarich, Otto Benl sei einer der „lecturers" des Deutsch-Japanischen Kulturinstituts in Tokyo gewesen. Wieder bezieht sich Maltarich auf Meissner (1961), diesmal auf S. 81. Ebenda erwähnt Meissner Otto Benl als einen der deutschen Lehrer, die nach dem Ersten Weltkrieg an japanischen Oberschulen (*kyūsei kōtō gakkō*) gearbeitet und viele japanologische Vorträge gehalten hatten, wobei Meissner als Ort der Vorträge die Deutsche Gesellschaft für Natur- und Völkerkunde Ostasiens (OAG), nicht jedoch das Deutsch-Japanische Kulturinstitut erwähnt.

[5] Zu Karl Haushofer siehe z. B. Spang (2006).

chende Literatur ankündigt, der jedoch letztlich unvollständig bleibt.[6] Faktisch werden in den Kapiteln 3 und 4 trotz der Fülle von verfügbaren Darstellungen lediglich die bekannten Arbeiten von Heinz Corazza[7] (1935, 1942) und Johannes Stoye (1936, 1943) sowie die weniger verbreiteten Werke von Heinrich Klingenberg (1941), Ivar Lissner (1937), Johannes Reinwaldt (1935) und eine gedruckte Rede von Walther Wüst (1942) behandelt, wobei allerdings die Kriterien für die Auswahl gerade dieser Werke unklar bleiben. Einerseits betont Maltarich an einigen Stellen, nicht alle der von ihm besprochenen Autoren seien *per se* Nationalsozialisten gewesen, dennoch verwendet er im Text immer wieder Pauschalurteile wie „the Nazi approach to Japan" (S. 128) bzw. „the Nazis" oder „the Germans", was eine nicht vorhandene Allgemeingültigkeit seiner Aussagen vorspiegelt.

Im fünften Kapitel beschäftigt sich Maltarich ausführlich mit einem Aufsatzwettbewerb der Deutsch-Japanischen Gesellschaft (DJG) aus dem Jahr 1944. Vieles kommt dem Kenner der deutsch-japanischen Beziehungen hierbei allerdings bekannt vor und dürfte aus dem Aufsatz von Eberhard Friese (1984) stammen. Zwar nennt Maltarich den Artikel in seiner Literaturliste, an den entsprechenden Stellen im Buch sucht man dagegen vergeblich nach Hinweisen auf Friese, wodurch sich Maltarich (evtl. unnötigerweise) Plagiatsvorwürfen aussetzt.

Die letzten drei Kapitel sind einigen literarischen Werken zu japanischen Themen gewidmet, wobei die Einteilung hier etwas willkürlich erscheint. Während das sechste Kapitel verschiedene deutsche Rezeptionen der bekannten japanischen Geschichte der 47 *rōnin* vorstellt und damit eine Einheit bildet, hätten die beiden folgenden Kapitel zweifellos zusammengelegt werden können. Hier behandelt Maltarich Arbeiten von Hans Dominik (1933), Arthur Ernst Grix (1942), Mirko Jelusich (1943), Hans Maria Lux (1942) und Wilhelm von Scholz (1932). Den auffälligen Umstand, dass Scholz' Novelle *Die Pflicht* während der Weimarer Republik erschienen war, übergeht Maltarich zu Beginn des siebten Kapitels, obwohl er in Kapitel 2 den Untersuchungszeitraum der Arbeit auf die Kriegsjahre (1939–1945) beschränkt hatte.[8]

Tatsächlich macht gerade Maltarichs ausführliche Vorstellung der Arbeit von Scholz deutlich, dass sich das Japan-Bild der frühen kaum von

---

[6] Relevante Autoren, die bei Maltarich nicht oder nur am Rande auftauchen, sind z.B. Lily Abegg, Werner Asendorf, Hans Brosius, Karlfried von Dürckheim, Ernst O. Hauser, Karl Haushofer, Werner A. Lohe, Hermann Lufft, Otto Mossdorf, Paul Ostwald, Paul Rohrbach, Friedrich Sieburg, Richard Sorge, Anton Zischka oder auch Albrecht von Urach.

[7] Zu Heinz Corazza siehe auch Obermann (2008).

[8] Maltarich auf S. 91: „As the task of this work is an examination of the German image of Japan during the Second World War […]".

dem der späten 1930er Jahre unterschied, wodurch Maltarich selbst die Hauptthese seines Buches, dass sich nämlich ein spezifisch nationalsozialistisches Japan-Bild in der zeitgenössischen Literatur nachweisen lasse, als kaum tragfähig überführt.

Trotzdem sind die Schlusskapitel die stärksten der Arbeit, was vor allem daran liegt, dass hier eine literarische Tradition von deutschen Werken zu japanischen Themen aufgezeigt wird, die in der Japanologie bisher als Forschungsgegenstand weitgehend ignoriert worden ist. Es hätte der Arbeit gut getan, wenn Maltarich sich ausschließlich auf die Rezeption Japans in der deutschen Belletristik konzentriert und darauf verzichtet hätte, 1933 als in diesem Zusammenhang relevanten Wendepunkt zu apostrophieren.

MALTARICHS BIBLIOGRAPHIE

Die Literaturliste der Arbeit entspricht wissenschaftlichen Normen nicht in hinreichendem Maße und muss als verpasste Chance bezeichnet werden. Diese Tatsache steht in krassem Gegensatz zu Maltarichs eigener Aussage (S. 294), seine Bibliographie umfasse „every Japan related text from the Nazi period". Einen solchen Anspruch zu postulieren – zumal angesichts der Wortwahl („„text" und nicht „book") – ist mindestens übertrieben (optimistisch), könnte aber auch als Hybris bezeichnet werden. Faktisch sind nicht einmal alle in dem Buch erwähnten Arbeiten in der Bibliographie vorhanden. Um nur ein Beispiel hierfür anzuführen, sei erwähnt, dass Scholz' *Die Pflicht*, ein Werk, das Maltarich auf den Seiten 294 bis 303 ausführlich vorstellt, in der Literaturliste fehlt.[9] Kaum nachvollziehbar ist auch die Tatsache, dass es ein Unterkapitel zu Lafcadio Hearn (S. 114–121) gibt, in der Literaturliste jedoch kein einziges von dessen Werken verzeichnet ist. Stattdessen führt Maltarich als einen gesonderten Abschnitt seiner Literaturliste auf Seite 400 eine Reihe von Filmen an, die er allerdings mit den gleichen Angaben in seinem Fazit (S. 388–389) bereits erwähnt, und zwar im Zusammenhang mit den Aspekten, die er im Text nicht behandeln konnte. Weitere wichtige Arbeiten, die in Maltarichs Literaturliste fehlen, sind z. B. diejenigen von Furuya (1995), Haasch (1996), Krebs (1990, 1992) und Worm (1994) – um nur einige der bekanntesten zu nennen.

---

[9] Siehe hierzu z. B. S. 91. In den Fußnoten 1 bis 5 des zweiten Kapitels tauchen fünf Werke auf, von denen drei in der Literaturliste zu finden sind, zwei jedoch fehlen.

Fazit

Alles in allem hält das Buch nur in Ansätzen das, was Titel und Untertitel versprechen. Neben einer Reihe von inhaltlichen Unstimmigkeiten sind es vor allem die „handwerklichen" Unzulänglichkeiten, die Zweifel am wissenschaftlichen Wert des Dargelegten schüren. Neben der unbefriedigenden Literaturliste, den häufigen Wortwiederholungen und gelegentlichen Schreibfehlern ist hierbei vor allem auf den Umstand zu verweisen, dass in vielen Fußnoten die Seitenangaben fehlen oder fehlerhaft sind.[10] Im ersten Kapitel bezieht sich Maltarich häufig auf Meissner (1961), wobei die angegebenen Seitenzahlen allerdings mehrfach inkorrekt sind.[11] Gleiches trifft auch auf einen Hinweis auf Seite 385 zu, wo Maltarich auf eine andere Stelle seines eigenen Werkes verweist. Zwar heißt es hier in Fußnote 1: „See this work, page 188ff"; tatsächlich jedoch sind die fraglichen Erläuterungen auf den Seiten 198 bis 209 zu finden.

Maltarich kritisiert zu Recht immer wieder, dass die deutschen Autoren der 1930er und frühen 1940er Jahre Stereotype über Japan verbreitet hätten. Auf welcher wissenschaftlichen Basis er selbst diese Wertungen vornimmt, bleibt allerdings offen; entsprechende Zweifel an der Zuverlässigkeit seines Urteils scheinen durchaus angebracht zu sein. Beispiele hierfür lassen sich vor allem in den Details der Darstellung finden, wie z. B. Maltarichs Hinweis auf „Japanese ambassador Fuji" (S. 193–194). Einen Botschafter dieses Namens hatte es vor 1945 jedoch nie gegeben. Tatsächlich handelte es sich um Botschaftsrat Fuji Keinosuke (1888–1959).[12] Bezeichnend ist auch der Umstand, dass Maltarich ein terminologischer Fehler eines der von ihm besprochenen Autoren nicht aufgefallen war. Maltarich zitiert auf Seite 306 Grix, der in seinem Buch *Takayama ringt um sein Glück* (1942) den Eingang zu einem Tempel beschreibt und das entsprechende Portal als *torii* bezeichnet, was mit hoher Wahrscheinlichkeit falsch sein dürfte, schließlich beschreibt das Wort *torii* explizit die schintoistischen Eingangstore japanischer Schreine.

---

[10] Siehe hierzu z. B. Kapitel 1, S. 54, Fußnote 84, die nur aus einem Wort besteht: „Wippich".

[11] Siehe z. B. Fußnote 12 (statt S. 24ff stimmt S. 21f, wobei hier keinerlei Hinweis auf „Prussian language" zu finden ist, wie Maltarich im Text behauptet), Fußnote 29 (statt S. 34 stimmen S. 52 und S. 96), Fußnote 51 (statt S. 71 stimmt S. 64).

[12] Tatsächlich leitete der Karrierediplomat Fuji als Geschäftsträger (Chargé d'affaires) zwischen Ende November 1932 und Anfang April 1933 die Botschaft. Zu dem Zeitpunkt, als Fuji den von Maltarich zitierten Brief an den Vorsitzenden der Deutsch-Japanischen Gesellschaft, Paul Behncke (1866–1937), geschrieben hatte – also im November 1933 – war er jedoch wieder ins zweite Glied hinter Botschafter Dr. Nagai Matsuzō (1877–1955) zurückgetreten.

Das im Untertitel der Arbeit angegebene Thema ist ein Desiderat der (deutschen) Geschichtswissenschaft bzw. Japanologie und bedarf einer gründlichen Aufarbeitung. Mehr als einige Anregungen hierfür sind Maltarichs Dissertation allerdings nicht zu entnehmen.

Literaturverzeichnis

Dominik, Hans (1933): *Der Befehl aus dem Dunkel*. Berlin: Scherl.

Friese, Eberhard (1984): Das deutsche Japanbild 1944 – Bemerkungen zum Problem der auswärtigen Kulturpolitik während des Nationalsozialismus. In: Kreiner, Josef (Hg.): *Deutschland – Japan: Historische Kontakte*. Bonn: Bouvier, S. 265–284.

Furuya, Harumi Shidehara (1995): Nazi Racism toward the Japanese. Ideology vs. Realpolitik. In: *Nachrichten der Gesellschaft für Natur- und Völkerkunde Ostasiens (NOAG)* 157/158, S. 17–75.

Grix, Arthur Ernst (1942): *Takayama ringt um sein Glück. Eine Erzählung für die Jugend*. Dresden: Flechsig.

Haasch, Günther (Hg.) (1996): *Die deutsch-japanischen Gesellschaften von 1888 bis 1996*. Berlin: Edition Colloquium.

Jelusisch, Mirko (1943): *Samurai: Schauspiel in fünf Aufzügen*. Wien: Speidel.

Kim, Chun-Shik (2001): *Ostasien zwischen Angst und Bewunderung. Das populäre deutsche Ostasienbild der 1930er und 40er Jahre in Reiseberichten aus dem japanischen Imperium*. Münster: LIT-Verlag.

Krebs, Gerhard (1990): Ein deutscher Diplomat in Japan: Hans Anna Haunhorst. In: *Nachrichten der Gesellschaft für Natur- und Völkerkunde Ostasiens (NOAG)* 147/148, S. 75–82.

Krebs, Gerhard (1992): *Tennō-Beleidigungen während des „Dritten Reiches"* (= OAG Aktuell; 57). Tokyo: OAG.

Lux, Hans Maria (1942): *Die Verschwörung der 47 Samurai. Eine japanische Heldengeschichte*. Leipzig: Reclam.

Meissner, Kurt (1961): *Deutsche in Japan: 1639–1960*. Tokyo: OAG.

Obermann, Danny (2008): Japan mit den Augen der SS gesehen. Aspekte der Bildung von Japanstereotypen am Beispiel von Heinz Corazza (übersetzt von Harald Kleinschmidt). In: *OAG Notizen* 5, S. 12–31.

Scholz, Wilhelm von (1932): *Die Pflicht: Eine Novelle*. Leipzig: List.

Spang, Christian W. (2006): Karl Haushofer Re-examined – Geopolitics as a Factor within German-Japanese Rapprochement in the Inter-War Years? In: Christian W. Spang und Rolf-Harald Wippich (Hg.): *Japanese-German Relations 1895–1945. War, Diplomacy and Public Opinion*. London und New York: Routledge, S. 139–157.

Worm, Herbert (1994): Japanologie im Nationalsozialismus. Ein Zwischenbericht. In: Gerhard Krebs und Bernd Martin (Hg.): *Formierung und Fall der Achse Berlin-Tokyo*. München: Iudicium, S. 153–186.

島田裕己『日本の 10 大新宗教』幻冬舎
Shimada, Hiromi: *Nihon no jūdai shin-shūkyō* [Japan's ten big new religions]. Tokyo: Gentōsha, 2007, 215 pages, ¥ 756.

Reviewed by Axel Klein

A survey by the nation's second biggest newspaper, the *Asahi Shimbun* (21 March 2008: 8), revealed (once again) that the Japanese distrust religion. On a superficial level this may seem strange as many Japanese count themselves as both Buddhist and Shintoist, and many events in the year's calendar are based on religious tradition. In the survey published by *Asahi Shimbun*, however, the term 'religion' (*shūkyō*) does not refer to Japanese major beliefs in general, but to religious organizations known as 'new religions' (*shin-shūkyō*).

The term 'new religion' does not in the first place imply a new *creed*. It rather refers to new *organizations*, which in most cases came into being in the nineteenth or twentieth century as a result of a split from the Buddhist or Shinto mainstream. These new religious teachings and social networks were attractive to many Japanese who, especially during the Bakumatsu and Meiji periods, and then again after the Second World War, were negatively affected by huge economic, political and social changes. Until the 1970s, these organizations were referred to as *shinkō shūkyō* [newly rising religions], a commonly used term that clearly carried negative connotations. It described groups such as Sōka Gakkai and Risshō Kōseikai, which during the era of high economic growth in the 1950s and 1960s had increased their membership enormously, arousing the suspicion of established religion and many non-members. Introduced by scholars of religion, the more neutral term *shin-shūkyō* then slowly found its way into everyday speech and nowadays is used in parallel to *shinkō shūkyō*.

According to the *Shin-shūkyō jiten* [Encyclopedia of new religions] edited by Inoue *et al.* (1994) about 300 of these organizations can be found in Japan. The *Shin-shūkyō jiten* edited by Matsuno (1984) names about 200 new religions. Well-known ones – in name at least – are Sōka Gakkai, Risshō Kōseikai and Tenrikyō. Aum Shinrikyō, whose fanatics killed twelve people and injured over 5,000 by releasing sarin gas into the Tokyo subway system in 1995, also belong to the group of new religions.

But it did not take sects like Aum and its criminal activities to make a considerable part of Japanese society suspicious of what these "new religions" were all about. Reports about how members are treated once they have entered the organizations can still be found regularly in some part of the Japanese mass media – reports in which the words "brainwashing" (*sennō*) and "mind control" (*maindo kontorōru*) are rarely missing. Open and active attempts to win new members have always stood in stark contrast to the restrictive information policies of these new religions about how they work internally. It seems almost like a law of nature that the more secretively these organizations behaved, the more wildly rumours spread. The extent of their social and political influence remains open to speculation, and the wealth that many of the buildings owned by these new religions point to has repeatedly raised the question of where the money actually comes from.

It is no surprise that there are many publications in Japan – "Sōka Gakkai as cult = Ikeda Daisaku" by Furukawa (2000) and "New religions and huge architecture" by Igarashi (2007), to name just two – that criticize new religions in general and the Buddhist lay organization Sōka Gakkai – the largest among them – in particular. The new religions themselves, on the other hand, try to win over public opinion through their own publications, some of which are marked clearly as having been written and published by them, as for instance "Sōka Gakkai as a citizens' movement" by Okaniwa and Nozaki (2002), while others are hardly recognizable as such, as for instance Tashiro's "I want Japanese people to know this! A complete guide to basic Buddhist knowledge and common sense" (2008) and Takase's "Politics and religion in Japan" (1995).

In between these two extremes there are few critical publications published in Japanese, save some rather sterile works that try hard not to offend any religion involved, and thus give attentive readers an idea of how delicate the issue is. Exceptions to the rule, however, are works by Shimada Hiromi, a scholar of religious studies at Tokyo University. His career suffered a severe setback in the mid 1990s when his university forced him to leave following accusations linking him with Aum Shinrikyō. Even though Shimada won a lawsuit against the popular press that conducted an obnoxious campaign in which they had spread rumours about him, he had to find his way as a scholar of religion outside of institutionalized academia. It is only fair to keep this in mind when judging the book under review here. Unlike academics in regular employment, Shimada needs to sell books.

That probably is one reason for the sheer number of titles that Shimada has put out in the last three years alone. Besides the book reviewed in this article, Shimada has since 2006 also published or re-published in paperback the following titles in Japanese: "Religion as bubble [economy]" in March 2006 (a), "Aum and 9.11" as well as "Kōmeitō vs. Sōka Gakkai" in June 2006 (b, c), "The true power of Sōka Gakkai" in August 2006 (d),

"Criticism of Nakazawa Shin'ichi, or about religious terrorism" in April 2007, and "Three kinds of Japanese teachings" in April 2008.

Scholars usually pay a certain price for such a high output, and indeed most of the books mentioned above can hardly be counted as scholarly work in the academic sense of the term. Shimada's *Nihon no jūdai shin-shūkyō* [Japan's ten big new religions], the book under review here, for example, comes without any clear attribution of sources. The list at the end of the book contains 37 titles, five of which are by Shimada himself, while many others are only religious encyclopedias. Nowhere in the book does he mention interviews or any other additional source material, and as a consequence there is hardly anything new to be found on these 215 pages.

In the epilogue to this book, Shimada states that he had neither perfect criteria for choosing the organizations, nor a widely accepted definition of what constitutes a "new religion" (p. 205). It took him half a year to complete the final list of organizations and he admits that next to the ones that made it into the book, he could have also included Konkōkyō, Zenrinkyō and Agonshū, but as he had to settle for ten, they were left out (pp. 203–204). Of course, Tenrikyō (covered on pages 29 to 49), Risshō Kōseikai (pages 103 to 120) and Sōka Gakkai (pages 121 to 143) are obvious choices because of their huge membership and apparent financial resources. Ōmoto (pages 50 to 67), on the other hand, – or Kōdō Ōmoto as it was called before the war – "enjoys" as Shimada puts it (p. 50) the most favourable reputation of all new religions, mainly because it fought suppression and injustice by the authorities during both the Taishō (1912–1926) and the Shōwa era (1926–1989).

Some way into the book Shimada begins his discourse on Seichō no Ie (p. 68), an organization that among other things propagates *sundialism* (*hidokei shugi*). Thus he touches upon another problem that cannot be ignored when dealing with new religions: namely, that it is seemingly impossible to know from the outside how many true members belong to any given organization. The responsible department within the Ministry of Education, Culture, Sports, Science and Technology (Monbu Kagaku-shō) only publishes the figures that these organizations themselves report. In this regard, Seichō no Ie is remarkable: the organization corrected its official membership figure in the 1980s from an unbelievably high number of three million to 800,000. This number, however, only refers to Japanese members. If the organization's membership figures for the rest of the world are correct, Seichō no Ie has more members outside of Japan than within. But here again, Shimada has to use the wording "it is said" (*to iwareru*), reminding the reader that – in common with many other things discussed in this book – the reality may be quite different.

Shimada also writes about the dancers of Tenshō Kōtaijin Gūkyō (covered on pages 86 to 102), the world saviours of Sekai Kyūseikyō (pages 144 to 158), Perfect Liberty (PL) Kyōdan (pages 159 to 171), Shinnyo-en (pages 172 to 189) and GLA (pages 190 to 202). Although the pages dedicated to each of the ten organizations are not structured according to the same pattern, they at least always cover the genesis of the "religion" and often feature some anecdotal story or a personal account based on experience within an organization by a member. These stories are pieces of a bigger picture that shows the points of contact between the daily life of Japanese society and these new religions. The reader learns, for example, of the author's first visit to Tenri City in Nara Prefecture during the Golden Week holiday season of 1974 and how the huge architecture and buildings erected by Tenrikyō dominate the city. At another point, Shimada reminds his readers of the importance that baseball has for religious organizations, especially when there is a match between teams from the schools entertained by rivalling new religions during high school baseball season in summer (pp. 159–160).

Shimada does not set out to trace the origins of why these new organizations have such negative reputations, nor does he confirm or deny rumours and accusations. The subject under examination is after all a difficult and opaque one, and religious organizations have long made the art of professional public relations their own, making it even more difficult to get to the bottom of things. Therefore, Shimada can only reflect in his book what is out there in Japanese society today, describing for example Sōka Gakkai as the new religion with the worst reputation of all because of its internal structure, its activities and political attitude. Of course, Shimada also mentions Sōka Gakkai's omnipresent honorary chairman Ikeda Daisaku and the fact that Ikeda has repeatedly been portrayed as a power broker and dictator (p. 50).[1]

Of course, none of this is new. Chances are that whenever a non-member of Sōka Gakkai is asked about why the organization works the way it does, Ikeda will be given as the sole reason. But especially for non-native Japanese readers, Shimada's *Nihon no jūdai shin-shūkyō* enumerates important conceptions as well as criticism (or stereotypes) commonly found in Japanese society today. It is this overview on the origins of these new religions and their mostly negative images that makes Shimada's work worthwhile. Even though informed readers cannot expect to learn anything new about *shin-shūkyō* as such, they still may better understand the attitude of the general public towards them. In this sense, Shimada's book and some of his other publications are among the better works available.

---

[1] In anticipation of Ikeda's death, Shimada (2008) also co-edited a book on how the Sōka Gakkai will develop without its dominant figure.

REFERENCES

Asahi Shimbun (21 March 2008): Fushin jidai – sasae wa kazoku [The era of distrust – families are support], p. 8.

Furukawa, Toshiaki (2000): *Karuto toshite no Sōka Gakkai = Ikeda Daisaku* [Sōka Gakkai as cult = Ikeda Daisaku]. Tokyo: Daisan Shokan.

Igarashi, Tarō (2007): *Shin shūkyō to kyodai kenchiku* [New religions and huge architecture]. Tokyo: Chikuma.

Inoue, Nobutaka *et al.* (eds.) (1994): *Shin shūkyō jiten* [Encyclopedia of new religions]. Tokyo: Kōbundō.

Matsuno, Junkō (ed.) (1984): *Shin shūkyō jiten* [Encyclopedia of new religions]. Tokyo: Tōkyōdō.

Okaniwa, Noboru and Izao Nozaki (2002): *Minshū undō toshite no Sōka Gakkai* [Sōka Gakkai as a citizens' movement]. Tokyo: Daisan Bunmei.

Shimada, Hiromi (2006a): *Babburu toshite no shūkyō* [Religion as bubble (economy)]. Tokyo: Softbank Creativity.

Shimada, Hiromi (2006b): *Oumu to 9.11* [Aum and 9.11]. Tokyo: Media Port.

Shimada, Hiromi (2006c): *Kōmeitō vs. Sōka Gakkai*. Tokyo: Asahi Shimbunsha.

Shimada, Hiromi (2006d): *Sōka Gakkai no jitsuryoku* [The true power of Sōka Gakkai]. Tokyo: Asahi Shimbunsha.

Shimada, Hiromi (2007): *Nakazawa Shin'ichi hihan, aruiwa shūkyōteki terorizumu ni tsuite* [Criticism of Nakazawa Shin'ichi, or about religious terrorism]. Tokyo: Aki Shobō.

Shimada, Hiromi (2008): *Sanshurui no Nihon-kyō* [Three kinds of Japanese teachings]. Tokyo: Kōdansha.

Shimada, Hiromi and Tōji Kamata (2007): *Shisō no shintai – tama no maki* [The body of ideas – the book of the soul]. Tokyo: Shunjūsha.

Shimada, Hiromi *et al.* (eds.) (2008): *Sōka Gakkai x-dē* [Day X for Sōka Gakkai]. Tokyo: Takarajimasha.

Takase, Hiroi (1995): *Nihon ni okeru seiji to shūkyō* [Politics and religion in Japan]. Tokyo: Zaikai Tsūshin.

Tashiro, Naoshige (2008): *Nihonjin nara shitteokitai! Butsuji no jōshiki to bukkyō no kiso chishiki – kanzen gaido* [I want Japanese people to know this! A complete guide to basic Buddhist knowledge and common sense]. Tokyo: Kōsei Shuppansha.

北岡伸一『国連の政治力学 ― 日本はどこにいるのか』中央公論社

Kitaoka, Shin'ichi: *Kokuren no seiji rikigaku – Nihon wa doko ni iru no ka* [The political dynamics of the United Nations – Where does Japan stand?] (= Chūkō Shinsho; 1899). Tokyo: Chūō Kōron-sha, 2007, 302 pages, ¥ 880.

Reviewed by Alexandra Wittig

In his 2007 book, Kitaoka Shin'ichi provides a rich account of the United Nations' inner workings and Japan's policy in this multilateral institution. The author speaks with authority, based on his experience as Japan's former permanent representative to the United Nations between 2004 and 2006 and as a long-time foreign policy adviser to the government. Kitaoka's candid discussion of his time at the UN and his evaluation of Japan's role allow a rare glimpse into the thinking of one of Japan's political elites, making this book a notable contribution to the existing literature on Japanese UN policy. Based on his UN experience, the author reflects on broader implications, assessing the UN's achievements and failures as well as the power relations between various member countries. Having participated in Japan's campaign for UN reform in the spring and summer of 2005, Kitaoka pays particular heed to the question of Japan's bid for a permanent seat on the UN Security Council (UNSC).

Kitaoka's overall assessment can be summarized as cautiously supportive of the UN, based on a thorough analysis of constraints and opportunities. The author warns against overly idealistic evaluations that ignore inefficient organization and decision-making deadlocks in the UNSC, but he also dismisses excessive pessimism about this global institution that can help tackle universal problems. He sums up his viewpoint, stating that "[…] there are many futilities and deficiencies, but the UN is playing an important role regarding such issues as [the pursuit of] world peace and stability, the eradication of poverty, and the improvement of human rights, and it is likely that the UN's significance will grow rather than decline" (p. iv). Kitaoka advocates an enhanced Japanese role in the UN in order to fulfill Tokyo's international responsibilities, but – as will be discussed in further detail below – he fails to provide details on how Japan may actually contribute.

The book is clearly structured around four parts. The first part provides a general introduction to the UN's mission and role, including a discussion of Japan's post-war UN policy. Next, Kitaoka describes the daily work of a UN representative, drawing on his own experiences. In the third part, he looks at the question of UN reform, and in the final part, he discusses Japan's future UN policy. The only obvious stylistic flaw of the book is that the author repeats himself in several passages using almost the same wording. For example, in at least three passages, Kitaoka rejects the idea that Japan as a permanent Security Council member would always side with the United States in deliberations, effectively resulting in an additional vote for Washington (pp. 31, 231, 269–270). However, these repetitions may be revealing to readers as they indicate the importance that Kitaoka attaches to various issues.

In the book's first part Kitaoka provides a succinct introduction to the UN's history, its mission and activities, its decision-making processes and budgetary rules, as well as to Japan's UN policy. Although much of this has been covered elsewhere, it is the author's personal assessment of these issues that is particularly noteworthy. Kitaoka maintains that even among the five permanent members of the Security Council the United States takes center stage, since it provides key resources like military power for peace-keeping missions. According to Kitaoka, "[…] it is inevitable that the UN moves in a US-centered way," though this is problematic because "the US hates the UN" (p. 8). The author contends that US antagonism towards the UN is due to the collision of two global systems: one centered around the UN that emphasizes the idea of equality among nations; and the other based on US hegemony, a system that Washington is unwilling to relinquish. Kitaoka does not suggest a clear remedy to this problem, although he seems to imply that expanding the UNSC's membership may lessen the influence of the US.

Kitaoka draws a rather sober picture of Japan's past UN policy. He argues that the expression "UN-centrism" (*kokuren chūshin shugi*) frequently proclaimed by Japanese politicians is inappropriate, because it does not reflect the realities of Japanese foreign policy. Kitaoka believes that "Japan's postwar peace has been maintained more by the Japan-US Security Treaty than by the UN, and Japan's post-war prosperity is owed more to its own efforts and the liberal trade system than to the UN […]" (p. 63). As a result, Japan "has in no instance been UN-centered" and diplomatic decisions have been primarily motivated by considerations about the close and comprehensive relationship with the US (p. iii). Furthermore, Kitaoka points out that the term "UN-centrism" was first used by Prime Minister Kishi Nobusuke's cabinet with the aim of guarding Japan from "overwhelming US influence" rather than with a truly UN-focused policy in mind (p. iii).

The second part of the book provides a detailed account of the kind of work and challenges faced by a permanent representative to the UN. Kitaoka describes informal negotiation mechanisms – including dinner conversations and informal seminars for UN representatives offered by universities and think tanks – that in his opinion are important in facilitating and preparing compromises and agreements between UN member countries (pp. 82–88). The last chapter in this section furthermore discusses the role of UN efforts to pacify violence and unrest in Haiti and the Darfur region. In particular, Kitaoka describes his experiences and insights as a member of a UN observer group in Haiti (pp. 155–160). This part will be particularly intriguing for readers interested in the daily work and challenges faced by a UN diplomat and the intricate dynamics that lead to UN decisions.

The third part of the book discusses Tokyo's bid for a permanent seat on the Security Council, including a detailed analysis of Japan's role in the UN. Kitaoka avidly supports UN reform and Japan's bid, providing several justifications. Above all, he argues that Tokyo's large financial contribution, which amounts to 16.6 percent of the UN's general budget in 2005, warrants a Japanese permanent seat (pp. 28, 186). Emphasis on budgetary contribution, based on the reasoning of 'no taxation without representation', is common among Japanese politicians and has led some to accuse the government of wanting to buy a Security Council seat (Drifte 2000).[1] Kitaoka convincingly states that domestic opposition toward Japan's high financial contribution to the UN may grow unless Japan is given a more prominent and influential position (p. 31). Yet the economic argument may be insufficient to persuade the international community of the legitimacy of Japan's bid (Behaghel 2006: 156). Aside from the financial argument, Kitaoka points out that some of Japan's distinctive qualities make it a suitable candidate for a permanent UNSC seat, stressing that it "does not have nuclear weapons, is an Asian country [and has recent] experience as an economically developing country" (p. 206). However, Kitaoka fails to examine how these qualities affect the UN or Japanese policy within this organization, and he does not provide any concrete proposals for initiatives that Japan could undertake as a permanent member. Kitaoka's emphasis on Japan being a non-nuclear power even sounds cynical considering the fact that, at the end of his book, Kitaoka suggests Japan should keep open the option of acquiring nuclear capabilities in case US protection for Japan loses credibility (p. 289).

Kitaoka's account thus provides little ground to reject the common criticism that Japan lacks strong ideas or leadership qualities to match its sub-

---

[1] Not all Japanese politicians agree with Kitaoka's reasoning, for example former Prime Minister Mori Yoshirō criticizes this logic as a "millionaire's concept" (*kinmanka-teki hassō*). See Mori (2000: 76).

stantial financial input in the UN (Drifte 2000; Lukner 2006). Parts one and two of the book allude to the fact that Japan may be able to contribute conceptually with its proclaimed emphasis on 'human security' and its Official Development Aid policy (pp. 73, 230), yet this argument is not developed in detail and Kitaoka's evaluation of Japan's human rights policy in the UN as "halfhearted" (*chūto hanpa*, p. 148) even calls into question the importance attached to 'human security' in actual policy-making. Kitaoka in fact rejects the proposition that Japan requires a comprehensive vision or principle to legitimate its bid for a permanent UNSC seat, pointing out that countries like China or Russia have no particular vision, even though they hold a seat (p. 229). Kitaoka is doubtlessly right in his assessment of China and Russia, but with regard to Japan's bid his argument is unlikely to convince an international community that – rather than just adding new members to the UNSC – endeavors to improve the UN's efficiency and effectiveness.

In the third part of the book Kitaoka furthermore challenges the view that Japan should be denied permanent membership in the Security Council because of its allegedly distorted historical consciousness. Kitaoka vigorously dismisses this claim, arguing that Tokyo has offered numerous official apologies for its past behavior, and thus China and other Asian countries should stop raising the issue (p. 217). Kitaoka maintains that neither the contentious history school textbook *Atarashii rekishi kyōkasho* [New history textbook], authorized by the Japanese Ministry of Education in 2001, nor the controversial Yasukuni Shrine, visited by many Japanese politicians, embellish Japan's past aggressions (pp. 219, 224). He expresses bewilderment at the fact that Chinese and South Korean criticism of the enshrinement of Class-A war criminals at Yasukuni Shrine is based implicitly on the Tokyo Trials. According to Kitaoka, the Tokyo Trials are irrelevant for Asia, because they focused on the persecution of those responsible for Japan's war with the US rather than Japanese aggression in Asia (p. 223). Kitaoka's arguments come across persuasively, as they appeal to logical reasoning. But they are unlikely to convince countries like China or South Korea that Japan has sincerely reflected on its past misdeeds. For these countries, Yasukuni Shrine is a symbol for a strand of thinking among some rightist Japanese policymakers and opinion leaders, who reject the conviction of Japanese wartime actions, some (though not all) of which were prosecuted in the Tokyo Trials. Omission of important facts about Japan's wartime aggression in the "New history textbook" and recurrent statements by high-ranking policymakers playing down Japanese crimes only serve to deepen doubts among Koreans and Chinese about Japanese reflections and the sincerity of official apologies (Richter 2003).

In the fourth part of the book Kitaoka raises the question of whether Japan, before becoming a permanent UNSC member, needs to change its constitution to enable a future dispatch of Japanese Self-Defense Forces in UN peace-keeping operations (PKO). Kitaoka maintains that there is no obligation for any UN member – whether permanent UNSC member or not – to shoulder particular PKO duties, and thus constitutional change is no prerequisite to permanent Japanese membership in the Council. However, critics of this view argue that Japan can hardly aspire to permanent Council membership, a position in which it would make decisions on peace-keeping activities involving the use of force, while not willing or able to spill the blood of its own people.

Kitaoka advocates for Japan to become a "global diplomatic power" (p. 296) that relies on a mixture of policy approaches and various partners to deal with such security issues as the North Korean nuclear program. He calls for a balanced approach towards North Korea based on both deterrence and careful engagement of the reclusive regime, and in close cooperation with the US and China. Kitaoka suggests that in case of a crisis involving North Korea, a permanent UNSC seat would be highly valuable in order to mobilize international pressure on Pyongyang (p. 294). As this statement reflects, Japanese motivations in pursuing a permanent seat on the UNSC go beyond altruism.

While readers may not agree with all of Kitaoka's assessments and arguments, this concise, overall well-written book is an invaluable source for any reader or researcher who wants to know more about Japan's policy and role in the UN. Furthermore, this book will be a useful source for those seeking information about one of the international community's most influential establishments at a time when its role and significance are very much in question.

References

Behaghel, Jeannette (2006): *Japan und die Übernahme internationaler Verantwortung* [Japan and the assumption of international responsibility]. Marburg: Tectum Wissenschaftsverlag.

Drifte, Reinhard (2000): *Japan's Quest for a Permanent Security Council Seat: A Matter of Pride or Justice?* Basingstoke: Macmillan Publishers.

Lukner, Kerstin (2006): *Japans Rolle in der UNO – Grundlage für einen ständigen Sitz im Weltsicherheitsrat?* [Japan's role in the United Nations – basis for a permanent seat in the Security Council?]. Baden-Baden: Nomos Verlagsgesellschaft.

Mori, Yoshirō (2000): Kokuren 'mireniamu samitto' ni shusseki shite [Attending the UN 'millennium summit']. In: *Chūō Kōron* 115 (12), pp. 72–83.

Richter, Steffi (2003): Geschichtsschulbücher als Medium neonationalistischer Identitätskonstruktion. Der Fall 'Tsukurukai' [History school textbooks as a medium of neo-nationalist identity construction. The case of the 'Tsukurukai']. In: Iwo Amelung, Matthias Koch, Joachim Kurtz, Eung-Jeung Lee and Sven Saaler (eds.): *Selbstbehauptungsdiskurse in Asien: China – Japan – Korea* [Discourses of self-assertion in Asia: China – Japan – Korea] (= Monographien aus dem Deutschen Institut für Japanstudien; 34). Munich: Iudicium, pp. 87–108.

Zu den Autorinnen und Autoren dieses Jahrbuchs

Susanne BRUCKSCH
1997–2004 student of Japanese studies (with a socio-scientific focus), Japanese language and politics at Philipps University of Marburg and Martin Luther University of Halle-Wittenberg, Germany. 1999–2000 exchange student at Keiō University, Tokyo. 2004 MA with a thesis titled "Japanische Umwelt-NGOs als Adressaten staatlichen Handelns." 2004–2006 research student at Senshu University on grants from the Japanese Ministry of Education and the German Institute for Japanese Studies (DIJ), followed by a three-month internship at the Federal Environment Agency (UBA) in Dessau, Germany. Since February 2007 scholarship from the Graduiertenzentrum für Asien und Afrika in globalen Bezugssystemen (GZAA) at Martin Luther University of Halle-Wittenberg. Research focus: "Cooperation patterns between environmental organizations and corporations in Japan" (title of dissertation project), environmental cooperation in Japan, civil environmental groups, corporate citizenship.

Christoph BRUMANN
Studium der Ethnologie, Japanologie und Sinologie an der Universität zu Köln und der Sophia-Universität Tokyo. 1991 M. A. 1992–1998 wissenschaftlicher Mitarbeiter am Institut für Ethnologie der Universität zu Köln. 1997 Promotion (Dissertation 1998 veröffentlicht als „Die Kunst des Teilens: Eine vergleichende Untersuchung zu den Überlebensbedingungen kommunitärer Gruppen"). 1998–1999 JSPS-Stipendiat und Gastforscher am Nationalmuseum für Ethnologie (Minpaku), Osaka. 1999–2007 wissenschaftlicher Assistent am Institut für Ethnologie der Universität zu Köln. 2005 Habilitation (Schrift „A Right to the Past: Tradition, Democracy, and the Townscape in Contemporary Kyoto"). Professurvertretungen in Köln und Tübingen (Ethnologie) sowie Düsseldorf (Japanologie). Seit 2007 Heisenberg-Stipendiat der DFG. Japanbezogene Veröffentlichungen zu Stadtbildkonflikten in Kyoto, utopischen Kommunen und Geschenkaustausch sowie Publikationen zu utopischen Kommunen weltweit, Globalisierung, dem ethnologischen Kulturbegriff und ethnologischen Berufsperspektiven.

Andrew DEWIT
1997 PhD in Political Economy and Japanese Politics, conferred by the Department of Political Science, University of British Columbia (Vancouver, Canada). Teaching of economic policymaking at Shimonoseki City University, Japan. Since April 2002 professor of Politics of Public Finance at the School of Policy Studies at Rikkyō University. Research focus: political economy of environmental and energy challenges and policy responses in Japan, other advanced industrial states, and the BRICs (Brazil, Russia, India, and China).

Volker ELIS
Studium der Japanologie, Volkswirtschaftslehre und Geographie an der Rheinischen Friedrich-Wilhelms-Universität Bonn. 1998 M. A. 2004 Promotion mit einer Arbeit über „Regionale Wirtschaftsförderung in Japan". 2001 und 2003–2006 wissenschaftlicher Mitarbeiter an der Universität Bonn sowie 2002–2004 an der Heinrich-Heine-Universität Düsseldorf. Seit 2006 wissenschaftlicher Mitarbeiter am Deutschen Institut für Japanstudien. Forschungsinteressen: Wirtschaft und öffentliche Finanzen im ländlichen Raum, ökonomische Auswirkungen des demographischen Wandels, Arbeitsmarkt und Beschäftigung.

Thomas FELDHOFF
1991–1996 Studium der Ostasienwissenschaften mit Schwerpunkt Japan an der Universität Duisburg. 1999 Promotion. 2004 Habilitation. Seit 2004 wissenschaftlicher Oberassistent am Lehrstuhl für Kulturgeographie und Regionale Geographie Ostasiens der Universität Duisburg-Essen. 2005 Ernennung zum Privatdozenten. Träger des JaDe-Preises 2006 des Fördervereins Japanisch-Deutscher Kulturbeziehungen e. V. Köln (JaDe). Forschungsschwerpunkte: Allgemeine Humangeographie, Regionale Geographie Ostasiens, öffentliche Infrastrukturen und demographischer Wandel.

Winfried FLÜCHTER
1963–1969 Studium der Geographie, lateinischen Sprache/Literatur und Geschichte für das Lehramt an Gymnasien an den Universitäten Münster und Freiburg. 1969–1973 Stipendiat der Stiftung Volkswagenwerk: Studium der japanischen Sprache an der Ruhr-Universität Bochum und an der International Christian University in Mitaka, Tokyo; Feldforschungen in Japan. 1975 Promotion an der Ruhr-Universität Bochum, Fakultät für Geowissenschaften. 1975–1977 Dozent an der University of Tsukuba, Japan. 1977–1985 Wissenschaftlicher Assistent am Geographischen Institut der Ruhr-Universität Bochum. 1985 dort Habilitation. Seit 1986/87 Professor, Lehrstuhl für Kulturgeographie an der Gerhard-Mercator-Universität

Duisburg (seit 2004 Universität Duisburg-Essen). 1994–1996 Gründungsdirektor, derzeit Geschäftsführender Direktor des Instituts für Ostasienwissenschaften ebendort. Forschungsschwerpunkte: Wirtschafts-, Sozial- und Stadtgeographie; regionaler Schwerpunkt Japan/Ostasien.

Carolin FUNCK
Studium der Fächer Geographie, Geschichte und Deutsch an der Universität Freiburg. Nach Magisterabschluss 1987 Studienaufenthalt in Matsuyama, Shikoku. Mehrjährige Tätigkeit als Lektorin für Deutsch an der Universität Matsuyama, der Kōbe-Gakuin-Universität und der Ritsumeikan-Universität, Kyoto, dazwischen wissenschaftliche Hilfskraft am Ostasien-Institut der Universität Düsseldorf. Promotion 1998 über „Tourismus und Regionalentwicklung in Japan" (Institut für Kulturgeographie, Universität Freiburg). Seit 1998 Dozentin für Geographie an der Hiroshima University, Faculty of Integrated Arts and Sciences. Seit 2006 dort Associate Professor. Zahlreiche Publikationen zum Tourismus in Japan auf Deutsch, Englisch und Japanisch. Forschungsschwerpunkt: Tourismus und Regionalentwicklung.

Maren GODZIK
Studium der Japanologie, Soziologie und Orientalischen Kunstgeschichte an der Universität Bonn und der Universität Kumamoto. 1999 Magisterabschluss. 2000–2002 Studienaufenthalt an der National University of Fine Arts and Music in Tokyo. 2005 Promotion an der Philosophischen Fakultät der Universität Bonn (Buchpublikation „Avantgarde Männersache? Künstlerinnen im Japan der 50er und 60er Jahre des 20. Jahrhunderts"). 2002–2006 Wissenschaftliche Mitarbeiterin am Japanologischen Seminar der Universität Bonn. Seit 2006 Wissenschaftliche Mitarbeiterin am Deutschen Institut für Japanstudien. Forschungsschwerpunkte: Wohnen und Wohnformen im Alter, Altersmigration, Kunstsoziologie.

Carolina GRÜNSCHLOSS
2000–2006 student of business economics at Heinrich Heine University of Düsseldorf with a focus on environmental economics, corporate management and international management. 2002–2003 research student at Keiō University, Tokyo. 2004–2005 participation in the 'double degree' programme in cooperation with the École Supérieure de Commerce in Grenoble, France. 2003–2004 internships in Tokyo and Nagoya as well as in Taipei. Since August 2006 research assistant at Düsseldorf University, Department of Production Management and Environmental Economics. Research focus: "Corporate Social Responsibility (CSR) Policy Modelling as a Strategic Tool of European Companies in Japan" (title of dissertation

project), corporate social responsibility in the East Asian region, business ethics in connection with cultural aspects.

Patrick HEINRICH
1997 M. A. in Anglistik und Japanologie an der Heinrich-Heine-Universität Düsseldorf. 1997–1998 dort wissenschaftlicher Assistent an der Abteilung Modernes Japan. 1999–2001 Forschungsstipendium des Deutschen Akademischen Austauschdienstes (DAAD). 2001–2005 wissenschaftlicher Mitarbeiter an der Universität Duisburg-Essen; während dieser Zeit Promotion 2002 und Habilitation 2005. Derzeit Gastwissenschaftler an der University of the Ryukyus, wo er die akut in ihrer Existenz gefährdete Lokalsprache der Insel Yonaguni dokumentiert. Forschungsinteressen: Geschichte der Sprachwissenschaften, Sprachideologie, Minderheitensprachen.

Tatsushi HIRANO
PhD candidate at the University of Tokyo, Graduate School of Arts and Sciences, and JSPS Research Fellow. Research focus: history of international relations, especially Japan's Anti-Comintern and Axis diplomacy and its Asian policy.

Axel KLEIN
1987–1994 student of Japanese studies, political science and religion studies at the University of Bonn. 1994 MA in Japanese studies. 1998 PhD (dissertation thesis on electoral systems as objects of reform in Japan). 1995–1997 and again 1998–2007 research fellow at the Department of Japanese Studies, University of Bonn. 1998 adviser and interpreter, Economic Department, Embassy of Japan in Germany. 2005 habilitation in Japanese studies at the University of Bonn, Faculty of Arts (thesis on the political system of Japan). Since June 2007 research fellow at the German Institute for Japanese Studies (DIJ). Research focus: low fertility reconsidered, social stratification in Japan, NHK news programmes in comparative perspective, religion and politics.

Matthias KOCH
Studium der Japanologie, der Sozial- und Wirtschaftsgeschichte und der Europäischen Ethnologie/Empirische Kulturwissenschaft an der Philipps-Universität Marburg. M. A. 1991. 1991–1993 Forschungsaufenthalt an der Universität Tokyo. 1993–1997 wissenschaftlicher Mitarbeiter am Japan-Zentrum der Universität Marburg. 1997 Promotion ebendort. 1998–2001 Bibliotheksleiter am Deutschen Institut für Japanstudien (DIJ). 2001–2008 wissenschaftlicher Mitarbeiter am DIJ. Seit 2008 Forschungsstipendiat der

Stiftung Deutsche Geisteswissenschaftliche Institute im Ausland (DGIA) und Gastwissenschaftler an der Abt. Japanologie des Ostasiatischen Seminars der FU Berlin. Im WS 2008/09 Vertretungsprofessur an der Abt. für Sprache und Kultur Japans des Asien-Afrika-Instituts der Universität Hamburg. Forschungsschwerpunkte: Sozial- und Wirtschaftsgeschichte Japans, deutsch-japanische Beziehungen, Japan-Vergleiche. Aktuelles Forschungsprojekt: Bevölkerungsgeschichte Japans.

Ralph LÜTZELER
Studium der Geographie mit den Nebenfächern Japanologie und Verkehrspolitik an der Rheinischen Friedrich-Wilhelms-Universität Bonn. 1989 Diplom-Geograph. 1990–1992 Promotionsstipendium am Deutschen Institut für Japanstudien (DIJ). 1993 Promotion mit einer Arbeit über „Räumliche Unterschiede der Sterblichkeit in Japan". 1993–1998 wissenschaftlicher Mitarbeiter am DIJ. 1998–2007 wissenschaftlicher Mitarbeiter am Japanologischen Seminar der Universität Bonn sowie 2005–2006 am Institut für Ostasienwissenschaften der Universität Duisburg-Essen. 2006 Habilitation an der Philosophischen Fakultät der Universität Bonn mit einer Arbeit über städtische Segregation in Tokyo. Seit März 2007 erneut wissenschaftlicher Mitarbeiter am DIJ. Derzeitige Forschungsinteressen: Ursachen und Auswirkungen des demographischen Wandels am Beispiel japanischer Kommunen, aktuelle Tendenzen der Stadtentwicklung in Japan.

Heinrich MENKHAUS
1974–1979 Studium der Rechtswissenschaften an der Universität Münster. 1980 erstes und 1986 zweites juristisches Staatsexamen. 1984 Promotion. 1987–1989 Stipendiat der AvH am Japanischen Institut für Rechtsvergleichung der Chūō-Universität, Tokyo. 1989–1993 wissenschaftlicher Mitarbeiter des Deutschen Instituts für Japanstudien (DIJ). 1994–1995 (Gründungs-)Geschäftsführer des Ständigen Büros der EAJS, Leiden, NL. 1995–2001 Leiter der Abt. Recht und Steuern der DIHK in Tokyo. 2001–2008 Professor für Japanisches Recht am Institut für Privatrechtsvergleichung der Universität Marburg sowie 2002–2007 Geschäftsführender Direktor des Japan-Zentrums ebendort. Seit April 2008 Inhaber des Lehrstuhls für Deutsches Recht an der juristischen Fakultät der Meiji-Universität, Tokyo. Träger des Verdienstkreuzes am Bande des Verdienstordens der Bundesrepublik Deutschland.

Michael PRIELER
Studium der Germanistik sowie der Theater-, Film- und Medienwissenschaft an der Universität Wien. 2003 Magisterabschluss. 1998–2003 zusätzlich Studium an der Wirtschaftsuniversität Wien sowie im Rahmen

des Studiums Teilnahme an einem Austauschprogramm mit der Universität Tsukuba. 2003–2007 Forschungsstudent an der Tōhoku-Universität, Sendai. 2007 Promotion in Internationale Kulturwissenschaften mit einer Dissertation zum Thema „The Representation of ‚the Foreign' in Japanese Television Commercials". Seit 2008 Stipendiat am Deutschen Institut für Japanstudien (DIJ). Forschungsschwerpunkte: Werbung, Populärkultur, Medien.

Anthony S. RAUSCH
Received MS from Hirosaki University, Aomori Prefecture, and PhD from Monash University (Australia) on research which focused on cultural commodities in local revitalization in Japan. Currently Associate Professor in the Faculty of Education, Hirosaki University. He has published books on Tsugaru shamisen and the local setting of Aomori Prefecture, has contributed to edited works on Tōhoku and Tsugaru, and has published papers on a range of issues as they transpire in rural Japan, including volunteerism, local media and agenda setting, life-long education and the local media in education, as well as the origins, fate and potential of local cultural commodities.

Cornelia REIHER
1997–2003 Magisterstudium der Japanologie, Kommunikations- und Medienwissenschaft und Politikwissenschaft an der Freien Universität Berlin und der Universität Leipzig. 2003–2004 Aufbaustudium Deutsch als Fremdsprache an der Universität Leipzig und Wissenschaftliche Hilfskraft am Zentrum für Höhere Studien der Universität Leipzig. 2004–2006 Koordinatorin für Internationale Beziehungen (JET-Programm) in der Abteilung für Handel, Industrie und Tourismus des Rathauses der Stadt Arita/Präfektur Saga, Japan. 2006–2007 Wissenschaftliche Hilfskraft am Ostasiatischen Institut der Universität Leipzig. Seit April 2007 Kollegiatin am DFG-Graduiertenkolleg „Bruchzonen der Globalisierung".

Sven SAALER
Received MA and PhD from the University of Bonn. Formerly head of the Humanities Section at the German Institute for Japanese Studies (DIJ) and Associate Professor at the University of Tokyo. Since 2008 Associate Professor of modern Japanese history at Sophia University, Tokyo. Author of a monograph on recent history debates in Japan titled "Politics, Memory and Public Opinion" (Iudicium, 2005) and numerous articles on the history textbook controversy, the Yasukuni issue and the historical development and significance of Pan-Asianism. Together with J. Victor Koschmann, editor of "Pan-Asianism in Modern Japanese History" (Routledge,

2007) and, with Wolfgang Schwentker, "The Power of Memory in Modern Japan" (Global Oriental, 2008). Co-author of "Japanische Impressionen eines Kaiserlichen Gesandten. Karl von Eisendecher im Japan der Meiji-Zeit" [Impressions of an Imperial Envoy. Karl von Eisendecher in Meiji Japan] (German-Japanese bilingual publication, Iudicium 2007).

Stefan SÄBEL
Doctoral candidate at the University of Tokyo, Graduate School of Arts and Sciences. Research focus: history of Japanese repatriates after the Second World War and civic groups in postwar Japan involved in compensation lawsuits of WWII war victims.

Christian W. SPANG
1990–1997 Geschichte- und Anglistikstudium in Erlangen, Dublin und Freiburg. M.A. 1997. 1998–2000 Monbushō-Stipendiat an der Universität Tokyo. 2000–2006 Research Fellow an der International Christian University, Tokyo. Lektor für deutsche Sprache und Zeitgeschichte an der Sophia-, der Dokkyō- und der Waseda-Universität. 2001–2004 Vorstandsmitglied der Deutschen Gesellschaft für Natur- und Völkerkunde Ostasiens (OAG) und seit 2003 Vorsitzender des Ausschusses für die Geschichte der OAG (GOAG). Herausgeber (gemeinsam mit R.-H. Wippich) des Bandes „Japanese-German Relations 1895–1945" (Routledge 2006). Im September 2008 erfolgte die Abgabe der Dissertation „Karl Haushofer und Japan" (Albert-Ludwigs-Universität Freiburg, Historisches Seminar). Forschungsinteressen: Geopolitik in Deutschland und Japan, deutsch-japanische Beziehungen, Geschichte der OAG.

Tatsuhiko TANI
PhD student in the Department of Economics at Rikkyō University. Research focus: local fiscal policy, "Comparative Implications of the Local Income Tax in the American City of Philadelphia" (title of dissertation project).

Alexandra WITTIG
BA in East Asian studies at Princeton University. Worked at the management consulting firm McKinsey & Co in Munich for two years. 2004–2005 completion of MA in international relations at the University of Cambridge, focusing on Japan-North Korea relations in her thesis. Currently doctoral candidate in political science at the University of Trier, Germany. 2007–2008 doctoral research fellow at the German Institute for Japanese Studies (DIJ). Research focus: "Germany and Japan as Regional Actors: A Role Theoretical Comparison" (title of dissertation project).

HINWEISE FÜR AUTORINNEN UND AUTOREN

Die *Japanstudien* sind eine jährlich erscheinende Zeitschrift, die gemäß dem Forschungsauftrag des Deutschen Instituts für Japanstudien (DIJ) wissenschaftlichen Beiträgen zur Kultur, Wirtschaft, Gesellschaft und Politik des gegenwärtigen Japan sowie dem Bereich der deutsch-japanischen Beziehungen vorbehalten ist. Die Zeitschrift steht allen Wissenschaftlerinnen und Wissenschaftlern offen, die sich mit Fragen zu diesen Themengebieten auseinandersetzen. Ein Refereesystem bürgt für die Qualität der zur Publikation angenommenen Beiträge. In jedem Band werden thematische Schwerpunkte gesetzt; der Einsendeschluss für Beiträge wird zusammen mit dem jeweiligen Thema vom DIJ festgelegt und bekanntgegeben. Nicht themengebundene Aufsätze und Rezensionen zu den oben beschriebenen Forschungsgebieten können den verantwortlichen Herausgeberinnen/Herausgebern jederzeit zugesandt werden. Manuskripte sollen eineinhalbzeilig geschrieben sein und möglichst nicht mehr als zwanzig Seiten umfassen. Allen Manuskripten sollte eine knappe englische Zusammenfassung und ein kurzer Lebenslauf beiliegen. Ein Hinweisblatt zur formalen Gestaltung von Manuskripten kann unentgeltlich angefordert werden.